U0784602

# 孟子研究

【第二辑】

孟子研究院　中国孟子学会／编

天时不如地利
地利不如人和

齊魯書社

**图书在版编目（CIP）数据**

孟子研究．第二辑 / 孟子研究院，中国孟子学会编．--济南：齐鲁书社，2019.12
ISBN 978-7-5333-4246-3

Ⅰ．①孟… Ⅱ．①孟… ②中… Ⅲ．①儒家－文集②《孟子》－研究－文集 Ⅳ．①B222.55-53

中国版本图书馆 CIP 数据核字（2019）第 287599 号

**孟子研究·第二辑**
MENGZI YANJIU DIERJI

孟子研究院　中国孟子学会　编

| | |
|---|---|
| **主管单位** | 山东出版传媒股份有限公司 |
| **出版发行** | 齊魯書社 |
| **社　　址** | 济南市英雄山路 189 号 |
| **邮　　编** | 250002 |
| **网　　址** | www.qlss.com.cn |
| **电子邮箱** | qilupress@126.com |
| **营销中心** | （0531）82098521　82098519 |
| **印　　刷** | 山东德州新华印务有限责任公司 |
| **开　　本** | 720mm × 1020mm　1/16 |
| **印　　张** | 31 |
| **字　　数** | 456 千 |
| **版　　次** | 2019 年 12 月第 1 版 |
| **印　　次** | 2019 年 12 月第 1 次印刷 |
| **标准书号** | ISBN 978-7-5333-4246-3 |
| **定　　价** | **68.00 元** |

# 《孟子研究》编辑委员会

**主　任**　陈　来

**副主任**　王志民

**委　员**（按姓氏笔画排列）

王　杰　王中江　王汉东　王志民
孔德立　朱松美　李存山　李景林
杜泽逊　杨泽波　杨海文　杨朝明
吴宗杰　陈　来　赵永和　袁汝旭
徐洪兴　郭齐勇　梁　枢　梁　涛
廖名春　颜炳罡

**主　编**　李存山

**副主编**　梁　涛　杨海文

**编辑部主任**　刘　晓

**编辑部成员**（按姓氏笔画排列）

李　红　李龙博　张　鑫
赵　婷　董　丽

孟子研究

# 目录

第二辑

## ·第二十四届世界哲学大会孟子论坛发言小辑（据内容排序）·

## ·孟子思想研究·



## ·孟学史研究·

## ·第二届国际青年儒学论坛获奖论文（据内容排序）·

·第二十四届世界哲学大会孟子论坛发言小辑（据内容排序）·

# 孟子性善论的意义

李存山

中国传统哲学所讲人性论的“性”，是与后天的“习”相对而言，是指天生的、与生俱来或生而即有的本性。人性论在中国传统哲学中不仅是一个事实判断，也蕴含着价值判断。也就是说，从人性如何，可以推出人生和社会应该如何。

孟子明确提出了“人之性善”的思想。所谓“性善”，就是指人所生而即有的“善”的本性，这是人之所以为人，即人所区别于禽兽和其他物类的道德属性。孟子为什么提出性善论呢？从孟子所举“乍见孺子入井”看，这是一个事实判断，但孟子的性善论更是一个价值判断。我要讲的孟子性善论的意义，就是讲它的价值意义。我主要从四个方面讲：

第一，孟子的性善论为儒家的仁义道德提供了天然合理性的依据。

孟子在和告子辩论的时候，告子提出：“性，犹杞柳也；义，犹杯棬也；以人性为仁义，犹以杞柳为杯棬。”孟子反驳告子说：“子能顺杞柳之性，而以为杯棬乎？将戕贼杞柳，而后以为杯棬也？如将戕贼杞柳而以为杯棬，则亦将戕贼人以为仁义与？率天下之人而祸仁义者，必子之言夫！”（《孟子·告子上》）

这说明儒家所主张的仁义道德是“顺”人性，也就是符合人性而发展的，而不是“戕贼”、违逆人性的。我们判断性善论或性恶论，要注意其中所讲的“顺”或“逆”。儒家在价值观上主张仁义道德，如果认为它是“顺”人性的，那就是性善论，或倾向于性善论；如果认为它是“逆”人性的，那就是性恶论，或倾向于性恶论。

孟子强调仁义道德是“顺”人性、符合人性发展的，这就为儒家的仁义道德提供了天然合理性的依据。如果认为仁义道德是“戕贼”、违逆人性的，那就使仁义道德失去了天然合理性，使其成为反人性的。因此，孟子就批评告子说：“率天下之人而祸仁义者，必子之言夫！”告子认为“以人性为仁义”，就像“以杞柳为杯棬”一样，是违逆人性的，这在孟子看来就是祸害仁义了。

由此反观荀子的性恶论：“今人之性，生而有好利焉，顺是，故争夺生而辞让亡焉；生而有疾恶焉，顺是，故残贼生而忠信亡焉；生而有耳目之欲，有好声色焉，顺是，故淫乱生而礼义文理亡焉。”“故枸木必将待檃栝、烝、矫然后直，钝金必将待砻、厉然后利；今人之性恶，必将待师法然后正，得礼义然后治。”（《荀子·性恶》）

在荀子看来，人性是生而有“好利”、“疾恶”和“耳目之欲”等感性欲望的，如果“顺是”就会有“争夺”“残贼”“淫乱”等恶的社会效果，而“礼义”不是“顺”人性而是“逆”（改造）人性的。这样就使仁义道德失去了天然合理性，这应是在荀子之后儒家不再讲“性恶”的一个原因。

第二，孟子的性善论对于不良的社会环境有一种批判意识。

告子说：“性犹湍水也，决诸东方则东流，决诸西方则西流。人性之无分于善不善也，犹水之无分于东西也。”孟子反驳告子：“水信无分于东西，无分于上下乎？人性之善也，犹水之就下也；人无有不善，水无有不下。今夫水，搏而跃之，可使过颡；激而行之，可使在山。是岂水之性哉？其势则然也。人之可使为不善，其性亦犹是也。”（《孟子·告子上》）

孟子用“水之就下”比喻“人性之善”。水是往下流的，这是水的本性。而人性“无有不善”，就像水性是往下流一样。但是水也可往上流，这是外“势”使之然，如“搏而跃之”，可使水超过人的额头；“激而行之”，也可使水在山上流。这不是水的本性使然，而是“其势则然也”。孟子说人也“可使为不善”，但这并非人的本性使然，而是由违逆人性的外“势”即不良的社会环境造成的。

因此，在孟子的性善论中包含着对不良社会环境的批判意识，同时也为改变这种社会现实提供了人性论的依据。孟子批判当时的社会状况：“今也制民之产，仰不足以事父母，俯不足以畜妻子；乐岁终身苦，凶年不免于死亡。此惟救死而恐不赡，奚暇治礼义哉！”（《孟子·梁惠王上》）因为人民的物质生活得不到保障，“惟救死而恐不赡”，所以无暇“治礼义”，这是由不良的社会生活环境造成的，执政者应对此负责任。针对此，孟子提出：“明君制民之产，必使仰足以事父母，俯足以畜妻子；乐岁终身饱，凶年免于死亡。然后驱而之善，故民之从之也轻。”（《孟子·梁惠王上》）

孟子又说：“若民则无恒产，因无恒心。苟无恒心，放辟邪侈，无不为已。及陷于罪，然后从而刑之，是罔民也。焉有仁人在位，罔民而可为也！”（《孟子·梁惠王上》）这也是说，民可使为不善，有的还触犯刑律“陷于罪”，孟子认为这是因为民无“恒产”，遂无“恒心”，责任要由执政者来负，从原则上说，民是无辜的。执政者对犯了罪的老百姓“从而刑之”，这是“罔民”，就像张着大网来捕鸟一样。如果“仁人在位”，首先应使人民有“恒产”，而不能张着大网来捕民。这里显然有孟子对不良社会现实的批判意识。

第三，孟子的性善论为仁政思想奠定了道德基础。

孟子说：“先王有不忍人之心，斯有不忍人之政矣。以不忍人之心，行不忍人之政，治天下可运之掌上。”（《孟子·公孙丑上》）“不忍人之心”就是人人具有的“恻隐之心”，这就是人之性善；“不忍人之政”，就是仁政。因为先王有“不忍人之心”，所以才有了“不忍人之政”，性善论是执政者能够“发政施仁”的道德基础。

孟子在游说齐宣王行仁政时，以其不忍杀牛衅钟而“以羊易之”，“见其生，不忍见其死”，说明齐宣王对于禽兽亦有“不忍”之心。“今恩足以及禽兽，而功不至于百姓者，独何与？”孟子由此启发齐宣王将“不忍之心”施之于百姓，这样就可“保民而王，莫之能御也”（《孟子·梁惠王上》）。在这里，齐宣王内心的一个善端呈露，成为孟子启发齐宣王行仁政的一个依据。在孟子看来，执政者实行仁政是符合他的本性的，而其“不为”则是违逆了他的本性。

人之性善，也为“民为贵”的民本思想奠定了道德基础。人民的本性是善的，所以人民最有价值。在现实生活中，老百姓无暇“治礼义”，甚至会“放辟邪侈”“陷于罪”，这不是因为人民的本性使然，而是因为无恒产遂无恒心，生活困苦，“惟救死而恐不赡”。如果要使民“治礼义”，那就要首先“制民之产”，“必使仰足以事父母，俯足以畜妻子；乐岁终身饱，凶年免于死亡”。在解决人民的物质生活需求的基础上，“驱而之善”，“谨庠序之教，申之以孝悌之义”，“故民之从之也轻”（《孟子·梁惠王上》）。这就是孟子的仁政思想了。

第四，孟子的性善论为儒家的以德治国奠定了人性论的基础。

孔子主张“道之以德，齐之以礼，有耻且格”，这就是儒家的以德治国的思想。为什么以德治国能取得好的效果？这在孔子的思想中，人性论根据就是“性相近”“有教无类”，人皆可教，人都是可以接受道德教育和社会教化的；这在孟子的思想中，就是人性之善，以德治国是符合、顺遂人性的正常发展。

朱熹《中庸章句》说：“君子之治人也，即以其人之道，还治其人之身。……盖责之以其所能知能行，非欲其远人以为道也。”这里的“君子之治人”就是实行道德教化，以德治国。这种治国方式是“以其人之道，还治其人之身”，也就是说，它是符合人之本性的正常发展的，而人有不善则是背离人之本性的。以道德教化的方式导之、治之，这是顺其本有的善性而纠正其不正常，“其人能改”就是使其回复到人性的正常发展，这是人所“能知能行”，而不是远离人之本性的。朱熹在这里所说，就是把性善论作为儒家实行道德教化之合理性的人性论基础。

就人性的客观情况而言，人性中有善的因素，当然也有非道德或“幽暗”的意识。孟子对此也不是完全否认，如他说：“口之于味也，目之于色也，耳之于声也，鼻之于臭也，四肢之于安佚也，性也，有命焉，君子不谓性也。”（《孟子·尽心下》）人的感性欲望也是生来就有的，但是“君子不谓性也”，在孟子看来，这不是人之所以为人，即人所区别于禽兽和其他物类的特殊属性。显然，对于什么是人性，孟子是做了价值选择的，在孟子的性善论中是蕴含了价值意义的。

因为性善论符合儒家的以德治国的政治理念，所以在儒家的人性论中，性善占了主流的因素。虽然荀子持性恶论，但他又把心的“知虑材性”作为“化性起伪”的条件。董仲舒认为人性未善，但是有“善质”，这也是与他主张“任德不任刑”相适应的。由汉至唐，儒家多持“性三品”说，在性三品的“中人之性”中，善占主要的因素。宋明理学家讲“天地之性”和“气质之性”，其中“天地之性”占主导的本源地位。之所以如此，就是因为性善论符合儒家的以德治国的政治理念。

（作者单位：中国社会科学院哲学研究所）

# 孟子四端的“情理结构”

刘悦笛

今天在这里讲这样一个话题：孟子四端的“情理结构”。我讲这个话题的问题意识是，四端为什么构成了这样的前后顺序和发展逻辑？结论是，孟子所持的是一个中正之论。

既然我们这次大会是一次中西交流和对话的大会，那我想从中西哲学的一个整体的差异谈起。可以不确切地说，有可能西方哲学整体上走的是一条理性主义的道路，从古希腊的“逻格斯中心主义”开始。中国哲学由于重情，它可以另辟一条智慧之路。仁就是来自我们自己，无须外求于纯理。这恰恰是孔门儒学的大智慧。所以孟子讲“仁义礼智，非由外铄我也，我固有之也”，还讲“己欲立而立人，己欲达而达人”。

我们可以看到，从“欲仁”到“成仁”，从郭店简当中的“身心之仁”到今天最常用的“爱人之仁”，这恰恰是一个成为人的过程，是“to be human”。这让我想起哲学家雅思贝尔斯的一句话：“To be a man is to become a man”——成为一个“人”，就是去生成一个“人”。如果按照过程哲学，按照安乐哲的说法那就是“to be human becoming”。因为中国人讲“person”，其实讲的也是“person-ing”，这是一个正在进行时。我想这才是本届大会主题的深意！

谈到情，就涉及李泽厚先生晚年的情本体思想。我对杨泽波老师的很多说法是不赞同的，尽管他说自己在中国哲学界是唯一继承李先生思想的人。因为如今对于“情本体”误解特别多。李泽厚先生晚年讲“情本体”，从来不是讲以情作为绝对的本体。有一次我问他，一直追问到底，请他用一句话来概括“情本体”到底是个什么。李先生说，如果用一句话来说，“情本体”就是“情理结构”。这是追问到最后他所讲的。

所以“情本体”根本强调的是情理合一，而不是扔掉了理，或只关注情。而且更重要的是，李先生因为深受康德的影响，所以他非常的康德化，这一点和牟宗三是一样的，康德的高度决定了他们阐释中国思想的高度。李先生强调了情理之中理性是绝对主导的，他认定理性是决定情的。他说得非常明确，要用休谟来补充康德。这是什么意思？康德是理性中心的，休谟是“sentimentalism”。休谟只是一个补充而已，康德才是主导。当时我追问，那您到底是以情为本，还是以理为本？我觉得李先生的问题并不在于二元论，而在于他并没有将情理的平衡为一贯彻到底。这恰恰是我和他的差异所在，但是今天我还是要接着李泽厚先生讲。

如何从“情理结构”来看孟子的四端呢？孟子的四端其实是非常整全的，恻隐、羞恶、辞让、是非之心，分别构成了仁义礼智之端也。那么在这四端当中，每个情境其实都包含了一个潜在的理性的评价。只不过这个情理结构的内在构成是不同的。那么在恻隐之心当中，情是重的，毫无疑问。有人觉得它是同情，但并非如此。那么，羞恶则次之，辞让更次之，是非最末。反过来说，是非之心当中理的要素最重，辞让则次之，羞恶更次之，恻隐最末。但恻隐当中有没有理？当一个匍匐的孩子要落井时，人被激发出救助的意图，这其中有没有理？大家总觉得这是一种情。其实，这时候你内心产生一种道德的诉求——“我应该去救！”这就是一个潜在的理性。当然，按照当今西方情感哲学的理解，这不是一个冷（cool）的理性，而是一个热（hot）的理性，那种情理绝缘的二分法正在被逐渐扬弃。

如此一来，孟子通过列举的方式展示出了仁义礼智的情理成分的差异。仁当然偏于情，智偏于理，义更近于仁，而礼更近于智。然而，从人类而非动物的基本情感来看，羞恶似乎要比同情更为基本。因为动物一般来说不知羞恶。但是，孟子就确立了道德的最终根源为恻隐，因为他讲这才是四端之端。恻隐之心被视为四端的发端，也是羞恶、辞让、是非之心的始端，这样孟子看似就是把同情心作为道德的一个终极的来源，这在宋明理学中有很多的争论。这种思想的确和当今西方的情感主义的伦理学比较切近，特别是跟斯洛特讲的情感化的（sentimental）“美德伦理学”有切近的地方。但是我们要知道，孟子讲的确是一种怵惕之情，他并不是讲同情的全体。他讲的这种怵惕是一种非常极端化的情感状态，并不是一般的同情的状态。

同时我认为，孟子也把情视为一种积极的情感（positive emotion or feeling），而且认为情是向善的。不仅性善，我也曾论证过，由此在孟子思想里面也可以推出他的一种“情善论”，也就是说孟子视情是积极的，也是善的。这和荀子恰恰相反。因为荀子之情被欲所牵引，然后情又下拉了性，所以才产生“性恶论”。于是作为道德端序的情的一种，恻隐之心在中国被视作一种非常典型的积极的形态，是性善论的一个非常广义的根源。羞恶之心尽管看似是消极的，但也被转化成一种积极的道德动力。这样看来，孟子恰恰是从生物性的角度出发，把恻隐视作本原化的一种道德情感的根源，这就为人类的道德情感提供了一个共通的人性论的基石。这也是孟子思想中具有全球化价值的所在。如此一来，从孟子开始，儒家的情的角色就有了它的生物学的基础性，构成了人性的一个基础。当今的科学研究已经发现，婴儿在一个月大的时候，如果妈妈哭泣、妈妈痛苦，他也会跟着难受、痛苦，证明人天生具有同情的本能。当然，这有所谓“镜像神经元”的科学根据的证明，但是如今很多科学家也反对了这一点。

孟子这种“恻隐之心，人之端也”的说法，也得到了很多现代动物学研究的证明。比如说荷兰动物行为学家弗朗斯·德瓦尔，他说孟子所论之所以在科学的原则下是正确的，就在于孟子所论的同情心也被视为灵长类的动物所具有的。大家知道有个发现，一个动物园里一只老猩猩会拿一根小树枝去救一只小猩猩。最近我还看到一只非洲的小羚羊在过河，然后鳄鱼扑过来了，这时候老羚羊过去挡住了鳄鱼的路。最终鳄鱼把羚羊妈妈吃掉了，小羚羊上了岸。但是这位科学家还指出，当恻隐发生之时，同情冲动首先就出现。那么理性化的思考则是后来的。这才是二元论，情在先，理在后！而且对于人性善恶与否，他说只能给出个或然判断，不能确定人性到底是善还是恶。这是科学家、当代动物学家的看法，来自动物行为学的意见。

不过，德瓦尔的动物行为学的理论误读了孟子：

第一，他根本忽视了人禽之辨。人和兽的区分到底是什么？这恰恰是孟子立论的根基。

第二，他只讲四端中的恻隐一端，孟子的观点则是更为整全的。

第三，更重要的是，西方人的二元论把情和理分裂开来：先有同情，后有理性思考。这恰恰是无视孟子的“情理结构”其实是圆融的，也恰恰是中西方思维方式的差异。

总之，我们今天探讨的核心是，恻隐、羞恶、辞让、是非之心到底是什么关系？为什么形成这样一个次序？朱熹把仁义礼智比喻为春夏秋冬。他认为，仁实贯通四者之中，犹如四季同出乎春：春是春之生，夏是春之长，秋是春之成，冬是春之藏。黄宗羲也讲“四德相为表里，生中有克，克中有生，发中有藏，藏中有发”，认为四者是相互蕴含的。但是，显然这四者的关系绝对不是平行对等的。它们从头到尾有个大致的推展的秩序。恻隐之心是直接的，即刻可发自内心的。它是你看到一个匍匐的孩子快掉到井里时自觉发生的，并不是要做出样子给乡党朋友们看。刚才我就讲，这里面是包含道德诉求的，包含人类潜在理性的，你应该去救。这“应该去救”来自哪里？来自灵长类的进化和人类的历史积淀。尽管这里面人和动物有相似的地方，但是人类本身的历史积淀是人之成为人，使得人不同于动物。

那么，羞恶之心是从哪儿来的？是恰恰怕被外人看到，怕被别人看到，我做事，我要慎独，所以“恶其声而然也”。抑或怕别人看到了羞恶，你也滋生了同样的情感。但无论是“他者对我”而觉察到害羞，还是“我对他者”的行为感到厌恶，感到的都是道德行为上的厌恶。这种羞恶之心都是

"觉他"的。几个月前我才发现，牟宗三也用了"觉他"这个词。我不知道他用这个词有没有佛教的来源。那么辞让之心呢？它更多是人和外人之间的关联，并期待我对他者、他者对我的一种交互的规定。这恰恰是胡塞尔讲的"intersubjectivity"，也就是主体间性，我让给你，你也让给我。孟子讲辞让，也不仅仅是我单方面让给你，或你单方面让给我，这是孟子所讲的道德主体间性。

最重要的就是这个是非之心，值得深入考量。发展到是非之心的最高阶段，尽管道德判断出场，大家基本上仍把是非之心看作一种纯理性的道德判断，然而这个判断是错的。因为，在是非之心当中，知对错与赞同否，这二者几乎是同时发生的。情理仍是交融的。知对错是理性的推理，道德理性的推理，也就是"moral reasoning"；赞同否却是一种心理接受的程度，这是跟情感有关的一个方面。

所以，与前三心不同，是非之心无疑是最高的层面。汉学家孟旦也敏锐意识到这一点，认为是非之心应该说是一个"觉自"之心，而羞恶和辞让是"觉他"之心，恻隐则是"自觉"之心。所以，从"自觉"、"觉他"到"觉自"，这个发展的程序和内在的逻辑是可以梳理出来的！

孟子最大的价值在于他在2000多年前就已经发现了人类"情理结构"发展的这种基本的顺序。他选择了其中非常重要的四个道德的点。但这并不代表这四者是有逻辑的关联，就是环环相扣，或者是能够层层推进的。很多时候，比如从羞恶不能完全推到辞让，仅是可以部分推出的，四者之间构成非常复杂的关联。

最后，我再为李泽厚先生这个"情本体"做一点辩护。在儒家看来，起码在李先生的眼中，这个情在人性结构中的角色恰恰是一始一终的。它既是发端，也是终端。所谓始，我认为就是"道始于情"，这是人性根本的所本。我刚才讲的这些孟子的思想，都是"道始于情"。这里的情不仅是人类普遍原发的情状，也是人类根基所共有的这种"情理结构"。所谓终，在儒家看来就是"孔颜乐处"，这是人性结构的一种境界的追寻。当然，现代意义上孔颜乐处应该在适度接受科学世界观后被转化，但它并不是从宋明理学直到现代新儒家所求的那种天道流行的“道德形上学”。这是李泽厚先生的内在意图，他对外可能是直面以理性主义为主流的西方哲学，对内其实是想以一己之力来对抗心性化儒学，这就是五百年王学之路。真正的形而上学是什么呢？他认为是人与宇宙和谐共振，并包括了共通情感的“审美形而上学”。在这一意义上，李先生才提出美学为第一哲学。这与谁迥异呢？列维纳斯讲，伦理学为第一哲学。李先生有两个比喻，说海德格尔是士兵哲学，只会赴死；列维纳斯则是雷锋哲学，是为了别人的伦理学。

这种形而上学从现实经验上得以生成，在历史过程当中得以继续塑造，进而生发出终极的先验结构，这才是儒家在形而上之“道”和形而下之“器”之间融会贯通的意义。所以，儒家情感哲学的执两用中在于，从现实出发是“道始于行”，从生存境界上则是“孔颜乐处”。所谓“执两用中”，一始一终；所谓“用中”，更是“度”的把握。这才是儒家创造性转化出的当代智慧之一。

（作者单位：中国社会科学院哲学研究所）

# 当今之世，舍我其谁
## ——孟子的理想与坚守

梁 涛

《孟子》中有一章，说的是孟子游说诸侯，宣传仁政、王道的主张失败，不得已离开齐国，回到自己的故里，也就是今天的邹城。他和弟子充虞之间有一段对话：充虞问，“老师，您看上去似乎不高兴。可是之前您不是教导我们要不怨天，不尤人吗？”孟子答，“此一时也，彼一时也”。孟子有一个想法，五百年必有王者兴，其间必定有闻名于世的贤人出现。可是从周朝以来，已经七百多年了。从时间上说，已经超过了；从时势而论，也该有圣贤出现了。可是我的主张为什么行不通呢？那么我只能说，老天大概还不想让天下得到平治；如果想让天下得到平治，当今之世，舍我其谁？我有什么不愉快呢？孟子就是带着这样一种坚定的信念，告别了当时的政治舞台，回到了自己的故里，教授子弟，著书立说，编写我们今天看到的《孟子》一书。

每当读到这一章时，我都特别有感触。当一个人带着理想走入社会时，他往往是坚定、充满信心的。可是当理想遭到挫败，看不到希望的时候，依然能保持坚定的信念，我想，也只有孟子了。那么，孟子的这种信念来自哪里呢？来自孟子坚信一点：政治必须要符合人性，符合人性的政治才是最有前途的政治，仁政、王道较之暴政、霸道是符合人性的，是符合历史发展的，所以最终一定会实现。现在无法实现，只能说我的时代还没有到来，若到来，必定是仁政、王道的时代。我们今天读《孟子》，脑海里会有一个鲜活的孟子形象：一个坚定的理想主义者。而在当时人们的眼里，孟子则是“迂远而阔于事情”，他是迂阔、不切实际的。所以理想与现实是有反差的，当你坚守理想的时候，你很难被人们理解。固然，我们可以说孟子对人性的复杂性缺乏反省，对历史的看法也未免过于乐观，但孟子至少有一点是对的，真正的理想是需要坚守的。在坚守一百多年后，孟子的思想已在士人中广为流传，成为其批判暴政、为民请命的精神动力；而在坚守了一千多年后，孟子的思想终于成为社会的指导思想，《孟子》一书也由子书上升为经书。至少在人们的观念中，王道战胜了霸道，仁政战胜了暴政。即便有残暴的君王如朱元璋之流想借助权力挑战孟子的地位，也难以逃脱失败的命运。所以理想在于坚守，只要它符合人性，符合天道，顺应了历史的发展，即使暂时无法实现也不必怨天尤人；如果天下要得到平治，当今之世，舍我其谁！两千年前孟子所坚守的仁政、王道，至今仍对我们有重要的借鉴意义。

（作者单位：中国孟子研究院）

# 知耻改过

## ——孟子哲学的成人之道

刘瑾辉

所谓成人之道，是指人通过自身的修炼，成为一个理想完善的人。儒家成人之道理论对人格的自我完善即道德自律的提倡，为历代仁人志士所弘扬。

孟子哲学中的“成人”的含义，设定在理想人格的修养。朱熹《四书章句集注》云：“成人，犹言全人。……言兼此四子之长，则知足以穷理，廉足以养心，勇足以力行，艺足以泛应，而又节之以礼，和之以乐，使德成于内，而文见乎外。则材全德备。”这里所说的“成人”，就是“全人”。早期儒家关于“成人之道”的思想，核心就是造就成人、全人，“材全德备”之人。

成人之道是孔子最先提出的，他的全部学说都可以视为对成人之学的论述，都是教导人进行自我修养以达到人格完成之境。在孔子看来，修身是为“成己”“成物”，是化德性为人生目标和社会价值。“子路问成人。子曰：‘若臧武仲之知，公绰之不欲，卞庄子之勇，冉求之艺，文之以礼乐，亦可以为成人矣。’曰：‘今之成人者何必然？见利思义，见危授命，久要不忘平生之言，亦可以为成人矣。’”（《论语·宪问》）孔子认为“成人”不仅要有智慧和勇气，而且知识、道德、技能乃至典章制度、音乐艺术等皆应是“成人”所固有的才能。刘向《说苑》载：“颜渊问于仲尼曰：‘成人之行何若？’子曰：‘成人之行，达乎情性之理，通乎物类之变，知幽明之故，睹游气之源，若此而可谓成人。既知天道，行躬以仁义，饬身以礼乐。夫仁义礼乐，成人之行也。穷神知化，德之盛也。’”可见，“知天道”（求真）、“行仁义”（向善）、“以礼乐”（审美）三者的统一，才是“成人之行”。孔子认为人人皆可通过自己的努力达到“君子”的理想人格。孔子认为仁必然是智和勇的基础，只有能够达到仁、智、勇这三个标准的人才是“君子”。

孟子的“成人之道”更强调“义”的道德作用，认为“义”与“仁”是相通的，“仁”是人的主观精神，“义”则是达到“仁”的根本途径，但是应该看到，“义”这个概念有着对他人、对社会的一种“大爱”的责任感和献身精神。与孔子相同，孟子以圣人和君子为目标的理想人格是相通的，没有不可逾越的鸿沟。孟子认为：人的自我觉醒和主观努力是成人之道的关键，强调“知耻改过”“知耻而后勇”，更注重主体存在的价值以及人生的意义。

耻，从心，耳声，本义作“辱”解，乃羞愧之称。羞愧乃心有所惭而生，故“耻”从心；又以耳为司听闻之器官，人每因闻过而耳赤面热，故“耻”从耳声。知羞耻之人，凡是不合道理的事，违背良心的事情，绝对不做。人若无耻，等于禽兽。“耻”也是自尊自重。古今先哲圣贤，都把“知耻”作为修身做人的一种崇高境界，甚至将“知耻”与否作为区分君子与小人的标志、辨别人与兽的标准。

孔子曰：“知耻近乎勇。”知道错误就去改过，为当所为，亦勇也！凡人心生惭愧，就会面红耳赤，这是人性本善使然。知耻之心是人之天良。孟子曰：“耻之于人大矣。”何以有此感叹呢？试想，起一恶念，便生羞耻之心；行一恶事，便感愧恐，又耻又恐，自必速止其恶。知耻是保全人善念、行为不离正道的护栏。故曰：“耻可以全人之德。”

孟子说“人不可以无耻”，意思是人不能不知耻。孟子还说“无羞恶之心，非人也”，是说羞恶之心人皆有之，无羞耻之心便失去了做人的基础和前提。正因为如此，自人类之始，就耻于与禽兽为伍，耻于赤身裸体。对于人类来说，如果不知耻，现在的人类仍混同于山野走兽。对于个人来说，如果不知耻，必然会被知耻的人群和社会所抛弃。因此，“人不可以无耻，无耻之耻，无耻矣”。人不可以没有羞耻，不知羞耻的那种羞耻，真是不知羞耻了！因此，知耻是做人的标准，是社会得以存在和发展的基础性道德规范。

知耻，首先要“明善”，明白什么是“善”，什么是“是”，什么是“荣”；只有如此，才能耻所当耻，不至于以耻为荣。其次是要明白什么应该耻。树立正确的是非、善恶、荣辱观是知耻的前提。知耻心的培养是一个道德认知的过程，从个人来说，一个丧失自尊心的人是难以知耻的，一个不明是非、善恶、荣辱的人是难以知耻的。陆九渊曾言：“人唯知所贵，然后知所耻。”意思是，人只有知道什么应该尊重，然后才知道什么是耻辱。也就是说，人只有知道羞耻才能上进，而知识越多，学问越广博、越深刻，见识也就越多越明晰，然后才知什么是耻，而知耻方能改过。孔子希望“过则勿惮改”，孟子推崇“闻过则喜”“闻善言则拜”，并将孔子“过则勿惮改”发展为“知耻改过”。

知耻，也就是知道羞愧和荣辱。知耻是自尊的重要表现。唯有知耻，才有自尊。它是一个正常人所具有的最基本的道德认知。孟子认为，在道德修养上知耻与否关系重大，因为“羞恶之心，义之端也”，这种道德感体现着人性的尊严，是社会正义的心理基础。禽兽没有羞耻感，完全依赖本能而生存。也正是在这个意义上，孟子提出“无羞恶之心，非人也”，把这种道德感看成是人与禽兽相区别的重要标志。知耻对于人来说是极其重要的，清代思想家康有为曾云，“人之有所不为，皆赖有耻心”，也是说凡为善之心，皆起于人的正确的荣辱观念；凡为恶之念，皆起于人羞耻感的丧失。明末清初的杰出思想家顾炎武云：“不耻则无所不为。人而如此，则祸败乱亡，亦无所不至。”大凡不知羞耻的人，没有什么事不做，如此则祸乱败亡也会随时而至。不仅个人的文明生活与人的知耻之心联系在一起，一个社会的治乱也总是与人们的知耻之心联系在一起的。《孟子》曰：“恶似而非者：恶莠，恐其乱苗也；恶佞，恐其乱义也；恶利口，恐其乱信也；恶郑声，恐其乱乐也；恶紫，恐其乱朱也；恶乡原，恐其乱德也。君子反经而已矣。经正，则庶民兴；庶民兴，斯无邪慝矣。”意指：君子应羞耻于似是而非的人，羞耻于莠草，害怕它们混淆了真正的禾苗；羞耻于巧言令色的人，害怕他们混淆了真正的正义；羞耻于尖酸刻薄、巧言善辩的人，害怕他们混淆了真正的诚信；也羞耻于那郑国的淫乐，害怕搅乱了真正的雅乐；羞耻于那紫色，害怕它抢夺了朱红色的地位；也羞耻于老好人，害怕他们戕害道德。君子只要使一切回到正道上就行了。正道不被歪曲，那么百姓就会奋发向上，百姓奋发向上，就不会有邪恶了。孟子在此强调：若人人能知耻，则正义流行；人人能改过，则邪恶停止。因此，历史上圣贤立身，强调知耻改过；政治家治国，重视人心的治理。古人所谓“人心正则国治，人心邪则国乱”，其中确实包含有深刻的道理。知耻才能找回并发扬善端，才能改过迁善。孟子主张要像子路那样“闻过则喜”，像大禹那样“闻善言则拜”。他多方阐发孔子“过则勿惮改”思想，又进一步提出“与人为善”的要求。孟子说：“大舜有大焉，善与人同，舍己从人，乐取于人以为善。……取诸人以为善，是与人为善者也。故君子莫大乎与人为善。”“与人为善”首先要做到有过改过，无过也乐于学习别人的长处；进而要“善与人同”，改自己之“过”，思与贤人“齐”，崇他人之善，然后自己亦能为善矣。国无德不兴，人无德不立。知耻改过，对个人是品德修养，融入到社会生活，是弘扬家庭美德、职业道德、社会公德，是维系社会正常生活和良好风尚的丰厚滋养，也是关乎国家风清气正、兴旺发达、社会和谐的道德保障。

所谓知耻而后勇，指的是一种在遭受磨难与打击后，在困境面前，毫不气馁、决不后退、决不自暴自弃，而保持奋发进取、迎难而上的精神状态。耻辱具有两重性，它既是一种挑战，又是一种机遇；既是一种障碍，又是一种锻炼。人似乎在知耻后，才可能有卧薪尝胆的决心和勇气，否则就不能正确认识自己的不足，固步自封，只能是愈发失败。

公元前 496 年，吴王阖闾（约公元前 537—前 496 年）派兵攻打越国，但被越国击败，阖闾也伤重身亡。两年后阖闾的儿子夫差率兵击败越国，越王勾践被押送到吴国做奴隶，勾践忍辱负重伺候吴王三年后，夫差才对他消除戒心并把他送回越国。其实勾践并没有放弃复仇之心，他表面上对吴王服从，但暗中训练精兵、强政励治，并等待时机反击吴国。艰苦能锻炼意志，安逸反而会消磨意志。勾践害怕自己会贪图眼前的安逸，消磨报仇雪耻的意志，所以他为自己安排艰苦的生活环境。他晚上睡觉不用褥，只铺些柴草（古时叫薪）；又在屋里挂了一只苦胆，他不时会尝尝苦胆的味道，为的就是不忘过去的耻辱。勾践为鼓励民众，就同王后与人民一起参与劳动，在越人同心协力之下，越国强大起来，最后找到时机，灭了吴国。

战国时期著名的纵横家、外交家和谋略家苏秦，很想有所作为，他变卖了家产，东奔西跑了好几年，也没做成官。后来，他用光了钱，趿拉着草鞋狼狈地回了家，被父母狠狠地骂了一顿。妻子不理他，嫂子不给他饭吃。苏秦受了很大刺激，决心争一口气。从此以后，他发愤读书，钻研兵法，天天到深夜。有时候读书读到半夜，又累又困，他就用锥子扎自己的大腿；还把头发用带子系起来拴到房梁上，一打瞌睡，揪得头皮疼，以此提神并接着读书。就这样，苏秦经过刻苦读书，丰富了知识。后来，他到六国游说“合纵”的主张，六国诸侯订立了合纵的联盟，苏秦终于挂了六国的相印。此乃“知耻而后勇”。

知耻是百德之基，所以知耻是“立人之大节”。知耻可以别禽兽，化风俗；人知耻而后知自尊、自强；人知耻，方可从善、向善。知耻是道德认知之基础，据此个体才能明善恶、辨是非，才能有所为、有所不为。它是个体道德建构的内在心理机制，是道德素质之底线，是对所有卑鄙可耻事物的一种强有力的抵抗。耻德具有深刻而广泛的社会价值和文化意义，是人的最基本的道德修养、基本的道德观念和道德准则。人知耻，就能“行己有耻”“有所不为”，这对于弘扬民族精神、纯化社会风气，有着不可低估的重要作用。

（作者单位：扬州大学文学院）

# 反求诸己与学以成人

孔德立

这个题目是根据本次世界哲学大会的主题“学以成人”，并结合孟子的“反求诸已”的思想来拟定的。我认为，“反求诸已”和“学以成人”之间有紧密的关系。刚才有几位专家也谈到这个问题，发表了深刻的见解，对我启发很大。我现在谈这个题目的角度与诸位专家稍有不同，我想从思想史的角度来切入，回到孟子时代，找寻孟子提出“反求诸已”的原初意义。

我们首先要搞清楚孟子说的“反求诸已”是针对谁。每一个人都要通过“学”来改变自己的气质，成为一个品德优秀的有修养的人。但是，我们看《孟子》书中讲的“反求诸已”，在开始的时候并不是给普通人讲的。既然不是讲给普通大众的，那就是讲给特定群体了。是的，孟子说教的对象是一个特定的群体——执政者，特别是居于高位的执政者——国君。

《孟子》开篇就是“孟子见梁惠王”，然后书中记述了“孟子见齐宣王”“孟子见梁襄王”等，可见，这三位国君是孟子游说的主要对象。毫无疑问，孟子游说的对象就是统治者，特别是国君。其实，早期儒家（先秦儒家）游说的对象基本上都是执政者。但是，这一点在孟子那里更加突出。

那么，为什么孟子一定要劝说国君“反求诸已”？对于这个问题的解答，就回到我们讨论的主题上来了——“学以成人”。“学以成人”在孟子的语境里，实际上是想让国君“学以成人”。至于让普通老百姓、每一个人都“反求诸已”，当然应该，但是按照儒家的理论，当天下大乱、危机四伏、民不聊生的时候，首先是执政者先修身，先反求诸己，学以成人，然后才是普通人。今天，我们常说，每个人都要修身成人，这应该是孟子之后的观念。孟子时代的最大问题是什么呢？是民生问题。

与孔子着重关心人的礼仪教养不同，孟子更关注人的生存和民生问题，两位伟大的思想家的思想差异与他们所处的时代有密切的关系。我们研究古代思想与哲学，要首先注意特定的时代背景。孟子的时代，民生是最大的社会问题。百姓的生存面临的威胁要比孔子的时代严重得多。孟子如果再像孔子那样，重点强调礼仪教化，培养文质彬彬的君子，恐怕是不能尽快解决百姓的生存与安全需要的。解决民生问题，维护社会稳定，必须依靠统治者的政令与国家治理，所以孟子要给执政者把这个问题讲清楚。

《孟子》书中有一段孟子与齐宣王的对话，大意是齐宣王舍不得杀牛衅钟，改用一只羊，齐国人笑话国君小气，可是国君真实的想法是看到了牛被杀前害怕打哆嗦的样子，产生了恻隐之心，于是决定换一只羊，这就是著名的“见牛未见羊”的故事。这个故事的关键点在于国君看到了牛害怕，没有看到羊害怕。孟子称赞国君有“仁术”，可以行“仁政”。这里初看起来，孟子强调的是统治者的善心，但实际上，强调的是统治者的责任。按照孟子的理解，如果国君看到百姓受苦受难，却无动于衷，国君就没有尽到应该尽的保民的责任。孟子论述这点的时候有一个人性的依据，就是国君如果对禽兽都可以做到“不忍心”，当然对百姓、对人更应该“不忍心”。如果百姓受苦受难，国君看到后仍认识不到是自己的统治的问题，而是找各种借口推卸自己的责任，这种政治就不是仁政。真正的仁君应该“以不忍人之心，行不忍人之政”。

孟子说，“无恒产者无恒心”，这是针对普通百姓讲的，只有士人无恒产可以有恒心，但是这种人很少。也就是说，你不能用要求少数人的标准要求老百姓。如果是因为国君治理的失败，导致老百姓无恒产，百姓会失去控制，因为他们没有恒心。到了衣食都有问题的时候，百姓就会“放辟邪侈”，什么事都可能干出来。到了这个时候，百姓就违法了，违法了官府就去抓他们。按照法治的理论，这没有问题，但是，按照孟子的说法，这就有问题。百姓违法的错并不在百姓自身，而在于执政者。因为老百姓失去控制，被迫为了生存去冒险，是由于没有恒产造成的，而不是百姓自己的本性有问题。那么，这是谁的问题就很明显了，百姓犯罪是因为没有恒产，没有恒产是国君治理不当造成的。归根结底，统治者自己事先做得不够，导致老百姓没有教化，从而铤而走险。孟子用了一个词“罔民”，“及陷于罪，然后从而刑之，是罔民也。焉有仁人在位罔民而可为也？”这样，孟子就引出来一个解决问题的方案——“制民之产”。

在孟子看来，当时统治者做得都不好，无论是齐宣王、梁惠王还是梁襄王，都没有做到“制民之产”。在与梁惠王的对话中，孟子批评梁惠王不能与民同乐，甚至讥讽他说，你虽然有鸟兽园囿，你也快乐不起来，因为你不顾百姓死活，老百姓要和你玩命，你还能快乐起来吗？

这段对话，孟子讲了一个最最简单的政治学原理，就是现在的老百姓太苦了，如果统治者稍微能够转变一下，使他们能活下来，老百姓就会“引领而望之”，意思是伸着脖子来争相投靠他。孟子认为，政治就是这样，并不复杂。要想达到百姓“引领而望之”，就需要国君担负起责任来。要想担负起责任，“打铁还需自身硬”，国君就要率先修身。国君治理有问题的原因在于没有责任心。从这里看，孟子甚至都没有强调治国的本领与技能。他强调的重点是责任。治理不好，就要“反求诸已”，看看自己有没有做到，不能只要求别人。

《孟子·离娄上》说：“爱人不亲，反其仁；治人不治，反其智；礼人不答，反其敬。行有不得者，皆反求诸已。”只要治理不好，都要问问自己做得好不好。然后下面紧跟的一句话更加凸显了孟子言说的对象是国君，“其身正，而天下归之”，并且引《诗》云：“永言配命，自求多福。”自己身正是治理天下的根本前提，不要怪他人，“多福”需要自求。

接下来的一章讲：“人有恒言，皆曰：‘天下国家。’天下之本在国，国之本在家，家之本在身。”齐家、治国、平天下的前提就是修身。如果修齐治平的主体是一个人，那么更能说明，治国、平天下的前提“修身”是说给国君、统治者听的。

综上所言，孟子讲的“反求诸己”在当时不是一个哲学话题，而是关于社会治理的话题。这个话题在今天讲，更具有现实意义。孟子当时的反求诸己的主体是国君，今天，我们可以扩大到社会各行各业的精英。这些精英就是少数关键人物，他们居于高位，或掌握大量的社会资源，理所当然要承担更大的社会责任。当职位、职务与其所应该承担的责任不相称的时候，就要“反求诸己”了，而不是归罪于他人，或者埋怨客观条件。至于我们今天讲的“学以成人”，是更广泛意义的哲学上的修身。这与孟子针对国君讲的“反求诸己”并没有冲突，只是有一个轻重缓急。

（作者单位：北京交通大学人文社会科学学院）

# 道性善与执事敬

## ——孔孟儒学的成人之道

杨海文

第二十四届世界哲学大会的主题是“学以成人”，杜维明先生精辟地解释为“学做人”[①]。我们学做人，先要回到孔子、孟子的经典世界，然后从经典世界回到生活世界。要把孔孟之道落实到实际生活当中，就需对经典本身有很好的理解。《论语》只有一万多字，《孟子》只有三万多字，但在目前的“后国学时代”，很少有人能把它们背下来。在传播、推广国学的过程中，很多人问我：如果要从《论语》《孟子》中各自挑出一句格言，哪一句最恰当？人们问得多了，我也慢慢觉得这是一个真问题。孔孟之道包含相当丰富的思想内涵，假设能以最简单的方式提炼孔孟之道，这对我们的人生是有实际作用的。[②]

① 参见杜维明：《为什么要“学做人”——关于第二十四届世界哲学大会主题的思考》，《光明日报》2018 年 8 月 11 日，第 11 版《国学》。

② 据“博鳌儒商论坛”公众号 2019 年 1 月 17 日发布的《一句座右铭与一家上市公司》披露，中山大学哲学系黎红雷教授把“立乎其大，和而不同”当作自己做人做事的座右铭。“立乎其大”典出《孟子》11 · 15 说的“先立乎其大者，则其小者不能夺也”，“和而不同”典出《论语》13 · 23 说的“君子和而不同，小人同而不和”。由此可见《论语》《孟子》在现代社会中的重要性。

经过反复思考，我认为《论语》讲的“执事敬”很重要，涉及我们怎么做事；《孟子》讲的“道性善”很重要，涉及我们怎么做人。“执事敬”起因于樊迟问孔子什么是仁，孔子回答：“居处恭，执事敬，与人忠。虽之夷狄，不可弃也。”（《论语》13·19）意思是说：平时在家里要端庄规矩，做事情要严肃认真，与人们交往要忠心诚意。如果具备这些美好的品德，即使把你抛到漠荒野蛮的地方，你也能挺立自己。“道性善”出自以下这段话：“滕文公为世子，将之楚，过宋而见孟子。孟子道性善，言必称尧舜。”（《孟子》5·1）意思是说：滕文公做太子的时候，将到楚国去，路过宋国，见到孟子。孟子认为人性是善良的，说话必定称许尧、舜。

先看“道性善”。性善论是孟子首倡的，围绕性善论的讨论很多，这里只对性善论做最简单的解释。性善论的第一层含义是性本善，正如《孟子》11·2说的“人无有不善，水无有不下”。孟子确认人性在本体上是善的，但并没有把性善论当作完成时态，而是当作现在进行时态。性善论的第二层含义是性向善，正如《孟子》11·2说的“人性之善也，犹水之就下也”。人性朝着善良的方向发展，就像水从高处往低处流那样。一旦以性本善与性向善理解孟子的人性论，我们就能确信自己的内心是光明的、干净的、善良的。

再看“执事敬”。相由心生，境由心造；心如花木，向阳而生。我们做任何事情，都要“执事敬”。《孟子》2·4说：“无非事者。”我们今天做这件事，明天做那件事，人生说到底是由一件件事情构成的。孔子对做事的要求是：把当下的每一件事认认真真做好。认认真真做好当下的每一件事，你才能真正成就自己。假设对当下的每件事都掉以轻心、三心二意，今天做不好这件事，明天做不好那件事，那么，弹指一挥间，蓦然回首，你会发现一事无成，根本没有成就自己。

一方面，“道性善”与“执事敬”是孔孟之道最基本的内涵；另一方面，“道”与“执”这两个概念值得特别重视。

对于“道性善”的“道”字，很少有人解释它。这个“道”旨在达成“生而为人”的道德自信，不仅要求我们从日常语言的角度经常讲性善论，而且要求我们从哲学理性的角度坚信性善是人之为人的本体论依据。我们是生而为人的，不是生而为鬼、生而为禽兽的。《荀子·王制》就说："水火有气而无生，草木有生而无知，禽兽有知而无义，人有气、有生、有知，亦且有义，故最为天下贵也。"①

对于"执事敬"的"执"字，我们也要多加理解。这个"执"旨在夯实"学以成人"的实践自信，就是我们要经由日常生活本身，敞开并践行人禽之辨、圣凡之辨。人与禽兽的异同是古老而常新的哲学命题。从现实生活中看到让我们觉得人之非人的事情，其实就是人禽之辨。假设我们不能走出人禽之辨，圣凡之辨就无从谈起。因此，"执"就是我们在日常生活当中做好事，在人世间认认真真做事，认认真真做好人世间、日常生活当中的每一件属于自己的事。

人生一定要有方向，要把道德实践当作大事。方向是性善，工夫是笃行；事上多磨炼，性上有收获。"道性善"与"执事敬"是孔孟儒学的成人之道，是蕴含于中国哲学传统之中极富理论魅力与实践力度的精神人文主义，其本质是道德自信与实践自信的知行合一。②

（作者单位：中山大学哲学系，中国孟子研究院）

---

① 〔清〕王先谦：《荀子集解》上册，沈啸寰、王星贤点校，中华书局 1988 年版，第 164 页。

② 2018 年 12 月 9 日，我被聘为邹城市邻圣书院院长，"道性善、执事敬"成为邻圣书院院训。2019 年 1 月 12 日下午，我到深圳大学参加李大华教授召集的第三次国学承传与市民文化素质高峰论坛，进一步提出：道性善，不仅自带光芒，而且自带锋芒；执事敬，既是在其位、谋其政，又是干一行、爱一行；道性善与执事敬，既是言与行的关系，又是本体与工夫的关系，更是独善其身与兼善天下的关系。

# 前无依据，后无反响
## ——孟子对杨朱和墨翟的描述

戴卡琳

几乎在所有对早期中国哲学家的概述中，孟子、墨子和杨朱都是关键人物。而这三者之所以常被联系起来，则是因为孟子对于他这两位对手的描述："杨子取为我，拔一毛而利天下，不为也。墨子兼爱，摩顶放踵利天下，为之。"他将前者批判为"无君"，将后者批判为"无父"，从而将两人和他们的弟子比作了食人的禽兽。大多数学者认为，孟子所描述的杨朱和墨翟是历史上的人物或者是文献中的人物。而我认为，或许两者皆不成立：孟子对于两者的描述在很大的程度上可能是他自己的观点。我甚至认为，同时代的诸子对他的观点并不在意。孟子独自坚守着自己的立场：它是无依据且无反响的。

### 一、无依据：孟子对杨朱的极端描述

孟子明确提及杨朱的情况并不多，杨朱总是被看作一个与墨翟相反的形象——他们都将毛发与天下联系了起来，虽然态度相反，但同样令人震惊，两者于是都因此而遭到鄙夷。直到民国时期，人们对杨朱的辩护才得以转变。部分学者认为，孟子事实上误解了杨朱，因为杨朱想要表达的其实是对"取利于天下"的不情愿。我则对孟子的言论保持更彻底的怀疑，而且有正反两

方面例证的支撑。在孟子生活的时代，可能有过杨朱这样一个人，无论是作为历史人物还是文献中描述的人物。但没有任何证据显示他曾表达过不要为天下拔取一毛的想法，无论是为了有利于天下还是为了取利于天下。

反面证据：在现存的文本中，当“全身”者们——他们被假定为杨朱的弟子——阐述他们不愿危害自身的思想时，从未提及过“一毛”或是“利天下”。孟子之前没有任何早期的文本证据能够支撑这种对杨朱思想的极端描述。也许杨朱或其他全身者曾在口头或在已经亡佚的文本中书面表达过，他们不愿拔一毛而“利天下”，我们当然不能否认这种可能性。因此，我们可以尝试着展开正面的论述。

正面证据：如果根据现有的资料对孟子描述的形象进行还原，那么这种描述可能是孟子对当时全身者们的论述所作的一个带有夸张色彩的呼应。或许一些“全身者”口头的或是书面的论述在孟子时代已经存在，它们被保存在战国末期或西汉的文献中，即《吕氏春秋》之《本生》《重己》《贵生》《审为》和《庄子·让王》中。在这些论述中，身体部位常常被用来对比于外物，他们将头、指、手、足、臂或身与如物、利、贵富、冠、履、国或天下这样的外物进行权衡。在这些意象的权衡中，身体永远重于外物。即便是“天下”，无论它如何宝贵，也只能算在天平上“轻”的一边。这些游说者将“天下”作为他们能够想到的最“重”的外物范例，而即使它也不足以让人们为之奉献身体。如果天下都不能作为人们奉献一只手的筹码，那么与之相比，土地或地位这些远比天下轻的东西，又怎能指望人们以伤害身体去交换呢？然而，这些论述从未提起过毛发。

这些论述与孟子对杨朱的描述有两个共同点：以“天下”作为最重的外物的例子，和将身体部位与外物进行权衡。孟子或许对这种论述进行了两种方式的滥用。其一，他擅自将能想到的身体最轻部位的意象即“一毛”与“天下”这个最重的外物的意象进行了比较。“一毛”的意象使杨朱显得非常极端。其二，他提出了一种全身者从未提到的表达，即“利天下”。与反面证据相结合之后，这些正面证据为我的推测提供了支撑——孟子所作的描述多半来源于他自己的臆想。

## 二、同样无依据：孟子对墨子的极端描述

孟子对墨翟“摩顶放踵利天下”的描述受到的学术争议更少，但我认为，它同样缺乏依据。这种墨子的特定形象既没有在《墨子》中出现过，也没有在《孟子》的其他部分中出现，更没有出现在任何先秦文本中。那么，它是从哪里来的呢？或许只是由于这样一个为他人奉献了所有毛发的极端利他主义者的形象与杨朱这样一毛不拔的自我主义者的形象刚好能形成鲜明对比的缘故。另一个可能来自大禹的启发。“禹亲自操橐耜而九杂天下之川。腓无胈，胫无毛。”如果说“胫无毛”还能归因于大禹治水的辛苦，那么孟子对墨翟“摩顶放踵”这种史无前例的形容就有些意味不明了。

但即便对当下的学者来说，禹和墨家学说很容易构成关联，对孟子同时代的人来说也并不那么明显。它没有在《墨子》当中出现过，《墨子》一书从未提及过毛发或任何其他身体损伤与禹的功劳的关系，也并没有将禹与其他圣王明显区分开来，赋予他更高的地位。尽管禹也出现在之后的许多文本中（比如《庄子·天下》），可他从未在《孟子》当中因此遭到批判，也并没有被看作献出了身上任何部分。

此外，禹和墨家学说的这种典型关联也并不总是恒定的。对禹的辛劳的赞颂通常不会与墨家学说联系起来，比如《容成氏》中说禹因他的劳作而“面干粗，胫不生之毛”。其他文本也不常将他牺牲了毛发的形容与墨家学说联系起来。对于毛发或身体其他部位的牺牲还被广泛运用于对其他圣王的描述中，比如《庄子·在宥》中对尧和舜——而不是禹——的描述。荀子曾说，所有圣人都存在着某种程度的身体残缺（《荀子·非相》）。子思也在《孔丛子》中提出，真正的圣人没有须眉美鬣，而且身体存在着各种残疾。于是，禹的形象有毛或无毛并不能体现出它与墨家学说所持立场的异同，更不能解释墨翟的“摩顶放踵”。

## 三、无反响：杨子“不拔一毛而利天下”

接下来探讨孟子对杨朱所作的描述引起的反响。学术界一般认为孟子这种说法有很大的影响力。但先秦的文本显示出，当时的人们对孟子所作的这两种形容知之甚少。孟子对他的两位对手的独特描绘应该是无人知晓或无人关注的，除非所有相关的证据都遗失了。对“毛”和“天下”的关系的探讨呈现出四种走向。

第一种，对不以一毛易天下的赞颂。《淮南子·俶真训》中认为圣人不仅不为美者、声色、势利所动，而且连生死都能置之度外。所有这些都不值得人们用胫上一毛去交换。对“一毛”的关注在这里是不与贵生或全性相关的。

第二种，批判“不以天下大利易其胫一毛”的“轻物重生之士”。韩非子不赞成世主以这种智高者为尊（《韩非子·显学》）。与孟子一样，韩非子将“一毛”作为这些人不愿意奉献的身体部位的意象，而这种做法将全身者们放在了一个连他们自己都从未表达过的极端立场上。

第三种，怀疑禅让的道德动机。韩非子坚信尧和禹的“让天下”只不过是为了离“臣虏之劳”。“禹之王天下也”如此辛苦，到了“股无胈，胫不生毛”的程度（《韩非子·五蠹》）。这也是秦二世对韩非子的理解：如果贵为天子还要承受劳苦，那并不是明君所为（《史记·秦始皇本纪》）。

第四个演变是，既然行了于天下有利之事，则有权从天下获得自身之利。正因为禹为百姓劳作到了“胫不生毛”的地步，“故富有天下，贵为天子矣”（《尸子》）。

总体来讲，关于毛发与天下的关系的论述并不多见，它们也几乎不与孟子极端的描述相关。虽然毛发通常出现在谈及那些能够作为典范的统治者胫上无毛的文本中，但“一毛”的说法则专指不以易天下时身上最不重要的部位。所有相关的篇章都将“天下”说成是一种应该被追求或是拒绝的所有物，而很少作为受利的对象。

## 四、同样无反响：墨子“摩顶放踵”

最后探讨孟子对墨子的描述引起的反响。他的说法在两汉之前并没有产生影响，没有任何文本提到过一位“摩顶放踵”或者牺牲所有毛发的墨子，也没有任何文本提起过孟子对墨子的描述。没人表示认同，也没人表示反对。这正说明了没有人知道或关注到孟子的描述。我曾在另一篇文章里提出过，先秦两汉的诸子很少反对“兼爱”，也很少把它跟墨子联系起来。

汉代以来才开始有学者直接引述孟子对墨子的批评。最早可见的材料是《法言》、《论衡》及《风俗通义》。他们虽然袭用了孟子的话，但似乎对墨子不感兴趣。他们是透过孟子的表述来表达他们对所处世界的道德现状的不满、对邪说普行的焦虑，以及他们心里想为孔子辩护的冲动。于是，孟子对墨子的批评变成了学者们借以表达自己观点的一种工具。后来的学者，包括韩愈、朱熹、王阳明、杨光先、钱绮等都用杨墨来指代他们所反对的思想体系，即佛、老、天主教等。

## 五、 结语

当下研究中国哲学的学者对杨朱和墨翟的评价很大程度上依赖于《孟子》中的描述，而孟子的描述很大程度上是他夸大甚至转变了已有的观点。一方面因为受到“全身”者权衡身体部分的启发，孟子加上了“一毛”的说法；另一方面因为有大禹牺牲毛发的先例，他提出了“摩顶放踵”的墨子。现存的资料显示，先秦文本没有提到过拒绝为天下拔出一根毫毛的杨朱，也没有提到过为天下磨掉全身毛发的墨翟。孟子的描述不但没有依据，而且对先秦诸子的影响远不及它给我们带来的震撼。

（作者单位：鲁汶大学）

# 心性论的多元性与孟、荀“心性论”设定的非单一性

王中江

很高兴利用这一非常有限的时间简要地同大家讨论一下孟子和荀子的“心性论”。单就孟子和荀子的心性论来说，问题比较具体。但为了更好地理解它们，从一个更大的话题，即从中国哲学传统儒家乃至西方传统哲学比较的大视角，从历史上人性论、人心论多元性的事实出发，来看看孟子和荀子的“心性说”究竟如何理解才合适的问题，这也是可选的方式之一。当然这里不能展开。

我的看法主要是认为人性、人心是复杂性的存在，孟子和荀子的一正一反的主要设定，只是强调了人性、人心的一个方面。由于人性、人心的其他层面是无法否定的，结果就是孟子和荀子在一种主要设定之下，实际上还用不同方式设定了人性、人心的另一个层面。这从他们人性论的基调上看是有矛盾的，但从客观事实上看并不矛盾。正因为如此，孟子和荀子都在性善论、性恶论的基调之下，承认了人性、人心中还有与之不同的另外的东西。这是具有“主从”关系的两种人性论和人心论（“道善及恶”或“道恶及善”）。两者都注重和强调人性、人心中善的或恶的一面，但在有意或无意之中，两者又引入并承认了人性、人心与之不同的另一方面。

首先我想指出的是，最近看到安乐哲教授有一篇讨论孟子性善论问题的论文——《重构葛瑞汉对孟子“性”的解读：小结〈孟子人性理论的背

景〉》。[①]这篇论文讨论的是葛瑞汉对孟子“性”的观念的解释。在文章开头，安教授对荀子的人性论作了非常激烈的批评，大意是说，荀子完全误解了孟子对性的看法。荀子是不是误解，当然可以讨论，但我感到他有一种很强烈的立场，即他非常厌恶荀子的性恶论。

荀子对孟子的批评不一定都是误解，也可能有正确的地方，至少不像安教授说的那么简单。大家知道，荀子对孟子的性善论确实有批评，他的批评基于不同的理据，其中一点是，荀子质疑说，既然人性是善的（“恻隐之心，人皆有之；羞恶之心，人皆有之；恭敬之心，人皆有之；是非之心，人皆有之”——《孟子·告子上》），既然人心皆有善端，那么他为什么会失去自己的本心（“放其心”）呢？既然人失去他的本心这种情形会发生，就说明他的性是不善的。

按照荀子的推论，如果人性、人心是善的，他就会守住这种善性，守住这颗善心。如果说孟子的性善、心善说，不是指人生下来就有现成的善，而是指人有为善的能力，是指人有成善的可能，就像孟子说的“乃若其情，则可以为善矣，乃所谓善也”（《孟子·告子上》）那样，那问题就是人为什么不能在后天将他为善的可能性变成现实，为什么后天他没有发挥出他的“善根”“善能”，为什么他没有“尽心”“尽能”，相反甚至“放其心”。孟子的解释是：“若夫为不善，非才之罪也。”（《孟子·告子上》）据此，人们为不善，不是他的能力问题（不是他能不能）。那是为什么呢？孟子对此有回答，这一点我们下面再讨论。如果说荀子是从人能为善而实际上没有为善，甚至还为恶，推论出人性不是善而是恶的，这恐怕就不是“完全”误解了孟子。我认为这只是表现了荀子的一面性。为什么是一面呢？这一点也放到后面再讨论。

现在我想强调的是，荀子对孟子性善论的批评是告子之后反思孟子性善论最有力的（虽然他没有展开论述），这同荀子有一个人性论的模式有关。

---

① 见孟子研究院、中国孟子学会编：《孟子研究》第1辑，中国文史出版社2018年版。

他是站在他的人性恶的立场上批评孟子的。第一，他的针对性很强；第二，他对人性恶有比较充分的正面论证（他的《性恶》篇是战国时代以论述体论证一个观点的具有典范性的文本之一）。荀子从正面论证人性为什么是恶的，他从反面就要论证孟子主张的人性善为什么不能成立。一正一反，其论证具有严格的逻辑性和条理性。平心而论，这比孟子批评杨朱“为我”和墨子“兼爱”的论证方式要更加高明和理性。真理在真正的辩论和争论中能够不断地得到揭示。荀子对孟子性善论的质疑和批评，是非常有力的理性反思，也是非常有力的理性批判。从中促使人们思考人性、人心是否真的只具有“单一”的“善性”“善端”（为善能力），让人们思考人性、人心是不是除“善端”外还有别的能力、别的端绪，进一步让人们思考其他的心性论是不是也有一定的根据和道理，反过来，这对反思荀子对人性的设定也适用。

正如一开始我所强调的，人性、人心其实是非常复杂的存在；同样，中国的人性论也是非常多元的。[①] 孟子的“性善论”在中国多样的人性论话语里边只是其中的一种，虽然后来一讲孟子的性善论，就好像它是中国人性论的主体，这同流传很广的《三字经》里的“人之初，性本善”这句话有一定关系。学界中也有人将中国人性论整体上概括为“性善论”，以此同所概括的西方人性论的“原罪论”和“性恶论”相比较，并认为这是中国难以形成现代法治的原因。其实这两种概括都不能成立。前面李存山教授也讲到了，人性不是单一的概念。我们看到，宋明理学里面的人性论，也是非常复杂和多元的。有性一元论，也有性二元论。所谓天地之性与气质之性之分，所谓道心与人心之分，就是人性、人心二元论；所谓良知论就是人性一元论。现代新儒家梁漱溟传承的是心学的“良心”“良知”一元论。

不同于宋明和东周时期，汉唐人性论的主要特点是认为人有不同的人性。比如，“性三品”将人性分为三个等级，上等的人性是生来为善的，中等的人性则具有为善为恶的两面性，下等的人性是生来为恶的；认为上等人性不

---

① 参阅张岱年：《中国哲学大纲》，中国社会科学出版社 1982 年版，第 183 ~ 253 页。

用教化，下等人性无法被教化，只有中等人性才有可塑性。这是从人性上强调人和人生来就不一样。我把这种人性论看成是人性不平等论。这是汉唐时期很有代表性的一种人性论。

先秦的人性论就更复杂了。王充在《论衡·本性》篇中记载了先秦时期相互不同的一些人性论，其代表性人物就有孔子的弟子世硕（以为人性有善有恶），他有《养书》一篇。孔子的其他弟子“密子贱、漆雕开、公孙尼子之徒，亦论情性，与世子相出入，皆言性有善有恶”。《孟子·告子》篇中记载的人性论，除了告子的、孟子的，还有其他人的。之后则有荀子的。据此而言，孟子的性善论，在东周时期也只是众多人性论中的一种。出土的儒家文献里面有《性自命出》和《五行》篇，这两篇文献也提出了自己的人性模式。总之，儒家的人性论多种多样，在东周时期也是如此。

如果我们再看一下道家的德性论、心性论，情况就更复杂了。出土文献《凡物流形》提出“心不胜心”的问题，认为我们的一种心不能战胜另外一种心，这是强调我们有不同的心理意识，我们的心不是单一的东西。《管子·心术下》里面讲“心之中又有心”，《管子·内业》讲“心以藏心”，不管其中所说的心具体是指什么，至少《管子》认为人心有不同的层次，人心具有多重性。

从西方哲学来看，有人主张人性恶，如霍布斯、休谟等偏重于强调人性的阴暗面。但这只是西方哲学对人性的一种看法，不能说西方哲学整体上是主张人性恶的。[①] 基督教中人的原罪说，虽然影响很大，但也只是人性论的一种。中世纪以后西方的人性论模式也具有多元性。希腊哲学家讲人的灵魂，大家都知道，他们认为灵魂由几部分构成：欲望、情感和理性。灵魂绝不是单一的东西。希腊哲学还给人分等级，认为人的等级不同是因为制成人的材料不同。

总体上，东西方的人性论都是复杂的和多元的。为什么人们对人性会有

---

① 参阅张灏：《幽暗意识与民主传统》，《张灏自选集》，上海教育出版社 2002 年版，第 1 ~ 24 页。

各种各样的描述？这主要是因为人性本身的复杂性。不同的哲学家往往只是突出了人性的不同方面。

从东西方众多的人性论和人心论来看，孟子的性善论主要是强调人性中能够为善的道德能力。从进化论来看，这是人在演化过程中获得的一种能力。人类的演化过程非常漫长和复杂，正是在这一过程里面，人发展出了一种道德的良知。人为什么能够合作？人为什么能够相互理解？进化论的主要创立者达尔文在《人类的由来》里面就用了较长篇幅来讨论①，认为人的道德能力和合作精神是演化出来的，认为这是人的适应性的一个非常重要的方面。现在人们还进一步从基因上研究人的道德基础。②

孟子把人能够为善的这个能力突显出来了。从这个意义上讲，孟子发现了人性中的一个基本事实。但孟子的人性论也有复杂的一面，他讲到大体与小体之分。他说的大体就是人能够为善的道德能力，而小体则被他归结为人的耳目感官及其作用。《孟子·告子上》说：“体有贵贱，有小大。无以小害大，无以贱害贵。养其小者为小人，养其大者为大人。”“从其大体为大人，从其小体为小人。”根据孟子的论述，好像能对“大体”产生消极影响的只是人的耳目感觉等小体，好像纯粹是视觉闹着要看不该看的东西，是听觉闹着要听不该听的东西。公都子同孟子的一段对话主要就是讨论这个问题的：“公都子问曰：‘钧是人也，或为大人，或为小人，何也？’孟子曰：‘从其大体为大人，从其小体为小人。’曰：‘钧是人也，或从其大体，或从其小体，何也？’曰：‘耳目之官不思，而蔽于物。物交物，则引之而已矣。心之官则思，思则得之，不思则不得也。此天之所与我者。先立乎其大者，则其小者不能夺也。此为大人而已矣。’”（《孟子·告子上》）其实支配耳目的仍然是心，心同时也在发挥着作用。

---

① 参阅［英］达尔文：《人类的由来》，商务印书馆 2017 年版，第 197 ～ 227 页。

② 参阅［美］克里斯托弗·博姆：《道德的起源——美德、利他、羞耻的演化》，贾拥民、傅瑞蓉译，浙江大学出版社 2015 年版；［英］西蒙·巴伦 – 科恩：《恶的科学：论共情与残酷行为的起源》，高天羽译，广西师范大学出版社 2018 年版。

被孟子作为“大体”的“心”，实际上也包括有被孟子说成是“小体”的那一部分东西。因为人会“放其心”，失去本心，那他就有“放其心”的“心”。但“心”又能够“求其放心”，能够把心收回来，恢复自我的本然状态。“求其放心”的心就是合乎道德的心。“放其心”的“心”就是不合乎道德的心。他说的“小体”其实有一部分东西就是来自心，不能简单地将它都归为耳目感官。人性、人心确实具有为善的能力，但它不是人性的全部，也不是人心的全部。孟子说心之官“不思则不得”，这是直接说“心”有“不思”的不良方面。只是，孟子强调人为善的可能性，就将这种可能性看成人性、人心的整体了。但实际上孟子的人性论、人心论包含着双重性，不是单一的。孟子主要强调人的为善之性、为善恶之心，这是他的心性论中“显”的一面；但孟子实际上同时说到了人的心性恶的一面，只是这一面在他那里是不明显的从属的东西，可以叫作“道善及恶论”。

到了荀子，与孟子相反，他讲“人性恶”，这其实是将人性中的另一面突显出来了。荀子性恶论中的性恶，也不是说人生下来就是恶的，他只是说人有先天的感性欲求，对这种欲求如果不能很好地约束、调节，它就有可能造成人与人之间互相争夺的恶果，造成社会的冲突和无序的恶果。为了避免这种情况，对于人的先天欲望、欲求，荀子强调人需要用礼义等道德规范去教化、去调节，人需要化性起伪。但问题是，如果人性纯粹只有为恶的可能性，那人为什么能够化性起伪？在此，荀子特别强调圣人的作用。但圣人也是人，原则上他的人性也是恶的，为什么他能够成为圣人？为什么圣人能够教化别人，却不需要被人教化就能够成为圣人？荀子强调圣人后天能够努力学习，但为什么圣人后天能够努力学习，别人就不行？追问到这里，按照荀子的单一性恶论，实际上这是解释不了的。

问题在于，人性实际上也不会像荀子认为的那样只有为恶的可能性，它也具有为善的可能性。孟子强调了后者，而荀子则强调了前者。孟子性善论的破绽，我们已经指出了，即他的人性论实际上包含了人性也有为恶的可能性这一点。荀子性恶论的破绽也是同样的。人们一直对《荀子》一书中的两段话感到困惑。一段是《荀子·王制》篇中说的：“水火有气而无生，草木有生而无知，禽兽有知而无义，人有气、有生、有知，亦且有义，故最为天下贵也。力不若牛，走不若马，而牛马为用，何也？曰：人能群，彼不能群也。”另一段是《荀子·非相》篇中说的：“人之所以为人者，何已也？曰：以其有辨也。饥而欲食，寒而欲暖，劳而欲息，好利而恶害，是人之所生而有也，是无待而然者也，是禹、桀之所同也。然则人之所以为人者，非特以二足而无毛也，以其有辨也。今夫狌狌形笑，亦二足而毛也，然而君子啜其羹，食其胾。故人之所以为人者，非特以其二足而无毛也，以其有辨也。夫禽兽有父子而无父子之亲，有牝牡而无男女之别。故人道莫不有辨。”这两段话大家非常熟悉。按照第一段话，人不同于水火、草木、禽兽等，人是一个综合性的存在，他不仅有气、有生、有知，而且有义。荀子没有直接告诉我们人的这种本质是先天具有的还是后天形成的。但从这段话的逻辑中，我们能够清楚地看到，荀子是从人同其他事物固有本性的比较中来谈论人的本性的，不能将它纯然看成是后天的。人的这种本性是有“义”，是能够“合群”。荀子的第二段话也非常重要。人之所以为人的本性是什么？荀子认为人的本性不在于人生而就有的人人都相同的欲望，也不在于人有二足而无毛，而在于能够分辨，人有“分辨心”。这种分辨心既是理性上的辨别，也是道德上的辨别。同样，由于荀子是通过将人与其他动物进行对比来强调人的特质，他这里所说的人这种“有辨”的能力也具有先天性，是人先天具有的能力，不完全是人后天获得的东西。《荀子·正名》篇有一段话讲性、情、心和伪的关系：“性之好、恶、喜、怒、哀、乐谓之情。情然而心为之择谓之虑。心虑而能为之动谓之伪。虑积焉，能习焉，而后成谓之伪。”这样来看荀子说的“心虑而能为之动谓之伪”，它是先天的还是后来的？

荀子主张人性恶而又认为人有义、有辨、能合群，这可以用荀子人性论中存在着破绽和矛盾来解释。但也可以这样解释，荀子强调人性恶，只是强调了人性的一个方面，或者他只是将性恶看成是人的主要特性。但人性不是单一性的东西，如果将它看成是单一性的东西，就容易产生理论上的矛盾，也不容易解释现实中人的行为为什么有好有坏。孟子是这样，荀子也是这样。孟子主要强调人性中的为善能力，这样他就不能很好地说明人为什么会有“恶”的问题。他将产生恶的原因归结到人的耳目感觉等小体上，但耳目的作用不可能离开心的作用，因此，恶也同人心有关。孟子实际上已经透露出来了，说“不思”的“心”会“放其心”。荀子同孟子相反，他将人性归结到人的感性欲望上，以此强调人性为恶的倾向，这实际上是将人性主要归结到孟子所说的“小体”上。正因为这样，他无法圆满地解释圣人为什么能够成为圣人，为什么他不需要被人教化就愿意学习并成了圣人。实际上，这是因为人同时也具有孟子所说的“大体”的东西，即先天具有的为善的能力。荀子的两段话事实上将这个道理揭示出来了。徐复观提出荀子的“心善说”，只是看到荀子对“心”的好的方面的说法，而遗漏了他对心的不好的方面的说法。梁涛想克服荀子人性论的矛盾，他用“性恶心善”的说法来解释这一问题，其实这不能成立，因为不能认为荀子所说的“性”都是恶的（即便荀子认为是也不等于就一定是），所说的“心”都是善的。如《荀子·性恶》中说：“若夫目好色，耳好声，口好味，心好利，骨体肤理好愉佚，是皆生于人之情性者也。”这里的“心”与其他感性欲求一样，也是有可能产生恶的先天性的心。类似的用法还出现在《王霸》篇中：“夫人之情，目欲綦色，耳欲綦声，口欲綦味，鼻欲綦臭，心欲綦佚。”

荀子所说的“心”有善也有恶，两者都同荀子所说的“心”的本性有关。如同孟子所说的心性具有高度的统一性那样，荀子的心性也具有统一性。荀子所说的“心”显然不是纯粹的“善”，因为所谓自然的感性欲望，没有心的作用是完全不会发生的。这是“身心二元论”在伦理学上的一种表现。身心具有统一性、同一性。孟子和荀子主要各强调了人性、人心中的不同方面，把心性具有善或恶的这种可能性突显出来。宋明理学将人性区分为天命之性和气质之性，实际上可以说这是对孟子的性善论和荀子的性恶论的一种调和。在孟荀之前的世硕已提出人性“有善有恶论”（与此相反，告子提出了“无善无恶论”），认为人先天的性都是中性的，善恶是人后天产生出来的。孟子和荀子分别引申了世硕二重人性论中的一个方面，并将之变成了人性的根本。

人性、人心都是复杂性的东西，都不是单一的东西，人们对此的讨论同样。从早期中国传统看，正如王充在《论衡·本性》篇中指出的那样：“自孟子以下至刘子政，鸿儒博生，闻见多矣。然而论情性，竟无定是。”但王充更倾向于接受世硕的看法，认为人性具有善恶之两面，而不是只有一面：“唯世硕、公孙尼子之徒，颇得其正。由此言之，事易知，道难论也。酆文茂记，繁如荣华，恢谐剧谈，甘如饴密，未必得实。实者，人性有善有恶，犹人才有高有下也。高不可下，下不可高。谓性无善恶，是谓人才无高下也。禀性受命，同一实也。命有贵贱，性有善恶。谓性无善恶，是谓人命无贵贱也。”这里王充用人才有高下、命有贵贱类推性有善恶，强调人性先天有善恶就像人先天的才能有高下、先天的命里有贵贱那样，虽然它们之间并没有严格的逻辑关系。

孟子和荀子实际上已经看到了人性的两面，但他们原则上只是强调和突出其中的一面。现在人们研究人性、人心的方式非常多样，交叉性研究也出现了，如从基因上寻找人的道德基础和恶的根源，或者强调人天生具有自利、利己本性，或者认为人天生具有利他、合作本性，或者认为两者都有。如果前两者的主张完全是排斥性（自利或利他）的，那就仍是将人性看成是单一的，它就很难成立。我认为人性、人心是一个复杂性的存在，我们强调或突出一个方面可以，但将之看成是唯一的方面则是不可取的。

（作者单位：北京大学哲学系）

# 积淀学与结晶学之同异

## ——李泽厚对我的影响及我与李泽厚的分别

杨泽波

---

我为大会提交的论文是《积淀学与结晶学之同异——李泽厚对我的影响及我与李泽厚的分别》。

二十世纪八十年代将思想的重点转到中国哲学之后，以“积淀说”解说中国文化的特点，是李泽厚先生一个重要的努力方向，在中国哲学界有很大影响。我公开承认，我三十多年来对于孟子性善论的诠释，最初就是受到了李泽厚先生的影响。与李泽厚先生相比，我的思路可以叫作“结晶说”。环顾四周，平心而论，在中国哲学范围内，迄今为止，我可能是唯一沿着这个方向努力，并且具有自觉意识的学者了。因为有这个特殊背景，人们往往认为，我的做法无非是把李泽厚先生的说法改个词而已，没有多少新东西。我这篇文章就是要说明我与李泽厚先生的同在哪里，异在何处。

文章第一个部分叫作“文化心理结构分析，还是性善论解说”。李泽厚先生的“积淀说”最早用于美学研究，后来才扩展到中国哲学研究方面。他的这种研究的一个重要的着力方向，是对中国文化心理结构进行分析，认为中国文化最为明显的特点有二：一是实用理性，二是乐感文化。

与此不同，我提出“结晶说”的重点在于性善论的解说。我从事儒学研究的第一个项目是孟子性善论研究。这是一个非常困难的题目，以至于中国社会科学院的研究员姜广辉写文章，将其称作“儒学研究中的哥德巴赫猜想”。恰恰在这个时候，我读到李泽厚先生八十年代那篇非常有名的文章《孔子再评价》，大受启发，并顺着这个思路，深入研究孟子的性善论，渐渐有了自己的心得。

在我看来，人之所以有善性，有良心，可从两个方面来看。一是因为人天生就有一种自然成长的倾向，简称为“生长倾向”。二是因为人受到社会生活和智性思维的影响，内心有一种结晶体，简称“伦理心境”。这两个方面不能截然分割：“生长倾向”一定会发展为“伦理心境”，“伦理心境”也一定要以“生长倾向”为基础。这两个东西是一本，不是两本。一言以蔽之，良心不过是建基于生长倾向之上的伦理心境而已。

非常可惜，我提出这种解说已经有三十年了，学界同行现在还很少有人接受，不以为然，甚至提出批评者众多。我一直在反省，到底是我错了呢，还是有别的原因。至少从我现在思考的结果看，我不认为是我错了。这里自然与我的表述尚不够系统完整有关，这是需要今后不断努力的，但我的方法有一定超前性，别人一时很难跟上，也是一个重要原因。

文章的第二个部分叫作“先天而先在，还是后天而先在”。因为“积淀说”重在文化心理结构的分析，所以李泽厚先生非常重视历史性问题。早在从事美学研究的过程中，李泽厚先生就认为，美的形式来源于人类长期从事的生产活动。换言之，美的形式来自人类长期生产活动对于人的遗传。后来他将这种情况归纳为三句话，即“经验变先验”“历史建理性”“心理成本体”。李泽厚对这个看法很自信，认为自然科学最新发现已经在一定程度上证明了他的观点。

在我看来，人之所以有善性，有良心，当然来自我所说的“成长倾向”。“成长倾向”是我们来到这个世界的那一刻就有的，从一定意义上可以从遗产的角度来理解。但我认为，人之所以有善性，有良心，更重要的还在于“伦理心境”，而“伦理心境”是不能够从遗传的角度加以解说的。否则，人和其他动物就没有办法区分了，因为人是社会的动物，他最重要的特征来自他的社会性。既然是社会的动物，对人影响最大的当然是社会生活和智性思维，讨论人为什么有良心，有善性，当主要从这个角度进入。我和李泽厚先生在这个问题上的侧重各有不同，这是十分明显的。

更加重要的是，李泽厚认为美的形式、道德良心是可以通过自然科学证明的，我对这一点一直保持着高度的警觉。在我看来，哲学必须以自己为根基，不能以任何自然科学为基础。如果把自己的证明建立在任何一门自然科学上，那么哲学也就完蛋了。因此，我证明人有生长倾向，不依赖于任何的自然科学，我的证明完全是哲学式的。受时间所限，我是如何作出这种证明的，这里无法展开，有兴趣的朋友可看我的文章。这是我和李泽厚先生的第二个不同。

“情本体还是人本体”，这是我和李泽厚先生的第三个不同，也是我文章第三个部分的标题。在建构“积淀说”的过程中，李泽厚先生非常重视情感问题，以至于到最后他将自己的学说概括为“情本体”。关于情本体的问题，现在学界争论很大。在座的陈来教授的《仁学本体论》辟有一章，专门对李泽厚先生的这个观点提出了商榷。

我充分了解李泽厚先生提出情本体的初衷。他看到将道德理论单纯建立在理性上是有问题的，因为理性要保证自身的普遍性，必须排除情感。而一旦排除了情感，这种理性又会出现新的问题。因此，他特别重视情感问题，强调在理性中应该加入情感，在康德的基础上加上休谟。

但我不同意李泽厚先生情本体这一说法。在我看来，儒家讲情有两个方面：一个是情感之情，一个是道德之情。笼统讲情本体，容易造成混淆。当然这一点并不重要，只要界定清楚就可以了。我不赞成情本体，是因为李泽厚先生这样做的目的是要把本体打掉，不讲本体了。儒家历来重视本体，本体是个大宝贝，绝对去不得。如果把本体去掉了，儒家道德哲学怎么能讲好呢？我认为，这是李泽厚先生情本体的一个失误。

李泽厚先生讲情本体，源于其思想深处的两分法。所谓两分法，就是感性和理性的两分。李泽厚先生注意到，西方的理性不能讲情感，很多问题不能解决，而儒家哲学则一贯重情感、讲情感，所以他希望在理性中加进情感。

这种在理性中加进的情感，是一种新情感，这种新情感就是情本体。

在我看来，情感确实是儒学研究中的一个十分困难的问题，但要解决这个问题并不一定必须按李泽厚先生的思路走。这些年来，我一直坚持主张，从孔子创立儒学之始，儒家的思维方式就不是感性和理性的两分模式，而是欲性、仁性、智性的三分结构。欲性大致相当于西方的感性，智性大致相当于西方的（道德）理性。儒家思想的独特之处，是在这两者之间多了一个东西，这就是孔子的仁、孟子的良心，也就是我所说的仁性。因为在欲性、智性之间多了一个仁性，而这个仁性就是一般所说的道德本体，所以儒家讲道德一定要讲本体，讲本体也一定要讲情感。如果能从这个角度进入，既可以充分尊重李泽厚先生对于情感问题的关注，又不必抛弃传统的本体，从而受人诟病。

以上是我为大会提交论文的主要观点。时间非常有限，只能点到为止，有兴趣的朋友可以参阅原文以及我近期发表的相关文章。谢谢大家。

（作者单位：复旦大学哲学系）

· 孟子思想研究 ·

# 性善作为一种引导性的概念*

## ——孟子性善论的哲学意蕴与方法内涵

陈 赟

[ 内容提要 ]

长期以来，学术界把孟子的性善观念理解为一种先验性的学说。但是，先验/经验的范畴归属于认知性的哲学（cognitive philosophy），其论证功能更多指向理论，而不是规范；孟子的性善说却以对于“以故言性”的认知性的人性理论的批判为出发点。后者所导致的理论结果往往是“以情才代性”，也就是说，认知性的人性论触及的总是“情”与“才”，而不是真正的“性”。孟子本人的性善论不是对于人性所表现出来的经验性事实的理论解释，其功能主要是规范性的，可以将之理解为一种引导性（orientative）的概念，它的主旨不在于获得某种知识理论，而是实现人与世界的某种转化。

《孟子·滕文公上》云：“孟子道性善，言必称尧舜。”性善就是孟子对人性的理解。但是，孟子所说的性善究竟是什么意思呢？这是一个非常复

* 本文原载《现代哲学》2003 年第 1 期，纳入中央高校基本科研业务费项目华东师范大学人文社会科学青年跨学科创新团队项目，批准号 2018ECNU-QKT010。

杂的问题，也是一个非常关键的问题。人们倾向于认为，孟子的性善论表达的是一种对于人性的先验性理解。但是，先验与经验的分判在很大程度上是认识论的思考框架，换言之，只有对于认知性的哲学（cognitive philosophy）而言，才可能出现先验与经验的分判。所谓“先验”，也就是“验前”或“先于经验”，但它又是经验得以可能的条件。只有在对于经验认识的认识论分析中，我们才能获得先验的概念。从哲学史上看，先验与经验作为普遍性的哲学范畴，是在认识论领域使用的，这一对范畴的推广与哲学的认知性特征的获得密切相关。就此而言，先验与经验的分判是历史的，它并非对于哲学的一切层面或者对于一切类型的哲学都是一对有效的架构。而把孟子性善论理解为先验性的概念，其实也就是把孟子哲学理解为认知性的哲学。一旦在这个畛域理解，那么，善就是人性中有待认识的一种现成/现实的状况，不管我们是否理解，人性都已经并仍然将是善的。本文将表明，这样一种流行的观点，究竟在什么意义上偏离了孟子哲学的真正关切；我还将表明，孟子的性善观念，不是一种认知性的哲学概念，而是一种引导性的哲学概念，而且，孟子的性善论就建立在对于认知性的人性论的批判的基础上。

## 一、孟子时代三种流行的人性论

在《孟子·告子上》中，公都子向孟子叙述了当时流行的三种人性论，并且问孟子：这三种人性论都不主张性善，与孟子的性善论都不相同，难道它们全无是处吗？

> 公都子曰：“（1）告子曰：‘性无善无不善也。’（2）或曰：‘性可以为善，可以为不善；是故文武兴，则民好善；幽厉兴，则民好暴。’（3）或曰：‘有性善，有性不善；是故以尧为君而有象；以瞽瞍为父而有舜；以纣为兄之子，且以为君，而有微子启、王子比干。’今曰‘性善’，然则彼皆非与？”

可以看到，在孟子时代，对于人性的流行的看法主要有三种：（1）告子的性无善无不善论；（2）性可以为善，可以为不善论；（3）有性善，有性不善论。三种学说都有其理论的依据。我们分别予以讨论：

首先看第一种。公都子并没有叙述告子人性论的理据，这是由于，《告子》整篇都与孟子与告子的论辩有关，告子人性论的依据在前文已经有所交代。从上下文可以看出，告子的理由是："性犹杞柳也，义犹杯棬也；以人性为仁义，犹以杞柳为杯棬。""性犹湍水也，决诸东方则东流，决诸西方则西流。人性之无分于善不善也，犹水之无分于东西也。"（《孟子·告子上》）这就是说，对于（1）而言，人性本来无所谓善，无所谓不善，所谓善与不善都是后来人为的结果。也就是说，人性犹如一堆素材，善与不善都是用这堆素材做出来的，都是加工素材而成的产品，不是素材本身。所以，素材无所谓善与不善。可以看出，告子的这种人性论把人性理解为一种类似于素材那样的东西，是生之自然之资。事实上，正是在《告子上》中，我们看到告子对于人性的界定正是"生之谓性"。

第二种人性论的根据是这样一类经验性事实："文武兴，则民好善；幽厉兴，则民好暴。"（《孟子·告子上》）好的君主出现，人们向善；而坏的君主则把人们引向不善。就这个经验性事实，可以说明，一般人的人性是可以为善，可以为不善的。为善、为不善，并非与个人的生之资（素材）相关，而是与环境的作用密切关联。它强调的是良好的社会环境对于善的构成作用。但是，它并不讨论社会环境对于人性的影响，也必须以人性的接受为其基础；而且，人的接受并非一种完全被动的过程，而是具有一定自为性的活动。

第三种人性论的特点是强调人性本身具有不依赖环境影响的独立自为性。在圣明的君主尧的治理下仍然存在着象这样的坏人；而在瞽瞍这样坏的父亲的家庭中，仍然有舜这样道德高尚的人。由此而言，环境的作用并不能最终决定人性。而上述的经验性事实只能告诉我们，有些人的人性是善的，有些人的人性是不善的。

上述三种人性论表面上看起来各不相同，但是，它们又具有惊人的相似之处。这就是，它们都是对于已然的经验性事实的解释，反过来，这些经验性事实也显现了人性概念在这里所承担的哲学功能。人性的理解发源于这些经验性事实，同时它又可以完成对于经验性事实的道德解释。由此，人性的概念是在一种认知性的哲学框架内得以探讨的。

## 二、以情才代性：孟子对于三种人性论的批判

最值得深思的是孟子对于公都子的回答，只有通过这种回答的深刻意蕴的阐发，我们才能更进一步地理解这三种人性论，从而理解孟子性善论与众不同的出发点。

孟子的回答如下：

（A）乃若其情，则可以为善矣，乃所谓善也。（B）若夫为不善，非才之罪也。（C）恻隐之心，人皆有之；羞恶之心，人皆有之；恭敬之心，人皆有之；是非之心，人皆有之。恻隐之心，仁也；羞恶之心，义也；恭敬之心，礼也；是非之心，智也。仁义礼智，非由外铄，我固有之也，弗思耳矣。（《孟子·告子上》）

在上述引文中，孟子表达了（A）（B）（C）三个方面的内容。必须看到，长期以来，人们往往认为，孟子的上述论说是孟子在正面阐发自己的理论主张，而忽视了它与上述三种流行的人性论之间的关系。只是在王船山那里，才直接明确地揭示了两者之间存在的意义上的深层对应关系。[①] 根据王船山的发现，它们之间具有非常齐整的对应关系，不过这种对应的方式是：

（1）—（B）

（2）—（A）

（3）—（C）

---

① 〔清〕王夫之：《船山全书》第6册，岳麓书社1991年版，第1052 ~ 1073页。

在下文中，我们可以通过以上的对应来分别研究孟子对于三种人性论的批评。

孟子对于第一种人性论的批评是："若夫为不善，非才之罪也。"这句话是一个省略句，它逻辑地蕴含着如下的观念："至若为善，亦非才之功也。"告子主张人性无善无不善，孟子却极其简明地回答：为善不是才的功劳，为不善也不是才的罪过。这里隐含着的意思是：告子所说的本来无善无不善者，不是性，而是才，人的才质没有善与不善的区别，或者更为明确地说，善与不善并非一个针对才而言说的概念，而是针对性才具有的概念。告子的错误在于以才代性。所以，他的对于人性的如下理解也即"生之谓性"在孟子看来述说的仅仅是"才"而不是"性"。"才"按照《说文》的解释是"草木之初也"，人的才就是人初生的资禀、材质，它为善的行为提供了由以出发的初始条件，也为不善的行为提供了初始条件，但是，它不是为善为不善的充分条件。在这个意义上，"才"是中性的概念，它与善、不善没有直接的关联。孟子告诉公都子的是，就告子的无善无不善论用来述说人的才质而言，那无疑是正确的；但就他把"才"作为性来看待而言，他是错误的。因此，告子不可能理解他（孟子）的性善论。换言之，通过才（即告子所说的"性"）来解释人性的善、不善，犯下了偷换论题的错误，而且，没有找到善的最终的根源。孟子的意思是，如果为不善是才的罪过，但是，天降之才是无差别的，每个人初生的材质是没有什么差异的，这样一来，人的才就是罪过。人人只要有才，就不能为善。这样，就必然导致如下的错误观念：善的行为是以对才的敌视为代价的。这在实践上无疑是有害的。所以，孟子坚决主张，"为不善，非才之罪也"。但是，与此相联系的是，为善也不是才的功劳。如果有了才，就可以为善，而天降之才是没有差别的，那么，为什么还是有人为不善呢？所以，告子把人性归结为初生之材质，但是这并不能真正说明人为什么能够为善，也不能说明有些人为什么在现实中不能为善。从逻辑上看，告子的人性论的进一步发展的另一种可能性是充分支持尽才的观念，也即充分实现人的才能。因为，他把人性理解为人的才质，才质本来无所谓善与不善，善与不善都是改造才质、尽才的结果。但是孟子恰恰严格地区分了才（能）与道德意义上的贤，一个人很有才能，但他并不就是道德（善）的。一个人能否设计制造飞机与他是否是道德的完全是两回事。所以，告子的学说，他的正面意义只能导致人们在发挥、培育自己的才能上下工夫，但是在导人向善方面却有可能把人引入歧途。这就是孟子对于告子人性论的看法。

从孟子的立场来看，才与性是两种不同的存在领域。“才”与“能”是同义性的语词，孟子既说“尊贤育才”，又说“尊贤使能”，所以，才就是能，它既是素材，也即人性善的现实依据；又意味着一种“能”，也即有待现实化的可能性。但是，在孟子的语言词典中，“才”不是道德学的概念，孟子把道德性的“贤”与非道德性的“才”并列使用，就是一个具有说服力的例证。才与贤的分化意味着这样一种认识：技术上的才能或者天赋的高低，与道德学上的善与不善无关。因此，从才的角度去谈论善与不善的问题，在孟子看来，从一开始就陷入了一个“具体的误置”的错误，也即把属于彼领域的问题放置在此领域中来探讨了。总之，对于孟子而言，告子的错误是一种出发点或方法论上的基础性的错误，是“以才代性”的错误。

对于第二种人性论，孟子的回应是：“乃若其情，则可以为善矣，乃所谓善也。”这个回应更是直截了当，它指出了这种人性论的关键是对于善的理解。“乃所谓善”意味着你所说的善不过是如此罢了。换言之，对于善的理解是不充分的。从逻辑上看，孟子在此所说的仍然是一个省略句。这句话的完整表达应该是“乃若其情，则可以为善矣，亦可以为不善也，乃所谓善也”。为什么只说可以为善，而不说可以为不善呢？因为，按照孟子的理解，任何一种关于人性善恶的学说，关键的不是用来证明、论证性是善还是不善的，而是用来告诉人们如何才是善的。第二种观点的实质不是性本身是善还是不善，而是善是为出来的。通过人的为，善才存在。所以，孟子不去针对可以为不善，而是针对可以为善说话。孟子所说的“其情”，指的是“人之情”。“情”的意思历来有两种解释：一是情感，指喜怒哀乐爱恶欲；一是实，实际情况、情状。不管取哪一种解释，都可以确定，情感与情状都是有迹象可寻找的，是已经表现出来的现象，是人性的实际表现。“乃若其情，则可以为善矣”，孟子的意思是，至于谈到人性的实际表现，那么是可以为善的，这就是你所说的善。这是孟子对于第二种人性论的评论。这里的要点不是说第二种人性论是错误的、一点价值都没有，而是说，这种人性论在根本上说的不是性，而是情。如果把论题限定在情上，这种看法是完全正确的。至于人为什么能够为善，它一点都没有提供继续思考的余地。而且，“可以为善”意味着善是为出来的，但是，脱离了性的基础，能否为出来呢？如果善是为出来的，那么，一个石头能不能为出一个木桌呢？显然，它没有理解，以情说性，并不能获得可以为善的根据。换言之，这种看法没有触及性本身。

应当注意的是，“可以为善”，同时也就意味着本身不是善。如杞柳可以为杯棬，但是杞柳并非就是杯棬。杞柳可以为杯棬，同时也就存在着可以不为杯棬的可能性。其情可以为善，同时也意味着人情之可以为不善。但是，这里的关键是善是为出来的。即使人性中没有的东西，也可以制造出来。这样一种观念使得善游离了人性的根源，而成为可以从外面塞进来的东西。

“可以”是一个值得注意的表达，它与“能”不同。在孟子那里，已经可以看到“可以”与“能”的区别。在《梁惠王上》中，孟子说过“可以王”但是“不能王”的现象：“王之不王，不为也，非不能也。”我可以做某事，是否等于我能做某事呢？我不可以做某事，是否等于我不能做某事呢？可见，可以不等于能。荀子对此做了如下区分：

> 涂之人可以为禹则然；涂之人能为禹，未必然也。虽不能为禹，无害可以为禹。……可以为，未必能也；虽不能，无害可以为。然则能不能之与可不可，其不同远矣。（《荀子·性恶篇》）

根据这个区分，可以进一步来理解孟子的上述断言：从人的实际情况看，人可以为善，但这并不意味着人能善。可以为善不能解释人能否善，更不能解释为什么能为善。孟子说的“乃所谓善也”是值得注意的一个表达。它的意思是：你所说的善，只是情之可以为善的实际表现。但是，可以为善，恰恰非即善，因此，你说的善恰恰不是真正的善。孟子的意思是，公都子所说的第二种人性论，不但没有说出人性能善的根源，而且他实际上说的，不是性可以善（或可以不善），而是情可以为善、可以为不善。因此，在第二种人性论中，真正被讨论的是情，而不是性。换言之，第二种人性论是以情代性，没有触及真正的性。“乃所谓善也”的意思是说，第二种人性论所讲的那些关于人性的可以为善、可以为不善，只是从实然层面、迹的层面触及的所谓的善与不善。这与孟子本人所说的性善无关。

孟子通过对第一种人性论和第二种人性论的批判，表明了这样一个方法论上的问题。从经验的解释层面并不能理解人性的本质以及性善的道理。事实上，正如孟子所看到的那样，这两种看法，根本就未触及性，而是以情才取代性。“彼二说者只说得情、才，将情、才作性，故孟子特地与他分明破出，言性以行于情、才之中，而非情、才之即性也。”[①]当然，正如王船山所发现的那样，在第一种与第二种人性论中，都内在具有以情才代性的倾向。例如，在告子的性无善无不善论中，可以发现：“曰‘性犹杞柳也’，则但言才而已。又曰‘性犹湍水也’，则但言情而已。又曰‘生之谓性’，知觉者同异之情、运动者攻取之才而已矣。又曰‘食色性也’，甘食悦色亦情而已矣。”[②]以情才代性，构成了以上两种人性论共同的理论特色。

关于第三种人性论，孟子的态度更是非常明确。它们的错误在于“弗思耳矣”。思在孟子哲学中有其特定的含义，它是心之官能，是人之“大体”，与耳目之官也即人之“小体”相对：“耳目之官不思，而蔽于物。物交物，则

---

① 〔清〕王夫之：《船山全书》第6册，第1064页。

② 〔清〕王夫之：《船山全书》第6册，第1053页。

引之而已矣。心之官则思，思则得之，不思则不得也。”（《孟子·告子上》）孟子认为：性善的真理不能在耳目之官中给与，这就是说，感性所能把握到的乃是经验性的事实，而性善不在其列。只有通过思的精神活动才能洞见性善的真理。

总之，孟子告诉我们，当我们把对于人性的理解放置在经验性事实的解释的框架中去的时候，我们根本无法触及真正意义上的性。孟子还把这一看法上升为人性论的方法论批判。

## 三、“以故言性”的方法论批判

以上三种人性论，都是对于人性表现出来的经验性事实（“已然之迹”或人性之“故”）的解释。在这种解释中起主导作用的是一种认知理性。它把性的问题归结为因果知识上的说明。而孟子坚决主张，把性和善的问题交给这种理性，我们就会与之失之交臂，也就是说，真正的问题，反而被我们忽视了。对于人性的论说，真正重要的问题是，如何才能触及真实的人性。这是一个言性的方法论问题。孟子在对于流行的人性论的批判的基础上，向我们正面提出了这样一个问题。孟子指出：

> 天下之言性也，则故而已矣。故者以利为本。所恶于智者，为其凿也。如智者若禹之行水也，则无恶于智矣。禹之行水也，行其所无事也。如智者亦行其所无事，则智亦大矣。天之高也，星辰之远也，苟求其故，千岁之日至，可坐而致也。（《孟子·离娄下》）

一般人对于这段话的理解是：讨论人性，只要能推求其所以然之“故”就可以了；推求其所以然之“故”，就是要顺其自然之理，这就是孟子提出的言性方法。这样的解释在现代几乎成为定论，它根本没有注意到，孟子在这里不是正面提供一种应当采用的言性的方法，而是指出当时人们言性所采用的方式，这是一种事实陈述，而不是一个当然判断，或目的判断。[①] 而且，更为重要的是，在这个事实陈述中，隐含着的乃是孟子对于时人言性方法的不满与批判，而不是认同。

事实上，赵岐、孙奭的解释就更为接近孟子的原意。赵岐《孟子注》、孙奭《孟子疏》指出，孟子在此并不是指出言性应采用“故”的方式，相反，以故言性恰恰是孟子所批评的言性方式，这种言性方式非但没有触及真正的性，反而常常满足于理智上（逻辑层面）的顺通：

> 今天下之言性，则以故而已矣。以言其故者，以利为本耳。若杞柳为杯棬，非杞柳之性也。
>
> 孟子言今夫天下之人有言其性也者，非性之谓也，则事而已矣。盖故者，事也。[②]

根据《孟子注疏》的理解，孟子在此所强调的并不是这样一种规范性的要求：以故言性，这是天下之通义。恰恰相反，孟子指出的是：以故言性，恰恰不可能触及真正的性，其所能触及的仅仅是“事”，是性之已经表现出来的经验性事实，用孟子的语言来说，就是“故”。

“故”有两个相互联系的含义：一是“已然之迹”，也就是已经显现出来的经验性事实；一是所以然之故，原因，根据。从逻辑上看，“所以然之故”的意义为“已然之迹”的意义的衍生义，因为，“所以然之故”这个表达强调的是“已然”的根据，如果没有已然的经验性事实，那么，探求的是

---

① 在一定意义上，这种流行的理解是通过朱熹进入现代的。朱熹从他自己的哲学出发，误读了孟子的这句话。在他看来，孟子在这里所要表达的是，“天下之言性者，但言其故而理自明，犹所谓善言天者必有验于人也”。（参见〔宋〕朱熹：《四书章句集注》，中华书局1983年版，第297页。）显然，他把孟子所说的“天下之言性也，则故而已矣”错误地理解为规令判断或应然判断，而没有注意到本文中的“也”与“矣”两词暗示我们孟子所说的乃是一个事实判断，而且，它所揭示的事实还是一个在他看来应该得以更正的方向性错误。

② 〔清〕阮元校刻：《十三经注疏·孟子注疏》，中华书局1980年版，第2730页。

谁的所以然之故，就说不清楚了。在这个意义上，以已然之故（经验性事实）言性同时关联着以所以然之故（经验性事实的原因）言性。二者之间具有一体性的关联，它们都为一种认知性的哲学系统所要求。从以上的分析可以看出，以故言性，与以情才言性，实质上是一致的。确切地说，不论是以情言性，还是以才言性，都是以故言性的不同形式。

孟子认为，以故言性，只是以“利”为本。所谓“利”，朱熹正确地解释为“顺”，也就是“通”。[①] 为什么“以故言性”必然“以利为本”呢？因为，当通过对经验性事实（故）解释、说明的方式来论说人性时，在这里真正起作用的是认知理性（理论理性），也就是对理性的思辨的运用。这种运用的规则只能是理智上的顺通，也即逻辑上的无矛盾性。这里涉及的是孟子如下的重要洞见，即从经验事实的观察出发去理解人性，我们就把自己限制在理智（认知理性）的解释功能之中。所以，孟子在断定以故言性必然导致以利为本之后，紧接着忙于指出的就是理智的局限性：“所恶于智者，为其凿也。如智者若禹之行水也，则无恶于智矣。”理智所寻求的解释，仅仅是众多的可能性中的一种或几种，它并不能穷尽所有的可能；理智的解释功能之所以依赖于经验性的事实（故）就在于，在理智选取众多的可能性的工作程序中，它是以哪种可能性所能解释的经验性事实最多为准则的。所以，以“故”言性，导致了对于理智（认知理性）的过度依赖。而孟子怀疑的是，人性的问题能否通过认知理性加以解决。显然，孟子的正面主张是，不能仅仅以故言性。因为，正如《孟子注疏》所表明的那样，以故言性，所言者可能非性也；仅仅以故的方式言性，如果言对了，那也是以其“巧”，而不是以其“道”。

以故言性，追求的仅仅是逻辑层面的顺通。但是通的目的仅仅是能够对于经验观察的已然性事实（已然之迹）加以解释，孟子认为这样不能获得真正的性的概念。因为，在他看来，即使身边之人都在行不善，也不能说明人性就是恶的。《孟子·告子上》篇说，牛山的树木曾经是很茂盛的，但由于

---

① 〔宋〕朱熹：《四书章句集注》，第 297 页。

它们长在大都市的郊外，老是有人去砍伐，它们还能够茂盛吗？尽管被砍伐的树日日夜夜在生长着，不断有新的嫩芽长出来，但是紧跟着就去放羊牧牛，所以，牛山就变成不毛之地了。人们看见牛山光秃秃，以为这里不能生长树木，这难道就是牛山的本性吗？人为不善，不过是放其心而不求，难道能说人性就是不善的吗？孟子以这个例子来表明性的问题不能放置在经验的认知性层面加以解决。因为，对于孟子来说，人性并不是一个经验的事实，它不能归结为人身上的某种东西。性善也不是人的可以观察到、推论出来的本性。从这个视角看来，即使天下之人都在为恶，也并不能证明孟子所说的人性本善是错误的；反过来，即使天下之人都在为善，也并不能证明孟子的人性善的论说是正确的，因为孟子对人性的论说并不是以经验性事实为基础的。然而，这也并不意味着，孟子的人性论就是先验性的。

孟子表明，一旦从经验性事实出发去理解人性，我们就不能摆脱认知性哲学系统的纠缠，人性的论说就成为一种知识或理论。理论被建构出来以使我们以某种方式感知世界的意义，它以一种或明确或含蓄的方式关涉我们对于世界的进一步的认识，或者是对我们自认为已经有所了解的知识进行修正。理论所体现的是认识论的视野或框架。[①] 而按照孟子的意思，他的性善论告诉我们的不是有关人性的某种知识，通过它，并不能增加我们对于人的知识，或修正我们已有的知识。性善论必须在一种非认知性的哲学系统内加以解读。

## 四、性善：作为引导性的概念

孟子把人性的问题从认知性的哲学系统中加以排除，那么，其性善的观念就必须在另外一种视野内加以理解。

劳思光先生区分了引导性的哲学（orientative philosophy）与认知性的哲学（cognitive philosophy）。认知性的哲学以建立某种客观的知识为其目标，

---

① 尼格尔·多德区分了理论与规范，参见其《社会理论与现代性》，陶传进译，社会科学文献出版社 2002 年版，第 5 页。

引导性的哲学则以达到某种转化为其主旨。也就是说，认知性的哲学是把哲学活动视为一种追求知识及建立知识体系（也即理论）的活动；而引导性的哲学则是要在世界中造成转化，无论是自我转化还是世界转化，它的目的并非是去探求知识以及建立知识体系，而是将意志，无论是个体的还是群体的，引导到某一领域或方向上去。[①] 如果用更加简单的术语加以概括，认知性的哲学追求的是“什么”（what），而引导性的哲学探究的则是“如何”（how）。前者导向以认知论和方法论为基础的理论的建构，后者则关联着试图达到存在的转变与完善的规范性立场。

显然，孟子的性善论并不把“人性是什么”作为它的基本问题，它并不企图增加我们对于人性真实状况与处境的知识，也不以理论的面目出现以解释或修正我们的经验。与此相对，孟子的性善论可以理解为一种规范性的系统，它为存在的转换与提升提供一个规范的基础。规范意义上的性不是认知的对象，而是一种实践的方向。在严格的意义上，它可“明”，但不可“知”。在中国哲学的语境中，“明”不是一般意义上的认知。一般性的认知与行为相对待，它还有待于行为才能落实，在这个意义上，它以行为而不以自身为其目的。但是“明”则是自身就是目的的理解活动，它本身就可以在行为的层面上加以理解，“明”性不是获得了关于人性的新的知识，而是获得了存在提升与转化的自觉。[②] 就此而言，明白了性善的真理也就是获得了向善的意向、动力，甚至开始了向善的过程。换言之，明善也就成为人性中的善的展开方式。

在孟子这里，人性之善不能化约为具体的、已经实现了的善行。善行已

---

① 石元康：《引导性的哲学与认知性的哲学》，贺照田主编：《学术思想评论》第 8 辑《后发展国家的现代性问题》，吉林人民出版社 2002 年版，第 188 页。

② 王船山对于知（行）与（诚）明作出了明确的区分：“明非但知之谓也。《或问》兼安行言之，为尽其义。如《大学》之言‘明德’，该尽缉熙敬止、恂栗威仪、具众理、应万事者，统以一明；与‘致知’之知，偏全迥别。”“在学则知行分，在德则诚明合。”参见〔清〕王夫之：《船山全书》第 6 册，第 571、599 页。

经是人性借助人之情才而获得的现实展开。但是，即使没有通过才情的展现，吾人依然不能否定人性之善。甚至即使一个人在为恶时，我们仍然不能否定其性之善。对于这样的人而言，其实只是其本心陷溺，不能发现自己的真实的本性了："非天之降才尔殊也，其所以陷溺其心者然也。"（《孟子·告子上》）道德哲学的目的不是增加伦理的知识，其本身就是一种以发现本心为中心的实践性学问："学问之道无他，求其放心而已矣。"（《孟子·告子上》）因此，性善，不是一个可以观察到的经验性事实，也不是一个理论性的设定，通过这种设定，可以解释观察到的人性现象。它更多地类似于一个实践的理念，也即一种目的性的善；它不是行为在某一个时刻要达到的目标，而是建构生活本身的一种方式、一条道路、一种方向。在我们"以故言性"的时候，这一方向已经内在地构成了言说的基础。因为，任何对善与恶的判断本身都不能仅仅由逻辑的方式来达成，相反，一种引导性的信念原则在指引着我们的判断。由此，性善就不是一个理论（认知）理性的陈述，而是一个实践理性的断言；它不是为了论证人是善的，而是指出人走向自身存在的道路。

总而言之，在孟子那里，性善的论说是一种引导性的概念，它具有的功能是双重的：一方面是引导吾人获得存在转化与提升的自觉，一方面是为存在的转化提供一种根本性的方向。

（作者单位：华东师范大学哲学系）

# 湍水之喻与善的必然性
## ——孟子与告子“湍水之辩”释义

郭美华

**[ 内容提要 ]**

孟子与告子经过湍水之辩揭示了善的必然性，首先在于告子错误地理解了水和人，即抽象割裂地视水为脱离大地的分离存在，相应地也将人视为抽象的孤立存在物。孟子将人视为整体性与过程性的统一，在能动字义上将性理解为一个自我实现的过程，此即善之必然性的要义。如此必然性，是在与他物构成的整体中，不断经由自我否定而实现自身肯定的过程。

孟子“道性善”，但在《孟子》中“善何以必然”的问题，表面上看似乎没有得到充分而完整的揭示，以至于常常受到诘问：如果人性皆善，现实之恶何来？

实质上，在《孟子·告子》中，孟子通过与告子“杞柳与杯棬之辩”、“湍水之辩”和“生之谓性辩”的三个经典争论，从类（人的类本质）、故（道德存在或善的根据）以及理（道德存在或善的必然性）几个方阐述了善何以必然的问题。[①]就广义而言，善的必然性问题，不但包括“知其然”与“晓其所以然”，并且包括“明其必然”。不过，本文是从一个狭义的角度来说明善的必然性，即以孟子和告子的“湍水之辩”为中心，以文本的诠释为基础来理解“善何以是人之生存的不得不然”。在“湍水之辩”中，孟子借告子的譬喻而引申之，认为人之善的必然性犹如水向下的必然性：“人之向善，就如水之就下，是必然的自己的运动。”[②]所谓“必然的自己的运动”，换言之，就是说善的必然性，是指人自身的存在活动是一不断的自身返回过程。善的如此必然性，在湍水之辩中借水的意象而得以揭示。

## 一、孟子、告子对“湍水”与“人”的两种不同理解

如所周知，“湍水之辩”在《孟子·告子上》中，是孟子与告子关于人性问题的第二个争论：

> 告子曰：“性犹湍水也，决诸东方则东流，决诸西方则西流。人性之无分于善不善也，犹水之无分于东西也。”
>
> 孟子曰：“水信无分于东西，无分于上下乎？人性之善也，犹水之就下也。人无有不善，水无有不下。今夫水，搏而跃之，可使过颡；激而行之，可使在山。是岂水之性哉？其势则然也。人之可使为不善，其性亦犹是也。”

单纯从论辩的形式来看，似乎“湍水之辩”是以人性与水作类比来进行论证，而孟子抓住了告子以水作比中的破绽并击败了告子，但类比论证本身的缺陷不能必然地证明人或人性之善。因此，如果仅仅将湍水之喻视为不严谨的类比论证，“湍水之辩”中孟子所谓“人无有不善”就没有必然性。这

---

① 参见冯契：《中国古代哲学的逻辑发展》上册，上海人民出版社 1993 年版，第 184 ~ 189 页。
② 冯契：《中国古代哲学的逻辑发展》上册，第 187 页。

样的批评，在一定意义上，适用于告子而不适用于孟子。告子使用湍水之喻来比拟人或人性，不但一方面昧于人之性而不适当地将水与人（或水性与人性）作比拟；而且另一方面昧于水之性本身，从而在类比中没有切中水之意象的真性。因此，船山谓："告子说'性犹杞柳'，'犹湍水'，只说个'犹'字便差。人之有性，却将一物比似不得，他生要捉摸推测，说教似此似彼，总缘他不曾见得性是个甚么；若能知性，则更无可比拟者。"①船山的批评认为，告子将水视作为一物，与性作为一物，仅仅从"犹"——一种没有内在关联的表面相似——来进行类比，如此根本无与于人之真性或人性之真。在水与人性各自作为"一物"的意义上，告子的类比前提是：所谓"一物"，就是将言语所确定的指称对象视为原子式独立体，亦即认为孤立独存的水"犹如"绝物独存的人。

"湍水"本是滚动不已的，但其滚动不已之动，只有在广阔大地上才如其滚动而动。但在告子看来，滚动不已的水流，似乎在一种自身隔绝围堵起来的堤坝之中，隔绝于大地（无论山脉与平地还是山谷）而自身滚动。只有以一种外在的方式，将此堤坝开掘，滚动的水才透过堤坝与原本隔绝于外的大地发生实际的关系，才有了实际向东或向西的流动。简言之，在告子的类比中，水具有两种不同意义的涌动：一种是本然的、隔绝于大地的自身孤立自存的抽象滚动；一种是经由外力挖掘开其封闭性堤坝之后，在大地上（山脉、平地与山谷）的与物相交往的实际的东流或西流。因为将水与大地隔绝，涌动不已之水与大地的整体性被撕裂，从而水与大地的真实关联便被湮没了——告子无法说明水之流动与大地的内在关系，于是，就以无谓的向东向西来说明水与大地的外在性、偶然性关联。

就告子的理解而言，被割裂而抽象的"自身涌动之水"，与抽象的人之爱欲追求之间（爱欲也是一种初始的涌动），似乎可以存在"类比"关联。孤立割裂的本然涌动之水，纯粹是一种思想的玄想，在其自身，自然无所谓

① 〔清〕王夫之：《读四书大全说》，《船山全书》第6册，岳麓书社1991年版，第1051页。

定然如此而不得如彼的流向。告子以湍水比人，船山指出其所用以作比的湍水之意就是无确定指向：“‘湍水’一决即流……其实只是无定之义。”[①] 事物之生成与展开自身的确定之向，必须在与他物彼此结成不可分割的整体的意义上，在彼此的内在关系之中，才能得以贞定（显示其必然性）。在告子，水与大地以偶然而外在的方式发生关联，从而向东或是向西的或然性就湮没了向下的必然性。相应地，对于人或人性，在玄思的抽象割裂之中，将之视为独立自存的某种本然之物，则其在具体境遇中的现实展开，就以外在而偶然的方式，或善或恶，并无不得不如此而不如彼的必然性。

在类比的意义上，告子对水的谬误理解，其实根源于他对“人”的谬误理解：“告子错处在一‘人’字，他不识得人之所以为人，故不知性。‘人无有不善’吃紧在‘人’字上，若犬牛之性则有不善者矣。”[②] 因此，以湍水类比于人或人性，不是因为对湍水的错误理解而类比推论出对人或人性的错误理解；相反，是因为对人或人性的错误理解，使得告子错误地使用了错误的湍水意象来做错误的类比，并反过来加深了对于人或人性的错误理解。

因此，孟子虽然接着告子的湍水之喻引而申论之，但孟子与告子有着完全不同的理解：“孟子此喻，与告子全别：告子专在俄顷变合上寻势之所趋，孟子在亘古亘今、充满有常上显其一德（自注：如言‘润下’，‘润’一德，‘下’又一德）。此唯《中庸》郑注说得好：‘木神仁，火神礼，金神义，水神信，土神知。’（自注：康成必有所授。）火之炎上，水之润下，木之曲直，金之从革，土之稼穑（自注：十德），不待变合而固然，气之诚然者也。天全以之生人，人全以之成性。故‘水之就下’，亦人五性中十德之一也，其实则亦气之诚然者而已。故以水之下言性，犹以目之明言性，即一端以征其大全，即所自善以显所有之善，非别借水以作譬，如告子之推测比拟也。”[③]

---

① 〔清〕王夫之：《四书笺解》，《船山全书》第 6 册，第 341 页。

② 〔清〕王夫之：《四书笺解》，《船山全书》第 6 册，第 341 页。

③ 〔清〕王夫之：《读四书大全说》，《船山全书》第 6 册，第 1056 页。

船山自气本论而论善之意蕴，这是另一话题。就本文的主旨而言，我们需要注意的是其间两点：其一，孟子以水喻人，是在“亘古亘今”的连续性历史进程中彰显其内在之德；其二，孟子以水喻人，是在天、人、水、土、木、金、火一体之中而论水之就下与人性之善，换言之，是在水与人在内的天地万物相涵相摄的整体性之中而论其一贯之德（性）。从船山此处的阐述来看，连续性进程与整体性境域是理解善及其必然性的基础，脱离这两点来论善及其必然性，都将陷入抽象理智思辨的矛盾之中（必然善何以有恶之类的问题）。

与抽象玄想而割裂的水之自身与人之本然相比，真实的水，水的真实的涌动，就是在大地上、天空下——“天地之间”——与万物相遇相接的流淌。真实的人，人的真实之性，就是在天地之间与万物他人相遇相接而行动。水与人在具体而连续的关联中一体而在。在此意义上，湍水之辩通过对告子“错误类比”的揭示而引向更为深刻的理解：“孟子赢得与告子的论辩，不是由于他的诡辩比论敌机智这样琐碎的原因，而是因为他对水这一自然现象有着比告子更为透彻的理解。”① 这一更为深刻的理解（无关于真理性）昭示，告子与孟子在“湍水之辩”之中，对于水与人的分歧在于：告子是以玄想抽象的、孤立而割裂的水自身与人之本然的外在类比，孟子是基于连续性进程与整体性境遇的内在领悟。

进一步理解孟子关于水与人或人性的更深刻意涵，需要将《孟子》文本有关水的论述加以深入的阐释。

## 二、《孟子》中水之意象所昭示的过程性与整体性意蕴

在《孟子》七篇中，提到水有四十四次之多②，单是“水之就下”一句就有三四次。除开日常意义上的水（比如与火相对举），孟子对“水”的言说，

---

① [美]艾兰：《水之道与德之端：中国早期哲学思想的本喻》，张海晏译，上海人民出版社2002年版，第46～47页。

② 杨伯峻：《孟子译注·孟子词典》，中华书局2010年版，第337页。

其中若干处值得深入剖析。在孟子看来，孔子对水就洋溢着赞赏。《孟子》有一段弟子问孔子何以称赞水的问答：

徐子曰：“仲尼亟称于水，曰：‘水哉！水哉！’何取于水也？”

孟子曰：“原泉混混，不舍昼夜，盈科而后进，放乎四海。有本者如是，是之取尔。苟为无本，七八月之间雨集，沟浍皆盈；其涸也，可立而待也。故声闻过情，君子耻之。”（《孟子·离娄下》）

《论语·子罕》中有“子在川上曰：‘逝者如斯夫，不舍昼夜。’”的感叹，在后世主要理解成为学或道德一生存的不间断性。孟子对此作出了更为细腻的规定，即将之界定为“原泉混混”、“不舍昼夜”、“盈科而后进”与“放乎四海”四个方面，从而清晰地显示出一个连绵不绝的过程。这四个方面，从过程性角度看，就是阐明水流之为流，有其起点（本），有其展开，有其归终。从其起点或本而言，水流有本，其本为滚动不已之“混混”（原泉混混）。从其展开来看，一方面，水流之流动，无有一息之暂停（不舍昼夜）；另一方面，水流之流动，在整个过程的每一环节上都是内在充实的，并且当且仅当在每一环节上实现自身之内在充实，水流才进一步前行展开为下一环节（盈科而后进）。从水流之归终来看，水流之流，最终涌入汇合于碧海长天混一的滔滔海水（放乎四海）。

流水的过程性，作为起点、展开与归终三个环节的动态统一，昭示的是整体性本身。就人性问题的讨论以真实为鹄的而言，其“意义在于全部运动”，其内容和意义是“整个展开的过程”，“内容即是理念的活生生的发展”。[①]全部运动、整个展开过程作为活生生的发展，就是真之所以真。黑格尔说：“真

---

① ［德］黑格尔：《小逻辑》，贺麟译，商务印书馆 2009 年版，第 425 页。黑格尔认为，绝对展开的每一阶段，都是在有限方式下对于绝对的表现，每一阶段都尽力前进、展开以求达于全体。他以“开始”、“展开”和“目的”作为三个环节的相互勾连演绎，具体地展示了三者统一意义上的全体。参见《小逻辑》第 238 ~ 242 节，第 426 ~ 429 页。

理是全体。但全体只是通过自身发展而达于完满的那种本质。”[①]事物作为过程与整体的统一，既要求在动态的意义上理解事物，也要求在动态的意义上理解过程中的每一环节与过程整体之间的关系。简言之，事物展开的每一环节，一方面既是过程的构成环节，又是过程本身的当下实现；另一方面，每一环节既是整体的构成，也是整体的实现。

就《孟子》文本中关于水的描述而言，作为起点的“原泉混混”，本身就是基于整体的涌现或实现：“原泉者，涵之地中而出于地上，畜之也深，而乐见其有余，于是而混混然居盈积厚之势，地不足以困之矣。”[②]有本之水不是某种自身自足而独立存在的状态，而是深厚积蓄在大地之中从而自身涌现在大地之上。换言之，混混涌动之水，它之展开自身、显现自身，就是在与大地一体中、将大地作为自身的他者——妨碍并困顿自身的力量——并克服这一他者的活生生展开中显现自身。这就是“水流”的起点：在大地中涌动并“正在”克服大地而实现自身的涌动。作为水流之起点的源泉，作为起点就已经展现自身为涌动之水流本身。

因为在其绽露自身的“本然状态”中，源泉就是与大地一体并克服大地束缚的水流自身。源泉克服大地束缚并进一步实现自身的“展开”，就是水流之真正的流动。因此，水流的展开，可以必然地从其原初混混的涌动中昭示其方向。《孟子》文本中有一段值得注意的讨论：

> 孟子曰：“天下之言性也，则故而已矣。故者以利为本。所恶于智者，为其凿也。如智者若禹之行水也，则无恶于智矣。禹之行水也，行其所无事也。如智者亦行其所无事，则智亦大矣。天之高也，星辰之远也，苟求其故，千岁之日至，可坐而致也。”（《孟子·离娄下》）

---

① [德]黑格尔：《精神现象学》上册，贺麟、王玖兴译，商务印书馆 1979 年版，第 13 页。
② 〔清〕王夫之：《四书训义》，《船山全书》第 8 册，第 508 页。

朱熹解释说：“性者，人物所得以生之理也。故者，其已然之迹，若所谓天下之故者也。利，犹顺也，语其自然之势也。言事物之理，虽若无形而难知，然其发见之已然，则必有迹而易见。故天下之言性者，但言其故而理自明，犹所谓善言天者必有验于人也。然其所谓故者，又必本其自然之势；如人之善、水之下，非有所矫揉造作而然者也。若人之为恶、水之在山，则非自然之故矣。天下之理，本皆顺利，小智之人，务为穿凿，所以失之。禹之行水，则因其自然之势而导之，未尝以私智穿凿而有所事，是以水得其润下之性而不为害也。天虽高，星辰虽远，然求其已然之迹，则其运有常。虽千岁之久，其日至之度，可坐而得。况于事物之近，若因其故而求之，岂有不得其理者，而何以穿凿为哉？”[①] 所谓故作为已然之迹，就上文的理解而言，就是作为起点的源泉之涌动。朱熹以“顺”解“利”，以“自然之势”解“行其所无事”，得出“水得其润下之性而不为害”的结论。朱熹的解释，内涵着以混混涌动之源泉自身的“内在肯定性展开”为水流之性。水作为如此内在肯定性展开的流动，就是克服大地山谷之束缚或障碍而实现自身，也就是它不断地在展开的每一环节去充实自身——不断实现自身的润下之性。

《孟子》此处将水之内在肯定性地实现自身，直接与“天下之言性”相联系，而言性是智的活动。就水而言，水的内在自身肯定的展开与实现，就是在展开过程的每一环节之内在充盈激荡本身，这并非是对脱离这一过程的某种虚悬本质的“表象”。而一般理智对于水的理解，往往脱离水的涌动实情，抽象出某种思辨物作为水的本质，却失去了水的滔滔本色。对于水而言，人与之关联，在一定意义上类似于水在其自身流动中与万物的关联。在作为人与水关联典型象征的大禹治水故事中，禹并非在水之外去依凭自己的主观理智强加于水某种运行的秩序，相反，他对水的治理，是“行其所无事”，让水以自身的方式实现自身。而这也正是水在大地上激荡并实现自身的方式，

① 〔宋〕朱熹：《四书章句集注》，中华书局1983年版，第297页。

即水“善利万物而不争”，以让他物如其自身实现的方式而实现自身。对于水的如此本质，需要人之智如其实情的领悟与理解，而不是不要智而鲁莽冥行。简言之，并非舍弃智，而是否定智的穿凿。人或人性自身实现的过程，恰好在于智的不穿凿而内在地肯认生之过程而善。有人误解性的实现就要摈弃智的作用，船山诘问：“智岂非知性者之所必资，而亦何恶哉？”继而解释说：“今夫水之就下，水之性也。而当禹之时，横流泛滥，则有杳不知其经流之何在，而似可随指一处为水之归者；亦无异于人当习气横流之时，不知何者为性之真，而唯人之言之。如使智者于情欲纷乱之余，独有以深知性之固然，而导天下以知其所自生，若禹之行水，经分派引，使毕归于海，而天下晏然，则于不易知之中而真知不妄，而抑何恶乎？禹之行水也，唯不凿也，九山自高，九川自下，原有固然之经流，去其壅塞，行之而已，未尝有事于堙之遏之、开之创之也。如智者因其孩提之知爱而言性之仁，因其稍长之知敬而言性之义，因之以自治，而全性乃以全其生，因之以及物，而尽吾性乃以尽人物之性；则知之所及，上足以体上天生我之大德，而无所疑于天；下足以风动乎一世之人心风俗，使之咸若而无拂于人，其为智也，岂不大乎！而又何恶乎？夫苟能以智而行所无事，其用智也亦甚逸矣。……故君子智诚足以知性，则一言以决之曰性善。彼凿智之流，虽执一故以相亢，徒见其劳神焦思，而止以贼天下，亦恶足道哉！”[①] 在船山看来，人自身的完成，在其展开过程中，从其初始的“已然实情”（故）以“自身内在肯定方式”（利）而绵延实现，此利与否或能否自身内在地肯定自身，就系于“智”的知并自觉地持续实现自身。

就水的意象来看，水自身的最终实现是归于大海。正如正确地理解大海需要立于适当的角度一样，正确理解人性也要立足于适当的角度。《孟子·尽心上》有一段讨论“观水有术”说：

---

① 〔清〕王夫之：《四书训义》，《船山全书》第8册，第531～533页。

孟子曰:“孔子,登东山而小鲁,登泰山而小天下。故观于海者难为水,游于圣人之门者难为言。观水有术,必观其澜;日月有明,容光必照焉。流水之为物也,不盈科不行;君子之志于道也,不成章不达。”

这里与波澜的沧海联系在一起,重复强调了水流“盈科而进”的过程性。水流的展开行程,一方面是其每一环节必须内在的自身充盈,一方面又不断地指向其最终的目的。起点、过程与目的的统一,才是水流的真正面目。东山本为鲁之一地,泰山本为天下之一隅,何以登东山而能小鲁、登泰山而能小天下?船山说:“今夫流水之为物,不能为海,而必欲至于海,夫固有至之理矣,非不必以海为归也。乃出于深谷,行于川泽,高下屡经,中有科焉。盈此科而后达于彼科,无科不盈,无流不行,而后至于海。”[①]流水在其流经之途中,每一环节的内在充实本身并非就是“海”,但是,它由其每一当下的“自身必欲充实自身”指向着对于当下的超越,只要流水作为流水还要持续地流下去,它就必然在充实自身的绵延过程中流向作为归终的“大海”。如此,大海并非作为一个既成的完成物或充实物先行置放在“此”。在此,“大海”只是每一当下自身完成自身的不断超越本身的一个牵引性意象——不断展开的水流过程,必然总是不断溢出自身而前行,如此不断溢出的累积构成大海之为大海的内在本质。因此,展开环节作为不断的自身超越与绵延接续,后一环节对于前一环节,构成着一种新的视角,使得每一环节不断融入过程的整体而不至于因循固守在单一的某一个“据点”之上。前后环节的相连一体,使得从后一环节来“四望”——回顾过去的环节、关注当下的环节、展望将至的环节——从而每一构成环节都融入了一个整体而使自身“小”。这并非是以单纯的最终目的来否定过程的任何一环节。

对于人或人性的实现而言,作为一个无止境的展开过程,每一环节自

---

① 〔清〕王夫之:《四书训义》,《船山全书》第8册,第868页。

身充实、自我溢出与超越，引向无限性的自由存在状态，这正是孔子从“十有五而志于学”到“七十而从心所欲不逾矩”的展开过程：“君子之志于道，必循夫本末先后之序，实有诸已，成章而后达……如《语》所载，由志学至于从心不逾矩，每积十年，然后能成章而一进也。”[①]孔子所谓十五、三十、四十、五十、六十、七十等，每一环节都是“积学成德”，实有诸已而后前行，每一环节自身在其内部就昭示了对于自身的溢出和不得不前行的倾向，而生命存在的整体，就是从十有五到七十每一环节不断溢出自身并且不间断连缀相续，并非以七十这一环节作为生命的“终极状态”。

## 三、以善为性

在水与人性的类比中，孟子将“人性之善”和“人无有不善”交替使用，明确地将“善”仅仅使用于人自身。而且，在人与人性的互换使用及其与水之意象的类比中，很容易忽视却极端重要的是：孟子将“水之就下”与“人性之善”相对应。从句法上看，“水之就下”对应“人性之善”，以“之”字为中介，“水”对应“人性”，“就下”对应“善”。无疑，“就下”是一种动的性质；就语法学上的理解而言，“就下”是动词性质的。就此而言，善就内蕴着“动词性”意义（后文说“人无有不善，水无有不下”，“下”其实就是“就下”或“往下流”，因此许多注释就将善理解为“向善或趋善”）。在上文的阐释中，过程、自身超越、整体等以流水或生命自身的内在涌动为基本的意蕴。因此，“善”不能单纯理解为名词式或形容词式的属性概念，换言之，不能作为一种抽象理智规定的静态概念。涌动的展开过程及其整体，这是理解性善的基础。

对于孟子哲学中“性”的动态意义，在《孟子》文本中有诸多表现。比如，《孟子·尽心上》“君子所性”“尧舜性之”、《孟子·尽心下》“尧舜性者”“君

---

① 〔宋〕张栻：《癸巳孟子说》卷七，文渊阁《四库全书》本。

子不谓性”等关于“性”的说法，就只能在动态的意义上来理解。[①]以《孟子·尽心上》第二十一章、《孟子·尽心下》第二十四章来看，从力动意义上来理解，前一段文本所谓“君子所性”，包含着君子“能动地以何为自身之性”的主体性内涵。牟宗三认为，君子所以之以为性者，不是一般之“欲”与“乐”，因为二者不是人人可强求而得的，不是人性分中所必然有者。所欲所乐是所求不能必然有所得者，而所性则是其所得必然源自所求者。因此，“君子所以之以为其性者不在于其得志不得志。因为现实人生中之得志不得志是不可得而必的，故吾人必须先有不依于‘不可得而必者’之可得而必者以为绝对自足之标准”[②]。此绝对标准，就是性分之中固有而自身明觉了的“仁义礼智”。牟宗三点出所性即求在我者，并且标准在于自身内在本有，这是“主体性选择”的基本根据。不过，牟氏较为关注仁义礼智之本心的自足完满，则与选择及其标准主体能动性的过程性相内涵。

后一段文本很难理解，因为“性”和“命”显然在其中具有两重不同的意义，而孟子对之有不同的取舍，如果根据牟宗三的说法，也可以给出一个理解，即虽然为命而以之为性不以之为命，也就是求在我者；虽然为性但以之为命不以之为性，这是求在外者。不过，严格而言，比如求财富或健康，真正用力去求，此求必然也能有所得，财富与健康并不必然在求之之活动之外。如此看来，单纯突出仁义礼智根于心之本然，不置放在原初涌动的整体中来理解，命和性的区分是没有办法的。因此，当葛瑞汉在身心（欲望与道德）实际冲突的整体中来理解时，问题似乎得到了一些解决的征兆。考葛瑞汉的一个说法：“孟子精确地说明了欲望与道德之间的冲突。……在衡量彼此相反

---

① 信广来教授在《孟子论人性》中对此有概括，见［美］江文思、［美］安乐哲编：《孟子心性之学》，梁溪译，社会科学文献出版社 2005 年版，第 201 ~ 205 页。信广来教授具体分析了“尧舜性之”及“君子所性”的动词意义，但未提及“性也有命焉，君子不谓性也”“命也有性焉，君子不谓命也”的说法。

② 牟宗三：《圆善论》，《牟宗三先生全集》第 22 册，联经出版事业股份有限公司 2003 年版，第 157 页。

的倾向时，我们应该选择通过有助于我们道德的完善，与我们的本性相一致的倾向。……我们的自然倾向——道德的和肉体的——属于一个整体，在此整体中，我们去判断身体的各个部分时，宁可选择较大的，而不是较小的。就其自身而言，没有欲望是恶的；例如，暴食是错的，仅仅是因为它妨害了更重要的相关之事。结果，它并不是关于为了促进我们本性之善，而去与不善作斗争的问题；当我们因为比较大的欲望而拒绝比较小的欲望时，我们遵循作为一个整体的我们之本性，正像通过保护肩背而不是手指我们保护作为一个整体的身体一样。"[①]相对于牟宗三以本心固有德性为行动选择标准而言，葛瑞汉更为注重道德选择本身的动态的内在冲突本身。在将人或人性的实情理解为欲望和道德（身和心）冲突整体的基础上，将更符合、更有助于人的整体自身的更好持存视为道德选择的原则，这无疑是很精辟的见解。在此基础上，所谓命性之间的"不谓性不谓命"，其关键在于：在性命之冲突的实情中，作为主体的存在者能够通过其主动的"以之为性不以之为命"或"以之为命不以之为性"的选择，来自我成就自身生命之内容，而生命的本性，就基于在命性冲突中的此主动性的"不"——经由否定而肯定。

对孟子性的能动意义，唐君毅指出"孟子言性，乃即心言性善"，此亦即"就心之直接感应言性"。比如，见孺子将入于井（《孟子·公孙丑上》）和见蝇蚋姑嘬而归葬其亲（《孟子·滕文公上》），心在具体情境中与此具体情境一体而显，并从中彰显出自身一定之倾向："孟子之所谓心之由感而应之中，同时有一心之生。心之感应，原即一心之呈现。此呈现，即现起，即生起。然此所谓心之生，则是此心之呈现中，同时有一'使其自己更相续呈现、相续现起生起，而自生其自己'之一'向性'上说。此生非自然生命之生长之生，而是心之自己生长之生。"[②]因此，所谓性善，就是心在

---

① 葛瑞汉：《孟子人性理论的背景》，[美]江文思、[美]安乐哲编：《孟子心性之学》，第52～53页。

② 唐君毅：《中国哲学原论·原性篇》，中国社会科学出版社2005年版，第18页。

具体情境中绽露自身，显现、实现、生起自身，并觉悟其绽露，而且自觉于持续自身之绽露、呈现。简而言之，就是心在自身原初绽露中觉悟于自身之显现并持续不断地显现自身就是性善的基础意义。人自身自然而自主地显现自身，自主而自为目的地持续地展开自身，它造就自己生命的过程，造就自身生命的内容，他肯定自我造就的这一过程及其内容，如此自为肯定的自身实现就是人之善。

对于孟子哲学中“性”的动词意义，安乐哲尤其在文化或存在论意义上给予突出的强调：“在人的状况下，‘性’意味着作为一个人完整的过程。严格说来，一个人并不是一种存在，而首先和最主要的是正在做或正在制作，而且仅仅是派生的和追溯的，使某物被做成。”[①] 在人的完整生命过程基础上，通常片面理解的所谓“人性本善”并没有解释孟子人性哲学的要核：“人性本善并不是什么了不起的，而更重要的是，人之所为即善变成了人的本性。”[②] 性的动词用法引向一种新的理解，即在孟子这里，首要不是对人性的抽象的概念规定，似乎某种先天自足之物具有“善”的固有规定性，而是“以善为性”。苏轼评论孟子人性学说就概括为“孟子以善为性”：“昔者孟子以善为性，以为至矣。读《易》而后知其非也。孟子之于性，盖见其继者而已。夫善，性之效也。孟子不及见性而见夫性之效，因以所见者为性。性之于善，犹火之能熟物也。吾未尝见火，而指天下之熟物以为火，可乎？夫熟物，则火之效也。”[③] 比较有趣的是，苏东坡以抽象孤立的善来批评孟子的具体之善，在其批评中，反倒是揭示了孟子性善说的意旨——不是某种抽象物被设定为具有善的属性，而是人在一种活生生的自身肯定的持续展开中，以此“展开的自身绵延”为性，此即所谓“以善为性”。这样，孟子所谓善，就逐渐呈

---

① 安乐哲：《孟子的人性概念：它意味着人的本性吗？》，[美]江文思、[美]安乐哲编：《孟子心性之学》，第 97 页。

② 安乐哲：《孟子的人性概念：它意味着人的本性吗？》，[美]江文思、[美]安乐哲编：《孟子心性之学》，第 109 页。

③〔宋〕苏轼：《东坡易传》卷七，文渊阁《四库全书》本。

现为一个必然的过程。

## 四、他物与境遇的两重意义

在具体的、自身肯定的自我实现过程中，主体性存在处身于相当程度上觉悟了的整体性境遇之中，主体自身实现的活动往往体现为与整体以及其中他物之间的交互作用。在整体性境遇中，主体与他物的关系在一定意义上既具有内在性，又具有外在性，从而交互作用对于主体既具有自为性，也具有自在性。从内在或自为性角度而言，整体性境遇及其中之他物构成着水或人自身实现的积极相遇者；而从外在性或自在性角度而言，整体性境遇及其中的他物构成着水或人自身实现的消极相遇者。

对如此两种不同的情形，张栻曾使用“有以使之”和“无所为而然”来加以区分。他解释“湍水之辩”说：“告子以水可决而东西，譬性之可以为善，可以为不善，而不知水之可决而东西者，有以使之也。性之本然孰使之邪？故水之就下，非有以使之也，水之所以为水，固有就下之理也。若有以使之，则非独可决而东西也，搏之使过颡，激之使在山，亦可也。此岂水之性哉？搏激之势然也。然搏激之势尽，则水仍就下也，可见其性之本然而不可乱矣。故夫无所为而然者性情之正，乃所谓善也；若有以使之，则为不善。故曰：人之可使为不善。然虽为不善，而其秉彝终不可殄灭，亦犹就下之理不泯于搏激之际也。”[①] 水在大地上流动，总是要与山川溪谷相互激荡，并且正由此彼此激荡而真正地实现自身为“水之为水”。在水与大地（山川溪谷）的相互激荡中，水依据其自身本性而在关系整体中确定不移地“向下流”。但是在具体的境遇中，向下流之确定不移的指向，可能向东，也可能向西，甚至或南或北。作为向下的具体表现，或东或西、或南或北，一方面有着水自身内在的根据，同时，它也依据于具体境遇中的山川溪谷之特殊之势。当涌动之水流经一处落差极大的山谷之际，“飞

---

① 〔宋〕张栻：《癸巳孟子说》卷六。

流直下三千尺”而撞击在谷底磐石之上，飞溅起万千水花而萦绕氤氲之水汽；倘使遇前方嶙峋高耸的山石阻碍，水流则又折而回返，甚至水流自身向后激荡。水花的飞溅与回流，是山谷与磐石作为整体性境遇中的他者对于水的“有以使之”而然。

在此，通常有一种似是而非的理解以为，如果不遇到山谷或高耸的磐石，水流没有“有以使之”者，它就必然向下。比如葛瑞汉就认为，作为孟子人性论之背景并被孟子认可的有关“性”的理论主张：“有生物之本性，它到处被假定为一种当它不被伤害和被适当培养就发展的方向。”[①]由此出发，他认为孟子人性理论也有一个“自然主义”的基础：“就像身体的自然生长一样，道德倾向同样属于自然的。它们是自然而然的倾向，不要后天的努力而在我们自身之中就产生了的。它们能够被培养、伤害和节制，如果适当地被呵护，它们就发展，但不能被强迫。这是孟子论辩中最为人熟知的部分。”[②]从实质上看，这个自然主义的假定对于理解孟子虽然有借鉴意义，但并不切中孟子关于人或人性思想的真意。一方面，脱离具体境遇关系的人本身是虚幻的；另一方面，在具体关联中相遇的外物（权且假定能被视为外），对于一物自身的实现并非仅有妨碍或伤害，也有助成或完善。而即使是妨碍或伤害，也有一个更为隐曲的道理需要领会，即外物对于一物的任何影响，尤其是一种否定性或消极性影响，只能通过此物自身在相互关联、彼此激荡中的具体实现活动而体现出来，并由此而成就或表现（彰显）自身内在之性。简言之，必然处于与物关联整体中存在的任何一物，它的一切本性恰好只是在相互激荡中彰显出来，而不能在相互激荡之外去假定一种先在的自然本能。

因此，张栻区分“有以使之”和“无所为而然”，我们并不能将之理解为“有以使之”是与物关联、离其自身的情形，而“无所为而然”是与物无关、在

---

① 葛瑞汉:《孟子人性理论的背景》,[美]江文思、[美]安乐哲编:《孟子心性之学》,第22页。
② 葛瑞汉:《孟子人性理论的背景》,[美]江文思、[美]安乐哲编:《孟子心性之学》,第38页。

其自身的情形。对于水而言，搏激之势使之“向上流”的否定性影响，恰好在双重意义上肯定了水自身必然向下流的确定不移之向：一方面，当此搏激之势解除之际，水流必然“重新向下”；另一方面，搏激向上本身之所以可能，其根据正在于水流必然向下的本性——如果水流本不向下，比如它是向上的，外在的强力影响使之向上就无所谓外在之力了；而且就一般而言，外力之搏激之势，恰好是克服水之向下之势，并依据其向下之势而由外搏激之，最终以其向下流而实现所以搏激之目的。同样，人在与他人乃至万物共在的整体世界中，其必然为善正是在两重意义上得以彰显的：其一，在内在或自为角度上，以相与共在及其共同实践活动为基础，每一个主体都能在与他人的相互关联、彼此激励的有利影响中更好地实现自身，这可以视为“无所为而然”；其二，从外在或自在角度看，在相对独立意义上（因为人不可能脱离群体而彻底孤立存在），他人之外在不利影响的消解，总是使得每一个作为主体的人回到其自身；尤其是对于他人之妨碍或伤害之不利影响的觉悟本身，在更深刻的层面上“经由他物的否定而肯定性地实现着自身”，从而必然为善——这是“有以使之”转而实现“无所为而然”。

在整体性中经由他者而回到自身，这是善的真正意蕴。这意味着一种自身否定而回返自身的“圆圈式运动”，亦即必然的自己的运动：“真理就是它自己的完成过程，就是这样一个圆圈，预悬它的终点为目的并以它的终点为起点，而且只当它实现了并达到了它的终点它才是现实的。”[①]孟子用“自反”来阐述了这一必然性：“君子所以异于人者，以其存心也。君子以仁存心，以礼存心。仁者爱人，有礼者敬人。爱人者，人恒爱之；敬人者，人恒敬之。有人于此，其待我以横逆，则君子必自反也：我必不仁也，必无礼也，此物奚宜至哉？其自反而仁矣，自反而有礼矣，其横逆由是也，君子必自反也，我必不忠。自反而忠矣，其横逆由是也，君子曰：‘此亦妄人也已矣。如此则与禽兽奚择哉？于禽兽又何难焉？’是故君子有终身

---

① ［德］黑格尔：《精神现象学》上册，贺麟、王玖兴译，第13页。

之忧，无一朝之患也。”（《孟子·离娄下》）他者之横逆作为否定性的影响，引致主体不断逐次深入地回到自身并肯定自身。存在的整体性使得自身返回成为可能，而回返经由的否定性之恶，构成了进一步走向肯定自身之善的必然环节。

（作者单位：上海财经大学人文学院，华东师范大学现代思想文化研究所）

# 道德实践的可能性与必要性
## ——孟子哲学中“几希”的双重意蕴

叶树勋

［内容提要］

“几希”是孟子哲学中特有的一种说法，用以描述“四端”的存在状态，包括了“有”和“少”的双重意蕴。从词义来看，“几希”是指很少，但其间也暗含了“有”的前提。作为“有”的“几希”意味着“四端”是人所独有、人人皆有，由此肯定了所有人都具备道德实践的可能性。作为“少”的“几希”则意味着人禽之分殊很少、很隐微，若不能自觉，“几希”就会变得更“希”，离禽兽更近，因此道德实践也就成为必要。综合来看，作为“有”的“几希”肯定了人人皆享有道德实践的自由，而作为“少”的“几希”则确认了人人皆负有道德实践的责任。前者给予我们充分的鼓励，而后者又给予我们严厉的鞭策，“几希”的道德力量也正是在这两方面的推动中得以集中体现。

通常情况下，我们对孟子心性学说的研讨主要是围绕工夫和境界这两个方面展开，如果说前者是告诉人们应该“怎么做”、强调道德实践的方法，那么后者则是在阐述做成了以后会“怎么样”、关注道德实践的效果。关于这两个方面，孟子言论中都有比较多的讲述，这也是它们之所以受关注的主要原因所在。然而，对于人的道德实践而言，其间还有两个前提性的问题需要我们从头审视：一是人“凭什么”可以进行道德实践，这个问题关乎人开展修养工夫的可能性；二是人“为什么”需要进行道德实践，这个问题则是涉及人从事修养的必要性。对于这两个前提性的问题，孟子其实也有很独特的考虑，集中体现在他关于“几希”的讨论中。但长期以来，我们直接关注孟子的工夫论和境界论，因而他对这两个前提的思考并没有受到足够的关注。而从“几希”的观念来看，我们对它的理解也主要是停留在文义训诂的层次，对其间的哲学意蕴尚缺乏深入的探讨和阐发。为此，本文将从“几希”的观念切入，逐步解析其间的思想内涵，由此探讨孟子关于道德实践之可能性和必要性的思考。

## 一、“几希”的两层含义：“有”和“少”

“几希”是孟子言论中非常独特的一种说法，在先秦思想里此语仅见于《孟子》，而不见于他处。在《孟子》书中，“几希”共出现了4次，现将其摘引如下：

> 人之所以异于禽兽者几希，庶民去之，君子存之。舜明于庶物，察于人伦，由仁义行，非行仁义也。（《离娄下》）
>
> 由君子观之，则人之所以求富贵利达者，其妻妾不羞也，而不相泣者，几希矣。（《离娄下》）
>
> 其所以放其良心者，亦犹斧斤之于木也，旦旦而伐之，可以为美乎？其日夜之所息，平旦之气，其好恶与人相近也者几希，则其旦昼之所为，有梏亡之矣。梏之反覆，则其夜气不足以存；夜气不足以存，则其违禽兽不远矣。（《告子上》）
>
> 舜之居深山之中，与木石居，与鹿豕游，其所以异于深山之野人者几希；及其闻一善言，见一善行，若决江河，沛然莫之能御也。（《尽心上》）

在上引章节里，“几希”都是句子当中的谓词，用以描述主词“……者”的某种状态。从词性来看，它是一个形容词。关于它的含义，也就是它具体所指的状况，历代说法不是很一致，大致有以下几种解释：

（1）解“几希”为“无几”。如赵岐《孟子注》对第一段“几希”的解释。这种解释似将“希”解为“无”，“无几”意谓没有多少，亦即很少。现代研究者也有遵从此说的。

（2）训“几”为“岂”，训“希”为“远”，“几希”意谓“岂远”，即不远。如赵岐对后三段“几希”的解释。这种解释中“几”和“希”的用法比较少见，并且在理解相关文句时也显得比较生硬。现代研究者一般不从此说。

（3）解“几希”为“少”。如朱熹《孟子集注》。这种解释对“几”“希”二字没有各作训释，而是直接将“几希”解为很少。也许是解“几”为“几乎”，或者是将“几希”视作单纯词，究竟如何，朱子并没有明确提到。

（4）训“几”为“近”，训“希”为“少”，“几希”意谓相近而少。如焦循《孟子正义》。“几”有“近”之义，“希”通“稀”，从两字的分别训诂来看，这种解释是可以成立的，但在理解第二段和第三段的时候显得不是很顺畅。

（5）将“几希”理解为“既稀少又隐蔽”。如杨海文《浩然之气——孟子》。这种解释比起前几种，还强调“几”字所含的隐蔽之义。在先秦典籍中，“几”字有隐微之义，如《易传・系辞下》有：“其知几乎，几者动之微。”从孟子思想来看，他所讲的“几希”也带有隐微、易被遮蔽的意思。

（6）解“几”为“微”，解“希”为“少”。如梁涛《孟子解读》。“微”可解作隐微，也可解作微小，还可解作微弱，具体是哪一种，梁先生没有做出进一步说明。如果是前者，那么此解和第五种也有相通之处。另外，不管是哪一种，它的意义都和体现数量多少的“少”不同，但在译文当中梁先生则是直接采纳了朱子的解释，解“几希”为“少”，并未体现“微”的意义。

综合来看，这几种解释虽有差异，但也有相同之处，即关注“几希”作为“少”的意义，只是有的解释比较直接（第一、三、四种），有的解释则是间接说明此义（第二种），而有的解释在“少”义的基础上又涉及了其他含义（第五、六种）。从词义来看，将“几希”理解为“很少”，大体上是可以的。“几”有“近”之义，现在常用的“几乎”一词，其义便是指“近于”；“希”通“稀”，意指“稀少”；“几希”即谓“近于稀少”，用现在的话来说，也就是“几乎很少”。①当然了，在某些情形下“几希”也暗含了“隐微”的意思，如在上引的第一段、第四段中，孟子不仅阐述了人禽之差异、舜和野人的区别是很少的，并且说及这些差异是很隐微的，表面上看不出来。

需要进一步关注的是，历代解释虽然考虑到了“几希”的多方面情况，但其间仍有关键的一点尚未得到明确揭示，亦即，再少、再小、再隐深，那也是“有”。也许是因为“有”是“少”的言外之意，故而研究者们都不去明说，但实际上这一层意义很需要明确揭示出来。这不仅是考虑到“几希”的哲学意蕴（这一点我们在后文讨论），即便是从词义训诂来看，也应当关注“几希”所含的“有”的意义，否则对于某些话语，我们理解起来并不顺畅。回到上引四个文段，不同话语中的“几希”所反映的情况并非完全一致，对于“有”和“少”的强调程度各有不同。对此，我们需要区分不同的语境，进行逐一解析。

第一段主要是讲人之所以区别于禽兽的地方很少，就那么一点点而已。

---

① 我们对“几希”词义的理解综合考虑了朱熹和焦循的解释。在“几希”这一词语中，“希”字是重点，而“几”字则带有修饰的作用。焦循对“几”字的训诂是可从的，但“几”和“希”之间不是并列关系，在这一点上朱子的解释比较可从。另外，在《孟子》书中，“希”字的使用只见于“几希”的说法，“几”字的使用大概有以下几种情况：（1）几希；（2）读为jǐ，表示数量；（3）表示几案；（4）庶几，“几”义为“近”；（5）《尽心上》有“何不使彼为可几及而日孳孳也”，“几”也表示“近”。孟子所言“几希”的“几”应是同于后两种用法。

在此，“几希”既强调“少”，也强调“有”。正因为很少，不是每个人都能自觉发现，所以有的人能够自觉地存养，有的人却在无意间放失。而在另一方面，正因为“有”，所以人禽之间也就存在着根本的差异，这是人之所以为人的本质所在。正如朱子在注解中指出：“虽曰少异，然人物之所以分，实在于此。”这一唯独人类才有的内容在孟子哲学中很是关键，可以说，人类所特有的这一点点正是人类能够从事道德实践的前提。后文还讲到舜的情况，孟子以此为例，说明人类有此内容，可以通过道德实践（“由仁义行”）成为圣人，而禽兽则无此内容，也就不具备实践的资格。舜的成就很大，那是因为他顺着心中固有的仁义进行实践，这一固“有”的内容，即便是“少”，那也是舜之所以为舜的前提所在。

第二段主要是讲齐人行乞却在妻妾面前炫耀的故事，孟子认为这种人求富贵不以其道，连他的妻妾也会瞧不起他。“其妻妾不羞也，而不相泣者，几希矣”，意思是说他的妻妾如果不为之羞愧、不会相泣的，那实在是太少了。相比于前者，这段话的“几希”在“有”和“少”之间只强调“少”，并不强调“有”，甚至是接近于“没有”，我们也可将这里的“几希”理解为“几乎没有”。

第三段将人心之善比作牛山之木，有些人“放其良心”，就好比山中之木被砍伐了，但这些人通过日夜之息养，也能回到“人”所应有的状态。比起前面两种情况，这里的“几希”其实更强调“有”的意思，如果我们拘泥于“几希”的“少”，反而会使文义的理解不是那么畅通。孟子说：“其好恶与人相近也者几希。”这里的“人”是基于人禽之辨的意义而言，与人相近，亦即与禽兽相远。这句话的意思是说，那些曾经放其良心的人仍可采取补救措施，通过日夜之息养，在一定程度上回到“人”的状态，所以他和“人”的相近之处还是有那么一些。由此来看，与其说“几希”在这里是表示“很少”，毋宁说它是指“有一些”，亦即在“有”和“少”之间，它更强调“有”的意思。

第四段讲的是舜居深山之中，比起山中野人，表面上看不出什么区别，然而他一旦闻善言、见善行，便具有了山中野人所不具有的巨大力量。这和第一段的“庶民去之，君子存之”意义相通，主要是讲人和人的区别，而不是人禽之辨。“几希”在此首先是强调“少”，意在说明舜混迹山林，形同野人；进而，“几希”又是强调“有”，正因为舜和山中野人在深微之处确实有区别，所以他能够做到“沛然莫之能御”，山中野人却做不到这一点。

总体来看，“几希”作为一个谓词，陈述一种既存有又稀少的状态，在不同的语境中对“有”和“少”的强调程度各有不同。第一段、第四段既强调“有”、也强调“少”，第二段主要强调“少”，而第三段则是强调“有”。再者，在上引诸文段中，除第二段以外，其余三处都与本文主旨密切相关。这三段话分别围绕人禽之所异、人人之所同、人人之所异展开，从不同的维度展现了孟子关于道德实践之可能性和必要性的考虑。接下来我们将围绕这两个问题点，进一步阐发“几希”的哲学意蕴。

## 二、作为“有”的“几希”与道德实践的可能性

如前所述，孟子所言的“几希”即便再“少”，那也是“有”，并且这一种“有”只属于人类，是人类和禽兽的根本差异所在。回到前引“几希”文段的第一处，孟子说“人之所以异于禽兽者几希”，“几希”作为谓词，描述主词“人之所以异于禽兽者”的存在样态。对于这种样态的具体情况，我们在前面已经有所讨论，亦即存有而稀少。现在的问题是，“几希”所描述的对象，也就是作为主词的“人之所以异于禽兽者”，到底是指什么呢？对此，孟子在其他地方曾有回答：

> 无恻隐之心，非人也；无羞恶之心，非人也；无辞让之心，非人也；无是非之心，非人也。恻隐之心，仁之端也；羞恶之心，义之端也；辞让之心，礼之端也；是非之心，智之端也。人之有是四端也，犹其有四体也。有是四端而自谓不能者，自贼者也；谓其君不能者，贼其君者也。

凡有四端于我者，知皆扩而充之矣，若火之始然，泉之始达。苟能充之，足以保四海；苟不充之，不足以事父母。（《孟子·公孙丑上》）

在孟子看来，“人之所以异于禽兽者”便是我们人先天具备的“四端之心”。这里的“端”是喻指人心当中固有的仁义礼智的萌芽。[①]孟子也曾说过：“君子所性，仁义礼智根于心。”（《孟子·尽心上》）“根”与“端”都是一种隐喻，虽然它们的具体喻义有所不同，但也正如艾兰( Sarah Allan )所关注的，此二者都和植物有关，孟子是借用植物的生长情况，隐喻人心当中的善虽未成熟，但已蕴含了善的全部潜质。人心先天具有“四端”，又好比人们先天具有四肢一样，并且这“四端”是唯独我们人类才有，而人以外的物种，如禽兽之类，则没有“四端”。因此，如果我们丧失了人所特有的“四端”，那么我们也就成为“非人”了。

需要继续指出的是，对于这一段话，以往我们更关注孟子对“四端”的分项陈述，即“四端”到底是指哪四个方面。其实在此基础上我们还要注意，这段话有一个很大的特点，那就是分别从“有”和“无”的角度，阐述“四端”在人和非人的存在状态。人心当中所固有的善的萌芽（端）或根源（根），虽然很少、很小，也很隐微，但确确实实存在于我们的内心当中，并且蕴含了善的全部可能性，而此等情况也正是“几希”的题中之义。

禽兽不知“是非”、不辨“善恶”，因为“是非”“善恶”往往是出自人类的一种界定。但禽兽也许同样会有“恻隐”“辞让”的表现，生活经验告诉我们，舐犊情深并不是人类特有的表现，而羊羔跪乳、乌鸦反哺也是我们经常借以教育孝道的题材。在此情形下，我们也可以说禽兽同样具有其间的某些“端”，“四端”不全然是人类所特有。但问题是，孟子为何又屡屡

① “端”，本作“耑”，意指萌芽。《说文·耑部》：“耑，物初生之题也。上象生形，下象其根也。”段玉裁注云：“题者，额也。人体额为最上，物之初见即其额也。”物初生之“题”，亦即物初见之“额”，是指事物生长过程中最初显现的萌芽部分。孟子在此是用“端”的“萌芽”之义，喻指仁义礼智内在于人心的初始情况。

强调“四端”全是人类所独有，是人和禽兽的根本界限呢？是孟子不经意地违背了生活经验，还是说他别有用心？要探讨这些问题，我们还需要从“禽兽”在孟子哲学中的意义说起。

在人禽之辨中突显人的特殊性，是孟子哲学的一个重要内容，因而“禽兽”在孟子哲学中也就具有了独特的内涵。杨海文先生曾将孟子话语中的“禽兽”分为三类：在孟子关心国计民生的朴素经济学中，它是中性的；在孟子倡导恻隐之心的随机指点中，它以褒义出场；在道德理想主义的人禽之辨中，它是贬义的。或者我们也可以换一个角度来分析“禽兽”的意义。第一种情形是指“被吃的禽兽”，如《孟子·梁惠王上》有“鸡豚狗彘之畜，无失其时，七十者可以食肉矣”，正如杨先生所言，这体现了孟子对国计民生的关心，并无特别意义。第二种情形是指“被爱的禽兽”，如《孟子·梁惠王上》有“君子之于禽兽也，见其生，不忍见其死”，今恩足以及禽兽，而功不至于百姓者，独何与？”在这里，“禽兽”是被爱的一种对象，是推恩的一个基点，其本身无所谓褒贬，可分褒贬的其实是能够推恩的人和不能推恩的人。第三种情形是指“被比较的禽兽”，如前引“人之所以异于禽兽者几希”“夜气不足以存，则其违禽兽不远矣”，等等。这种意义上的“禽兽”在孟子的话语中被用得最多，是孟子为了说明“人”的特殊性而设定的一个比较对象。在孟子看来，“四端”在人虽然“几希”，但它确实存在，而“禽兽”则不可能拥有“四端”，它们连“几希”也够不上。在这种场合中，“禽兽”具有特殊的道德意义，它不是指自然意义的飞禽走兽，而是特指那些没有“四端”、不能“由仁义行”的“非人”。凡是没有“四端”的，都可称为“禽兽”，如果一个人连仅有的“几希”都完全丧失了，那么他也是“禽兽”。

明乎此可知，孟子并非基于生活经验，从生物学的角度总结人和动物的区别，更根本地，他是从道德哲学的立场，对人何以能从事道德实践予以先天性的规定，由此确认人可以从事道德实践的资格，并且强调只有人才具备这种资格，这是我们人的特权。如同徐复观先生曾指出的，孟子也知道人和禽兽的生理表现在很多地方是相同的，所不同的只在于一点点，以见异于禽兽的“几希”，虽然很少，但其本身含有无限扩充的可能性。前引艾兰所关注的善的全部潜质，便是徐先生这里所说的无限扩充的可能性。换言之，“几希”所指涉的内容即便很少、很小，也很隐微，但它已蕴含了成圣的全部可能性。这一点正是我们人可以从事道德实践的前提所在，而禽兽连“几希”都够不上，当然也就不具备道德实践的资格。如前所述，在“几希”文段的第一处中，孟子之所以还要提到舜的情况，意在说明舜的成就很大，他顺着内心固有的“几希”进行扩充，并不是在外边设立了一个对象去实行它。舜由着“几希”而扩充，最终达至“明于庶物，察于人伦”的地步，所谓“苟能充之，足以保四海”，其义也是在此。

孟子以舜为例，说明再伟大的道德成就也是以“几希”的“四端”为基础，舍此无以为人，更何况成为舜呢？如前所述，再少、再小、再隐深，那也是“有”，并且是人所独有，仁义萌芽在人心当中的普遍存有，正是人可以进行道德实践的前提。从道德实践的效果来看，并不是每个人最终都成为舜；但从道德实践的可能性来看，却是每个人都具备成圣的资格。孟子曾言“尧舜与人同耳”（《孟子·离娄下》），尧舜是历史上极其罕见的圣人，为什么会与普通人相同呢？需知所谓“同”，不是就结果来说，而是就起点来说，就成圣的可能性来说。一般人都和尧舜一样，都具有“几希”的“四端”，都可以通过道德实践，让“几希”成长为“浩然”，成为“上下与天地同流”的圣人。也正是在此意义上，当别人问及“人皆可以为尧舜”（《孟子·告子下》），孟子给予了明确的肯定，这里的“可以”便是就成圣的可能性而言，在这一点上所有人都没有分别。

“尧舜与人同耳”“人皆可以为尧舜”，这是孟子对我们所有人的莫大鼓励，其根据便在于人人皆有“几希”的四端之心。徐复观先生曾指出，人的道德意识出现得很早，但在自己心的活动中找道德的根据，恐怕到了孟子才有此自觉。具体来说，这种根据是指道德实践何以可能的根据。在孟子看来，人人心中皆有善之“端”、善之“根”，这是我们可以从事道德实践（“由仁义行”）的内在前提。对此，孟子曾以四肢的比喻，说明这一潜质普遍存在于每个人身上，而在谈到四端之心的另一段话中，孟子也有明确的揭示：

> 恻隐之心，人皆有之；羞恶之心，人皆有之；恭敬之心，人皆有之；是非之心，人皆有之。恻隐之心，仁也；羞恶之心，义也；恭敬之心，礼也；是非之心，智也。仁义礼智，非由外铄我也，我固有之也，弗思耳矣。（《孟子·告子上》）

在探讨孟子性善论的时候，有两段话是经常被提到的，前引《公孙丑上》的“无恻隐之心，非人也……”是其中一段，这里所引的便是另一段。比起前一段，这一段并没有从“端”的隐喻来阐述人心的情况。但也正如陈来先生曾指出的，这两段话是从不同的角度阐释四心对于四德的意义，“恻隐之心，仁也”并不是对“恻隐之心，仁之端也”的否定，后者是强调四心是四德的开始，而前者则强调四心即四德的表现。因而，这两段话虽然关注同一内容，但它们的侧重点是有所不同的。如就“仁”这一“端”来说，恻隐之心既是仁德的萌芽、发端，又是仁德的流行、表现，在不同的语境里孟子强调不同的方面。

在此基础上，我们进一步关注其间所言的“有”的情况，在这一点上两段话也是各有侧重。这里频频强调“人皆有之”：“有”是肯定人和禽兽确实存在不同，是确认我们人具备道德实践的可能性，具备成圣的资格；而“皆”则是强调人人都有这样的可能性，都有这样的资格。综合这两段话来看，可以说强调“有”是二者的共同之处，但对于“有”的具体情况，二者又表现出不同的关注：前一段是在人禽之辨的语境中，强调“独有”“特有”，意味着只有人才具有；这一段则是在人人有所同的语境中，强调“皆有”“固有”，意味着只要是人就具有。

对于成圣的资格，孟子一方面将“非人”排除出去，另一方面又对所有人敞开大门。前者以“独有”为前提，而后者则是以“皆有”为基础。这两个方面的“有”便是“几希”作为“四端”的描述语，所体现的是孟子关于道德实践之可能性的基本思考。正因为人人皆有“几希”的“四端”，所以“人皆可以为尧舜”“尧舜与人同耳”。由乎此，孟子不仅确认了吾人成圣的资格，同时也表达了他对人类的道德实践充满了信心。如我们所知的，孟子身上有一股绝大的道德自信，并且也常常以此鼓励别人：“彼丈夫也，我丈夫也，吾何畏彼哉？”“舜何人也？予何人也？有为者亦若是。”“文王我师也，周公岂欺我哉？”（《孟子·滕文公上》）这种道德自信，这股实践勇气，都是基于“心之所同然”这一基本的事实：

> 圣人与我同类者。……口之于味也，有同耆焉；耳之于声也，有同听焉；目之于色也，有同美焉。至于心，独无所同然乎？心之所同然者，何也？谓理也，义也。圣人先得我心之所同然耳。故理义之悦我心，犹刍豢之悦我口。（《孟子·告子上》）

作为“小体”的耳目之官尚且有所同然，何况是作为“大体”的心之官？心“有”所同然，意味着人人皆有理义之心，人人固有四端之心，即便“几希”，那也是人人皆有、人人固有。

在孟子看来，即便是那些曾经“放其良心”的人，也同样具有恢复“几希”、进而扩充的可能性。我们回到前引“几希”的第三段话。孟子认为“放其良心者”大可以采取补救措施，通过日夜之息养，回到“人”的状态，正如山中之木被砍伐了，但它仍可以再次长出来。“其好恶与人相近也者几希”，所说的正是此等情况。如前所述，这里的“人”是基于人禽之辨的意义而言，那些曾经放失良心的人，他们通过努力，找回了曾经放失的良心，与“人”相近的地方也有一些；但如果他们在白天的活动中抵挡不住外来的侵害，那么“夜气”所培育的、“平旦”时刚找回的“几希”之“良心”又会再次丧失，因而也就再度“违禽兽不远”了。

耐人寻味的是，对于那些“放其良心者”，孟子只是说他们“违禽兽不远”，并没有将其直接认定为“禽兽”。在其他地方，孟子或是说他们“近于禽兽”

(《孟子·滕文公上》)，或是说他们“与禽兽奚择哉”(《孟子·离娄下》，都没有将这些人直接等同于“禽兽”。[①] 何以如此？个中深意值得推敲。“不远”“近于”“奚择哉”，是很微妙的说法，比起“几希”的一般人，这些人和“禽兽”的距离更近一些，但他们仍然不是“禽兽”，因为他们仍有可能回到“与人相近也者几希”的状态。对于这些人，孟子曾有以下感叹：

> 放其心而不知求，哀哉！人有鸡犬放，则知求之；有放心，而不知求。学问之道无他，求其放心而已矣。(《孟子·告子上》)

这是一个很妙的比喻：人们把鸡犬放出去，还知道找回来；但良心放出去了，却不知道找回来。对于那些“放其心”的人，孟子一方面给予了批评和讽刺，而在另一方面也暗含了鼓励的意思：他们仍可以将放出去的良心找回来。正因如此，才有后面所说的“求其放心”的“学问之道”。至于禽兽，它们自始就没有良心，既不存在放失的问题，也不存在找回来的情况。

因此，“放其良心”只是一种暂时的、不彻底的放失，从根本上来说，这些人仍具备找回来的能力，仍具有进行道德实践的可能性。对于这些人，孟子既加以略带刻薄的批评，同时又为他们保留道德实践的资格。透过那些貌似刻薄的话语，我们读到的是一种善意的讽喻，一种积极的鼓励。明乎此，我们就能更深入地理解“其好恶与人相近也者几希”这一句话，与其说这里的“几希”是强调“少”，毋宁说是肯定“有”，体现了孟子对那些暂时放失良心者的一种激励。

综上可知，“几希”在孟子哲学中首先意味着“有”，对于孟子所倡导

---

① 孟子在其他地方也曾说过人同于禽兽，但都不是直接针对那些“放其良心者”。如孟子和淳于髡在讨论嫂溺是否相救的问题时，曾说“嫂溺不援，是豺狼也”(《孟子·离娄上》)。之所以这么说，在一定程度上是由辩论的语气所致。另外，孟子在批判杨朱的时候也曾说过：“杨氏为我，是无君也；墨氏兼爱，是无父也。无父无君，是禽兽也。”(《孟子·滕文公下》)这里带有很强烈的批判语气，也不能代表孟子对“放其良心者”的态度。

的存养工夫而言，这一“有”具有非常紧要的意义。虽然从词义来看，“几希”是指很少，但再“少”也是“有”，“有”是“少”的前提，是人类区别于禽兽的本质所在，也是人之所以能够进行道德实践的资格所在，此间情况应得到明确的揭示。“人之所以异于禽兽者几希”和“其好恶与人相近也者几希”，从两个相关而又不同的方面，集中展现了孟子对道德实践之可能性的独特考虑。前者是在人禽有所异的语境中，强调四端之心是人所“独有”、人所“特有”；后者则是在人人有所同的语境中，强调四端之心是人人“皆有”、人人“固有”。因而作为“有”的“几希”也就包括了“独有”和“皆有”这两方面的意义，既将“非人”从道德实践的领域中排除出去，同时又对所有人敞开了成圣知天的大门，给予所有人道德的特权，这便是“几希”作为“有”的基本意义。如果我们一味关注作为“少”的“几希”，那么孟子对于人开展道德实践之可能性的考虑也就暗而不明了。

道德实践的可能性，某种意义上也就是成圣的资格问题。对此，孟子之前的思想家如孔子、老子、墨子等人，尚未有很明确的说法；到了孟子的时代，儒道两家都出现了相关的学说。道家方面以庄子为代表，通过“物德”的观念使人类悟道具有了宇宙论的根基，但由此也承认了其他事物也潜蕴了本根之全体，那么其他事物是否也能开发内蕴的潜质呢，对此庄子并没有明确的交代。[①] 相比而言，孟子更关心人作为万物之灵的特殊性，更明确地揭示出人之所以为人的本质所在。这一本质也就是“几希”的“四端”，人由此存养扩充，“皆可以为尧舜”。西方哲学家往往是在一个大的类属中，抓住“人”作为一个小类属的特性去定义“人”，如亚里士多德说“人是政治动物”，又说“人是理性动物”，而卡西尔则认为“人是符号动物”，所谓“政治”、“理性”或“符号”，便是人在大类属（动物）当中作为一个小类属的本质属性。如果借用这种定义方式来概括孟子观念中的“人”，我们也可以说“人是道

① 关于道家对成圣资格的考虑，可参阅拙文《早期道家宇宙观的人文向度——以物德论为中心的探讨》，《文史哲》待刊。

德动物”，人区别于禽兽的本质属性便在于“道德”。只有人才具备从事道德实践的可能性，并且每一个人都平等地享有这种资格，即便是那些暂时“放其良心”的人。

## 三、作为“少”的“几希”与道德实践的必要性

从道德实践的可能性来看，孟子认为“人皆可以为尧舜”；但在现实生活中，尧舜毕竟是凤毛麟角，少之又少。人人皆享有成圣的资格，就此而言，“尧舜与人同耳”；然而在实际行动当中，并不是每一个人都充分发挥了他们潜在的能力。因此，从道德实践的效果来看，人们也就出现了“君子”和“庶民”的区别，或者说“圣人”和“凡人”的区别。这种区别并不是从政治领域的等级来看，而是就道德人格的高低而言。换言之，在现实生活中不同的人将会有不同的道德修养水平，即便他们的出发点都是一样。对此，孟旦（Donald J. Munro）曾指出，儒家认为人的先天之“性”自然平等，但在后天生活中“德”的修习不同，于是出现了道德成就的不平等，这或多或少成为等级制的一个依据。在此我们不去关注孟子所言道德人格是否成为等级制的依据，从先天之性平等而后天之德不平等这一点来看，孟旦的说法是颇有概括性的。在孟子哲学中，先天的平等是就成圣的可能性来说，而后天的不平等则是就现实的修为及其效果而言。

这一点在前引“几希”文段中已经有所体现。如第一段说“人之所以异于禽兽者几希，庶民去之，君子存之”，对于人所特有的“四端”，有些人不够自觉，无意间将其放失，而有些人却能自觉存养。第四段也说到舜居深山中，“其所以异于深山之野人者几希”，舜虽然形同野人，但又具有野人所不具备的道德力量。凡此种种，都说明了人虽然先天具备道德实践的可能性，但在后天生活中这种实践所开展的程度及其所达成的效果是千差万别的。就固有的“四端”而言，人和人之间并无差别；但是这“四端”毕竟是“几希”的，很少，也很小，隐藏在内心深处，能不能在后天生活中得到充分扩充，还是个问题。

在此情况下，“几希”作为“少”的意义也就显得重要了。人和禽兽虽然“有”区别，但毕竟是很“少”的，于人心当中也只是一种萌芽而已。孟子常用“端”“萌”“根”等词来比喻仁义礼智内在于人心的初始状态，一方面肯定了人人皆有成圣的资格，另一方面也提醒人们，这只是萌芽而已，根源而已，很小，也很微弱，需要我们去培育，让它成长为“浩然”。如果做到了，那就是“上下与天地同流”的圣人；如果做不到，那就“违禽兽不远”了。

由此来看，“人”在孟子思想中既是道德实践的主体，又是一种未定的存在；其发展方向既可能是向着“天”，也可能是向着“禽兽”。孟子说：“尽其心者，知其性也。知其性，则知天矣。”（《孟子·尽心上》）所言的便是人心向上以知天的良性发展。而他以“近于禽兽”来批评“放其良心者”，则是指人心向下以近禽兽的恶性发展。这便是“人”作为一种未定的存在，在实践过程中可能的两种发展方向。对此我们可用下图表示：

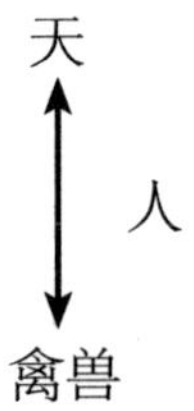


天人之辨指示了人应当的前进方向，而人禽之辨则是犹如鞭策，在后面不断加以督促。杨国荣先生认为，孟子思想中的天人之辨意味着自然和人文的关系，首先表现为人和禽兽的区分；人禽之辨是孟子辨析天人关系的逻辑起点。这种观点将孟子思想中的“天”理解为自然性的“天”，因此“禽兽”作为自然之“天”的一部分，也就成了孟子关注的首要对象。但笔者的看法有所不同：孟子思想中的“天”主要是道德性的“天”，而“禽兽”在很多场合中也同样具有道德意义（详见上节）；后者不是前者的一部分，而是代表了一种相反的发展方向。

“人”的实践既可能是向着“天”进升，也可能是向着“禽兽”堕落。

何以如此？从根本上来说，便是在于人所固有的四端之心只是“几希”的萌芽，很少、很小，也很隐深，稍不留意就会枯萎。有的人能够自觉扩充，便可以成圣知天；而有的人不能自觉，放其良心不知求，由此也就近于禽兽了。正所谓“或相倍蓰而无算者，不能尽其才者也”（《孟子·告子上》），人和人之间之所以会出现很大的不同，甚至于“天”和“禽兽”的悬殊，原因并不在于“其才”有所不同，而是在于能否“尽其才”。如果能够“尽其才”，自然可以成为圣人；如果不能，则“几希”将会变得更“希”，“违禽兽不远”。

孟子曾经用“大体”“小体”的说法对此问题作出解释。若是“从其大体”，即可成为“大人”，这是“尽其才”的表现；若是“从其小体”，则会成为“小人”，此为“不能尽其才”。公都子曾问孟子，大家都是人，为何有的人能够“从其大体”，有的人却是“从其小体”呢？孟子回答道：

> 耳目之官不思，而蔽于物，物交物，则引之而已矣。心之官则思，思则得之，不思则不得也。此天之所与我者，先立乎其大者，则其小者弗能夺也。此为大人而已矣。（《孟子·告子上》）

耳目之官不会“思”，容易受外物的遮蔽，人如果一味追随耳目之官的物质需要，便是“物交物”。如此一来，“其才”也就在“物交物”的过程中受到了蒙蔽，无法充分体现出来。孟子亦曾有言：

> 富岁，子弟多赖；凶岁，子弟多暴。非天之降才尔殊也，其所以陷溺其心者然也。（《孟子·告子上》）

有些人变得“赖”（懒）、“暴”，并非因为他们的先天之性和别人不同，而是后天的环境“陷溺其心”。收成好的年头，少年子弟往往会懒惰；而收成不好的时候，少年子弟便多数残暴。“富岁”和“凶岁”便是“陷溺其心”的环境因素。

“陷溺其心”和前面谈到的“放其良心”意思相近，都是指人心的“几希”变得更“希”，更接近禽兽。但细究起来，二者又有所不同：前者更强调环境的影响，是指外界的因素陷溺了其心；而后者则主要是指人不够自觉，放弃了其心。在孟子看来，之所以有的人成圣知天，有的人却近于禽兽，虽不排除环境的影响，但更根本的还是自身方面的因素——有的人自觉性比较高，而有的人则自觉性不够。孟子曾言道：

> 待文王而后兴者，凡民也；若夫豪杰之士，虽无文王犹兴。（《孟子·尽心上》）

人和人之间在自觉性方面本来就有不同。豪杰之士之为豪杰，并非由于力气大，而是因为自觉性高，他们不需要别人的引导，能够自发行动；而普通人的自觉性往往比较低，他们的道德修为便需要圣王教化。孟子还讲到：

> 附之以韩魏之家，如其自视欿然，则过人远矣。（《孟子·尽心上》）

拥有了巨室的财富，却仍觉得有所不足，这当然不是说想求取更多的财富，而是意识到心中之善仍是“几希”，有待扩充发展。这一种自觉的意识，也就决定了某些人能够“过人远矣”，成为君子、圣人；而如果缺乏自觉，放其良心，那么就只能是庶民、凡人，甚至是近于禽兽。正如朱子在解释“几希”时所言：

> 众人不知此而去之，则名虽为人，而实无以异于禽兽；君子知此而存之，是以战兢惕厉，而卒能有以全其所受之理也。

君子和庶民的差别便在于“知”与“不知”：前者知其“几希”，果敢而行，“若决江河，沛然莫之能御也”；后者不知其“几希”，“梏之反覆”，也就“违禽兽不远”了。所以孟子说道：

> 仁义礼智，非由外铄我也，我固有之也，弗思耳矣。(《孟子·尽心上》)

“思”在这一句话中的意义需要注意。杨泽波先生曾指出，“思”在孟子思想中具有“反思”的内涵，但此义最容易受到误解，往往被视为一般意义上的思考。“弗思耳矣”的“思”便是这种容易被误解的“反思”。所谓“反思”，也就是孟子所言的“反求诸己”（《孟子·公孙丑上》），意味着吾人对心中固有的仁义礼智能够自觉发现，而“弗思”则是说凡民不能自觉其心所固有的四端。

如此说来，之所以有些人“不能尽其才”，表面上看来是因为他们受到环境的不良影响（“蔽于物”），而从根本上来说则是在于这些人不能自觉（“弗思耳矣”）。惟其“弗思”，故而“蔽于物”。这也就是孟子在讲“从其小体”时，强调“不思，而蔽于物”的原因所在。生活当中人们会遭遇各种各样的环境因素，其间必然会存在一些不良的影响。有的人能够自觉，察识到内心固有的“四端”，“从其大体”“扩而充之”；而有的人不能自觉，在各种不良因素中迷失了自我，“从其小体”“放其良心”。是以对于生命当中所固有的“四端”，我们需要做到的是“知”其“几希”：察觉到人和禽兽的区别是极其少、极其小的，它隐藏在我们内心深处，需要我们去发觉，去发扬，去扩充。

这一点也正是人之所以需要开展道德活动的意义所在，经由实践，我们将内心潜蕴的“四端”开发出来，让“几希”成长为“浩然”，让浩然之气“塞于天地之间”，“上下与天地同流”。

须知，“大体”之为“大”，只是基于心灵对于形体的优越性而言，而从“几希”的状况来看，它只是很小的、很微弱的萌芽而已，它时刻面临着被放失、被陷溺的危险，而我们人也就时刻面临着近于禽兽的危险。如果我们不想近于禽兽，那么就必须存养扩充，让“几希”成长为“浩然”。在此之外，并不存在让“几希”保留原状的可能，因为它是那么少、那么微弱，一不留神就给陷溺了。所以我们只有通过扩充的方式才能保存它，只有在道德实践的过程中才能守住它，亦即，唯有“养”，方能“存”之，此外别无他途。因此，道德实践作为扩充“几希”的唯一方式，在我们的生活中也就具有了无可逃避的责任性，除非我们想让“几希”变得更“希”，离禽兽更近。

在此意义之上，“天”和“禽兽”这两种极其悬殊的境地，又似乎是一步之遥、一线之隔，关键在于我们“为”与“不为”。倘若“为”，便是向着成圣知天的方向进取；倘若“不为”，那只能是近于禽兽了。这里所说的“为”并非指一般意义的行为，而是特指道德实践。对于“为”的方式，孟子很强调扩充四端、养浩然之气等一些修养的工夫，这也许会让人误以为他所讲的只是一种玄思冥想，或是一种方术修炼。实际上，所谓扩充并不是说我们闭上眼睛排除杂念，让自己心中充满仁义礼智；所谓养气也不是说我们关起门来操练方术，让浩然之气流遍全身。扩充也好，养气也罢，所指的其实是在日常生活中体验践行，在实际行动中实现内心的仁义礼智。如孟子所言：

> 仁之实，事亲是也；义之实，从兄是也；智之实，知斯二者弗去是也；礼之实，节文斯二者是也。（《孟子·离娄上》）

“实”在这里是很独到的用法，可解之为体现，也可直接理解为实践。仁义礼智需要在日常生活中通过行动来实现，而不是依赖玄想或是方术。

在孟子看来，如果我们对每一个人、在每一件事上都做到了“由仁义行”，那么“几希”就会成长为“浩然”，其气“践形”“生色”，乃至于“塞于天地之间”。这一点对于每一个人来说都是可能的，同时又都是必要的。孟子曾专门讨论过“能”“不能”与“为”“不为”的问题（《孟子·梁惠王上》）：前者讲的是能力的问题，对此，“几希”的“有”已经对所有人作出了确认；而后者讲的则是实际行动的问题，对此，“几希”的“少”让道德实践成为必要，敦促人们果敢去“为”。人人皆享有成圣的资格，因为每个人都具有“几希”的“四端”，即便再“少”，那也是“有”，并且是人所独有、人人固有。然而，这一“几希”的状态又是那么少、那么微弱，稍不留神就会陷溺，沦为禽兽。如果我们不愿沦为禽兽，那么我们就必须选择尽心以知天的方向。

就道德实践的可能性而言，孟子通过“几希”之“有”，确认了每一个人的资格。在这一层面上孟子并没有做出限制，人可以选择让“几希”成为“浩然”，也可以选择让其沉沦陷溺。由此来看，“四端”“几希”在某种程度上也带有意志自由的意思，“四端”接近于康德所讲的善良意志，而“几希”则代表了选择的自由。如我们所知，意志自由是道德实践的基本前提，但如何将这种自由转化为一种应当的实践，则是另一层面的问题。也就是说，道德哲学既要给予人们选择的自由，树立道德的自信，又要通过某种方式敦促人们开展应然的行动。相比于宗教体系，孟子所代表的儒家精神没有将道德动力部分地托付给宗教，而是完全诉诸人心，通过“几希”的鼓励和告诫，让人们在天禽之辨的张力中确信自己的实践能力、明了自己的道德责任。这种方式对后世儒家产生了深远影响，在后来的宋明理学中，理欲之辨作为天禽之辨的转化形式，继续发挥道德推动力的作用。

## 四、结语

人之所以为人的本质何在，这是古今中外大多数哲学家都关心的问题。对此，孟子给出的答案是“四端”。那么，“四端”在吾人身上的存在状态如何？孟子的说法是“几希”。“几希”在孟子哲学中首先意味着“有”，对于孟子所倡导的存养工夫而言，这具有非常紧要的意义。“有”是“少”的前提，是人类区别于禽兽的本质所在，也是人之所以能够进行道德实践的资格所在。作为“有”的“几希”包括了“独有”和“皆有”的意义，既将“非人”从道德实践的领域中排除出去，同时又对所有人敞开了成圣知天的大门，给予所有人道德的特权。“几希”的另一层意义是“少”，人禽之分殊很少、很小，也很隐深，若不能自觉，“几希”会变得更“希”，离禽兽更近。正因如此，扩充存养的工夫也就成为必要。检验“几希”是否成长为“浩然”，并非依赖玄想或方术，而是通过行动和实践。因此，道德实践作为扩充“几希”的唯一方式，也就具有了无可逃避的责任性。综合上述两个方面来看，作为“有”的“几希”肯定了每一个人都享有道德实践的资格，而作为“少”的“几希”则确认了每一个人都负有道德实践的责任。前者给予我们充分的鼓励，而后者又给予我们严厉的鞭策，“几希”的道德力量也正是在这两方面的推动中得以集中体现。

（作者单位：南开大学哲学院）

# "心""性""天"与孟子修养本体论

黄燕飞

[内容提要]

孟子修养的本体论涉及"心""性""天"三个核心概念。孟子把"天"上升为人们价值信念的终极源头，却并没有直接认定"天"是善的。"天"本身没有"四德"，它的根本德性表现为作育万物的功能。孟子认为"性"是善的，其目的是：于国，希望百姓安居乐业，天下太平；于人，希望在漫长的人生旅程中能把它视如珍宝，时常拂拭。其实，在本体论层面根本没有任何反驳的证据，因为"善"无损于"性"。孟子的"心"是为"性"服务的。为了说明"性"是善的，孟子提出以心善言性善。这一思路，开启了以心求性的修养之路，欲使人反躬自省、以己心求性。

《孟子》中所引《诗经》"天生蒸民，有物有则"之言，既表明中国文化在孔子以前是以"天"为核心，具有本体论意义；又表明孟子思想与"天"的概念关联密切。孔子被尊为古代最早开始反思中国文化的哲学家，从"反思"来看，主体是他自己，他的思想必然彰显"人"的主体地位，而"天"的本体论意义势必受到冲击。孟子谈性谈心，进一步彰显了人的主体性，但"天"依然具有重要意义。到宋朝后，孟子的思想成为儒家主流，备受宋明理学各家推崇。如程朱理学，以“理”为本体，认为“性即理”。而陆王心学，象山以“理”为本体，认为“心即理”，但并没有完成由“理”向“心”的转化，直至阳明才以“心”为哲学本体，同样有“心即理”之说，但含义不同。按此，“心”“性”“天”在孟子哲学的本体论层面至关重要。《孟子》中谈及其一者都关联另二者，最典型的一句是：“存其心，养其性，所以事天也。”（《孟子》13·1）从言辞来看，“存心”，则有不存时；“事天”，则“天”乃所事之对象；只有“养性”，既肯定“性”是人固有的，又暗指修养，即养“性”。

然而，究竟何者为孟子哲学的逻辑起点，作为修养论本体，为“人皆可以为尧舜”提供理论支撑？则须深入《孟子》文本，理清“心”“性”“天”三者的关系。

## 一、终极源头：以心性释“天”

一般认为，孟子所谓“天”有三层含义，即“命运之天”（或“主宰之天”）、“道德之天”（或“义理之天”）、“自然之天”。《孟子》中分别这样描述：

> 若夫成功，则天也。（《孟子》2·14）
> 夫仁，天之尊爵也，人之安宅也。（《孟子》3·7）
> 天油然作云，沛然下雨，则苗浡然兴之矣。（《孟子》1·6）

在先秦儒家，“命”本质上与“天”没有区别。如《论语》载，伯牛有疾，孔子哀叹：“亡之，命矣夫！”（《论语》6·10[①]）朱子指出：“命，谓天命。”[②]孟子谈及舜、禹的后代贤或不肖时，感叹：“莫之为而为者，天也；莫之致而至者，命也。”（《孟子》9·6）朱子又言：“盖以理言之谓之天，自人言之

---

① 此种序号注释，以杨伯峻《论语译注》（中华书局1980年版）为据，下同。
② 〔宋〕朱熹：《四书章句集注》，中华书局2012年版，第87页。

谓之命，其实则一而已。”[①] 如果以“命运之天”为本体，修养的目的就成了对“天”绝对的服从。以己心求性的修养之路，就成了臆测天意的卜筮之路。天意万变，最终如庄子所言，“以有涯随无涯，殆已；已而为知者，殆而已矣”（《庄子·养生主》）。

有学者提出孟子以心性解释“天”[②]，笔者以为，是因为在强悍的“命运之天”主宰下，孟子把人的德行与“道德之天”贯通起来，用天赋予的品德来面对天的主宰。也因此有了“知命”的明悟：

> 莫非命也，顺受其正；是故知命者不立乎岩墙之下。尽其道而死者，正命也；桎梏死者，非正命也。（《孟子》13·2）

当这一明悟落实到人性上，于是性善论的“性本善”和“性向善”两层含义互不可分：人的良心善性源自道德之天，故“性本善”；依靠这良心善性对待命运之天的主宰是为正命，反之，放失良心对抗命运之天是为非命，故“性向善”。如此看，不正说明了孟子以“道德之天”为本体？不妨再来看看容易被忽视的“自然之天”。

天的“自然”义，多见于老庄思想。荀子的“天”也多言此义，故一般认为，荀子言“天”深受道家影响。“自然之天”在孟子中有两方面表述。一方面即上文所引（《孟子》1·6），意思是天作云下雨，禾苗迅速生长起来。这正是“天”作育万物的体现，一切生命都赖此而生。另一方面，表现为两次引用《太甲》中的“天作孽，犹可违；自作孽，不可活”（《孟子》3·4，7·8），以及为人熟知的“天时不如地利，地利不如人和”（《孟子》4·1）。其中，前一处“天”指自然灾害，后一处“天”指自然界的有利条件，合起来概括为“天”对人事施加的影响。从这两句话看，孟子认为“天”对人事

---

① 〔宋〕朱熹：《四书章句集注》，第314页。

② 参见黎红雷：《儒家管理哲学》，广东高等教育出版社1993年版，第52页。

的作用比不上人与人相互团结的力量，即使出现自然灾害，人仍有存活的可能。换句话说，在孟子这里，“自然之天”是次于“人”的。但是孟子高扬人可胜天的同时，又转入了人本身，他说：“人必自侮，然后人侮之；家必自毁，而后人毁之；国必自伐，而后人伐之。”（《孟子》7·8）人若自作孽，就不可能有活路。

“自然之天”的这两种功能作用于上天所赋予的“心”，那么作育万物的“自然之天”则内化为“道德之天”，对人事施加力量的“自然之天”则内化为“命运之天”。因此，三者关系正是一体两用：自然之天是“体”，道德之天、命运之天是“用”。所谓“天的根本德性，即含于人之心性之中”①，则应被理解为：天作育万物的功能，就是天的根本德性；人所固有的仁、义、礼、智之“四德”是人心思求所得的，蕴含在由天作育万物的德行所化成的“性”之中，所以孟子说“仁义礼智，非由外铄我也，我固有之也，弗思耳矣”（《孟子》11·6）。与此同时，天的作育功能成了人们价值信念的终极源头。然而“天”本身并没有“四德”，其对人事的影响作用也只能算作关联修养的外缘条件，故“天”无法作为修养的逻辑起点。

## 二、修养前提：用“善”把握“性”

孔子说“性相近也，习相远也”（《论语》17·2），“相近”“相远”反差极大，所以“性”就难说得清，故杨泽波先生表示：“‘性’字在《孟子》中出现不多，仅37次，其涵义却常常引起后人的误解。”②《荀子》中就有《性恶篇》来针对孟子的“性善”，似乎更针对他“道性善”的行为。

什么是“性”，“性”何以是善的？据《孟子·尽心下》载：对于口目耳鼻的喜好，孟子明言“性也，有命焉，君子不谓性也”（《孟子》14·24）；对于仁义礼智圣的实现与否，孟子明言“命也，有性焉，君子不

---

① 葛荣晋：《中国哲学范畴史》，黑龙江人民出版社1987年版，第166页。
② 杨泽波：《孟子性善论研究》，中国社会科学出版社1995年版，第29页。

谓命也”（《孟子》14·24）。故前辈学者们谈“性善论”，多就人的特性来解答，这对于深入孟子思想无疑是必要的。但如此一来，如何招架荀子的诘难？

> 今孟子曰：“人之性善。”无辨合符验，坐而言之，起而不可设，张而不可施行，岂不过甚矣哉！（《荀子·性恶篇》）

荀子言“性”，则说：“凡性者，天之就也，不可学，不可事。”（《荀子·性恶篇》）这个定义与孟子的“性”并不对立。孟子只不过是认为这个不可改变的天生成的“性”是善的罢了，他说：“人性之善也，犹水之就下也。”（《孟子》11·2）实际地讲，人总是趋利避害、趋快乐避痛苦的。水向东、向西流都无不同，人为善、为恶却会分别产生快乐、痛苦两种不同的结果；水终究要往低处流，人也会向着快乐而行。

“常识也许不伟大，但它是我们的根。如果只有高深的理论，我们的人生很难想象会变成什么样子，至少那种生活不是人想过的，它只是神的生活。”[①] 我们不妨也从常识出发，来体会“性善”。据《告子上》载：

> 孟子曰：“乃若其情，则可以为善矣，乃所谓善也。若夫为不善，非才之罪也。”（《孟子》11·6）

“情”训为“实”，乃先秦用语之通例。[②] 所谓“才”，朱子认为“人有是性，则有是才”[③]，这自然是他理气观的解读。从孟子的意向看，“才”代指的就是“性”。这是孟子回答公都子“性善”之问的前两句话，说得清

---

① 杨海文：《我善养吾浩然之气——孟子的世界》，齐鲁书社2017年版，第273页。

② 参见劳思光：《新编中国哲学史》第一卷，生活·读书·新知三联书店2015年版，第125页。

③ 〔宋〕朱熹：《四书章句集注》，第334页。

楚明白。但每于心中默念，都有些无奈：这哪里是极具逻辑性的论辩，分明是孟子无奈的劝导。在那个“杀人盈野”的时代，孟子挺立人性为善，受到怀疑与反驳不是太正常了吗？孟子看出了这种“正常”，犹如建立在痛苦上的快乐。他把天生成的“性”用一个“善”字来把握，其目的：于国，是希望百姓安居乐业，天下太平；于人，是希望在漫长的人生旅程中能把它视如珍宝，时常拂拭。其实，在本体论层面根本没有任何反驳的证据，因为“善”无损于“性”。然而，当孟子用“善”把握“性”时，实已把“性”挺立在“心”“天”二者之上了。可从以下两方面理解：

一方面，孟子以心善言性善，已是学界共识。但为学界所津津乐道的孟告四辩中，没有以心言性的影子。在孟子看来，告子执泥于“不得于言，勿求于心”（《孟子》3·2），故与他言“心”实没有多大意义。告子接连从“杞柳之喻”“湍水之喻”“生之谓性”最后到“仁内义外”，真可谓不得于言绝不求于心，所以节节败退。我们不妨以不太友好的眼光认为，告子已失其本心，则他就人性问题和孟子的争辩，意味着“性”比“心”更受重视，“性”是更根本地支撑行为的力量。正如杨海文先生所言：“性体流露出浓郁的客观味道……心体更多的是主观气息。”①

另一方面，孟子以心性言“天”，代表了“天人合一”的第二种意义——“天人相通”。②“天”的较早意义是人格神，代表“天人合一”的第一种意义，即发端于殷代的“天人绝对合一”。③这种绝对合一，人是从属于天的。孟子以心性言“天”，把天地孕育万物的恩情内化为“性善”，把自然规律内化为“心之所同然者”——“理也，义也”（《孟子》11·7），从根本上削弱了人对天的盲从，强化了人的主体地位。这种主体地位，一方面体现为对仁义的追求：“夫仁，天之尊爵也，人之安宅也。”（《孟子》3·7）另一

① 杨海文：《我善养吾浩然之气——孟子的世界》，第 130 页。
② 参见葛荣晋：《中国哲学范畴史》，第 163 ~ 165 页。
③ 参见葛荣晋：《中国哲学范畴史》，第 163 页。

方面体现为颇具人情味的对天的抱怨：“夫天未欲平治天下也；如欲平治天下，当今之世，舍我其谁也？吾何为不豫哉？”（《孟子》4・13）

## 三、修养之路：以“心”求“性”

孟子谈性从不“离体言法”，而是自反思求。“思”正是“心”的职责。孟子以心善言性善，在于提出了恻隐之心、羞恶之心、辞让之心、是非之心，即“四心”，与之对应的是“四德”，即仁、义、礼、智。提出“四心”“四德”，揭示它们之间微妙的关联，是“以心善言性善”为基本思路的理论成果。笔者认为，更重要的是这一基本思路开启了以心求性的修养之路，欲使人反躬自省、以己心求性，也是孟子性善论最有力的证明。

自孟子始，重言“心”，于是陆王心学将他尊为开山祖师。“不论性，孟子在哲学上走不进他那个时代；不谈心，孟子在哲学上走不出他那个时代。”[①]这是对孟子言“心”最低调的高扬。可想而知，前辈学者们对《孟子》中“心”的钻研早已不是浅尝辄止。其中，张奇伟先生将“心”的内涵分为五类：良心；情绪活动及道德意识活动；理性思维器官；意志、志向、动机和行为倾向；人的精神。[②]然而用现代化语词来解释“心”，总似少了孟子称其为“天之所与我者”（《孟子》11・15）的味道。总想着把这种味道品出来，故触目于杨泽波先生的“三分方法”时顿觉，这正是品味孟子“心”的法子！

《孟子性善论研究》前言指出：

> 所谓“三分方法”，是在坚持人是整全的完整的基础上，把人划分为欲性、仁性、智性三个层面。欲性是负责人的物质生活的层面，仁性是仁的思想，也就是伦理心境，智性是通过外向性学习而成就道德的一

① 杨海文：《我善养吾浩然之气——孟子的世界》，第130页。

② 参见张奇伟：《亚圣精蕴——孟子哲学真谛》，人民出版社1997年版，第162页。

**种性向。这三个层面互有分工，各司其职，缺一不可。**[①]

更进一步，杨先生用“欲性”“仁性”“智性”来涵盖孔子心性之学的三个层次。“用仁性涵盖孟子、阳明一系的心学，用智性涵盖荀子、朱子一系的理学”[②]，以此化解心学与理学的冲突，凸显二者之长，弥补二者之短。

笔者之所以要借此方法来论“心”，原因在于：第一，当用“欲性”“仁性”“智性”三者概括人时，即使坚持人是整全的，但随着研究的深入，关联人的实际行为时会难以避免地导致人格化，即欲性人格、仁性人格、智性人格；第二，心为身之本，人的欲望、德性、智慧都与心直接联系；第三，心的复杂变化本身就是整全性的体现，“非善即恶”的二分思维模式难以将其把握。那么，我们不妨用“欲性”“仁性”“智性”三者来解读孟子的“心”。

“心”的“欲性”面在《孟子》中体现，即以欲谈心，如“得其心有道：所欲与之聚之，所恶勿施，尔也”（《孟子》7·9），“欲贵者，人之同心也”（《孟子》11·17）。甚至谈欲就是谈心，如熟为人知的“是故所欲有甚于生者，所恶有甚于死者。非独贤者有是心也，人皆有之，贤者能勿丧耳”（《孟子》11·10）。“是心”就是指欲甚于生者、恶甚于死者之心。而甚于生者的“义”和甚于死者的“不义”，就是“仁性”的朗现。孟子更是用一个“悦”字来体现“欲性”，他说：“理义之悦我心，犹刍豢之悦我口。”（《孟子》11·7）

“心”的“仁性”面在《孟子》中体现得可谓淋漓尽致，不言而喻了。乍见小孩将跌入井的“怵惕恻隐”（《孟子》3·6），看见牛哆嗦可怜的“不忍”（《孟子》1·7），衷心悔恨而表现在面上的“泚”（《孟子》5·5），都是“仁性”的体现。或许正是孟子的“好辩”，正是这些历历在目的辩词，让他说

① 杨泽波：《孟子性善论研究》，第14页。

② 杨泽波：《孟子性善论研究》，第15页。

出了孔子仍在冥想的话：“仁，人心也；义，人路也。”（《孟子》11·11）

“心”的“智性”面，即“是非之心”，是智的端绪、萌芽，所谓“智之端也”（《孟子》3·6）。“智”的实质是要明白并坚定“仁”在于侍奉父母、“义”在于顺从兄长的道理，所谓“智之实”也（《孟子》7·27）。“智”的体现是知言，是以孔子说“不知言，无以知人也”（《论语》20·3），老子就其理接着说：“知人者智。”（《道德经》第三十三章）

孟子知言，认为言辞上如果有不全面的“诐辞”、过分的“淫辞”、不合正道的“邪辞”、躲闪的“遁辞”，只要有这些念头产生，一定会说出来，危害政治，若表现在制度设施中则会危及各种工作。如果在知言、知人上更进一步，则能达到“智”的更高境界——“权变”。孟子指出：“权，然后知轻重；度，然后知长短。物皆然，心为甚。”（《孟子》1·7）不仅东西需要称重、量长度，心也要。对于人心，只有知人、知言后，才知道要加重还是减轻，增长还是缩短，这就是“权变”。所以经孟子之手，男女授受不亲的“礼”被送上了“人性”的法庭并受到制裁，故“嫂溺，援之以手”（《孟子》7·17）；舜瞒着父母娶妻的失礼行为，成了仁孝的表现，故“君子以为犹告也”（《孟子》7·26）；伊尹放逐太甲的篡夺行为，彰显为圣人清白的心迹，故“有伊尹之志，则可”（《孟子》13·31）。

然而就孟子心性之学言，确实因“仁性”的光芒太过耀眼，“欲性”层面受到了冲击，“智性”层面不成体系。就“心”言，“欲性”“仁性”“智性”在孟子的“心”中是俱全的、相互关联的。如果思维散发得更广些，就孔、孟、荀言，在孔子“心”中，从“欲性”一面缓缓地把“仁性”和“智性”的光辉散发出来，所以“孔子言语句句是自然”①；在孟子“心”中，以“仁性”统摄“欲性”和“智性”，奠定了“太上有立德，其次有立功，其次有

① 〔宋〕朱熹：《四书章句集注》，第45页。

立言”[①]的人生追求，所以“孟子言语句句是事实”[②]；在荀子“心”中，以“智性”衔接“欲性”和“仁性”，产生了“一之于礼义，则两得”（《荀子·礼论篇》）的双全法。此外，儒、释、道三家皆言“心”，历史上却有佛家治心、道家修身、儒家治国的评价，若用“心”的“欲性”“仁性”“智性”来解释，以“智性”关联治心、“欲性”关联修身、“仁性”关联治国，则不仅不用就“心”来分个孰强孰弱，反能相即互融。

再回到孟子。所以说孟子开启了以己心求性的修养之路，在于以“仁性”统摄“欲性”和“智性”。显然，心的“仁性”一面可追溯至“性善”。当高扬“仁性”以统摄“欲性”和“智性”时，“心”的本体论设定获得了合法地位。当人的欲念、巧智左右言行时，本心丧失，“心”的存在论担忧变得合理。把“失其本心”解释为本心受到物欲蒙蔽，这是就表象来说。“心”的整全，意味着并不存在“仁性”被“欲性”或“智性”遮蔽的道理。心为身之本，身为心之载体，心的变化自然会导致情绪波动。故要使心的变化、喜怒哀乐之情的波动不至于反伤其身，“欲性”“仁性”“智性”三者必然要以“仁性”主导“欲性”“智性”、用“智性”调节“仁性”“欲性”、从“欲性”体现“仁性”“智性”，故人必然要找回丢失的良心，“心”的形上学期盼成为修养的内在目的。

（作者单位：中共浙江省委党校）

---

① 转引自杨海文：《我善养吾浩然之气——孟子的世界》，第40页。

② 〔宋〕朱熹：《四书章句集注》，第45页。

# 孟子的选择理论

朱　承

**［内容提要］**

孟子思想里有很多内容关涉生活中的选择问题。孟子在讨论义利抉择问题时，“义”既是目的，也是实现长远功利的手段。孟子看重情境对于选择的影响和制约，表现出儒家的实用理性。在面对生死与道义选择时，孟子既有坚定的一面，也有灵活的一面。基于对道德标准的多样性理解，或由于语境的差异，孟子的选择理论在表达过程中同时蕴含着一定的危机。

世界的无限丰富与生活的多元可能使得“选择”成为生活中最能彰显人的主体能力的活动之一，也使其成为生活中最为困难的活动之一。因此在生活中，我们经常会陷入不知“如何是好”的选择困境之中。对于个体的道德生活而言，选择总是意味着取舍及其所带来的利弊，而且，对于有着不同价值观的人来说，利弊在一定意义上是相对的，甚至是随着时空的转移而不断变化的。利弊的复杂决定了取舍的艰难，也就使得“选择”必将成为生活中考虑较多和影响较大的行为。具体来说，日常生活中的选择吃什么，选择在何时何地买房子结婚，选择什么样的职业、信仰、党派和人生道路，等等，很多时候都存在相当的困难。可以说，人的一生就是一个不断面对“选择”、必须做出“选择”以及承受“选择”后果的过程。大概除了出生这件事情不能自我选择，连死亡在理论上都可以由理性个体实现自我选择。

选择如此重要并且如此困难，而人的直接生活经验又是有限的，因此他人的经验、古人的经验尤其是保存在各类经典著作里的经验，往往容易成为人们选择时的标准和参照。在中国的文化传统里，圣贤的日常生活选择更是人们所津津乐道的。比如，当有人在没有父母之命的情况下犹豫是否可以成婚时，舜“不告而娶”的故事就会适时浮现出来；当有人在权衡是否可以在父母尸骨未寒的时候进行重大政治活动时，武王的“不葬而兴师”也会成为选择的重要参数；这样的例子在中国文化传统里广为流传、不胜枚举。除了生活中的事务，对于中国古典时期的读书人或者士大夫来说，当涉及重大道义选择时，比如生命和仁义二者之间只能选择其一的时候，孔子倡导的“杀身成仁”与孟子提倡的“舍生取义”多数时候会第一时间出现，尤其是孟子阐述的“舍生取义”章更是为人反复传诵、历代阐扬。

在《孟子》一书里，关于“选择”问题的论述非常多，最为著名的就是上文提到的“舍生取义”章。此章以宣扬“舍生取义”而名扬千古，论者多认为其表现了儒家在伦理选择上的坚定道义论立场。但是，如果检阅《孟子》全书，会发现在孟子那里，关于价值“选择”的原则，实在是不能简单以“道义论”或者“功利论”来概括之。我们认为，孟子在“选择”问题上的议论相当复杂。那么，如何来分析孟子在选择问题上的思考呢？我们试图以孟子为中心，考察儒家在道德选择问题上的体验和思考，并借此反思儒家在具体生活价值取向的选择上所陷入的某种纠结。

## 一、“仁义而已”与“何必曰利”

一般认为，孟子是道德理想主义者，他的理论以性善为出发点，强调“仁心”和“仁政”，而“仁心”“仁政”与先秦时期的列国争霸的历史现实显然是不协调的。孟子曾说：“非其道，则一箪食不可受于人；如其道，则舜受尧之天下，不以为泰，子以为泰乎？”（《孟子·滕文公下》）孟子认为，如果不符合“道”，就连最细小的物质利益也不能从别人那里获得，反之，如果合乎“道”，则“天下”也能坦然接受。然而，当时实际的社会情况是什么呢，恰恰是庄子所言的“窃钩者诛，窃国者为诸侯”（《庄子·胠箧》）。可见，孟子的主张对于当时的政治格局来说极富理想主义色彩。但是，孟子对当时的政治情况真的如此熟视无睹吗？显然不是。孟子也深知诸侯需要什么，但是他给的药方是通过仁义的途径来获得，而非杀人盈野、流血漂杵的争霸战争。

我们认为，判孟子为道德理想主义者，这应该是单从手段角度来说的，也就是说树立道德理想、推行仁义只是孟子劝说诸侯们所使用的一个手段。如果从其目的来看，其实孟子在一定意义上是“效果论”者，或者是以功利的效果来为坚持道德理想做出嘉益论证，那就是说，坚持道德理想是有好处的、有嘉益的。孟子既拥有道德理想，也重视行为的后果，或者说，孟子认为仁义手段是“值得的”，背后对应着儒家所珍视的崇高价值，这个价值甚至可能以生命为代价，但是它有一个切实的“目的”，不是蹈空的。就像柏拉图笔下的苏格拉底在等待死刑时所言：“我去死，你们去活，谁的去路好，唯有神知道。”[①] 这其实和孟子的思路有相似性，即虽然以肉体生命作为代价，但毕竟还有一个“好”字（或者说可以接受的效果）来支撑仁义之信念，因此，此等付出或牺牲生命就是“值得的”。

在《孟子·梁惠王上》里，孟子以“王何必曰利？亦有仁义而已矣”来教训迫切希望在短时间内富国强兵、洗刷国耻的梁惠王：

> 孟子见梁惠王。王曰：“叟不远千里而来，亦将有以利吾国乎？”孟子对曰：“王何必曰利？亦有仁义而已矣。王曰，‘何以利吾国？’大夫曰，‘何以利吾家？’士庶人曰，‘何以利吾身？’上下交征利而国危矣。万乘之国弑其君者，必千乘之家；千乘之国弑其君者，必百乘之家。万

---

① ［古希腊］柏拉图：《苏格拉底的申辩》，严群译，商务印书馆1983年版，第80页。

取千焉，千取百焉，不为不多矣。苟为后义而先利，不夺不餍。未有仁而遗其亲者也，未有义而后其君者也。王亦曰仁义而已矣，何必曰利？”

仔细分析这一段，我们会发现，孟子仅是说片面地强调“利”在方法上对于“王天下”这一终极政治目的是有害的，或者说急功近利对于王者来说是无益的，同时，他还认为如果只言“利”的话，会导致“上下交征利”的恶果，直接导致臣弑君的政治危局。孟子认为，只有用“仁义”才更加吻合“王天下”的终极政治目的，这就是所谓“仁者无敌”。在孟子那里，“仁义”所能达到的效果是真正值得追求的终极性大利，也就是朱熹所指的“仁义未尝不利”①；而世俗之人孜孜追求的征城掠地，对于真正的王者来说是小利，甚至是害。孟子认为，片面追求这种小利是有害的，必然事与愿违。程颐曾说：“君子未尝不欲利，但专以利为心则有害。惟仁义则不求利而未尝不利也。”②换句话来说，王者要看得更远，目标要盯在终极性大利上，要收获天下人心的“大利”，而不是一城一地的“小利”，甚至要以“不言利”的方式而曲线实现最终“王天下”的统治局面，“得其心，斯得民矣”（《孟子·离娄上》）。“收拾人心”是儒家在政治统治上的最高境界，无论是仁义还是礼法，都要达到从人心上根本接受的效果。孔子说过：“道之以政，齐之以刑，民免而无耻。道之以德，齐之以礼，有耻且格。”（《论语·为政》）“政”与“刑”为什么不如“德”与“礼”的效果呢？在儒家看来，政、刑之具仅仅是让人因恐惧而不为恶，而德、礼则是通过教化悦服人心而不为恶，而后者更应该是政治的根本所在，这也是后儒尤其强调《大学》中的“正心诚意”功夫的重要依据。赵汀阳教授曾指出：“精神生活是统治的完成形式，只有当完成对人们的心灵统治才最后实现了统治。心灵上的同意是对一种政治统治的自愿自觉认同，因此，心灵的一致认同是政治权

① 〔宋〕朱熹：《四书章句集注》，中华书局1983年版，第201页。
② 〔宋〕朱熹：《四书章句集注》，第202页。

力的最后基础。”[①] 这段话比较好地印证了孟子用“仁义”来追求“人心”的良苦用心之所在，获得人心的认同才是真正的“利”。

关于以民心为“利”的观点，孟子在回答齐宣王是否占取燕国的问题时有着更为清晰和直接的表述：

> 孟子对曰：“取之而燕民悦，则取之。古之人有行之者，武王是也。取之而燕民不悦，则勿取。古之人有行之者，文王是也。以万乘之国伐万乘之国，箪食壶浆，以迎王师，岂有他哉？避水火也。如水益深，如火益热，亦运而已矣。”（《孟子·梁惠王下》）

对于齐国是否应该取燕国这样的战略抉择问题，孟子的回答有点现代民主政治的味道：人民满意不满意是选择的标准。如果燕国人民满意，那就可以占取，军事占领行动在道义上就是站得住脚的。这就是说，燕国人民有诉求，攻占燕国就是具有合理性的。是否得到燕国人民的赞许和拥戴，这是取与不取的原则性标准，而不是齐宣王口中的“天殃”与否。儒家有以“天”为最后裁判的传统，孟子这里却直指民心作为取舍的标准，在当时的处境下，不啻为一种政治实用主义的考量。这种选择，在客观效果上是救民于水火，但同时也收获了民心，而民心是每一个政治家试图获得统治合法性都必须考虑的题中之义，民心对于“齐取燕”的合法性有着军事上无法替代的效果。当然，民心如何计量以及是否会被政治家所利用，孟子是没有考虑的。另外，关于民心向背的问题，在处理滕文公是否应该投靠大国的困境时，孟子再次如法炮制：

> 滕文公问曰：“滕，小国也。竭力以事大国，则不得免焉。如之何

① 赵汀阳：《坏世界研究：作为第一哲学的政治哲学》，中国人民大学出版社2009年版，第24页。

则可？”孟子对曰：“昔者大王居邠，狄人侵之。事之以皮币，不得免焉；事之以犬马，不得免焉；事之以珠玉，不得免焉。乃属其耆老而告之曰：‘狄人之所欲者，吾土地也。吾闻之也：君子不以其所以养人者害人。二三子何患乎无君？我将去之。’去邠，逾梁山，邑于岐山之下居焉。邠人曰：‘仁人也，不可失也。’从之者如归市。或曰：‘世守也，非身之所能为也。效死勿去。’君请择于斯二者。”（《孟子·梁惠王下》）

滕文公困惑于即使投靠大国也可能不免于被侵占，孟子的解惑之道在于用道德的手段获取长远的利益，或者说孟子强调的是手段的合理性。王者用行仁义的手段收揽民心，这样，即使王者避居山林，百姓也会效死跟随。而老百姓能够不离不弃，就实现了实质上的胜利。在这里，孟子认为，在对敌方“事之以皮币”与对己方“行仁义”两种手段的选择之中，“行仁义”是间接应敌的办法，却是最根本的手段，能获得最好的效果。这是从全局上考虑国家存亡问题，而不仅仅是兵来将挡那样的战术问题。后人“不谋全局者不足谋一隅”的政治智慧，与孟子对滕文公的言论在理论上似乎是相通的。

不仅在国家大事上，孟子的选择是一种更为深远的“功利主义”；在个体人生道路上，孟子的考虑也是基于长远的高层次功利性目的。孟子认为：

凡有四端于我者，知皆扩而充之矣，若火之始然，泉之始达。苟能充之，足以保四海；苟不充之，不足以事父母。（《孟子·公孙丑上》）

三代之得天下也以仁，其失天下也以不仁。国之所以废兴存亡者亦然。天子不仁，不保四海；诸侯不仁，不保社稷；卿大夫不仁，不保宗庙；士庶人不仁，不保四体。今恶死亡而乐不仁，是犹恶醉而强酒。（《孟子·离娄上》）

仁、义、礼、智四种德性的扩充与不扩充、推广与不推广，会伴随着“保四海”和“不足以事父母”两种截然不同的效果。理性的人，在好坏两种效果面前，自然会选择那种导致良好效果的做法——在孟子这里就是所谓的“扩充四端”。对于国家的施政方针来说，选择“仁”作为根本理念，同样可以收到良好的效果。而不选择“仁”，在孟子看来，无论是对天子、诸侯还是卿大夫，后果都是灾难性的。

由于长期以来形成的“往后看”的传统，儒家喜欢托古言事，借助历史上的事情及其评述来发表主张，《孟子》全书里有很多地方都是借古述今，孟子对于历史问题的理解，也表现出其在选择问题上有着实用和功利的一面：

> 孟子曰：“伯夷辟纣，居北海之滨，闻文王作，兴曰：‘盍归乎来！吾闻西伯善养老者。’太公辟纣，居东海之滨，闻文王作，兴曰：‘盍归乎来！吾闻西伯善养老者。’二老者，天下之大老也，而归之，是天下之父归之也。天下之父归之，其子焉往？诸侯有行文王之政者，七年之内，必为政于天下矣。”（《孟子·离娄上》）

孟子认为，伯夷、姜太公之所以选择文王而躲避纣王，是因为文王“善养老者”。而伯夷、姜太公在发表上述言论时，其自身就是老者，他们这种政治选择显然对自己个体的老年生活是有利的，所以朱熹说道：“文王发政，必先鳏寡孤独，庶人之老，皆无冻馁，故伯夷、太公来就其养，非求仕也。”[①] 当然，“善养老”，在儒家看来，是一种高尚的道德行为。伯夷、姜太公的行为也绝不仅是贪图个人利益这么狭隘，他们的真正意图是推己及人，强调文王推行的是天下归心的仁政。不过，从这之中我们可以看出，孟子对于伯夷、姜太公选择的肯定，从说理的角度来看，是用效果赋予行为的合理性，即老人能够得到善养的效果，因此文王的政治行为一定是正当的，文王也是值得天下人去投奔的。

---

① 〔宋〕朱熹：《四书章句集注》，第282页。

孟子在处理选择问题时，其教人之方法是用长远的、终极的功利来诱导人们行仁义、行善。[①]孟子以“功利”来为“道义”做论据的思路，如果我们抛开上述所谓“功利”是否恰当的问题，大致可以这么认为，道德在孟子这里，作为一种价值追求，不是不顾效果的，而是追求长远的终极性功利或价值，这个功利性价值在孟子那里，既是老百姓企盼的安宁生活，也是国君所希望的“王天下”。很难想象如果没有功利性的效果于其后，孟子的理论如何去说服人，如何让人们觉得行善是有意义和有价值的。不过，当时的诸侯大概都是急性子，等不及孟子所描绘的仁政蓝图，而希望直接用刀兵解决问题，这就使得孟子显得尤为尴尬。

## 二、“彼一时，此一时也”

与选择标准上的实用性和功利性相关，孟子在“选择”问题上十分注重情境或环境，重视不同的社会环境和生活处境对于选择的影响，采取所谓“彼一时，此一时也”（《孟子·公孙丑下》）的原则来灵活应对之。

《孟子·公孙丑下》记载了孟子接受他人馈赠之事，我们不妨从这件具体的事件来分析情境因素在孟子选择理论中的意义：

> 陈臻问曰：“前日于齐，王馈兼金一百而不受；于宋，馈七十镒而受；于薛，馈五十镒而受。前日之不受是，则今日之受非也；今日之受是，则前日之不受非也。夫子必居一于此矣。”孟子曰：“皆是也。当在宋也，予将有远行。行者必以赆，辞曰：‘馈赆。’予何为不受？当在薛也，予有戒心。辞曰：‘闻戒。’故为兵馈之，予何为不受？若于齐，则未有处也。无处而馈之，是货之也。焉有君子而可以货取乎？”（《孟子·公

① 台湾大学蔡信安教授早在1987年发表的《论孟子的道德抉择》（载《台湾大学哲学评论》1987年第10期）一文认为，孟子是诉诸最大效益原则来论证儒家行动选择的合理性。而厦门大学王云萍教授则在2002年发表的《孟子的道德选择理论：效果论？》（载《哲学研究》2002年第8期）一文中对此观点予以了反驳，认为孟子关注的是利益的质量而非数量。

孙丑下》)

孟子弟子陈臻对于孟子在是否接受馈赠之事上前后相差很大的态度非常不解。陈臻认为，如果接受馈赠是正确的，那么拒绝就是不对的；如果拒绝馈赠是合理的，那么接受馈赠就是不正确的。而先生既有接受又有拒绝，这该如何理解？孟子的回答出乎学生意料，他认为二者皆是适当的。孟子如此回答的依据是什么？道理很简单，孟子认为接受与否的依据就是“情境”。在宋、薛收受馈赠都是因为有具体而适当的理由，“适于义也”；而在齐的拒绝是因为没有可以接受的由头，“未有处也”。也就是说，如果没有适当的情境、没有合适的理由却接受馈赠，就是被收买，这不是君子所为。在这里，孟子在接受馈赠与否的选择上，其主要的依据就是“情境”，这里似乎并没有诉诸更为神圣的理由或者借口。值得一提的是，朱熹在《孟子集注》里引宋儒尹焞曰：“言君子之辞受取予，惟当于理而已。”[①] 尹焞认为孟子的受与不受，是看是否“当于理”。当然，如果把“理”当作“合理”、“合适”或者“合乎情势”，尹氏的这句话应该没有问题。但是，如果把“理”当作“天理”，则略有拔高之嫌。其实孟子的意思就是，如果情势所迫又有需要就接受馈赠，而在没有必要且用途不明的情况下就万不能接受。因而，孟子在受与不受的选择上，似只依具体场景和具体需要而定。

在《孟子·公孙丑下》里还有孟子论述蚳鼃辞官的事情，同样反映了情境或者处境对于选择的重要性。

曰：“吾闻之也：有官守者，不得其职则去；有言责者，不得其言则去。我无官守，我无言责也，则吾进退，岂不绰绰然有余裕哉？”(《孟子·公孙丑下》)

---

① 〔宋〕朱熹：《四书章句集注》，第244页。

孟子认为，针对具体个人的社会活动，职责的有无就是选择进还是退的标准。职责是一个人的社会处境，他能否担当这份社会处境造就的责任，应该是其选择进退的依据。另外，对于国家的军事政治战略，孟子也相当看重情势与情境，不做僵化的思考，而是用情境为政治选择做辩护。再以“齐国是否伐燕”一事为例，孟子与他人展开了讨论，并发表了自己独特的看法：

> 沈同以其私问曰：“燕可伐与？”
>
> 孟子曰：“可。子哙不得与人燕，子之不得受燕于子哙。有仕于此，而子悦之，不告于王而私与之吾子之禄爵；夫士也，亦无王命而私受之于子，则可乎？何以异于是？”齐人伐燕。或问曰：“劝齐伐燕，有诸？”曰：“未也。沈同问‘燕可伐与’，吾应之曰‘可’，彼然而伐之也。彼如曰，‘孰可以伐之？’则将应之曰：‘为天吏，则可以伐之。’今有杀人者，或问之曰，‘人可杀与？’则将应之曰‘可’。彼如曰，‘孰可以杀之？’则将应之曰：‘为士师，则可以杀之。’今以燕伐燕，何为劝之哉？”（《孟子·公孙丑下》）

在孟子看来，伐燕的可与不可，没有什么天然的正当性，只是取决于情势和处境。燕国国君无道、秩序混乱、百姓受难，当然应该有人出面去讨伐。然而，比讨伐本身更为重要的是出面讨伐的讨伐者要有“替天行道”的措施，只有这样，讨伐才是正当的。反之，如果齐国与燕国同样无道，那么以齐伐燕就是不正当的。同样的道理，在这段话里，还有他人问能否杀人，孟子说可以，只要你是司法官就可以这么干，因为刑杀恶人是司法官的职责之一。在孟子看来，只要是责位相当，其行为就是可以接受的；而责任和位置不一致，那么行为就不是正当的。

大到军国大事，小到个人择友，情境对于孟子的选择来说都尤为重要。孟子有一位“千夫所指”的朋友匡章，孟子与之为友，别人觉得很奇怪：

公都子曰："匡章，通国皆称不孝焉。夫子与之游，又从而礼貌之，敢问何也？"孟子曰："世俗所谓不孝者五：惰其四支，不顾父母之养，一不孝也；博弈好饮酒，不顾父母之养，二不孝也；好货财，私妻子，不顾父母之养，三不孝也；从耳目之欲，以为父母戮，四不孝也；好勇斗很，以危父母，五不孝也。章子有一于是乎？夫章子，子父责善而不相遇也。责善，朋友之道也；父子责善，贼恩之大者。夫章子，岂不欲有夫妻子母之属哉？为得罪于父，不得近。出妻，屏子，终身不养焉。其设心以为不若是，是则罪之大者，是则章子已矣。"（《孟子·离娄下》）

匡章和他的父亲闹僵了，举国上下都认为匡章不孝。在儒家看来，不孝是很大的罪名，能导致对人的彻底性否定，孟子却与之为友，并待之以礼。孟子之所以如此择友，主要还是依据事情的情境[①]，才和"通国"之人意见相左。孟子认为匡章与其父是"以善相责"，对其父的行为有所劝勉，所以有后来的不睦局面，为其父所逐，被举国上下指责为不孝。虽然孟子也认为匡章此举有损父母之恩的天性，但匡章通过自我责罚来表达自己对于父母之恩的重视，因此是可以同情并值得与之相交的。朱熹曾引杨时之语表示对孟子的肯定："章子之行，孟子非取之也，特哀其志而不与之绝耳。"[②]孟子的择友，体现了孟子不以流俗之见作为标准，而是依据具体事件之中的是非曲直做出自己的判断。

对于孟子来说，根据情境进行权衡是极端重要的事情，分寸和尺度都来源于对处境的认真衡量，"权，然后知轻重；度，然后知长短"（《孟子·梁惠王上》）。孟子在选择上对情境的权衡和考量，直接关乎行为是否合乎礼仪和道德这样的重大原则问题。

---

① 徐洪兴教授曾用"同情的理解"来描述此种情况。参见徐洪兴：《孟子直解》，复旦大学出版社2004年版，第208页。

② 〔宋〕朱熹：《四书章句集注》，第300页。

> 淳于髡曰："男女授受不亲，礼与？" 孟子曰："礼也。"曰："嫂溺则援之以手乎？"曰："嫂溺不援，是豺狼也。男女授受不亲，礼也；嫂溺援之以手者，权也。"（《孟子·离娄上》）

我们认为，此段集中地表现了孟子的道德情境理论，也就是道德选择要根据情境而变化。没有出现危急的情况，男女是授受不亲的；但一旦危及生命，这个时候授受不亲的礼仪可以暂时隐退，取而代之的是对于生命的恻隐之情。男女之别和生命这两种价值本身并无高下之分，区别就看当时的情境更适用何种价值。当然，孟子的道德情境理论也有例外：

> 孟子曰："舜生于诸冯，迁于负夏，卒于鸣条，东夷之人也。文王生于岐周，卒于毕郢，西夷之人也。地之相去也，千有余里；世之相后也，千有余岁。得志行乎中国，若合符节。先圣后圣，其揆一也。"（《孟子·离娄下》）

此处，孟子认为圣人不因时间和空间的差距而有不同准则，也就是说，圣人的处世原则是超越时空的，这就为情境理论提出了解释上的挑战。而合理的解释只能是孟子认为前圣、后圣在大原则（也就是儒家的基本立场）上是一致的，在一些具体问题上依据情境当有不同的处置。

实际上，任何道德选择和行为选择都是受具体情境影响的，理想模式只能停留在思想实验中。现实处境从来都不是纯粹的，会受到各种具体因素的影响和制约，也就是说，几乎没有一种价值体系是绝对不考虑具体、现实情境的。因此，选择问题在一定意义上可以转化为情境问题，具体说来就是，究竟什么样的情境对应什么样的道德行为和道德选择？我们如何判断和评估情境？这对于孟子，对于我们，都是一个令人困惑的问题。当然，孟子在其道德思想体系里，依其一贯坚定的仁义立场，还是能够做出深入思考和明确抉择的。

## 三、“舍生取义”与“死，伤勇”

面对“选择”，孟子的立场是既坚持道德理想也追求现实功利，他强调依据对情境的评估和判断来选择行为。因此，在很多场合，孟子可以在具体的“选择”问题上给予人们一种指导。由于孟子亚圣的地位及《孟子》文本在思想史上的重要地位，孟子关于“选择”的思考往往具有典范意义，影响很大，故而值得我们关注和讨论。

滕文公在面对“事齐”还是“事楚”的问题时，孟子劝他跳出这种狭隘的选择：

> 滕文公问曰：“滕，小国也，间于齐楚。事齐乎？事楚乎？”孟子对曰：“是谋非吾所能及也。无已，则有一焉：凿斯池也，筑斯城也，与民守之，效死而民弗去，则是可为也。”（《孟子·梁惠王下》）

逻辑地来看，在“事齐”还是“事楚”这个选言命题面前，滕文公颇为苦恼。可是孟子认为滕文公在逻辑上犯错误了，用形式逻辑的术语表达，这个逻辑错误就是选言命题没有穷尽选言支。穷尽选言支是选言命题得以成立的基本前提，任何一种理性的选择都需要把所有的可能性列举出来，这才合乎正常思维逻辑。孟子认为，对于滕文公个人来说，除了“事齐”“事楚”，他还有另外一种选择，那就是和滕国人民一起众志成城、抵御外侮，这样滕国才能从根本上得以保全。此时，孟子的立场极为坚定，事实上，他的潜台词在于他认为滕文公给出的两种选择其实根本不是选择。

在各类型的选择面前，理想的状态是尽可能穷尽选言支，进而在最大的可能性面前从容挑选之。然而，大多数时候人们面对的选择只能是非此即彼的抉择，所谓“选择”只是不可兼析取的选言命题，换句话来说，在选择支面前，只能选择其一，不能得兼。这种命题在孟子的言论里，最著名的就是“舍生取义”章：

孟子曰："鱼，我所欲也；熊掌，亦我所欲也，二者不可得兼，舍鱼而取熊掌者也。生，亦我所欲也；义，亦我所欲也，二者不可得兼，舍生而取义者也。"（《孟子·告子上》）

孟子的这个著名命题，道出了人生特别是儒家知识分子的一大困惑：当肉体生命和道义伦理不可兼取时，我们何去何从？这个命题实际上还可以扩大为，对于同样美好且值得珍惜的两个事物，我们只能选择其一而且必须有所选择的时候，我们该怎么办？什么是最重要的？凭什么我们认为它是最重要的？我们该如何说服自己？怎样才不至于失却"本心"？以孟子的命题为例，我们都知道，生命和道义都是能满足人的一部分需求的，"生，亦我所欲也；义，亦我所欲也"，不过方向不一而已，生命满足的是自然欲求，而道义满足的是精神需求，这两种需求及其满足都是人之常情。面对这样"两可"的选择，大多数人都会痛苦和万分为难。另有一个我们熟知的西方命题，"生命诚可贵，爱情价更高；若为自由故，二者皆可抛"，同样，生命、爱情和自由都是可贵的，区别在于我们更在乎什么，是不是还有"有甚于生者"的"所欲"？是不是还有"有甚于死者"的"所恶"？简单来说，就是在生命和道义之间，我们更在乎什么，在何种情形下有这种"在乎"？以孟子为代表的儒家立场认为可以"舍生取义"，道德优先，个体的自然生存则次之。这也就是说，儒家在"两可"选择面前强调的是道德标准，即一切以是否符合道德标准为取舍的基本依据。或者说，对于儒家来说，道义是更高的价值，也是最符合人的本心的，它本身就是值得人们追求的内在价值，而不仅是人们为了个人利益所使用的手段。所以孟子说："鸡鸣而起，孳孳为善者，舜之徒也。鸡鸣而起，孳孳为利者，跖之徒也。欲知舜与跖之分，无他，利与善之间也。"（《孟子·尽心上》）孟子认为，圣人与盗贼的显著区别就在于价值选择的取向，一个求善，一个求利。如果儒家也放弃了求善这一基本道德追求，那么就和盗贼无异了。在这个问题上，孟子的态度十分鲜明，他强调："非礼之礼，非义之义，大人弗为。"（《孟子·离娄下》）这是说，似是而非的标准是应该被批判的，在道德原则问题上一定要有明确的标准，不能似是而非，模棱两可。孟子对曾子（曾点）的口味选择进行过一番评论："曾皙嗜羊枣，而曾子不忍食羊枣。公孙丑问曰：'脍炙与羊枣孰美？'孟子曰：'脍炙哉！'公孙丑曰：'然则曾子何为食脍炙而不食羊枣？'曰：'脍炙所同也，羊枣所独也。讳名不讳姓，姓所同也，名所独也。'"（《孟子·尽心下》）在孟子看来，曾参对于羊枣和脍炙的选择性回避，不在于我们日常饮食中所在意的味道因素，而在于道德价值的考量。具体来说，就是曾皙喜吃羊枣，这是具有一定独特性的爱好，个人色彩比较明显，而脍炙是多数人的爱好，不具有特殊性。基于此，在脍炙和羊枣之间的选择性规避上，曾参选择避讳父亲独特性的爱好，以表示对父亲的孝顺之意。曾参的这种选择其实和味道毫无关系，只是体现了曾子的孝亲之心。公孙丑的问题是从味道角度考虑的，而孟子的解释性回答是从伦理角度出发的。这里的选择体现的不是味觉标准，而是伦理标准，也体现了儒家的泛道德主义立场。

然而，绝大多数时候，儒家的道德价值并不与"生命"价值相冲突，不一定需要用生命做代价。在《孟子·离娄下》中，孟子提到："可以取，可以无取，取伤廉；可以与，可以无与，与伤惠；可以死，可以无死，死伤勇。"在这里，取和无取、与和无与、死和无死这些行为也随情景而变化，行为本身或许并不重要，重要的是它们背后对应的道德价值，即廉、惠及勇的价值。如果把这段话和"舍生取义"结合起来看，我们大致可以得出这样一个简单的看法：在"两可"之间的选择问题上，孟子的态度是只要总体上符合儒家的价值原则，根据具体场景，"彼一时，此一时"，可以游刃有余地变化气质、变换选择。具体言之，就是面对生死的大问题，依据情境不同，既可以"舍生取义"，当丧失道义而生的时候可以选择抛却生命；也可以认为"死伤勇"，当"死"无关于仁义伦常时，死是没有意义的，孔子也说过："暴虎冯河，死而无悔者，吾不与也。必也临事而惧，好谋而成者也。”（《论语·述而》）告诫人们不能鲁莽行事以危及自己的生命，这种莽撞的送命是没有意义的。结合两种情况来看，孟子的基本态度是，不能贸然去无谓送死，也不能毫无原则地一味求生，生死的选择要依情境决定。这是儒家道德主义立场在不同情境下灵活运用的典范，往往针对的是“上根之人”，然而对“根器驽钝”的人来说，孟子的这种“两可”也有可能会演变成道德投机主义的托词。

如所周知，在日常生活当中，往往由于立场不同、文化异质、语境转移等因素，判断是否合乎道德实在是太困难了。我们还是以历史典籍中所言之事为例，比如，在《庄子·秋水》里有这样一段话：“吾闻楚有神龟，死已三千岁矣，王巾笥而藏之庙堂之上。此龟者，宁其死为留骨而贵乎？宁其生而曳尾于涂中乎？”对于一只乌龟来说，摆在它面前有两种选择，一是留骨于庙堂之上，享受死后的荣耀；一是保全性命于烂泥之中，感受生命的自在与快乐。庙堂之上的祭礼，对于儒家来说是符合礼制，因而也就是合乎道德的。但于庄子而言，“养生全命”对乌龟来说实际上更重要、更为善事。故而，简单地说，对于这只乌龟，以身献礼是合乎道德的，保全生命也是合乎道德的，区别就在于基于何种立场。再如，孟子说过：“大人者，言不必信，行不必果，惟义所在。”（《孟子·离娄下》）在这句话里，孟子认为，只要是义之所在，我们在言行的选择上就可以不必拘泥于“信”与“果”。本来，“言必信，行必果”是孔子对“士”的最低一条要求，孔子认为这是见识肤浅和器量狭隘的小人所秉持的言行原则，“硁硁然小人哉！”（《论语·子路》）孟子此处是对孔子的这一要求做了发挥，即“大人”不必像“小人”那样纠结于个人言行是否贯彻，而应该明辨是非，依据“义”来调整自己的言行。回到孔孟的语境里，我们当然可以很好地理解孔孟轻视“言行信果”的用意之所在。然而，世易时移，在我们当前日常的道德评价体系里，更多的时候，“言而无信”已演变成人际交往中比较严厉的道德批评。即使在朱熹那里，他也曾试图对日常生活中人们所理解的“言必信，行必果”做出一定的辩护。朱熹在《孟子集注》里认为，如果依“义”行事，“卒亦未尝不信果也”。

又引尹氏曰:“主于义，则信果在其中矣。”[①]在朱熹的言论里，大致可以看出，朱熹似也觉得单独理解孟子这句话或许会导致偏向，作为圣贤教法，可能使得后世人忽视“信果”的价值所在，因而有必要进行解释。因此，朱熹用“义”包含“信”与“果”而且“义”最终还是能实现“信”与“果”的言辞，来为孟子的说法进行辩护。这也就是说，在儒家的立场上，选择“义”和选择“信”与“果”在本质上还是相容的，它们之间不矛盾。唯其如此，我们才能更好地理解这句话。当然，假设我们孤立地理解孟子此番言论，可能带来下列问题:“信”与“果”究竟是否也是“义”的一种落实与体现？如果人们认为前后言行可以根据“义”有所权变，而人们对“义”的理解又出现了分歧，那么，孟子的这段话会不会成为人们苟且的托词并进而随意地“言而无信，行而无果”呢？上述这些疑惑，似乎同样是孟子在人之言行选择问题上思考和表述的未尽之处。[②]

这样看来，孟子在“舍生取义”和“死伤勇”之间的“两可”态度，虽然体现了儒家仁义原则在不同情境下的灵活运用，体现了“经”“权”之间的变换，但由于语境上的巨大差异，同时可能为一些投机主义者留下发挥的空间，也显示了儒家在选择问题上有可能时常陷入不知“如何是好”的困境。

生活中到处都存在着选择，而选择是生活中最能彰显人性能力的活动之一。在涉及生活抉择的问题上，儒家学说呈现出复杂而多维的特质。孟子在讨论义利抉择问题时，“义”既是目的，也是实现长远功利的手段，也就是说，孟子既强调动机也强调后果。孟子看重情境对于选择的影响和制约，不固守某种僵化的标准，表现出儒家的实用理性。在面对各种选择时，孟子既有“舍生取义”式的坚定，也有“死伤勇”式的灵活。基于对道德标准的多样性理解，或由于语境的差异，往往会有人曲解孟子的道德学说，这一方面固有道德投

---

① 〔宋〕朱熹:《四书章句集注》，第 297 页。

② 本段在写作过程中，部分表述曾承彭国翔教授的教益。

机的成分于其中，而另一方面也显示出孟子选择理论在表达过程中还蕴含着一定的危机。因此，我们应当充分重视孟子所代表的儒家选择理论。

（作者单位：上海大学哲学系）

# 孟子论“与民同乐”

曾海军

**[内容提要]**

“与民同乐”不是顺着民的好乐之情去放逐，恰恰是承载着深重的体恤政治，体现了“视民如伤”的精神传统。“因民之所利而利之”没有停留在满足民之利益上，而是将民的衣食之利转化为一种教化事业，并使得民从好利之心摆脱出来而“喻于义”成为可能；其所代表的正是儒家义利殊途的思想路线，也充分体现了儒家把握“民之所利”的高明性。即便百姓所知有限，难以期待在知的层面上相互理解，但君子可以通达百姓的喜怒哀乐之情，做到在情的层面上与民同乐。这也是同作为人的尊严所在，不一定在同等程度上相知，却可以在情的层面上同欢喜、共忧患。这是孟子所言“与民由之”之义，也正是儒家为生民立命的担负所在。

“民”是儒家一个核心的政治观念，儒家对“民”的论说也是多方面、多层次的，其中孟子对“与民同乐”的论说显得特别有意味。儒家是喜欢讲“乐”的，光是在《论语》中，就有“乐水”“乐山”（《雍也》），有乐在其中，也有“乐以忘忧”（《述而》）。当然，最重要的是孔颜之乐，寻了千百年而不息，真是“不亦乐乎”（《学而》）。孟子的“与民同乐”虽说也是讲“乐”，但在与民同之的意义上讲，则非但不容易让人觉得乐，反倒令人满腹狐疑。且不说现代人会讨厌这种居高临下的姿态，即便有心来理解这“与民同乐”，恐怕也会充满困惑。比如说，民之乐随着各自的好恶飘忽不定，如何可能与民同之？关于民之好恶，在儒家的经典文本《大学》中有这么一句话：“民之所好好之，民之所恶恶之，此之谓民之父母。”好民之所好、恶民之所恶，这意思似乎好懂，但道理不好懂。如果是指统治者应该与百姓同好恶，或者更通俗地说，百姓喜欢或讨厌什么，统治者同之，听起来是挺有人情味的，但道理上完全说不通。“民”在儒家的政治生活中作为被教化的对象，其好恶不应该是要被引导的么？孔子也明明说了“唯仁者能好人，能恶人”（《论语·里仁》），同民之好恶又算怎么回事呢？而且，在民之好恶中趋利避害最为显明，好利之心又如何同之？本文拟从民的好乐之情论起，特别阐明儒家如何应对民的好利之心，并揭示出孟子论“与民同乐”意味着“由之”的政治路径，最后归结到同欢喜、共忧患的担负使命上。

## 一、民之好乐

儒家对“与民同之”的思想主张多有表达，而曾多次明确表达过“与民同乐”的是孟子。孟子与齐宣王有一段关于“独乐乐”与“众乐乐”的对话，从“王之好乐”谈到“与民同乐”，生动形象，娓娓道来，堪称经典。孟子对宣王说：

> 臣请为王言乐：今王鼓乐于此，百姓闻王钟鼓之声，管籥之音，举疾首蹙頞而相告曰：“吾王之好鼓乐，夫何使我至于此极也？父子不相见，兄弟妻子离散。”今王田猎于此，百姓闻王车马之音，见羽旄之美，举疾首蹙頞而相告曰：“吾王之好田猎，夫何使我至于此极也？父子不相见，兄弟妻子离散。”此无他，不与民同乐也。今王鼓乐于此，百姓闻王钟鼓之声，管籥之音，举欣欣然有喜色而相告曰：“吾王庶几无疾病与，何以能鼓乐也？”今王田猎于此，百姓闻王车马之音，见羽旄之美，举

**欣欣然有喜色而相告曰：“吾王庶几无疾病与，何以能田猎也？”此无他，与民同乐也。今王与百姓同乐，则王矣。（《孟子·梁惠王下》）**

在儒家的经典文本中，对于“王之好乐”的叙说往往与好乐无度、好乐无厌甚至好乐无礼相关联，很多时候是与君王的声色犬马差不多，如“晋平公好乐，多其赋敛”（《说苑·正谏》）之类。宣王好乐的情形估计也差不了多少，孟子举例说的使百姓妻离子散，很可能就是欢迎宣王对号入座。当然，孟子之意重在劝诫，力图告诉宣王好乐本身没错，甚至古今之乐的区别也没那么大，但“独乐乐”与“众乐乐”之间的差别就太大了。君王是不顾百姓的死活而独自享乐，还是与百姓一起分享快乐，虽然说的只是乐事，却已经显示出暴政与王道之间的区分。不过，说分享快乐肯定过于简单了，“与民同乐”从字面意思上看就可能有多种不同的解读。比如，可以理解为君王将自己的快乐与百姓分享，也可以是君王把百姓的快乐当作自己的快乐，或者是君王期待百姓以自己的快乐为快乐。巧得很，孟子在论说的时候，这几种意思似乎都涉及了。当梁惠王在他的苑囿池沼对着孟子炫耀时，孟子以文王与民偕乐为例告诫他“不贤者虽有此，不乐也”（《孟子·梁惠王上》），大概就有要能将自己的快乐与百姓分享的意思。有意思的是，齐宣王也在他的离宫向孟子卖弄说“贤者亦有此乐乎”，孟子同样告诫宣王“乐民之乐者，民亦乐其乐”（《孟子·梁惠王下》），便有要将百姓的快乐当作自己的快乐之意，然后才可能指望百姓“乐其乐”。孟子此处向宣王所讲的“众乐乐”，则是指百姓以“王之好乐”为乐，即所谓“民亦乐其乐”。君王好乐，百姓因君王好乐而乐，是“与民同乐”也。其意甚浅，其理则深。大凡一个人对别人的痛苦表达同情总是容易的，但要分享到别人的快乐就不那么容易了，除非是特别亲近的人。统治者要让百姓“乐其乐”，这个难度是特别大的，可这确实是儒家追求的政治理想。仔细想来，其实每一个人都可能抱有别人能乐其乐的愿望，这也算是人之常情。历代王朝覆灭，多由民怨沸腾而起，未必不可以视为统治者未能与民同乐所致。君王的统治要实现“与民同乐”，确实还是很艰难的，因此孟子会说“今王与百姓同乐，则王矣”。

君王好乐，百姓亦好乐，虽说百姓的好乐没有钟鼓之声、车马之音这类高大上的东西，但同作为好乐之情总是一样的。“夫人莫不好生而恶死，好乐而恶忧”（《中论·慎所从》），君王要推其好乐之心于百姓，懂得民亦有好恶，有好乐之情。“与民同乐”首先要做到的就是通达民的好恶之情。对于民之好恶，墨子有一句话叫作“民有三患：饥者不得食，寒者不得衣，劳者不得息，三者民之巨患也”（《墨子·非乐上》）。墨子关心民间疾苦，十分惦记百姓的食饥衣寒问题，可谓特别懂得民之好恶。为此，他处处不忘强调官府要“内有以食饥息劳，将养其万民”，让“民无饥而不得食，寒而不得衣，劳而不得息”（《墨子·尚贤中》）。[①] 不过，墨子只是在耳目口鼻的层面上懂得民之好恶，这是不够的。孟子曰：“口之于味也，有同耆焉；耳之于声也，有同听焉；目之于色也，有同美焉。至于心，独无所同然乎？心之所同然者何也？谓理也，义也。”（《孟子·告子上》）耳目口鼻有人所同然，这个可以通过经验观察民的好恶之情来获得。但由耳目口鼻之所同然，指出心之所同然处，这个需要思想家独特的洞察能力，引导民意识到内心的好善恶恶之情，而不是只停留在食饥衣寒的好恶上面。因此，针对于墨子的关怀，孟子毫不客气地说：“人之有道也，饱食、暖衣、逸居而无教，则近于禽兽。”（《孟子·滕文公上》）孟子当然不是要否定饱食、暖衣、逸居，但毕竟即便是禽兽亦能在这上面表现出一个好恶，对于人而言，这样一种好恶之情是远远不够的。思想家必须洞悉到内心深处的好恶，才能真正算得上是通达民情。固如是，民之好恶有飘忽不定的一面，却也未必没有牢靠的另一面。民之好乐同样如此。

如果说民之好乐离不开耳目口鼻之欲，则君王亦然，孟子还有一段与齐宣王的对话就可以表明这一点。孟子在劝宣王行王政时，宣王照例推托起来，

---

① 另，《墨子·天志中》云：“内有以食饥息劳，持养其万民。”《墨子·尚贤下》又云：“若此，则饥者得食，寒者得衣。”

大意是说自己毛病比较多，王政这事恐怕做不来。没想到孟子却就着他的毛病来说：

曰：“王如善之，则何为不行？”王曰：“寡人有疾，寡人好货。”对曰：“昔者公刘好货。《诗》云：‘乃积乃仓，乃裹糇粮，于橐于囊。思戢用光。弓矢斯张，干戈戚扬，爰方启行。’故居者有积仓，行者有裹粮也，然后可以爰方启行。王如好货，与百姓同之，于王何有？”王曰：“寡人有疾，寡人好色。”对曰：“昔者大王好色，爱厥妃。《诗》云：‘古公亶甫，来朝走马，率西水浒，至于岐下。爰及姜女，聿来胥宇。’当是时也，内无怨女，外无旷夫。王如好色，与百姓同之，于王何有？”（《孟子·梁惠王下》）

估计宣王也是常常挡不住孟子苦口婆心劝导他行仁政的盛意，便想尽办法找些借口来搪塞。之前他还说过“寡人好勇”，却被孟子一句“王请无好小勇”（《孟子·梁惠王下》）给挡了回去。现在又说“寡人好货”，甚至连“寡人好色”这样上不得台面的事都说出来了，真是找个借口都每况愈下，亦可见宣王全无行仁政之心。孟子却不容宣王有丝毫退缩的机会，尽一切可能来鼓动他。孟子所论的要义是“与百姓同之”，好货与百姓同之，好色亦与百姓同之。看起来这都是些粗鄙之事，孟子却引经据典，显得相当严肃。从字面意思上看，财货与百姓同之，这个不用解释也好懂，至于好色，通过孟子“内无怨女，外无旷夫”一语，亦大体能明白。但问题是，“与民同乐”能在这些货、色上来论吗？无论如何，君民之间就在这种货、色上再怎么乐起来，那也不是儒家的风格。孟子不可能表达出这样的意思，虽说与宣王所言不免带有特定的情势在里头，对于一些不明就里的人而言容易引起误会，但孟子总不可能做出“曲学阿世之言”[①]，其中道理必定不失。朱子以为，

---

① 〔宋〕朱熹：《四书章句集注》，中华书局2003年版，第220页。

孟子由宣王所言好货、好色到与民同之，运用的还是己立立人、己达达人[①]的道理。所谓“孟子言公刘之民富足如此，是公刘好货，而能推己之心以及民也”“无怨旷者，是大王好色，而能推己之心以及民也”[②]，是推己之好货、好色之心于民，而通过治民来成就百姓的安居乐业。对于前文所引的“与民同乐”，朱子亦注云：“与民同乐者，推好乐之心以行仁政，使民各得其所也。”[③]推己之心于民的道理虽不艰深，但今人往往以将心比心的俗语来理解就谬矣。朱子对于孟子与宣王所论整个“与民同乐”的对话有一个总结，其云：

> 盖钟鼓、苑囿、游观之乐，与夫好勇、好货、好色之心，皆天理之所有，而人情之所不能无者。然天理人欲，同行异情。循理而公于天下者，圣贤之所以尽其性也；纵欲而私于一己者，众人之所以灭其天也。二者之间，不能以发，而其是非得失之归，相去远矣。故孟子因时君之问，而剖析于几微之际，皆所以遏人欲而存天理。其法似疏而实密，其事似易而实难。[④]

按朱子之意，孟子就着宣王的话来说，看起来显得粗疏，说起来也觉得容易，但实则事关天理人欲之辨，道理既深，行事亦难。朱子以天理人欲之辨来论孟子之言“与民同乐”，其理深邃，自无不到。不过朱子所言是推己及人的道理，而并不特别针对君王推己于民。虽说君民之间道理亦不过如此，却毕竟还是有更多一些意思。孟子对宣王讲“文王之囿方七十里，刍荛者往焉，雉兔者往焉，与民同之”（《孟子·梁惠王下》），是文王有其苑囿而“听民往取禽兽，刈其刍薪”[⑤]，如此“与民同之”，并非人人可就之事。实际上，

---

① 《论语·雍也》：“夫仁者，己欲立而立人，己欲达而达人。”
② 〔宋〕朱熹：《四书章句集注》，第 219 页。
③ 〔宋〕朱熹：《四书章句集注》，第 214 页。
④ 〔宋〕朱熹：《四书章句集注》，第 219 ~ 220 页。
⑤ 〔清〕焦循：《孟子正义》，中华书局 2007 年版，第 106 页。

孟子不断地给宣王讲古圣王之治，都会涉及王政背景下的恤民之制。比如天子巡狩、诸侯述职之制，“春省耕而补不足，秋省敛而助不给”（《孟子·梁惠王下》），是“天子诸侯出，必因王事有所补助于民”，如果“吾王不游，我何以得见劳苦蒙休息也。吾王不豫，我何以得见赈赡助不足也”。[①]简单来说，是“王者一游一豫，皆有恩惠以及民”[②]，百姓当然会跟着高兴。在这个背景下，就能很好地明白为何百姓闻王钟鼓之声、车马之音而欣欣然，“王以农隙而田，不妨民时，有愍民之心，因田猎而加抚恤之，是以民悦也”[③]，民之所乐无过于此。由此可见，孟子所论“与民同乐”，说到底就是一个体恤百姓。有统治者体恤百姓的疾苦，百姓才能乐得起来。齐宣王之所以在孟子跟前找好货、好色这样的借口，正是由于孟子跟他讲了文王施仁政而先体恤鳏寡孤独的事，他光知道嘴里叫好而无心施行。孟子是这样说的：

> 昔者文王之治岐也，耕者九一，仕者世禄，关市讥而不征，泽梁无禁，罪人不孥。老而无妻曰鳏，老而无夫曰寡，老而无子曰独，幼而无父曰孤。此四者，天下之穷民而无告者。文王发政施仁，必先斯四者。（《孟子·梁惠王下》）

朱子于此注云：“先王养民之政：导其妻子，使之养其老而恤其幼。不幸而有鳏寡孤独之人，无父母妻子之养，则尤宜怜恤，故必以为先也。”[④]体恤或怜悯在今天看来似乎是很廉价的，现代人很忌讳自己沦为被怜悯的对象。是不是现代人真的都强大到不需要别人的体恤或怜悯呢？其实也不是，因为不愿意信赖别人，更不愿意将自己托付给别人，只是由于害怕所托非人。但根据儒家的人文观念，人世间的全部意义只能由人自身全副地担负起来，

① 〔清〕焦循：《孟子正义》，第122页。
② 〔宋〕朱熹：《四书章句集注》，第217页。
③ 〔清〕焦循：《孟子正义》，第105页。
④ 〔宋〕朱熹：《四书章句集注》，第218页。

由此，人与人之间的相互信赖与支撑是至关重要的。在儒家的政治理念当中，统治者对此承担着巨大的意义，其中就包括体恤百姓这一价值维度。这种体恤的价值远非今人口口声声的同情心可以道尽的，或者同情心只是现代政治以平等的名义瓦解了这种价值之后所剩下的一点残留物。体恤一定是自上而下的，是一种具有强大力量而深远厚重的关怀。这种关怀之所以得以可能，必定是秉承于天地之间生生不息的力量，对生命中的苦难或不幸感受到切己之痛而不可遏制地流露出来的。这种关怀表现为政治上的体恤精神，一是真实而强大，不容虚情假意或者别有用心，并极具力量而不会止息，孟子所谓"禹思天下有溺者，由己溺之也；稷思天下有饥者，由己饥之也"（《孟子·离娄下》）是也。一是深重而广大，力量深邃而不会止息，没有偏袒，孟子所言"思天下之民匹夫匹妇有不被尧舜之泽者，若己推而内之沟中"（《孟子·万章上》）就是。这种体恤政治亦是孟子所声称"文王视民如伤"（《孟子·离娄下》）的传统，即"民已安矣，而视之犹若有伤"[①]，可谓关怀百姓疾苦没有止境。正是这种"视民如伤"的精神传统，才支撑起儒家彻底的人文观念，使得一个不借助于神性而获得安顿的文明成为可能。

由以上所论体恤政治或"视民如伤"的传统来看，无论民之好乐怎样随各自的好恶而飘忽，只有君王体恤百姓的疾苦，民之好乐才可能获得基本的保障，君王也才有可能谈得上"与民同乐"。君王以好乐之心推及于民，与民之好乐相通，从而达到"与民同乐"。这显然不是顺着民的好乐之情去放逐，恰恰是承载着深重的体恤政治，体现了"视民如伤"的精神传统。

## 二、因民之所利

一种体恤政治要特别面临的是百姓的好利之心，如果只能将百姓视为利禄之徒，则体恤亦不过是针对百姓的小恩小惠。就此而言，这种所谓的体恤比起今天的福利社会，简直无足挂齿。但实际上，利就是利，无论怎样满足

---

① 〔宋〕朱熹：《四书章句集注》，第294页。

百姓的好利之心，依然与儒家的体恤精神无关，而只能是“天下熙熙，皆为利来；天下壤壤，皆为利往”（《史记·货殖列传》）。儒家的体恤政治当然不是在满足百姓的好利之心，对于利的态度，儒家有一个基本的立场，即“义利之辨”。孔子说“君子喻于义，小人喻于利”（《论语·里仁》），便是将义与利判然两分，不容混淆。义利两途是斩钉截铁的思想主张，舍利取义是毫不含糊的价值立场。不过，义利之辨只是一个基本的立场，儒家对利的论述有着更为丰富和复杂的思想内容。孔子云：“因民之所利而利之，斯不亦惠而不费乎？”（《论语·尧曰》）孔子不但在说“民之所利”，而且还说到要“因民之所利而利之”。可见，利也不是儒家讳莫如深的问题，“因民之所利”实际上是儒家的一个重大课题。

如果根据义利之辨的基本立场，则面对“民之所利”，难道不是引导百姓远离利禄之途而追求仁义吗？所谓“君子之德风，小人之德草。草上之风，必偃”（《论语·颜渊》），就是让“喻于利”的小人受“喻于义”的君子的影响。但为什么要表达“因民之所利”这一层意思？利是民之所好，“因民之所利而利之”似乎正是同民之所好的表现。百姓无不好食恶饥、好衣恶寒、好息恶劳，墨子终身关怀于食饥、衣寒、息劳，这不就是“因民之所利而利之”吗？如果是这样的话，岂不是在迎合百姓的好利之心，与所谓根本利益的代表有什么区别呢？既然义利之间判然两分，哪怕儒家的君子全心全意代表百姓的利益，那也不过是利益的代言人，说到底和百姓一样也是利禄之徒。义利殊途的意思是，如果一个人的利不是义，则即便成为一万个人的利也变不成义。从这个意义上说，代表所有人的利益与代表一部分人的利益，并无实质区别。可见君子不可能成为代表百姓利益的人，“因民之所利而利之”不是这样解的。对于民的好利之心，不是顺着、满足民的利益这么简单，儒家对此有一套十分复杂的叙事。

儒家在叙说文明的开端时，常论圣人开物成务，声称是圣人在洪荒之世开启文明。比如《周易》传文中描述了自伏羲仰观俯察始，先后有神农、黄帝、尧、舜等圣人，于草昧之原、洪荒之野，初创佃渔、耒耨、市货、舟楫、牛马、臼杵、门柝、弧矢、宫室、棺椁、书契等。[1] 孟子亦谓先有尧、舜、益、禹、后稷、契等圣人起而开物成务，又有文、武、周公以至孔子立大功德于民。[2] 儒家叙述这一开物成务的历程，虽说各典籍之间并不完全相同，却并不妨碍勾勒出一个大体一致的情形。自伏羲仰观俯察始，神农教民五谷、黄帝筑作宫室、后稷裂土分疆、大禹决江疏河、奚仲驾牛服马而至皋陶立狱制罪，此为先圣所立之大功业而开显万物。中经文、武、周公设辟雍庠序之教，正父子君臣之礼，而后孔子定五经、明六艺，原情立本、建纲定纪而垂范万世，是圣人所立之大德业而教化人伦。[3] 分而言之，伏羲以下于“天造草昧”（《周易·屯卦》）之处初创，如上文所言佃渔、耒耨之类，是为圣人开物之功；禹、汤而后则“礼义以为纪，以正君臣，以笃父子，以睦兄弟，以和夫妇，以设制度，以立田里”，又“未有不谨于礼者也，以著其义，以考其信，著有过，刑仁讲让，示民有常”（《礼记·礼运》），亦即开创种种礼仪节文，是为圣人成务之德。合而言之，圣人功德相参，历先圣、中圣、后圣而既立天地之道，又立人伦之德，然后万物开显、人道始成。在这一开端的叙说过程中，不难发现佃渔耒耨、舟楫牛马之类，莫不是“民之所利”，而教民五谷、筑作宫室等，不正是“因民之所利而利之”吗？之前论到民的好利之心，经由圣人创制表达出来，这种开物成务的意义显得特别重大。民之所利是否表达为经由圣人创制而利之，意义是完全不一样的。无论是五谷桑麻还是礼仪节文，都是圣人因民而兴，为民而作，这就是儒家所推崇的圣人教化。儒家作为一种教化文明并不会让人觉得陌生，不过人们通常更为熟悉的是指在礼仪节文方面的教化。如果是指五谷桑麻方面，似乎很难道出一个教化意义来。人们往往在父子夫妇这样的人伦关系上做不好，因此需要接受教化，这个容易理解，但人们难道不是都知道吃穿住行吗？这个方面如何需要受人教化？

---

① 参见《周易·系辞下》。

② 分别参见《孟子·滕文公上》和《孟子·滕文公下》。

③ 参见陆贾《新语·道基》。

这就是问题的关键所在。一般说来，缺失了人伦教化意味着什么，这个意思不难阐明，但佃渔、耒耨之类若缺失了圣人教化，又会意味着什么，人们很少有这么来问的，却正与“因民之所利而利之”高度相关。

根据儒家对文明开端的叙说，圣人创制一开始就与佃渔耒耨相关，可见圣人教化原本就包含了稼穑与人伦这两个方面。用孔子的话说，就是“富之”与“教之”：“子适卫，冉有仆。子曰：‘庶矣哉！’冉有曰：‘既庶矣，又何加焉？’曰：‘富之。’曰：‘既富矣，又何加焉？’曰：‘教之。’”（《论语·子路》）这个意思在孟子那里同样明确，所谓“后稷教民稼穑，树艺五谷，五谷熟而民人育。……圣人有忧之，使契为司徒，教以人伦”（《孟子·滕文公上》），即以“教民稼穑”与“教以人伦”对提。圣人创制佃渔耒耨、教民五谷桑麻，同时开创礼仪节文、示民父子伦常，亦如《诗经·绵蛮》所云“饮之食之，教之诲之”，乃圣人开物成务之功。“因民所利而利之”必须置于这样一种叙说背景，才有可能获得充分理解。自此以后，经书所云、夫子所道，这样的叙说方式成为后世学者的典范。比如：

> 夫谷者，国家所以昌炽，士女所以姣好，礼义所以行，而人心所以安也。《尚书》五福，以富为始，子贡问为政，孔子曰：“富之。”既富，乃教之也，此治国之本也。（《说苑·建本》）

或者：

> 孔子谓冉子曰：“治民者先富之，而后加教。”语樊迟曰：“治身者，先难后获。”以此之谓治身之与治民，所先后者不同焉矣。《诗》曰：“饮之食之，教之诲之。”先饮食而后教诲，谓治人也。又曰：“坎坎伐辐，彼君子兮，不素餐兮。”先其事，后其食，谓治身也。（《春秋繁露·仁义法》）

先饮食而后教诲，或者先富之而后教之，都是属于儒家圣人教化的内容。儒家对于“教诲”或“教之”是论说最多的，在“饮食”或“富之”方面所论亦繁。在孔子之后，无论孟、荀，对于“富之”的道理都可谓反复叮咛。孟子跟梁惠王说“谷与鱼鳖不可胜食，材木不可胜用”，或者跟齐宣王讲“老者衣帛食肉，黎民不饥不寒”（《孟子·梁惠王上》），抑或跟滕文公论“民之为道也，有恒产者有恒心，无恒产者无恒心”（《孟子·滕文公上》），等等。荀子则谓“五谷不绝，而百姓有余食”“鱼鳖优多，而百姓有余用”“山林不童，而百姓有余材”（《荀子·王制篇》），与孟子之语相差无几；还有“使衣食百用出入相掩，必时臧余”，要“轻田野之赋，平关市之征，省商贾之数，罕兴力役，无夺农时”（《荀子·富国篇》），等等。以上孟、荀所论，都是孔子“富之”或“足食”（《论语·颜渊》）之意。关于“富之”与“足食”，王充曾提出过质疑：“语冉子先富而后教之，教子贡去食而存信，食与富何别？信与教何异？二子殊教，所尚不同，孔子为国，意何定哉？”（《论衡·问孔》）王充思想粗疏，不能体会到孔子在这两处的分别。饮食与教诲，或者富之与教之，既然是作为圣人教化一体两面之事，其间的关系自当不分轩轾。但究竟如何挑明这种密切的关系，正好借“富之”与“足食”之意来道出，即先富后教是论先后，去食存信是论轻重，其间岂有“意何定”的犹疑！

回到“因民之所利”的问题上来，佃渔耒耨或五谷桑麻是民之所利，“饮之食之”或“富之”正是“因民之所利而利之”。看起来这种说法与墨子的食饥、衣寒、息劳也没什么两样，其实不然。儒家对于圣人创制这一整套复杂的叙说，完全基于自身的义利观念，符合义利分途的基本立场，而与汲汲于利的墨子截然不同。“民之所利”固然只是在“利”上，但“因民之所利”就完全可能是超出了“利”，从而“利之”就远不只是满足利益这么简单。通过圣人创制而教民五谷的叙说方式，正在于使民从衣食之利中提升出来成为可能。作为民之所利，佃渔耒耨或五谷桑麻如果由民的角度叙说出来，则成为劳动者的生产工具或物质资料。这是一套今人非常熟悉的叙事方式，即人民群众作为生产的主体，在长期的生产斗争实践过程中，既推动着历史的进程，也决定了历史的意义。这一叙事经过一对耳熟能详的生产力与生产关系范畴论说出来，人伦关系便顺理成章地被确认为先是一种生产关系。这样听起来似乎是将劳动人民抬得很高，但实际上民一旦被绑架在生产主体上，裹挟在强大的生产链条当中，就只能如墨子所看到的那样，作为“饥者不得食，寒者不得衣，劳者不得息”而挣扎在数千年的生产斗争史当中。

如果自圣人的维度来叙说，通过“因民之所利而利之”，则一切就会显得不一样了。圣人教民稼穑的意义在于中断这一强大的生产链条，而为民立一个其所以为人的第一义出来，以此确保人的道理不为生产所裹挟。劳动人民固然是离不开生产的，但其作为“人”的意义并不在生产当中，更不由生产所决定。正是通过圣人教民稼穑，原本只是民之所利，就转换成为教化的产物。亦即，百姓眼中的衣食之利不再是恶饥恶寒的好利之心所驱动的，而是圣人教化百姓所成就出的文明步伐，并由此使得教以人伦成为可能。因为唯有通过圣人创制斩断民与衣食之利的内在关联，人伦关系才有可能超出生产关系，人伦教化才不会被生产性主体所抹杀。这就是自圣人的维度来叙说与由民的角度来表达之间的截然区分，也就是“因民之所利而利之”所超出“民之所利”的重大意义所在。可见，“因民之所利而利之”没有停留在满足民之利益上，而是将民的衣食之利转化为一种教化事业，并使得民从好利之心摆脱出来而“喻于义”成为可能，其所代表的正是儒家义利殊途的思想路线，也充分体现出儒家把握“民之所利”的高明性。

## 三、与民由之

由“因民之所利而利之”的思想主张可以看出，儒家对于民之所利，一方面不去挑起好利之心，不成为利益的代表者；另一方面又不反对或禁止利益上的要求，不用义去取代利。儒家的这一主张显示出对民力求一种恰如其分的把握，既断然反对蔑视或欺侮百姓，又始终坚持自身应有的责任。对于这样一种姿态，有一个恰当的表述就是孟子的“与民由之”。《孟子·滕文公下》云：“得志与民由之，不得志独行其道。”朱子于此注云：“与民由之，推其所得于人也；独行其道，守其所得于己也。”[①]就着孟子所言“与民由之”与“独行其道”，朱子是谓“推其所得于人”与“守其所得于己”。对于这样一种表达方式，孟子其实还有一处更为著名的说法，可以放一起相互参照：

> 故士穷不失义，达不离道。穷不失义，故士得己焉；达不离道，故民不失望焉。古之人，得志，泽加于民；不得志，修身见于世。穷则独善其身，达则兼善天下。（《孟子·尽心上》）

“独善其身”与“兼善天下”，就相当于是在说“独行其道”与“与民由之”，只是前者以善言，后者以道言。前者言善，或善其身，或善天下；后者言道，或与民行，或己独行。只有己身善才可能善天下，善是与民由之的东西，己身未善便无可由之。也只有己行道才可能与民行，道则显示与民由之之途，己未行道便无由同行。明善行道而后可能与民由之，与民由之而后可能兼善天下。因此，这里面的关系是，于己而言，是明善而后可能行道，是“守其所得于己也”；于民而言，是同行而后可能达善，是“推其所得于人也”。由所得于己而推之于人，从道理上说，无非就是“修己以安百姓”（《论语·宪问》）的推扩。这也可以从此处的“修身见于世”和“泽加于民”看出来，“与民由之”似乎也没贡献什么特别的意思。这是由于忽视了这一提法所表达出的与民共由之意。仅就自上而下的教化之意而言，并不需要一个与民共由的意思，“草上之风”就足够表达清楚了。

相对于儒家所强调的教化之义，“与民由之”的说法其实耐人寻味。自上而下的教化路径所显示出的是，君作为先知先觉者对民作为后知后觉者的引导。在这一路径中，君是主动施为，民是被动接受，尽管这种被动并不意

---

① 〔宋〕朱熹：《四书章句集注》，第266页。

味着消极或外在，但确实不会是今人眼中平等双方的相互交流和理解。因此，儒家究竟在何种意义上主张君民之间的共由，需要进一步的探讨。对于孟子所言“与民由之”，赵岐注为“得志行正与民共之”，焦循进一步疏解为“以此仁义之道共之于民”[①]，正是将“由”释为“共”，类似于今人所言分享之义。看起来，这一共由之意所显示出的相互分享，便是需要寻味之处。有好东西要拿出来与人分享，而不能一个人独享。这个意思通常来说是没什么问题的，只顾一个人独享那是自私的小人。不过，问题在于分享是如何达成的。如果只是好吃好喝，分享就是拿出来而已，谁都能直接拿过去享用；但仁义之道不是这种现成可以享用的东西，既没办法直接拿出来，更不可能直接拿过去。即便是有分享的用心，也未必能达成分享的目的。

对于道理的分享，往往有两种不一样的方式。一是通过明理来达到一种自觉，一是并非自觉而按道理行事，这都可以视为对道理的分享，只不过其间确实有着重大的区分。这个意思不由得让人想起孔子所言“民可使由之，不可使知之”（《论语·泰伯》）一语，“知之”与“由之”的对提正好照应了这种区分。“知之”是明其道理，“由之”是行其道理。孟子谓“与民由之”而非“与民知之”，不妨结合孔子所言来理解。孔子所谓“民可使由之，不可使知之”，毫无“应该”使由之而“不该”使知之的意思，“可使”与“不可使”只是描述现实如此。不过孔子的重点并不在于描述现实，而是要对统治者提出要求，即便民“不可使知之”，统治者是否可能达成一种好的统治秩序？也就是说，统治的基点必须是“民可使由之”，而不能是“可使知之”。建基于“可使由之”的统治一点也没妨碍“可使知之”，但建基于“可使知之”的统治完全有可能置“可使由之”者不顾。关于前者，三代之后便无足观矣；关于后者，现代政治倒是能提供诸多例证。

如前文所言，儒家在如何把握民的问题上极具分寸感，既基于现实又不乏理想，所以才会有“因民之所利而利之”的思想主张。因民之利是顺其所

---

① 〔清〕焦循：《孟子正义》，第419页。

利而彰明其义，与民同乐是同其所乐而导其好恶，这种统治理念正是基于“可使由之”，这也就是通达民情的意义显得特别重大的原因。如果民是喻于利的，当然可以说应当喻于义，但这只能是道德上的要求，而非政治上的要求。儒家的政治理念是，只要有君子喻于义，则民之喻于利就有可能不失于义。通过使民之喻于义来追求一种好的生活，这是基于“可使知之”的统治，最后只可能堕落成官民之间通过喻于利来谋求秩序。通过“君子喻于义，小人喻于利”来达成良善的生活秩序，则正是基于“可使由之”的统治。这并非是要通过义利之辨将人分割成两种不同的类型，而是说只要还有君子喻于义，则“喻于利”者依然能在一种正确的统治下分享到良善的生活。孟子所言“与民由之”，正是在这样一种意义上的与民分享。

对于统治者而言，“不可使知之”的意思是不得要求百姓来理解统治者。无论百姓是一知半解还是茫然无知，统治者都负有治理的使命。根据儒家思想中统治者和百姓之间的关系来看，所谓“天佑下民，作之君，作之师”（《尚书·泰誓上》），则统治者基于“民可使由之，不可使知之”的实情，治理好百姓实属其分内之事。将百姓的起点设得太高，不管其用意如何，结果往往不是抬举了百姓的地位，而是放松了对统治者的要求。期待于民“可使知之”，动不动就搞相互理解，最终不是绑架了民意就是被民意所绑架。就“可使由之”与“可使知之”而言，“由”与“知”的区别固然是重大的，但所由的内容并不会与所知的有什么区别。民有好恶之情，就需要顺应民情而引领民之好恶，民未必知之，但并不妨碍由好善恶恶而行。“民可使由之”追求的就是由这种好善恶恶之情，只有确保所由之道的正确性才是最重要的，而不是对“由”与“知”的区别耿耿于怀。因此在儒家看来，让民通过“可使由之”一样可以追求一种良善的生活，这才是最大的政治。

“民可使由之”意味着统治者对民做最低的要求，但决非没有最好的期望。所谓“天生烝民，有物有则。民之秉彝，好是懿德”（《诗经·大雅·烝民》），一种良善的生活秩序不是上天的恩赐，更不是统治者的赋予，而是根于“民之秉彝”。作为一种最好的期望，只是一个“可使知之”是不够的。

孟子称“人皆可以为尧舜”（《孟子·告子下》），荀子谓“涂之人可以为禹”（《荀子·性恶篇》），其间岂有限量乎？从道理上讲，“民可使由之”直通天之所生、民之所秉，所由之道岂有他哉，有什么不可以放心的呢？

最后回到孟子所言“与民由之”的语境当中：

> 居天下之广居，立天下之正位，行天下之大道。得志与民由之，不得志独行其道。富贵不能淫，贫贱不能移，威武不能屈，此之谓大丈夫。（《孟子·滕文公下》）

居广居、立正位、行大道，能担当起“与民由之”者，是所谓“大丈夫”也。即便百姓所知有限，难以期待在知的层面上相互理解，但大丈夫可以通达百姓的喜怒哀乐之情，做到在情的层面上与民同乐。这也是同作为人的尊严所在，不一定在同等程度上相知，却可以在情的层面上同欢喜、共忧患，达到与民同乐。这是孟子所言“与民由之”之义，也正是儒家为生民立命的担负所在。

## 四、余论

孟子对“与民同乐”的论说表达的是与百姓在情上相通，这是基于无法期待与民在同等程度上相知所做出的主张。这种情上的相通，即指与民同欢喜、共忧患。《周易·系辞上》云“吉凶与民同患”，是亦有“同患”的讲法。“与民同乐”其实就是“与民同患”的积极表达。上文以体恤精神来论“与民同乐”，便是已经将“与民同患”的内涵整合到“与民同乐”中了。可以说，“与民同乐”所包含的与民同欢喜、共忧患精神，是儒家文明基于“民可使由之，不可使知之”所表达出的独特价值。作为一种自上而下的教化文明，儒家坚定地主张“君子之德风，小人之德草”的教化原则。这种“草上之风”式的教化方式决定了不可能在君民之间谋求相互理解的平等性，于是孟子通过主张“与民同乐”来达成另一种平等价值。虽说在知的层面上，很难期待百姓尽心知性知天，但在情的层面上，完全可以通过“与民同乐”而期待百姓获得真情实感，达到对真实生活的追求。

孟子明确主张“与民同乐”，显然不可能是指与群众打成一片的样子，当然也不会是高山流水觅知音式的那种两情相通。“与民同乐”是政治事件而非个体要求，不是在下里巴人与阳春白雪之间的选择。通过“与民同乐”而达成在情上的相通，并非无关轻重的情绪流露，而是与之分享道理的真情实感。在儒家文明当中，道理从来都不是与真情实感相分离的，相反，情感之实开启了道理之真的可能性，孟子以“恻隐之心”论仁之端就是。如前文所言，民之好恶之情是飘忽不定的，正是由于“唯仁者能好人，能恶人”，是仁者“与民同乐”而引领百姓的喜怒哀乐，最终达到民之好善恶恶。可见，“与民同乐”依然不离教化之义，同欢喜、共忧患体现了仁者为生民立命的担负所在。儒家所声称的“为生民立命”，容易遭到这样的诘难：生民若是天命所赋，何以要他人与立之？生民若是未赋天命，他人又何以与立之？其实，为生民立命确有这两层意思：一是生民自身无以立命，故仁者与立之；二是生民自有天命所赋，故仁者可与立之。天赋民命而民未必能立起来，因“不可使知之”，故有待于尽心知性知天者与立之。又因“民可使由之”，故能与民同乐而好善恶恶，是可与立之也。因此，孟子所论“与民同乐”亦是理解儒家“为生民立命”的可能性路径。

（作者单位：四川大学公共管理学院哲学系）

# 孟子论“教”“学”“知”

徐洪兴

[ 内容提要 ]

本文以义理解经的方法解读了孟子的“教”“学”“知”思想，分别从“教”“学”“知”的价值取向、博学与自得、教人之法、知言与知人论世、知天与知命等不同层面分析论述了孟子的有关思想，认为只有深入了解了孟子有关这些方面的思想，才能更深刻地理解孟子的思想核心。

在中国古代，尤其是宋代以后，孟子可算是个家喻户晓的人物，这大概还得拜南宋后出现的发蒙读物《三字经》所赐。《三字经》开篇就讲“人之初，性本善”，这可是孟子的思想；第二句“性相近，习相远”，那才是孔子的话。

说到孟子，我们一般都会讨论他的“性善”论、“养气”论、“王霸”论、“民本”论、“仁政”论等热门的议题。那些题目确实是孟子思想的华彩部分，但今天我想换个话题，来谈谈孟子关于教育、读书与求知这方面的思想。在我看来，如果了解了孟子有关“教”“学”“知”的思想，有助于更深刻地理解孟子的那些思想核心。

## 一、总叙

读《孟子》,给人留下深刻印象的首先大概是孟子的“狂狷”气质吧,如“说大人则藐之”（《孟子·尽心下》，下引《孟子》仅举篇名）、“当今之世舍我其谁也”（《公孙丑下》）等，这可都是孟子留给我们的豪言壮语。

不过，孟子也有崇拜的人物，那就是儒家学派的创始人孔子。孟子一生最服膺的就是孔子，认为“自生民以来，未有盛于孔子也”（《公孙丑上》）；以“予未得为孔子徒”（《离娄下》），而只是“私淑”略感遗憾；但他一生以学习孔子为志愿，称“乃所愿，则学孔子也”（《公孙丑上》）。正因如此，孟子的生平经历与其所崇敬的孔子也颇多相似之处：与孔子一样，他也有强烈的从政愿望，希望把自己的政治理想付诸实践，因此中年开始也周游列国游说，而“仆仆于道路”的结果和孔子也差不多，没有哪位国君真正愿意接受其政治主张；与孔子一样，他也长期开门授徒，即使在游历诸国时，学生们还是伴随其左右；与孔子一样，晚年时孟子也退居故里，与学生一起讨论学问、著书立说。

孟子有著名的“君子三乐”之说，其言曰：

> 君子有三乐，而王天下不与存焉！父母俱存，兄弟无故，一乐也；仰不愧于天，俯不怍于人，二乐也；得天下英才而教育之，三乐也。君子有三乐，而王天下不与存焉！（《尽心上》）

孟子用先秦特有的强调句式即前后的复句来表达他的“君子三乐”，而从事教育在他眼里居然比称王天下更有价值，占据了其人生最高价值中的一席之地。

看来，孟子确实在长期的教学活动中获得过很大慰藉。由于长期从事教育，孟子尽管不像孔子有“弟子三千，贤人七十有二”，但可以想见其弟子也一定不少。比如，他在游历齐国时，已经是“后车数十乘，从者数百人”

（《滕文公下》），这所“从”的“数百人”，应该都是他的学生。只是由于没有类似司马迁为孔子学生专作的《仲尼弟子列传》这种比较可信的资料，我们对孟子学生的情况了解不多。现在能确定的也仅有乐正子、万章、公孙丑、公都子、陈臻、充虞、咸丘蒙、陈代、彭更、屋庐子、桃应、徐辟、孟仲子等十几人，他们都见于《孟子》书中。后世有学者在这方面曾做过一些颇有学术价值的研究和考证，但所增的人数也实在有限。

曾听过一个有关比较文化的说法：古希腊的精神传统注重人与自然的关系，故其学问主要指向知识论；古印度的精神传统注重人与神的关系，故其学问主要指向宗教神学；而古代中国的精神传统注重现实的人与人的关系，故其学问主要指向人之为人的伦理学。这当然只是大而化之的论说，但也不能说毫无见地。就中国的精神传统来看，尽管也有探求“自然之道”“致知之道”“终极关怀”等方面的内容，但其最大成就无疑在“做人之道”——古人所谓“安身立命之学”也。中国主流（主要是儒家）的传统学问强调通过思问与传习找到个人在宇宙和社会中的位置，能在环境与命运的各种遭际与挑战前做出从容的反应，并保持心灵的安静平和，而其最终目标则在于个人精神人格和道德人格的自我建立和自我完成。因此，说中国古代的学问重在做人这一点上，“虽不中，不远矣”。

我们知道，在先秦诸子中，道家是以“反知”著称的。比如，老子曾说“慧智出，有大伪”（《老子》第十八章），“绝圣弃智”（《老子》第十九章），“绝学无忧”（《老子》第二十章》）等；《庄子·养生主》中更有一段名言：“吾生也有涯，而知也无涯。以有涯随无涯，殆已！已而为知者，殆而已矣！”认为人的生命有限而认知对象无限，以有限的生命去追求无限对象的认知必然会陷入困境。老、庄的观点自有其言之成理的一套诠释，这里不必多说。

儒家的见解与道家不同。儒家认为，学习知识、增长智慧也是人生的一个重要价值取向。所以，“智”（知）成为儒家的“五常”之一。我们知道，孔子以好学著称，他“十有五而志于学”，先后师从过多人，“于周则老子；

于卫，蘧伯玉；于齐，晏平仲（婴）；于楚，老莱子；于郑，子产；于鲁，孟公绰”（《史记·仲尼弟子列传》），加之据说他在周曾向苌弘问乐、在鲁曾向师襄子学琴，真可谓不名一师。至于孔子主张“学而不厌”“学而时习之”“学则不固”“学如不及”“敏而好学，不耻下问”“博学于文”等，那都是大家耳熟能详的千古名言。孔子重视“仁”，但他认为光有“仁”是不够的，所以说：“好仁不好学，其蔽也愚。”（《论语·阳货》）因此“知”在孔子那里受到高度重视，他常把“知”和“仁”对举，如“知者乐水，仁者乐山；知者动，仁者静；知者乐，仁者寿”（《论语·雍也》）。更把“知”列为君子“三达德”之首，曰：“知者不惑，仁者不忧，勇者不惧。”（《论语·子罕》）

孔子所讲的“学”，就科目而言，就是“六艺”，首先即周朝官学传统的礼、乐、射、御、书、数。至于“受业身通者”，大概要学更高层次的“六艺”——《诗》《书》《礼》《乐》《易》《春秋》。所以孔子曾为此花了很大精力去整理古籍，编订教科书，经孔子删（《诗》）、编（《书》）、订（《礼》）、正（《乐》）、论（《易》）、修（《春秋》）的这些“教材”，以后就成了儒家的“六经”。

当然，儒家讲学习知识、增长智慧的“学”，与我们今天所讲的“学”有很大区别。如果用现代学科分类来说，儒家讲的大致是经、史、哲、文等人文学科，而不是数、理、化、生等自然科学。孔子虽也曾说过学《诗》可以“多识于鸟兽草木之名”（《论语·阳货》），在《论语》中，我们也读到孔子讲观天、看地、察物，如讲川河流逝（《论语·子罕》）、众星拱北辰（《论语·为政》）、棠棣之花开合（《论语·子罕》）等，但孔子讲这些有关自然方面的知识，其用意主要是在借物喻人、借自然以明人事，并不是就研究自然本身来说的。他讲“逝者如斯”，是强调人应珍惜时间；讲“譬如北辰”，是喻国君当用德治；讲“唐棣之华，偏其反而”，是喻行“权”合“道”。所有这些内容，就思想性来看都有相当高的价值，但对自然科学本身的发展则没有什么益处，这应该是不言而喻的。

正因为孔子重视的只是“修己安人”之学，所以他的学生樊迟想学稼、学圃，结果被孔子骂作是“小人”（见《论语·子路》）。自然科学在儒家学者的眼里，即使不被排斥，充其量也只是“小技”“小道”。孔子学生子夏说过：“虽小道，必有可观者焉，致远恐泥，是以君子不为也。”（《论语·子张》）“小道”虽也有可观之处，但深入研究可能会“玩物丧志”，所以君子是不学的。而在子夏看来，“贤贤易色，事父母能竭其力，事君能致其身，与朋友交，言而有信。虽曰未学，吾必谓之学矣”（《论语·学而》），即尊贤人而轻女色、侍奉父母尽力、为上级办事忠心、交朋友讲诚信，那才叫学问！

不过，即便都是儒家学者，他们也还是有程度的差别。一般说来，孟子就不像孔子那样重视学礼习乐、重视读书。有学者曾做过这么一个统计：《论语》中“学”字凡 64 见，约占全书的 0.5%；《孟子》的篇幅大于《论语》，但其中“学”字仅 32 见，约占全书的 0.09%。[①] 这大概也可算是孟子不如孔子重视和强调学习的一个量化指标吧。正因为如此，我们对孟子曾说过“学问之道无他，求其放心而已矣”（《告子上》）这样的话，就大可不必惊讶不已了。

但话还得说回来，孟子虽说过“求放心”是学问宗旨的话头，但并不等于教育和读书学习就不必讲了。实际上，孟子对教育和学习还是很重视的。谓予不信，请看其言：

> 仁言，不如仁声之入人深也；善政，不如善教之得民也。善政，民畏之；善教，民爱之。善政得民财，善教得民心。（《尽心上》）

“善教”可是孟子“仁政”思想的一个重要支撑点，千万不能忽视。当然，孟子这里的“教”主要是指向伦理的，即如其所谓的“谨庠序之教，申之以孝悌之义”（《梁惠王上》）；“明于庶物，察于人伦”（《离娄下》）；

---

① 参见杨泽波：《孟子评传》，南京大学出版社 1998 年版，第 350 页。

“夏曰校，殷曰序，周曰庠；学则三代共之，皆所以明人伦也。人伦明于上，小民亲于下”（《滕文公上》）。这里所谓的“人伦”，方便说法就是如何去处理人与人之间各种关系的道理，也就是古人常说的“做人之道”。按儒家的观点，最重要的人伦关系有五种，称之为“五伦”，即父子、君臣、夫妇、长幼（兄弟）、朋友。孟子以孔子的传人自许，对伦理问题的关注不啻是其思想的题中应有之义，并且可以说是极其重要的一个组成部分。就目前所知，最早对儒家“五伦”关系做出具体规定的正是孟子：

> 人之有道也，饱食、暖衣、逸居而无教，则近于禽兽。圣人有忧之，使契为司徒，教以人伦：父子有亲，君臣有义，夫妇有别，长幼有叙，朋友有信。（《滕文公上》）

孟子借历史说事，说明儒家的“五伦”是通过教育实现的。所以，对于孟子“求放心”与教育和学习这两者间的关系，在我看来也可以套用他关于“大体”“小体”的论述，即两者要有兼顾，但又须分出主次。

翻检《孟子》一书，我们可以发现，在为学、教人、求知方面孟子也有许多精彩的论述，当然，此“学”（中国的）非彼“学”（西方的）也是很明显的。下面我们就来简单地梳理一下孟子这方面的思想。

## 二、博学与自得

少时特殊的环境没有机会读传统经典，所以我初读《孟子》很晚，是40年前上大学时才完整过了一遍。记得第一句让我留下深刻印象的话是：

> 孟子曰：“博学而详说之，将以反说约也。”（《离娄下》）

孟子说这句话是想告诫我们：读书学习必须注意“博”与“约”的关系问题。首先，要做到广泛地学习，详尽地阐述，“好学深思，心知其意”，对各种知识有充分的了解。而博学详述的目的，就在于增广知识，夯实基础，加深理解。只有达到融会贯通以后，才能进入更高的境界——简约，即执简驭繁，直奔主题，抓住问题的实质。这两者的关系，可以说“博”是“约”的基础，“约”是“博”的目标。还没“博”就想“约”，古人称之为“躐等”，即不按次序。“梅花香自苦寒来”，千万别指望能一夜成名、一年成大师，那是做梦。能“博”而不能“约”，虽好于前者，但细碎烦琐，不得要领，缺少了向上一级的突破和透悟，那会变成个“两脚书橱”，终究还是落入下乘。

孟子曰：“孔子登东山而小鲁，登泰山而小天下，故观于海者难为水，游于圣人之门者难为言。观水有术，必观其澜。日月有明，容光必照焉。流水之为物也，不盈科不行；君子之志于道也，不成章不达。”（《尽心上》）

孟子此段首先讲的是境界问题，人的学识只有达到了一定的层次才会有一定的境界。其次是讲“求道”之循序渐进问题，这与上面那一条可联系起来解读。“圣人之道”虽然广大悉备、境界甚高，却是有其扎扎实实的根基的。有志于圣人之道固然很重要，但那只是起点，如不经过努力学习和刻苦修炼，没有达到一定的境界，那还是不能通达的。这就如同观看水流，一定要观看它的波澜。太阳和月亮有光辉，一定要有能容纳光线的地方；同样，流水这东西，如不注满坎坎洼洼之地是不会前行的。“君子之志于道也，不成章不达”，更是如此！

徐子曰：“仲尼亟称于水曰：‘水哉，水哉！’何取于水也？”

孟子曰：“原泉混混，不舍昼夜，盈科而后进，放乎四海。有本者如是，是之取尔。苟为无本，七八月之间雨集，沟浍皆盈；其涸也，可立而待也。故声闻过情，君子耻之。”（《离娄下》）

孔子有“逝者如斯夫！不舍昼夜”（《论语·子罕》）的名句，通常的理解是，孔子借河水的奔流不息感叹光阴之流逝，人生短暂，时不我待。以上理解绝无问题，但孟子做出了另一层意义的发掘和解读：从源头上流出的泉水滚滚奔流，不分白天黑夜，注满低洼后继续前进，一直流到大海。有本源的东西也正是这样的，孔子取的就是这一点。假如没有本源，就像七八月间雨水多的时候，沟沟洼洼水都满了，可用不了多长时间就会干涸。孟子解经确有其独到的风格，他以此来喻人的名声与实际学问，指出不符合实际的名声就如同无源之水，那是为君子所不齿的。读书实际上也是一样的，不刻苦、系统地去学习，东看一点，西抄一点（现在更“先进”了，有谷歌、百度帮忙，实际不堪一问），那就是没有本源，是绝不会有所成就的。

孟子曰：“君子深造之以道，欲其自得之也。自得之，则居之安；居之安，则资之深；资之深，则取之左右逢其原。故君子欲其自得之也。”（《离娄下》）

孟子曰：“尽信《书》，则不如无《书》。吾于《武成》，取二三策而已矣。仁人无敌于天下，以至仁伐至不仁，而何其血之流杵也？”（《尽心下》）

这两段可以放在一起来读，其主旨是：读书除了讲求“有本”，更需讲求“深造”“自得”，所以必须自己去做、去看、去想、去经历。孟子所谓“深造”“自得”，强调的是要把握最本质的东西，要有自己独特的心得体会，这样才能左右逢源，否则妄随人转，难免轻薄。往小里说，这与一个人做学问的方法有关；往大里说，这也是在阐述一个人应该如何做工夫即如何修养德性。所以，我们读书，一定要注意保持自己的独立思考和独立判断，千万不要以为印成铅字、装订成册了，其中的内容就一定是对的。“尽信《书》，则不如无《书》”，这是孟子的名言。这里的“《书》”指的是被儒家尊为经典的《尚书》，孟子怀疑其中《武成》篇所记载的“武王伐纣”事件的真实性。孟子怀疑的具体内容这里可以不论，但其读书的态度值得我们效法，即哪怕是世所公认的经典，也不能盲目崇信。

孟子谓高子曰：“山径之蹊间介然，用之而成路；为间不用，则茅塞之矣。今茅塞子之心矣。”（《尽心下》）

孟子曰：“有为者辟若掘井，掘井九轫而不及泉，犹为弃井也。”（《尽心上》）

“高子”的名字在《孟子》中共出现四次，关于其身份学术界有不同意见。这里的“高子”似乎是孟子的学生，所以孟子对他很严厉。孟子善用比喻——山上本来没有路，一直去走，也便成了路。求道就像走山路一样，如果不坚持或不能专一，人的心路就会被堵塞。掘井也是如此，挖到泉水前，挖得再深也是口废井。所以为学做事不能全靠聪明机灵，还必须专心致志，切实努力，持之以恒，有始有终，困知勉行，方能有成。

## 三、教人之法

在中国历史上，大凡知名的儒家学者，往往都兼有做老师的经历，许多人甚至是大教育家，孟子自不例外。所以，在教人方面，孟子颇有心得，我们不妨也来看看：

孟子曰：“羿之教人射，必志于彀，学者亦必志于彀。大匠诲人，必以规矩，学者亦必以规矩。”（《告子上》）

孟子曰：“梓匠轮舆能与人规矩，不能使人巧。”（《尽心下》）

公孙丑曰：“道则高矣，美矣，宜若登天然，似不可及也。何不使彼为可几及而日孳孳也？”孟子曰：“大匠不为拙工改废绳墨，羿不为拙射变其彀率。君子引而不发，跃如也。中道而立，能者从之。”（《尽心上》）

这三段可以放在一起读。孟子的意思是：教育是讲规则、有法度的，就如同射手射箭、匠人制造器物一样。所以教师必须用规则和法度来引导学生，也就不能因为某个受教育者的才能、悟性低下而去改变原则性的东西。从这里我们也可读出学贵自得的意思。作为一个教师自然应该循循善诱、引而不发；而作为一个学生则更应充分发挥自己的主观能动性，师傅带进门，修行靠自身，一切还得靠自己用心去理解体悟和融会贯通，把书本上的知识变成自己脑子里的东西，否则你不就白读了吗？

孟子曰："君子之所以教者五：有如时雨化之者，有成德者，有达财者，有答问者，有私淑艾者。此五者，君子之所以教也。"（《尽心上》）

教育要讲规则、有法度，这仅仅是一个方面。因材施教同样也很要紧，所以孟子这里又提出了五种教人的方法：一是适当点拨，如时雨之润化；一是培养其德性；一是发挥其才干（这里的"财"通"才""材"）；一是解答其疑难；一是以自身的品德学问影响那些不能登门受业的人。

孟子曰："教亦多术矣，予不屑之教诲也者，是亦教诲之而已矣。"（《告子下》）

公都子曰："滕更之在门也，若在所礼，而不答，何也？"孟子曰："挟贵而问，挟贤而问，挟长而问，挟有勋劳而问，挟故而问，皆所不答也。滕更有二焉。"（《尽心上》）

除了上面教人的五种方法，孟子还提出了五种"不教之教"的刺激教法，即拒绝对某人的教诲，其实那也是在教诲他。滕君之弟滕更"挟贵""挟贤"而问，孟子不予回答，这实际是在启发他学习要诚心诚意，要做到尊师重道。

孟子曰：“人之患，在好为人师。”（《离娄上》）

孟子曰：“贤者以其昭昭，使人昭昭；今以其昏昏，使人昭昭。”（《尽心下》）

当然，孟子对一些不合格的教人者也有严厉批评，以上两段便是。孟子这里主要批评的是那些缺乏自知之明和骄傲狂妄的人，就其文脉推，多半是在批评当时那些统治者，自己还糊里糊涂，什么都不明白，却又要担负起教化民众的责任。“以其昏昏，使人昭昭”后来就成为一句著名的成语，用来讽刺那些一知半解、不懂装懂而又想教导别人的人。

在孟子论“教”法中，有一段言论很独特，曰“易子而教”：

公孙丑曰：“君子之不教子，何也？”

孟子曰：“势不行也。教者必以正；以正不行，继之以怒；继之以怒，则反夷矣。‘夫子教我以正，夫子未出于正也。’则是父子相夷也。父子相夷，则恶矣。古者易子而教之，父子之间不责善。责善则离，离则不祥莫大焉。”（《离娄上》）

按孟子的观点，父子之间不能责善。因为责善是朋友之道，父子之间如果责善就会伤及感情，如他与弟子公都子议当时齐国大将匡章之“不孝”（见《离娄下》）就持此论（按：匡章“子父责善”之原委，可参看《战国策·齐策一》）。所以，孟子有“易子而教”之说。“易子而教”，这是一种权变、一种回避。儒家一般都不主张亲自教育自己的子女，为的是尽可能避免因教育带来的副作用。朱熹《孟子集注》云：“易子而教，所以全父子之恩，而亦不失其为教。”[①] 所以大学问家朱熹就把自己的儿子交给了当时另一个大儒金华的吕祖谦去教育，这种例子在古人中不少。

---

① 〔宋〕朱熹：《四书章句集注》，中华书局 1983 年版，第 284 页。

## 四、知言和知人论世

古代汉字中“知”之义有三：一是认知、知道，作动词；二是知识，作名词；三是聪明、智慧，作形容词或名词，那是通假字。如孔子说过：“知之为知之，不知为不知，是知也。”（《论语·为政》）前两句中的“知”都是第一义；最后那个“知”是第三义，应该读去声，即今天常用的“智”字。

按孟子的观点，做学问是有境界之分的，能读懂弄通书上讲的是什么，那固然已经不错了，可做到这一点只能算是最基本的要求、最低的境界。再进一步，那就需要讲求“知”了，即“知”什么？怎么“知”？先论孟子的“知言”和“知人论世”。

何为“知言”？大致意思就是善于分析洞察别人的言辞吧。这是孟子与其弟子公孙丑讨论关于“不动心”和“知言养气”问题时提出来的。公孙丑问老师有何特长，孟子说，“我知言，我善养吾浩然之气”。

> “何谓知言？”曰：“诐辞知其所蔽，淫辞知其所陷，邪辞知其所离，遁辞知其所穷。生于其心，害于其政；发于其政，害于其事。圣人复起，必从吾言矣。”（《公孙丑上》）

孟子说的“知言”，从上文看就是：“听到偏颇的言辞，就知道哪里片面了；听到过分的言辞，就知道哪里失误了；听到邪僻的言辞，就知道哪里背离正道了；听到躲闪的言辞，就知道哪里理屈词穷了。”孟子认为，这四种言辞危害极大，“如果从内心产生，便会在政治上产生危害；如果体现于政治举措上，便会妨害国家各种事务”。孟子非常自信地认为，“即使圣人再出现，也必定会赞同我说的这些话的”。读书学习做学问能做到孟子所说的“知言”，那是很不容易的，所以是读书人应该追求的理想境界。

下面再来看“知人论世”。

孟子谓万章曰：“一乡之善士斯友一乡之善士，一国之善士斯友一国之善士，天下之善士斯友天下之善士。以友天下之善士为未足，又尚论古之人。颂其诗，读其书，不知其人，可乎？是以论其世也。是尚友也。”（《万章下》）

此段谈交友。孟子认为，除了要与乡、国、天下的善士为友，还要与古人为友，学习古人优秀的东西。如何与古人为友？当然离不开“颂诗”“读书”，即假途于读古书尤其是传统经典，直接与古人进行思想的交流沟通。如北宋大儒王安石，他一生服膺孟子，把孟子引为千古知己，有《孟子》诗为证：“沉魄浮魂不可招，遗编一读想风标。何妨举世嫌迂阔，故有斯人慰寂寥。”①

在上面这段中，孟子提出了中国哲学中的一个重要命题——“知人论世”。当你读这本书时，你有没有考虑过作者为什么要这样说、这样写呢？老实说，就书论书，往往是读不出来这其中的答案的，因此你也很难回答这样的问题。怎么办？那就需要你考察、了解作者的社会历史背景、人生经历、心路历程等一系列相关的东西。只有这样，才有可能真正理解作者著书的用心，读出书背后的意义，这大概就可以叫“知人论世”了。现代西方哲学中有一个流派叫“诠释学”（Hermeneutik），强调研究“作者”与“文本”及“读者”之间的“张力”（Tensions），这其中可引出诸多现代西方哲学的热门问题。“诠释学”的这一层意思，在我看来，孟子早在两千多年前就已经涉及了，那就是言简意赅的“知人论世”。

接着我们不妨来看看孟子是如何读《诗》的：

说《诗》者，不以文害辞，不以辞害志，以意逆志，是为得之。如以辞而已矣，《云汉》之诗曰：“周余黎民，靡有孑遗。”信斯言也，是周无遗民也。（《万章上》）

---

① 〔宋〕王安石：《王文公文集》，上海人民出版社1974年版，第775页。

**公孙丑问曰："高子曰：'《小弁》，小人之诗也。'"孟子曰："何以言之？"曰："怨。"曰："固哉，高叟之为诗也！有人于此，越人关弓而射之，则己谈笑而道之；无他，疏之也。其兄关弓而射之，则己垂涕泣而道之；无他，戚之也。《小弁》之怨，亲亲也。亲亲，仁也。固矣夫，高叟之为诗也！"曰："《凯风》何以不怨？"曰："《凯风》，亲之过小者也。《小弁》，亲之过大者也。亲之过大而不怨，是愈疏也；亲之过小而怨，是不可矶也。愈疏，不孝也；不可矶，亦不孝也。孔子曰：'舜其至孝矣，五十而慕。'"（《告子下》）**

孟子认为，读书不能仅抓住书中的只言片语就望文生义，更不能因为某些艺术性的夸张修饰而对之作机械的理解。要学会"以意逆志"，即用心去领会作品全篇的精神实质，再加上自己切身的体会，去探求作者的志趣、意向。此可谓孟子"知人论世"的具体表现之一。《小弁》《凯风》两诗主题近似，但孟子能根据具体情况作出不同的评价。首先他发挥了孔子诗"可以怨"（参见（《论语·阳货》）的精神，肯定"怨"是可以的；其次他又强调应根据作者的遭遇、亲人过失大小等方面的不同进行判断，可怨可不怨，不必偏固于一说。这就是孟子的智慧。

当然，孟子讲的"知人论世"，绝不仅仅局限于读书一事。推而广之，它也是儒家乃至中国传统文化所主张的一种修身的方法和成人的道理。孔子曾说过，"道不远人，人之为道而远人，不可以为道"（《中庸》）。这话确有道理，道是不能离开人的，离开了人来行道，那就不可以行道了。同样，孟子也说："言近而指远者，善言也；守约而施博者，善道也。君子之言也，不下带而道存焉；君子之守，修其身而天下平。"（《尽心下》）一个"君子"就应该"善言""善道"。何为"善言"？语言平实而道理在其中。何为"善道"？修饬自身而使天下太平。

从上面这一点引申开来说，"道"是离不开"人"的，人又是离不开"世"的，所以我们就需要"知人论世"。记得《红楼梦》中有副对联"世事洞明皆学问，人情练达即文章”，这不就是“知人论世”的最好诠解吗？曹雪芹能如此深契于中国文化传统的精神实质，不简单！但“群众是真正的英雄”，在中国老百姓中更有一语中的的大白话——“不识字还有饭吃，不识人头没饭吃”。至于这其中的得失利钝如何，我就不多说了，大家可以想一想。

## 五、知天与知命

最后我们来谈孟子讲得最高级的“知”——“知天”与“知命”。

中国古代的哲学家或思想家与西方的不同在于，他们在谈人的认识与知识时，很少专门去探讨宇宙和自然的问题；他们对人生问题感兴趣，但又不孤立地谈这一问题，而是把宇宙、自然与人生、社会——按他们的说法这叫“天道”与“人道”——紧密地结合在一起来加以探讨。他们把“人”看成是“宇宙”的一个有机组成部分，着重想探究的是“人”在这个“宇宙”中究竟处于一个什么样的位置，“人”对“宇宙”又能发挥什么样的作用。这种思想，汉代“儒宗”董仲舒在其《天人三策》中称之为“观天人相与之际”，后来其学生司马迁提炼成一句经典——“究天人之际”。

在中国古代，“天”历来有两重含义：一是指自然存在，即与地相对的天；一是指有人格意志的最高主宰以及命运之“天”。一般说来，后者讲得更多，因此也更重要一点。如孔子说，“天何言哉？四时行焉，百物生焉，天何言哉？”（《论语·阳货》）这是指前者。又说，“天生德于予”（《论语·述而》），“获罪于天”（《论语·八佾》），“欺天乎”（《论语·子罕》），“天厌之”（《论语·雍也》），等等，这是指后者。同样，在孟子那里也有类似的区别，如他说：“天之高也，星辰之远也，苟求其故，千岁之日至，可坐而致也。”（《离娄下》）“天时不如地利，地利不如人和。”（《公孙丑下》）这里所说的“天”，都是指自然存在的“天”。至于孟子讲的最高主宰的“天”和命运之“天”，下面再论。

从出土的甲骨卜辞来看，“天”的观念在殷商时代已经出现，但还没有至上的“神格”。所以“天”的后一层意思，学术界一般认为是在西周时代才正式形成的。[①] 周人推翻了殷人的统治，认为这是“天”的眷顾，提出了“有命自天，命此文王”（《诗经 · 大雅 · 大明》）的说法。以为“天”有意志，能致“命”于人，决定人类命运，于是渐渐形成了“天意”“天命”等观念，进而演变为比较完整的“天命论”。

天命论认为：“天”命其“子”（这叫“授命”）在人间代行权力，让他“替天行道”、护佑四方。“天子”统治人间既然受“天”之命（这叫“受命”），他就必须有德；“受命”的天子要革去前一个天子所受的命（这叫“革命”），因为前一个“天子”表现不佳，祸国殃民，已不能替天行道了。此后，“天命论”长期根深蒂固地保留在中国历史的政治生活中。

从“天命论”中又可引出“命”的观念。古人认为，每个人都有“命”，它指决定人一生吉凶、祸福、贫富、贵贱、寿夭等的一种异己力量。设定这种力量的当然是“天”，所以从这个意义上说，每个人都“受命于天”、命由天赋。

需要指出的是，“命”与“天命论”中讲的“天命”是有区别的。“天命”的落实处是政治、道德层面，所谓“天命靡常”（《诗经 · 大雅 · 文王》），“皇天无亲，惟德是辅”（《尚书 · 蔡仲之命》），“天命”只有通过圣贤或帝王的道德权威和杰出的施政能力来展现，通过人的主观努力，“天命”是可以受影响甚至改变的。而“命”是生而注定的，并不因为人的主观努力、品德操行、贤愚如何而改变，所以“命”是超政治伦理、无法抗拒的。

孔子既重视“天”，也重视“命”，强调“不知命无以为君子”（《论语 · 尧曰》），但他发现“天”与“命”有矛盾。因为“命”虽受之于“天”、由“天”决定，但“天”又是遥远的、空洞的，甚至是与“命”脱节的，所以他常把“天”与“命”分开讲。他以“天生德于予”自居，但游说诸侯，仆仆于列国而其

---

① 按：殷人崇拜的最高主宰是“帝”不是“天”，这在甲骨文中随处可见。大约到了周人那里，殷人“帝”的观念与“天”结合起来，“天”开始具有最高主宰的品格。这方面的具体情况，可参看陈梦家：《殷虚卜辞综述》，中华书局 1988 年版。

道不行，无法扭转“礼崩乐坏”的时局，于是只能归因于“命”：“道之将行也与？命也；道之将废也与？命也。”（《论语·宪问》）就像他的好学生冉伯牛，染上恶疾，“天”也无能为力，孔子只能慨叹：“命矣夫！斯人也而有斯疾也！斯人也而有斯疾也！”（《论语·雍也》）所以，孔子讲君子“知命”，就是讲君子必须明白，人是有很大局限性的，有许多事情不是光靠主观愿望就行的，更主要还得看“天意”和“命运”。孟子基本上是在继承孔子思想基础上有所发展。

> 莫之为而为者，天也；莫之致而至者，命也。匹夫而有天下者，德必若舜禹，而又有天子荐之者，故仲尼不有天下。（《万章上》）

这段话是孟子为“天”和“命”下的简洁而明确的定义，突出强调的就是其非人力所能及这一点：不是人力所能办到却办到了，那是天意；不是人力所能招致却自然来了，那是命运。一个普通人却能拥有天下，他的道德一定得像舜和禹那样优秀，而且有天子的推荐，所以孔子没能拥有天下。后来汉儒有孔子为“素王”说，所谓“素王”者，即有王之德而无王之位，而没有“王”之“位”的原因就在于这个“命”。

孟子上面为“天”和“命”下的定义，初看起来与道家的说法没有太大的不同，有学者因此以为这是孟子受到了道家的影响。[①] 孟子长期客居齐国，齐国“稷下学宫”是当时道家的大本营，孟子受道家学者的影响不是没有可能。但必须指出的是，在对“命”的态度与取向上，儒家与道家又是不同的。由于道家对“命”采取的是“委心任化”的态度，认为“知其不可奈何而安之若命，德之至也”（《庄子·人间世》），主张“无以人灭天，无以故灭命”（《庄子·秋水》），这是一种“安时而处顺”的态度。儒家则恰恰相反，虽然它也承认人生有“命”，但在“命”之限定面前，儒家并非一味地“委心任化”，

---

① 参见翟廷晋：《孟子思想评析与探源》，上海社会科学院出版社 1992 年版，第 49 页。

而是主张在认识“天命”的前提下积极有为，尽量发挥人的主观能动性。这就高扬了人的主体性那一面，以“知其不可而为之”（《论语·宪问》）、“发愤忘食，乐以忘忧，不知老之将至”（《论语·述而》）的精神来积极入世做事，从而在“有命”的人生中自觉地挺立起自己的“天命”。

孟子曰：“尽其心者，知其性也。知其性，则知天矣。存其心，养其性，所以事天也。夭寿不贰，修身以俟之，所以立命也。”（《尽心上》）

《孟子》的这一段历来受到学者的重视，因为在短短数语中，包含了儒家的八个重要概念：“尽心”“知性”“知天”“存心”“养性”“事天”“修身”“立命”。这些概念反映了孟子的认识论、人性论、工夫论、伦理观、天命观等诸多思想，而且儒家所谓“身心性命之学”中的身、心、性、命等问题也在这里有了着落。有关这些方面的具体内容，此处不展开。

就此段文本言，按孟子的意思，一个人通过内省，穷尽自己的本心（不忍人之心），就可以懂得人性；而懂得了人性，就是懂得了天命；存养心性，就可以事奉上天；一个人无论能活多久，都只是修养身心，等待“天命”。“天命”不是个人所能左右的，长短难定，但不必怀疑。人只能尽力去做到“知天”“事天”，即尽心、知性和存心、养性，这就是对“天命”的基本态度。孟子的这一思想，也可以说就是儒家“安身立命”的态度。后世儒者对孟子的这些思想有很多发挥，尤其以宋明时代的理学家为甚，如张载在其著名的《西铭》中就提出过，“存吾顺事，没吾宁也”，这是一种非宗教的、达观的人生态度，对中国人的影响极大。

孟子曰：“莫非命也，顺受其正；是故知命者不立乎岩墙之下。尽其道而死者，正命也；桎梏死者，非正命也。”（《尽心上》）

本段是接着上段继续说“命”。朱熹《集注》云“所以发其末句未尽之意”，即阐发上一段“立命”的意蕴。立者，正也；“立命”者，立“正命”也。

把“命”分为“正命”和“非正命”，这是孟子的发明，也是他对儒家“天命”思想的发展。我们知道，孟子时代，墨家思想十分流行，墨家强调“非命”，对儒家的“天命”思想多有批判。墨子批评儒家的“天命”思想有宿命论的倾向，这不能算错，但这仅能在理论本身上立论。他忽视乃至无视了儒家历来强调的立场，即在认识“天命”的前提下积极有为，尽量发挥人的主观能动性的思想，那就错了。

在《孟子》此段中，我们看到，孟子的主张是：命运虽非人力所能改变，但如果人遵循命运的必然趋势行事，尽到了自己本身应有的努力，不管结果是否能尽如人意，都是得“命”之“正”，是符合“正命”的。反之，如果人的行为违反事物的必然趋势，一意孤行，如明明已知那是堵危墙还硬要站在墙脚边上，那被压死只能说是找死；又如明知国家法律禁令，还要以身试法，结果锒铛入狱、被处极刑。这都属于“非正命也”。

> 孟子谓宋句践曰：“子好游乎？吾语子游。人知之，亦嚣嚣；人不知，亦嚣嚣。”
>
> 曰：“何如斯可以嚣嚣矣？”
>
> 曰：“尊德乐义，则可以嚣嚣矣。故士穷不失义，达不离道。穷不失义，故士得己焉；达不离道，故民不失望焉。古之人，得志，泽加于民；不得志，修身见于世。穷则独善其身，达则兼善天下。”（《尽心上》）

这里的宋句践是谁，今天已很难考证了，赵岐说他是“好以道德游，欲行其道者”。战国时代，游说之风盛行，孟子亦难免俗，当时的纵横家固然属于游说之士，而孟子实也可归入游说之士之列。但孟子的游说是有自己原则的，纵横策士则无。后者人称“禄蠹”，会以各种手段猎取功名。孟子游说的原则就是“穷不失义，达不离道”，“得志，泽加于民；不得志，修身见于世”。就是说，游说也必须遵循一定的道德原则，即要以行道为目的。

至于“穷则独善其身，达则兼善天下”的境界，则不全是游说的原则了，而是中国古代读书人守身和处世的理想原则之一。它所透露的思想，如果用现代话诠释就是：当你发达之时，就尽量为人民、社会和国家多做点贡献；当你困顿之时，没有能力为他人、社会和国家做贡献，就更应该努力在自己身上用功，培养自己的德性，为世人做榜样。这就是做到了“穷不失义”“达不离道”“得志，泽加于民；不得志，修身见于世”“穷则独善其身，达则兼善天下”。

> 孟子曰：“尧舜，性者也；汤武，反之也。动容周旋中礼者，盛德之至也。哭死而哀，非为生者也。经德不回，非以干禄也。言语必信，非以正行也。君子行法以俟命而已矣。”（《尽心下》）

本段的大意是说：尧、舜的行事是出于天性；商汤、周武王的行事稍微差了一点，他们是经过修养后而返回天性。一个人的举动、容貌都合于礼，那是美德中的极点。他举例说明：哭死者而悲哀，不是做给生者看的；按道德行事而不违背，不是为了谋求官位；说话守信用，不是为了博取行为端正的名声。其结论最重要：“君子行法以俟命而已矣”，君子只是依法度行事，至于结果如何就只能等待命运安排了。

> 君子创业垂统，为可继也。若夫成功，则天也。君如彼何哉？强为善而已矣。（《梁惠王下》）

本段截取自《梁惠王下》第十四章滕文公问齐人“将筑薛”，意思与上段“君子行法以俟命而已”同。

说了不少孟子关于“知天”“知命”的思想，下面我们来看看孟子本人“知天”“知命”的实例：

鲁平公将出，嬖人臧仓者请曰：“他日君出，则必命有司所之。今乘舆已驾矣，有司未知所之，敢请。”

公曰：“将见孟子。”

曰：“何哉，君所为轻身以先于匹夫者？以为贤乎？礼义由贤者出，而孟子之后丧逾前丧。君无见焉！”

公曰：“诺。”

乐正子入见，曰：“君奚为不见孟轲也？”

曰：“或告寡人曰：‘孟子之后丧逾前丧’，是以不往见也。”

曰：“何哉，君所谓逾者？前以士，后以大夫；前以三鼎，而后以五鼎与？”

曰：“否。谓棺椁衣衾之美也。”

曰：“非所谓逾也，贫富不同也。”

乐正子见孟子，曰：“克告于君，君为来见也。嬖人有臧仓者沮君，君是以不果来也。”

曰：“行，或使之；止，或尼之。行止，非人所能也。吾之不遇鲁侯，天也。臧氏之子焉能使予不遇哉？”（《梁惠王下》）

本章说孟子不遇鲁侯。本来鲁平公是要去见孟子的，后因小人臧仓的谗言而未果。孟子之所以到鲁国去，很可能是因为他的学生乐正子（名克）在那里做官。孟子曾在听说鲁国要用乐正子为政时“喜而不寐”，称“其为人也好善”（《告子下》），是“善人也，信人也”（《尽心下》）。鲁平公要见孟子，想必就是乐正子推荐的。所以鲁平公取消了见孟子的计划，乐正子自然要去问明缘由。孟子对此事的态度很达观，他回答乐正子的话也耐人寻味：平公想见孟子是由于乐正子的促使，而不想见又是由于臧仓的离间，表面上看似乎都是人在起作用，然冥冥之中实有天意，况且平公本人意志这么不坚定，这么容易听信谗言，即使相见又有多大意义呢？所以不见也罢。

孟子去齐，充虞路问曰：“夫子若有不豫色然。前日虞闻诸夫子曰：‘君子不怨天，不尤人。’”

曰：“彼一时，此一时也。五百年必有王者兴，其间必有名世者。由周而来，七百有余岁矣。以其数，则过矣；以其时考之，则可矣。夫天未欲平治天下也；如欲平治天下，当今之世，舍我其谁也？吾何为不豫哉？”（《公孙丑下》）

本章是孟子离开齐国，在路上和弟子充虞的对话。孟子自信有命世之才，但事与愿违，所以只能把天下能否平治归诸“天”。这不仅是他个人的命运，也是所有大哲的命运。孔子说“天生德于予”（《论语·述而》），“苟有用我者，期月而已可也，三年有成”（《论语·子路》），同时又慨叹“道之将行也与？命也；道之将废也与？命也”（《论语·宪问》）。孟子与孔子的差别也只在“几希”之间，他周游列国推行“仁政”的时间比孔子还长，但结果一样，最后离开齐国时也只能无奈地慨叹：“夫天未欲平治天下也；如欲平治天下，当今之世，舍我其谁也？”

综上可知，孟子讲“知天”“知命”，并不是消极的，更不等于可以无所作为了。一个人穷困与发达，虽然有“命”，但做人原则还是在我自己。所以，人还是应该依法度努力去做事，至于结果如何就不必太计较了。这就是“事天立命”。

（作者单位：复旦大学哲学学院）

# 孟子的成圣之道

徐　爽

**[内容提要]**

孟子出生在危机四伏的战国时代，却演绎了人类思想史上最精彩的逆袭。今天探寻孟子的成圣之道，意义重大。回望两千多年的时空，孟子作为一个顶天立地的大丈夫，做到了少年立志，播种梦想，孔子成为他梦想的领航人。他怀抱仁心，仁者无敌，仁是儒家思想的核心。他把苦难当成人生最好的磨刀石，磨炼意志，锻炼人格，故天将降大任于斯人也。他不仅读万卷书，更践行了万里路，在周游列国的过程中，孟子思想得以成熟。孟子不仅用他的思想照亮了世界东方的天空，更为我们提供了一个人生励志的范本。

孟子生于动乱的战国时期，一生面临着三大危机：

第一是社会危机。所谓社会危机，就是所有人的危机。大家可以想象，孟子之世谁的日子都不好过，孟子称其为“天下溺”。“争地以战，杀人盈野；争城以战，杀人盈城”（《孟子·离娄上》），人道生机一度泯灭。

第二是人性危机。非常的年代导致人心不古，毁情灭性的现象屡见不鲜。新兴权贵弑父奸上、残杀手足忠良、荼毒百姓的事多有发生。

第三是儒学危机。百家争鸣引发思想的激烈碰撞与空前混乱，孔子之后儒分八家，历经百余年的辉煌，到孟子时，已经边缘化。处士横议，杨朱、墨翟之言盈天下。诸子各有所持，各谋其利，天下人迷惑甚深，茫然不知所归。

千秋一场梦，世事一盘棋！孟子来了，战国思想的天空有了一抹光耀千古的亮色。孟子以“舍我其谁”的豪情横空出世，他周游列国，纵横捭阖，上下求索，演绎了人类思想史上最精彩的人生逆袭。

所以，今天回望两千多年前的时空，我们走近孟子，品味孟子，探讨孟子的成圣之道，有着特别的意义。古人言：“夫英雄者，胸怀大志，腹有良谋，有包藏宇宙之机，吞吐天地之志者也。”[①] 孟子作为一个顶天立地的大丈夫，是如何练成的呢？

## 一、少年立志，播种梦想

人生不能没有梦想，孟子也有自己的人生梦想，而他的梦想的领航人就是孔子，因为孟子的一生“所愿，则学孔子也”（《孟子·公孙丑上》），所以我们必先从孔子说起。

孔孟两位圣贤自幼都有人生梦想。孔子 6 岁的时候，在周公庙参加了一场祭祀周公的仪式，从此他对周礼产生了浓厚的兴趣。不仅如此，周公从此出现在孔子的梦中，直到晚年，孔子在梦里依然与周公为伴。所以，孔子的领航人是周公。

亚圣孟子少年时代受业于子思之门人，在学堂里每天上课前都要对孔子的圣像鞠躬；每逢过年，孟母除了在家供奉祖宗的牌位，还要供奉孔子的牌位，这是孟母与众不同之处。所以孟子自幼受到熏陶——做人就要做孔子那样的人。等到孟子成年后，他的人生梦想更加清晰了，就是做一个大写的人——“大丈夫”。什么是大丈夫？孟子说：“居天下之广居，立天下之正位，行天下之大道。得志，与民由之；不得志，独行其道。富贵不能淫，贫贱不能移，

---

① 〔明〕罗贯中：《三国演义》第二十一回《曹操煮酒论英雄 关公赚城斩车胄》，人民文学出版社 1973 年版，第 187 页。

威武不能屈，此之谓大丈夫。”（《孟子·滕文公下》）这段话的意思是，应住在天下最宽广的住宅仁里，站在天下最正确的位置礼上，走着天下最光明的大路义；得志的时候，偕同百姓循着大道前进；不得志的时候，也独自坚持自己的原则。富贵不能乱我之心，贫贱不能变我之志，威武不能屈我之节，这样才叫作大丈夫。

孟子主张“士尚志”，把“仁”“义”作为最基本的道德品质。而“尚志”一词，也成为儒学的一个重要概念，为人们所熟知。人来到这个世界，就是“立”的过程——在茫茫天涯路上铸造自我形象。一个自立的人，才是一个有独立意义的生命，才能卓然而行。

自孔孟之后，一代圣贤都有早早播种梦想的人生经历。宋代大儒朱熹，8岁读《孟子》，就成为孟子的忠实“粉丝”。他读到“人皆可以为尧舜”（《孟子·告子下》）时激动不已，从那天起，便有了自己的人生梦想，那就是“成圣成贤”。

王阳明15岁给老师提出问题：“怎么样才算天下第一等的人？”老师回答说：“读书登第。”但经过思考的王阳明得出结论：“读书做圣人，才是天下第一等人。”从那一刻起，王阳明的梦想就牢牢印在了心里：这辈子要做圣贤！

所以，回首这些圣贤走过的路可以看出，我们这个时代的很多人缺少对人生梦想的思考！今天很多的年轻人有这样的抱怨：我已经很努力了，为什么还是不知道我是谁，我想做什么？美国哈佛大学的中国史教授迈克尔·普鸣这样告诉他的学生：“年轻人要想化解前途焦虑，孔孟有良方！”

## 二、怀抱仁心，仁者无敌

什么是“仁”？孔子自己就有好几种说法，如“爱人”（《论语·颜渊》），如“己欲立而立人，己欲达而达人”（《论语·雍也》），如“克己复礼为仁”（《论语·颜渊》）。在儒家那里，仁是人之所以为人的前提。在这种理解之下，爱就是仁的本质。正是在这个意义上，孟子才说“无恻隐之心，非人也”

（《孟子·公孙丑上》）。另外，需要特别注意的是，儒家的爱不是指向自己的，不是自私的爱，更不是自恋，这正是孔子“仁者爱人”说法的意义所在。

“仁”在民间的语言里，其实就是“种子”。瓜子坚硬的外壳里面藏着柔软的瓜子仁，“仁”也就是种子发芽的部分。花生仁、杏仁、核桃仁，民间在最日常的生活语言里仍然保留着“仁”这个字的原始意义。

什么是“仁”？我的理解就是生发，如天上的太阳普照万物，生生不息；就是软化，让我们的心灵变得柔软，让爱漫天飞舞。何谓人？人是怀着一颗仁心的精灵。否则，仁心不存，人则非人也。前人曾经有“《论语》气温”的说法，而描述孔子气象的一个重要字眼便是“温”，譬如“温良恭俭让”，或者“即之也温”。细究起来，经典和生命的温度都来自共同的地方，这就是作为儒家思想核心的“仁”。

在孔孟看来，仁到最后，就是爱自己、爱世界。孔子一生都在向弟子们传授仁的思想、仁的情感，仁在孔子那里的重要性不言而喻。他的善发自内心，始于点滴，孔子见人着丧服，便吃不下饭；参加了吊丧，就不再唱歌。孔子那个时候也吃飞鸟，但是他只用箭射鸟，绝对不在晚上偷偷摸摸地掏鸟窝。孔子那个时代并没有什么动物保护的理念，他的选择完全是出于一颗仁心。一天，孔子的一条狗死了，他让子贡把狗埋掉，专门嘱咐用席子把它包起来，千万不要让狗的头直接埋在土里。子贡40多岁了，孔子让他埋一条狗，难道孔子还担心什么吗？为什么要这样反复地叮咛？因为他特别担心子贡就这么草率地把狗埋在地里，一想就觉得无法忍受。

## 三、苦难是最好的磨刀石

孟子认为，人只有在艰苦的条件下磨炼意志，才能够提高精神境界，锻炼人格，百折不挠地去完成伟大的事业。他说：“天将降大任于是人也，必先苦其心志，劳其筋骨，饿其体肤，空乏其身，行拂乱其所为，所以动心忍性，曾益其所不能。”（《孟子·告子下》）事实也是如此。没有受过艰苦磨炼和锻造的人格，就不可能有坚强的意志，因此也就不可能大有作为。为了强调艰苦磨炼人格意志的重要，孟子举例说：“舜发于畎亩之中，傅说举于版筑之间，胶鬲举于鱼盐之中，管夷吾举于士，孙叔敖举于海，百里奚举于市。”（《孟子·告子下》）舜、傅说、胶鬲、管夷吾、孙叔敖、百里奚等贤达人士最初都是生活在艰难困苦之中，正是由于有了这样经受过艰苦磨炼的人生经历，他们后来才大有作为。

司马迁深受孟子这一思想的感染，在他身遭李陵之祸，遇腐刑之辱，痛不欲生时，就想到了孟子的这段话，下决心作《史记》以励后人。他说：“盖文王拘而演《周易》；仲尼厄而作《春秋》；屈原放逐，乃赋《离骚》；左丘失明，厥有《国语》；孙子膑脚，《兵法》修列；不韦迁蜀，世传《吕览》；韩非囚秦，《说难》《孤愤》；《诗》三百篇，大抵贤圣发愤之所为作也。”（《报任少卿书》）之所以如此，正是因为人处逆境和忧患之中，才能奋发而起，置之死地而后生，而死于安乐者，如历代昏庸之君，荒淫逸乐而身死国亡，不胜枚举。

所以，对人的一生来说，逆境和忧患不仅不是坏事，反而是人生的“磨刀石”，更是年轻人的一笔宝贵财富。

## 四、读万卷书，行万里路

孟子曰：“孔子登东山而小鲁，登泰山而小天下。故观于海者难为水，游于圣人之门者难为言。观水有术，必观其澜；日月有明，容光必照焉。”（《孟子·尽心上》）孟子很伟大，读他的书有两点感受，一是如见其人，另一点是他讲的道理不可颠覆。孟子这里所说的孔子登上了东山就觉得鲁国太小了，登上了泰山就觉得天下也不算大了，千百年来被中国人所接纳。孔子这一生都在路上，他27岁拜郯子为师问官，又前往周国造访苌弘问乐，又曾问礼于老子，最后周游列国，孔子一生践行了“读万卷书行万里路”；孟子闭门读书多年之后也学孔子周游列国，据说他当年踏上征程时“后车数十乘，从者数百人”，让人感叹。

可以说，《孟子》这部书三万五千字，内容大都是来自孟子周游列国的过程中与各国君王的对话。孟子如果不行万里路，他的思想不会成熟，我们就不会聆听到他对仁者无敌、利义之辨、大丈夫和知言养气的阐发。

“行万里路”在孔孟之后又一次次得到验证。司马迁十年苦读之后，负起行囊遍游天下，竟依依不思归；李白、徐霞客也都是在“行万里路”的基础上成功的。它的益处大致有四点：一可亲见亲历，增长见识，谓多见而识之；二是通过游历可以印证从书上得来的“知”；三是通过亲历亲见可以考察事物的变化及其原因，即孔子讲的“我之游，观其所变”；四是可在游历中将自己的知识和学说施之于“行”。

美国第一夫人米歇尔访华时曾造访北京大学，并作了“读万卷书不如行万里路”的主题演讲。她结合自身经历现身说法，希望让更多青年人拥有留学的机会。这也是对“读万卷书行万里路”的一种高度认同。

世界很大，世界很奇妙，它会给你各种各样的启发。生活在当今时代的学子们，我们更要做到像费孝通晚年所提的“各美其美，美人之美，美美与共，天下大同”。我们要通过“行万里路”开阔眼界和心胸，拓展我们的人生空间。

尽管孟子所生存的世界有着种种的缺憾和不足，但是孟子一生没有放弃。孟子呐喊了，拼搏了，不仅用他的思想照亮了世界东方的天空，而且为我们今天提供了一个人生励志的范本。

（作者单位：孟子研究院）

# “征”字的考释与《孟子》首章的解读

殷延禄

**［内容提要］**

《孟子》开篇即推出了“义利之辩”这“儒者第一义”，儒家的义利观也从此发展为无可争议的中华传统价值观的核心。然细读历代注家对于“上下交征利而国危矣”句中“征”字的注释，却有一个由“取”到“追逐”，到“求取”，到“争取”，到“夺取”，到“争夺”的渐变过程。这样的“渐变过程”，显然是对“征”字的丰富意蕴、对“上下交征利”造成“国危矣”的更深层次原因的不断深化的思考过程。本文即从字源的视角诠释“征”的本义，揭示上与下在争取私利的时候，都把自己伪装成为拥有道义的一方，才是造成“国危矣”的更深层次的原因。由此重新解读《孟子》首章，为《孟子》首章鼓与呼，期待它敞开并激活孟子文以载道的文化精神。

杨海文先生在《为〈孟子〉首章鼓与呼》（《中华读书报》2018 年 3 月 28 日，第 15 版）开篇写道：

**轴心时期中华元典的开篇讲什么、如何讲，总是能让后经学时代的人们津津乐道……**

现在写这篇小文，猛然想起：谁为《孟子》首章写过长篇大论呢？登录CNKI中国知网——中国学术期刊网络出版总库，以篇名“孟子”“首章”检索，仅有一篇；以篇名“孟子”“何必曰利”检索，仅有三篇。大致就是这四篇。我研究孟子这么多年，写过《〈孟子〉末章与儒家道统论》一文，但没有写过《孟子》首章的文章，真是对不起孟老夫子！

有关《孟子》首章的文章极少，或许是有原因的：一是文字明了，无疑难可释；二是文意明了，重要却无疑可解。《孟子》开篇即推出了“义利之辩”这“儒者第一义”。儒家的义利观也从此发展为无可争议的中华传统价值观的核心。

对于“上下交征利而国危矣”句中“征”字的考释，让我觉得对《孟子》首章还有继续解读的必要。在展开解读之前，我们先来重温一下《孟子》首章：

孟子见梁惠王。王曰：“叟！不远千里而来，亦将有以利吾国乎？”孟子对曰：“王！何必曰利？亦有仁义而已矣。王曰，‘何以利吾国？’大夫曰，‘何以利吾家？’士庶人曰，‘何以利吾身？’上下交征利而国危矣。万乘之国，弑其君者，必千乘之家；千乘之国，弑其君者，必百乘之家。万取千焉，千取百焉，不为不多矣。苟为后义而先利，不夺不餍。未有仁而遗其亲者也，未有义而后其君者也。王亦曰仁义而已矣，何必曰利？”

## 一、“征”字的考释

朱芳圃《甲骨学文字编》引王国维云：“正以征行为本义。”罗振玉《增订殷虚书契考释》：“正月字征伐字同。”

徐中舒《甲骨文字典》中“正”的字形结构有：、、、。“𨑨”的字形结构有：。

徐中舒释：“囗”像人居之邑，下从止，表举止往邑，会征行之义，为征之本字。与义同。金祥恒释：字所从之“囗”乃城郭所从之墙围，本义当为征伐。正、、征原为一字。（《中国文字》第7册，1962年。）

杨树达先生则认为：“（正）字从囗而足趾向之，谓人向国邑而行，故其义为行也。出字甲文作，象人在坎陷中足向上出之形；逐字作，象豕在前而人逐之之形；陟字甲文作，象人足上登山阜；降字作，象人从山阜下降：此止形向背上下皆有义之证也。正为初文，、征、延皆加义旁之后起字。”（《积微居小学述林·释正韦》）

杨树达先生还睿智地把“正”与“韦”作了比较：“韦”甲骨文作、、，“字亦从囗，从二止，与正字作，从囗，从二止者组织相同。其与彼异者，韦字二止分列，其方向或左右分向，或皆左向，或皆前向，要之皆表从国邑他去之形。……按形求义，韦即违之初文也。……足趾向国邑，其义为行，去国邑，其义为离，二字对勘而义益显矣”。

杨树达先生对“正”“韦”的本义考释独具慧眼，可谓不刊之论！惜乎先生没有对“”“征”“延”这些“正”字加义旁而后起的字加以考释。

“正”字加了彳旁的就是“征”。《说文》以“”为正体，“征”为或体。实际上从彳旁的“征”出现较早，从辵旁的“”出现较晚。“征”字有何字义呢？

“正”是人面向国邑而行，有不偏、不斜的含义，用作动词即表示使正、匡正。“征”的字义即由此而来：征者，正也。《孟子·尽心下》：“征之为言正也，各欲正己也，焉用战？”再由此义引申为“征伐”。作为“征伐”的“征”有特别的含义，《孟子·尽心下》：“春秋无义战。彼善于此，则有之矣。征者，上伐下也，敌国不相征也。”上伐下之征，不贵暴力，不贵掠取，而贵彰显道义。

《孟子·公孙丑下》：“有贱丈夫焉，必求龙断而登之，以左右望，而罔市利。人皆以为贱，故从而征之。征商自此贱丈夫始矣。”“征商”的本义是惩罚垄断，是均财富。同样，“征税”的本义是为了获得更好地管理国家的必需的财力，从而给百姓带来更多的财富。也正是有了这个意义，孟子才提出“取于民有制”，《孟子·滕文公上》：“是故贤君必恭俭礼下，取于民有制。”

## 二、《孟子》首章的解读

明了了“征”字如此丰富的意蕴，我们再来解读《孟子》首章“上下交征利”的“征”就不是简单的“取”（赵岐《孟子章句》），“交征”也不是简单的“上取乎下，下取乎上，故曰交征”（朱熹《孟子集注》）了。

“交征”是上与下在争取私利的时候，都认为自己是拥有道义的一方，或者更为明确地说，“交征”是上与下在争取私利的时候，都把自己伪装成拥有道义的一方！这才是造成“国危矣”的更深层次的原因！

本人的一孔之见是否合理？我们可以从历代《孟子》注解本对“征”字的注释中找到佐证：

1. 征，取也。（赵岐《孟子章句》）

2. 征，取也。上取乎下，下取乎上，故曰交征。（朱熹《孟子集注》）

3.《尽心篇下》“有布缕之征”，（赵岐）注云：“征，赋也。”哀公十二年《公羊传》何休注云：“赋者，敛取其财物也。”僖公二十七年《左传》“赋纳以言”，杜预注云：“赋，犹取也。”《荀子·富国篇》“其于货财取与”，杨倞注云：“取谓赋敛。”是征、赋、取三字转注，故赵氏训征为赋，又训征为取也。（焦循《孟子正义》）

4. 征，取也。（杨伯峻《孟子译注》引赵岐注）

5. 征，追逐。（王其俊《孟子解读》）

6. 征，求取。（徐洪兴《孟子直解》）

7. 征，争取。（幺峻洲《孟子说解》）

8. 征，夺取。（傅佩荣《傅佩荣解读孟子》）

9. 征，夺取。（梁涛《孟子解读》）

10. 征，争夺、夺取。（吴量恺主编《四书辞典》）

从上举十例中不难看出，各家对“征”字的注释有一个由“取”到“追逐”，到“求取”，到“争取”，到“夺取”，到“争夺”的渐变过程。这样的“渐变过程”，显然是对“征”字的丰富意蕴、对“上下交征利”造成“国危矣”的更深层次原因的不断深化的思考过程。在我看来，这正是本人一孔之见的正面佐证。

《孟子》将孟子与梁惠王的“义利之辩”记录在首章是有深意的。孟子与梁惠王的“义利之辩”是在“秦用商君，富国强兵；楚、魏用吴起，战胜弱敌；齐威王、宣王用孙子、田忌之徒，而诸侯东面朝齐。天下方务于合从连衡，以攻伐为贤”（《史记·孟子荀卿列传》），即使是“望之不似人君”的梁襄王也会有“天下恶乎定”的膨胀利欲的时代背景下展开的。故而，“王曰，‘何以利吾国’”的“王”，不会仅仅是字面上的“梁惠王”，而是当时天下所有的“王”，乃至后世所有的“王”！

“王曰，‘何以利吾国？’”“大夫曰，‘何以利吾家？’”“士庶人曰，‘何以利吾身？’”三者不是简单的并列展开，其中蕴含着孟子这样的思维逻辑：“王曰，‘何以利吾国’”是“大夫曰，‘何以利吾家’”“士庶人曰，‘何以利吾身’”的诱因，亦即说“何以利吾国”的“王”要对“上下交征利而国危矣”的结果负责，这在孟子“王！何必曰利？亦有仁义而已矣”“王亦曰仁义而已矣，何必曰利”的反复提醒、警告中也可以清晰品味出来。

在孟子与梁惠王“义利之辩”的言语交锋中，我们已然感受到了孟子“格君心之非”的浩然之气和道义担当！关于这一层的思考，杨海文先生在他的《为〈孟子〉首章鼓与呼》中已经给予了先得吾心的论述：

何谓最大的君心之非？就是不明义以为上、先义后利、义利双成的义利之辨。所以，《孟子》首章讲义利之辨，即便没有革除梁惠王的君心之非，但足以震动千百载以下所有的执牛耳者。……先义后利既是义利之辨的重中之重，又是格君心之非的不二法门。正因此故，我们要郑重其事地为《孟子》首章鼓与呼，期待它执一御众、引领全书，敞开并激活孟子文以载道的文化精神。

（作者单位：孟子研究院）

·孟学史研究·

# 从“声歌”到“义理”*

## ——论孟子对《诗》的文本诠释体系构建

李　华

[内容提要]

孟子对孔门《诗》教意义的生发，历来为人们所称道。然而人们往往忽略了《诗》学发展进程中的一个重要背景，那就是孔子至孟子时，《诗》正经历着与乐舞由结合走向分离的过程。把这一背景纳入考量范围就会发现，在《诗》学巨变过程中，孟子在《诗》的政教意义的最终赋予上具有其他诸子难以企及的贡献。孔子之时，《诗》与乐舞尚未分离，《诗》教即乐教，换而言之，孔子并没有赋予《诗》之文本以独立的政治教化意义；而《诗》三百脱离乐舞之后，其独立教化意义的赋予则多赖孟子之力，这正是孟子于《诗》教发展的最大贡献。汉人解《诗》无不脱离乐舞而单从《诗》之文本入手，汉代《诗》学的经学化进程正是赖此而开；汉代乃至后世的《诗》的经学化阐释路径，也主要是由孟子导夫先路的。

* 本文为国家社科基金题目“早期中国的文化选择与价值重构：以孟子与两汉经学为中心”（14CZW019）阶段性成果、教育部人文社科重点研究基地齐鲁文化研究院“十三五”规划“齐鲁文化与中华文明转化创新”重大项目阶段性研究成果，获“泰山学者工程专项经费资助”（NO.tsqn20161024）。原文以《论〈孟子〉对文本之〈诗〉王道政教意义的赋予》之名载于《湖南人文科技学院学报》2011年第2期。

顾颉刚先生曾经指出，《诗经》的经世致用特点之于《诗经》是幸运亦是厄运。《诗》由此得以流传至今；但也正是由于这一特点，《诗》的文艺审美特质被王道理论和政教思想的“藤蔓”所层层掩盖，而难现真容。[①]诚哉斯言。顾颉刚先生明言，如上感慨源于“感受汉儒《诗》学的刺戟”。然而《诗》的“厄运与幸运”，并非始于汉儒，而是源于孟子对儒家《诗》学的王道政教色彩的集中阐扬。虽然历来人们所论，往往把《诗》教的根源追溯至孔子，仅把孟子作为《诗》教思想的一个传承者，然而将时间回溯至春秋战国时期就会发现，孟子之于《诗》教的作用，远远超出了人们之前所给予的评价：在《诗》与乐舞分离的过程中，孟子最先赋予了《诗》之文本独立的政教意义。正是这样，《诗》在脱离乐舞之后才能凭借其独立的教化功能继续存在，并被汉儒所承传。

## 一、缘起：“声歌之学渐微”——《诗》、乐分离，《诗》的文本价值开始彰显

早期《诗》学传播与乐舞密不可分，这点已经成为学界共识。例如，《尚书·舜典》“诗言志，歌永言，声依永，律和声”便指出了《诗》与声律之间密不可分的关联。《周礼·春官宗伯》“大师掌六律六同，以合阴阳之声。……教六诗：曰风，曰赋，曰比，曰兴，曰雅，曰颂。以六德为之本，以六律为之音”，也体现了《诗》本身便须配合六律的特点。虽然孔子指斥其时代礼崩乐坏，然而孔墨之时，《诗》乐结合依然是《诗》传播的主要形式。例如，《墨子·公孟》曾提到：“诵诗三百，弦诗三百，歌诗三百，舞诗三百。”孔子论《诗》也往往兼论诗乐，例如，孔子评价《关雎》就是从音乐的角度入手的：“师挚之始，《关雎》之乱，洋洋乎盈耳哉。”

尤其值得注意的是，虽然此时《诗》也承载着政教意义，但其对政教意义的承载作用并不独立，而是与乐舞结合共同展现的。其中，最明显的例子

---

① 顾颉刚：《诗经的厄运与幸运》，商务印书馆 1925 年版，第 1 ~ 2 页。

便是《左传·襄公二十九年》吴公子季札入鲁而请观周乐的记载，乐工为之歌《周南》《召南》《邶》《鄘》《卫》等十二国风，并及《雅》《颂》，季札数次以政教思想解读之：

> 使工为之歌《周南》《召南》。曰：“美哉，始基之矣，犹未也，然勤而不怨矣。”为之歌《邶》《鄘》《卫》，曰：“美哉，渊乎，忧而不困者也。吾闻卫康叔、武公之德如是，是其《卫风》乎？”为之歌《王》，曰：“美哉，思而不惧，其周之东乎。”……为之歌《大雅》，曰：“广哉，熙熙乎，曲而有直体，其文王之德乎？”为之歌《颂》，曰：“至矣哉，直而不倨，曲而不屈，迩而不逼，远而不携，迁而不淫，复而不厌，哀而不愁，乐而不荒，用而不匮，广而不宣，施而不费，取而不贪，处而不底，行而不流。五声和，八风平，节有度，守有序，盛德之所同也。”见舞《象箾》《南籥》者，曰：“美哉，犹有憾。”见舞《大武》者，曰：“美哉，周之盛也，其若此乎。”见舞《韶濩》者，曰：“圣人之弘也，而犹有惭德，圣人之难也。”见舞《大夏》者，曰：“美哉，勤而不德，非禹其谁能修之。”见舞《韶箾》者，曰：“德至矣哉，大矣，如天之无不帱也，如地之无不载也，虽甚盛德，其蔑以加于此矣，观止矣，若有他乐，吾不敢请已。”

从季札对《风》《雅》《颂》的评价中，已经可以看出其中蕴含着对《诗》、乐舞的政治性解读。季札对乐舞的评价，均与王道兴衰密切结合，例如为之歌《王风》，季札便释以周朝德行的东渐一事；为之歌《大雅》，季札则理解为文王德行之美。不仅如此，季札对周舞中《大夏》等的欣赏也流露出明显的政教意味，例如把《大夏》与大舜之德联系在一起，把《大武》与周代盛衰密切相连。如果单独从季札的评价来看，我们甚至可以把这些论断与《诗序》中的诗旨阐发联系在一起。这种从王道政教角度阐释《诗》与乐舞的方式在春秋时期就已然存在了。不过值得注意的是，这种诗乐舞一体的诗乐传统中，《诗》的文本本身并不具备完整的政治教化意义，其政教作用主要依托于“歌”“舞”的共同配合而实现[①]，正如赵敏俐先生所指出的：“我们现在所见的《颂》诗并不是周代宗庙祭祀艺术的全部，而只是其文字部分。这种文字在整个祭祀艺术中只承担演唱中的语言说明或者抒情等一部分功能，它只有与音乐和舞蹈结合才能体现出祭祀艺术全部的意义。”[②]

然而，随着战国红紫乱朱、礼崩乐坏的加剧，配乐可唱的《诗》也逐步失传，“春秋之后，周道浸坏，聘问歌咏不行于列国”[③]。至汉代，能够演唱的《诗》已经屈指可数，据《大戴礼记·投壶》载：“凡《雅》二十六篇：其八篇可歌，歌《鹿鸣》《狸首》《鹊巢》《采蘩》《采蘋》《伐檀》《白驹》《驺虞》；八篇废，不可歌；七篇《商》《齐》，可歌也；三篇间歌。”《诗》、乐的逐步分离，也势必会对《诗》产生新的要求，那就是由乐舞所承载的王道政教意义势必会转移至《诗》，由《诗》来承担原本乐舞中所具有的仪式感与庄严感。由此，对《诗》的文本本身的要求势必会随之增加，针对《诗》的文本的诗学阐释的重要性也会随之引起人们的重视。

## 二、应对：“义理之说既胜”——《孟子》对《诗》之文本王道政教意义的率先赋予

在这一诗教与乐教逐步脱离的过程中，如何完成《诗》的乐教价值向诗学价值的转化，对于选择《诗》作为其政治教科书的儒家学者来说是一个不容忽视的课题。在这一个过程中，儒家各个学派均有不同的尝试。通观战国时期的儒家诗学传播体系，能够明显看出，在《诗》、乐分离的观点上，子

---

① 如《礼记·乐记》评价《清庙》，也主要立足于《清庙》在音乐形式上的美感，以及由此传达出的政教意图：“《清庙》之瑟，朱弦而疏越，壹倡而三叹，有遗音者矣。”

② 赵敏俐：《乐歌传统与〈诗经〉的文体特征》，《学术研究》2005年第9期。

③ 〔东汉〕班固：《汉书》，中华书局1962年版，第1756页。

思、孟子一派走得最为坚决和彻底：成书于子思之后、孟子之前的上博简《孔子诗论》依然存在着对乐教的重视[①]；公孙尼子对《诗》的解读依然是诗乐结合的解读方式[②]；荀子所论之《诗》，也更倾向于《诗》所具有的乐教意义，对《诗》的文本阐释持反对态度。[③]而目前可见的子思、孟子学派的相关著述[④]中，丝毫不见对《诗》、乐结合问题的论及，这恰恰从一个侧面证明了，在《诗》、乐分离之后，其对《诗》的文本意义阐发的重视。诸多学者之中，孟子最早指出了《诗》中所蕴含的王道政治意义，把原本主要由乐舞所承载的政教意义[⑤]，赋予了《诗》的文本本身。

这一意义首先是通过对《大雅》诸篇的王道政教意义的赋予完成的。在对《诗》的选择上，孟子明显偏重于主要言周朝王政制度的《大雅》。《孟子》一书中，孟子主动引《诗》28次[⑥]，其中引《大雅》就达21次。以《孟

① “孟子不谈乐教，而竹书受《性情论》影响而重视乐教。”见陈桐生：《〈孔子诗论〉研究》，中华书局2004年版，第93页。

② 刘毓庆、郭万金：《从文学到经学——先秦两汉诗经学史论》，华东师范大学出版社2009年版，第125～131页。

③ 《荀子》是《孟子》之后引《诗》最多者，同时也是距离汉代较近的儒家经典之一。人们多把汉代《诗》学的渊源追溯至荀子，然而荀子尤其反对对《诗》义的阐发，甚至提出“善为《诗》者不说”“隆礼义而杀《诗》《书》”的观点，并把不重视礼义而只重视于《诗》的文本意义阐发的儒生讥刺为陋儒：“上不能好其人，下不能隆礼，安特将学杂识志，顺诗书而已耳。则末世穷年，不免为陋儒而已。”

④ 董治安：《先秦文献与先秦文学》，齐鲁书社1994年版，第64～88页。

⑤ 关于乐教与《诗》教的相互配合关系，赵敏俐先生曾从《诗》的文本格式入手，指出《诗》在文本和阐释上所存在的一些不足，以及所缺失的形式感与仪式感，最终会由相应的配乐和舞蹈进行补足：“像《周颂·清庙》这样的诗之所以单章而又简短，一个重要的原因是因为宗庙音乐本身所追求的风格就是简单、迟缓、凝重、肃穆。简单，就不须要有长诗来配乐；迟缓，对语言本身的节奏要求就不会过高；凝重，要求诗的语言不能华丽；肃穆，则要求在缓慢迟重的演唱中再加入深沉的感叹式的合唱。演唱《清庙》时的乐器也正好与之相配，‘朱弦而疏越’，所以才形成了特殊的颂诗体。”见赵敏俐：《乐歌传统与〈诗经〉的文体特征》，《学术研究》2005年第9期。

⑥ 《孟子》中除了孟子对《诗》的引用和评价，还有孟子弟子用《诗》、诸侯国君臣引《诗》等诸多情况。为了区分以上情况，故而此处称“主动”用《诗》。

子》中对《大雅》的引用为例，其中所论《诗》义主旨，无不与王道政教主题关涉密切。

**《孟子》引用《大雅》题旨统计表**

| 章节 | 篇名 | 《诗经》引文 | 孟子说解 |
|---|---|---|---|
| 《梁惠王上》 | 《灵台》 | 经始灵台，经之营之，庶民攻之，不日成之。经始勿亟，庶民子来。王在灵囿，麀鹿攸伏，麀鹿濯濯，白鸟鹤鹤。王在灵沼，於牣鱼跃。 | 文王以民力为台为沼，而民欢乐之，谓其台曰灵台，谓其沼曰灵沼，乐其有麋鹿鱼鳖。 |
| 《梁惠王上》 | 《思齐》 | 刑于寡妻，至于兄弟，以御于家邦。 | 古之人所以大过人者，无他焉，善推其所为而已矣。 |
| 《梁惠王下》 | 《绵》 | （化用：肆不殄厥愠，亦不陨厥问。） | 文王事昆夷。 |
| 《梁惠王下》 | 《皇矣》 | 王赫斯怒，爰整其旅，以遏徂莒，以笃周祜，以对于天下。 | 此文王之勇也。文王一怒而安天下之民。 |
| 《梁惠王下》 | 《公刘》 | 乃积乃仓，乃裹糇粮，于橐于囊。思戢用光。弓矢斯张，干戈戚扬，爰方启行。 | 昔者公刘好货。 |
| 《梁惠王下》 | 《绵》 | 古公亶甫，来朝走马，率西水浒，至于岐下。爰及姜女，聿来胥宇。 | 昔者大王好色，爱厥妃。……当是时也，内无怨女，外无旷夫。 |

（续表）

| 章节 | 篇名 | 《诗经》引文 | 孟子说解 |
|---|---|---|---|
| 《公孙丑上》 | 《文王有声》 | 自西自东，自南自北，无思不服。 | 以德服人者，中心悦而诚服也。 |
| 《公孙丑上》 | 《文王》 | 永言配命，自求多福。 | 祸福无不自己求之者。 |
| 《滕文公上》 | 《文王》 | 周虽旧邦，其命惟新。 | 文王之谓也。子力行之，亦以新子之国。 |
| 《离娄上》 | 《假乐》 | 不愆不忘，率由旧章。 | 徒善不足以为政，徒法不能以自行。……遵先王之法而过者，未之有也。 |
| 《离娄上》 | 《板》 | 天之方蹶，无然泄泄。 | 泄泄，犹沓沓也。事君无义，进退无礼，言则非先王之道者，犹沓沓也。故曰：责难于君谓之恭，陈善闭邪谓之敬，吾君不能谓之贼。 |
| 《离娄上》 | 《荡》 | 殷鉴不远，在夏后之世。 | 孔子曰：“道二：仁与不仁而已矣。”（《论语》未见）暴其民甚，则身弑国亡；不甚，则身危国削。名之曰“幽厉”，虽孝子慈孙，百世不能改也。 |
| 《离娄上》 | 《文王》 | 永言配命，自求多福。 | 行有不得者，皆反求诸己，其身正而天下归之。 |
| 《离娄上》 | 《文王》 | 商之孙子，其丽不亿。上帝既命，侯于周服。侯服于周，天命靡常。殷士肤敏，祼将于京。 | 师文王，大国五年，小国七年，必为政于天下矣。……孔子曰：仁不可为众也。夫国君好仁，天下无敌。 |

（续表）

| 章节 | 篇名 | 《诗经》引文 | 孟子说解 |
| --- | --- | --- | --- |
| 《离娄上》 | 《桑柔》 | 谁能执热，逝不以濯？ | 今也欲无敌于天下而不以仁，是犹执热而不以濯也。 |
| 《离娄上》 | 《桑柔》 | 其何能淑，载胥及溺。 | 苟不志于仁，终身忧辱，以陷于死亡。 |
| 《万章上》 | 《云汉》 | 周余黎民，靡有孑遗。 | 信斯言也，是周无遗民也。 |
| 《万章上》 | 《下武》 | 永言孝思，孝思维则。 | 孝子之至，莫大乎尊亲；尊亲之至，莫大乎以天下养。 |
| 《告子上》 | 《烝民》 | 天生蒸民，有物有则。民之秉夷，好是懿德。 | 孔子曰："为此诗者，其知道乎！故有物必有则，民之秉夷也，故好是懿德。" |
| 《告子上》 | 《既醉》 | 既醉以酒，既饱以德。 | 言饱乎仁义也，所以不愿人之膏粱之味也；令闻广誉施于身，所以不愿人之文绣也。 |
| 《尽心下》 | 《绵》 | 肆不殄厥愠，亦不陨厥问。 | （言）文王也。 |

通过表中所列"孟子说解"的部分，我们能够较为清晰地看到，孟子对《大雅》诸诗的释义，其最终的旨归无不归结到王道政教思想层面上来。例如《孟子·梁惠王上》，孟子在回答梁惠王的问话时，引《大雅·灵台》中的"经始灵台，经之营之，庶民攻之，不日成之。经始勿亟，庶民子来。王在灵囿，麀鹿攸伏，麀鹿濯濯，白鸟鹤鹤。王在灵沼，於牣鱼跃"，指出文王之治的根源在于善待百姓而与民偕乐："文王以民力为台为沼，而民欢乐之，谓其台曰灵台，谓其沼曰灵沼，乐其有麋鹿鱼鳖。"这种阐释过程已经彻底摆脱了

乐舞的辅助与限制，而直接诉诸言语，从而开始了从字面意义上展开对《大雅》的阐释。

孟子这种着重于《诗》的文本阐释的做法，具有一个明显的标志性特征，那就是释义中常常会有与《诗》中的字词相重合的部分。这恰恰是脱离乐舞的政教化阐释而着眼于文本的政教阐释的一个标志性特点。例如，孟子在阐释《板》中的“天之方蹶，无然泄泄”时，首先从字词的阐释入手：“泄泄，犹沓沓也。事君无义，进退无礼，言则非先王之道者，犹沓沓也。故曰：责难于君谓之恭，陈善闭邪谓之敬，吾君不能谓之贼。”同样的情况还出现在孟子对《既醉》的阐释中。孟子就“既醉以酒，既饱以德”句指出：“言饱乎仁义也，所以不愿人之膏粱之味也；令闻广誉施于身，所以不愿人之文绣也。”也就是把《诗》中讲述有关宴饮快乐的诗句与仁义给人的心理满足感相结合，从而完成了对诗句的比附，以及对《诗》的政教意义的赋予。同样，孟子在阐释“周虽旧邦，其命惟新”一句时，抓住了一个“新”字，来阐释《诗》中所蕴含的文王推行王道政教的巨大意义。

此外，孟子会采用直接赋予《诗》王道政教意义的方式来阐发诗旨。例如，孟子在阐释《绵》“肆不殄厥愠，亦不陨厥问”时，直接提到“（言）文王也”。这种做法恰恰是《诗》与乐舞结合时期的阐释方式，即注重诗旨的阐发，唯一不同的是，孟子此处的阐释摆脱了乐舞的局限，而把阐释的主体直接限定于《诗》。

## 三、表现：“见盛衰之由”——孟子对《诗》的王道政教意义阐释

除了以上方式，孟子又采用了多种途径来强调和确定《诗》中所蕴含的王道政教意义。

其一，在对《诗》的定位上，孟子体现出了鲜明的王道政教倾向。“王者之迹熄而《诗》亡，《诗》亡然后《春秋》作”的《诗》学观点，明确把《诗》视为王道制度的承载者，使得《诗》与王道盛衰密切联系在一起。孟子的《诗》学主张也多围绕这一观点展开。例如，孟子在

《诗》学阐释过程中创造性地提出了“以意逆志”的观点。这一观点的提出，不仅有效解决了《北山》之诗中“普天之下，莫非王土”的文本阐释问题①，同时也标志着说《诗》者主体性地位的确立，《诗》不再是其创作者的意图表达，而主要成为传达《诗》学阐释者观念和意图的途径与工具。这种说《诗》者主体地位的确定，又使得对《诗》的文本阐释赋予王道政教意义变得理所当然。同时，孟子“知人论世”的《诗》学阐释观点，又把《诗》纳入王道阐释的历史序列之中。相关内容，常森②、洪湛侯③等诸位先生在各自论著中均有详细阐释，此处不赘。

其二，孟子对《诗》的具体运用也时时围绕着王道政教意图展开。在对《诗》的使用场合和意义赋予上，孟子多侧重于对王道政治的集中阐发，王道制度的宣扬与《诗》义阐释经常若合符契地结合在一起。

首先，孟子引《诗》常常与周朝的重要人物的褒贬结合在一起，孟子主动用《诗》有 28 次，其中涉及文王达 11 次之多，涉及周公 5 次，涉及公刘、大王等周朝先祖 3 次。这些人物恰恰是儒家王道思想中最为推崇的先圣，他们所开创的时代也正是儒家学者所津津乐道的西周王道秩序井然的时期。从这些人物出现的频率来看，孟子引《诗》和用《诗》的主要意图之一便在于

---

① “普天之下，莫非王土”的阐释歧义，很能说明《诗》的文本阐释由备受质疑到经典化地位确立的过程。例如《韩非子》便针对《北山》对《诗》的权威地位提出了质疑，认为《诗》中所言不可尽信：“《诗》云：‘普天之下，莫非王土，率土之滨，莫非王臣。’信若《诗》之言也，是舜出则臣其君，入则臣其父、妾其母、妻其主女也。”这一观点与孟子弟子咸丘蒙的观点类似。《吕氏春秋》从把《诗》视为信史的角度指出，《北山》之诗乃舜自作：“舜自为诗曰：‘普天之下，莫非王土，率土之滨，莫非王臣。’”而孟子则从修辞学的角度，指出对《诗》的阐释应当采取以意逆志的态度，选择符合说诗者旨意的部分。虽然这一论调看似消解了《诗》作为史料的权威性，但正是这一观点的提出，恰到好处地消解了《诗》、乐结合过程中《诗》的文本中所存在的一些过分修辞的内容，从而巩固了《诗》在诗义阐释过程中的权威性。

② 常森：《〈诗〉的崇高与汩没：两汉〈诗经〉学研究》，北京大学博士学位论文，1999 年，第 240 ~ 250 页。

③ 洪湛侯：《诗经学史》，中华书局 2002 年版，第 80 ~ 83 页。

对西周王道制度的记载与宣扬。

其次，从孟子引《诗》用《诗》的场合来看，孟子用《诗》28次，涉及诸侯王的有11次，其中在与齐宣王的对话中用《诗》7次，与滕文公的对话中用《诗》3次，与梁惠王的对话中用《诗》1次。这种用《诗》频率的分布恰恰与孟子对诸侯国的重视程度密切相关。孟子把齐国作为自己游历生活的主要场所，其原因便在于齐国具备了推行仁政的有利条件：“以齐王，由反手也。”“齐人有言曰：‘虽有智慧，不如乘势；虽有镃基，不如待时。’今时则易然也。夏后、殷、周之盛，地未有过千里者也，而齐有其地矣。鸡鸣狗吠相闻，而达乎四境，而齐有其民矣。地不改辟矣，民不改聚矣，行仁政而王，莫之能御也。且王者之不作，未有疏于此时者也；民之憔悴于虐政，未有甚于此时者也。饥者易为食，渴者易为饮。孔子曰：‘德之流行，速于置邮而传命。’当今之时，万乘之国行仁政，民之悦之，犹解倒悬也。故事半古之人，功必倍之，惟此时为然。”（《孟子·公孙丑上》）在孟子看来，齐国虽然国力强盛，但是仁政没有得以在齐国推行，若在齐国推行仁政，可谓事半功倍之举。因此孟子抱着平治天下、解民倒悬的政治期待来到齐国，并且相当自负地认为再加上自己的学说，就能使得齐国“莫之能御”（《孟子·梁惠王上》），甚至“岂徒齐民安，天下之民举安”（《孟子·公孙丑下》）。故而孟子在与齐宣王的对话中多次引《诗》用《诗》，以证明齐王应当效法周王，使西周王道制度在齐国得到推行。

齐宣王向孟子请教“德何如，则可以王”，孟子引用《大雅·思齐》中的“刑于寡妻，至于兄弟，以御于家邦”，称“古之人所以大过人者，无他焉，善推其所为而已矣”，即要求齐王仿效周代圣王，推恩于百姓（《孟子·梁惠王上》）。齐宣王问与邻国的相处之道：“交邻国有道乎？”孟子则引用《大雅·绵》《大雅·皇矣》中“文王事昆夷”的记载，认为齐王应当“以大事小”，像文王那样用怀柔的方式对待弱国；又引用《周颂·我将》《大雅·皇矣》中有关文王的记载指出齐王应当具备大勇，不以征伐为业，而是以仁政一统天下，如文王一样“一怒而安天下之民”（《孟子·梁惠王下》）。而当齐王问及孟子所津津乐道的王政问题时，孟子则几乎完全依照《诗》中的记载作答：

> 王曰："王政可得闻与？"
>
> 对曰："昔者文王之治岐也，耕者九一，仕者世禄，关市讥而不征，泽梁无禁，罪人不孥。老而无妻曰鳏，老而无夫曰寡，老而无子曰独，幼而无父曰孤。此四者，天下之穷民而无告者。文王发政施仁，必先斯四者。《诗》云：'哿矣富人，哀此茕独。'"
>
> 王曰："善哉言乎！"
>
> 曰："王如善之，则何为不行？"
>
> 王曰："寡人有疾，寡人好货。"
>
> 对曰："昔者公刘好货，《诗》云：'乃积乃仓，乃裹糇粮，于橐于囊。思戢用光。弓矢斯张，干戈戚扬，爰方启行。'故居者有积仓，行者有裹粮也，然后可以爰方启行。王如好货，与百姓同之，于王何有？"
>
> 王曰："寡人有疾，寡人好色。"
>
> 对曰："昔者大王好色，爱厥妃。《诗》云：'古公亶甫，来朝走马，率西水浒，至于岐下。爰及姜女，聿来胥宇。'当是时也，内无怨女，外无旷夫。王如好色，与百姓同之，于王何有？"（《孟子·梁惠王下》）

孟子首先引用《小雅·正月》"哿矣富人，哀此茕独"的记载，引出文王时期所推行的王道政策："昔者文王之治岐也，耕者九一，仕者世禄，关市讥而不征，泽梁无禁，罪人不孥。老而无妻曰鳏，老而无夫曰寡，老而无子曰独，幼而无父曰孤。此四者，天下之穷民而无告者。文王发政施仁，必先斯四者。"即轻赋税、开放关市、减轻刑罚、善待鳏寡孤独无所依靠之人。而当齐王以好货和好色等问题相推脱时，孟子再次引用西周先祖的做法予以劝勉。孟子解释《大雅·公刘》中的"乃积乃仓，乃裹糇粮，于橐于囊。思戢用光。弓矢斯张，干戈戚扬，爰方启行"，其意义便在于对公刘好货的赞扬，好货却与百姓共同分享，则不会妨害仁政的推行；同样，孟子又引《大雅·绵》，以周大王古公亶甫为例，指出关注百姓的好色之心，依然能成圣主。

同样的情况在孟子与滕文公的对话中也多有出现，滕文公向孟子询问如何治理国家，孟子提出了三项举措：注重农事农时、推行井田制度、设立庠序学校以教化百姓。这三条举措的提出，均与儒家理想中的西周王道制度密切相符。并且，孟子同样是三次引用《诗》中的相关记载，以证明自己的举措源于对西周王道制度的承袭：

> 滕文公问为国。
>
> 孟子曰：“民事不可缓也。《诗》云：‘昼尔于茅，宵尔索绹；亟其乘屋，其始播百谷。’民之为道也，有恒产者有恒心，无恒产者无恒心。苟无恒心，放辟邪侈，无不为已。及陷乎罪，然后从而刑之，是罔民也。焉有仁人在位，罔民而可为也？……
>
> “……夫世禄，滕固行之矣。《诗》云：‘雨我公田，遂及我私。’惟助为有公田。由此观之，虽周亦助也。设为庠序学校以教之：庠者，养也；校者，教也；序者，射也。夏曰校，殷曰序，周曰庠，学则三代共之，皆所以明人伦也。人伦明于上，小民亲于下。有王者起，必来取法，是为王者师也。《诗》云‘周虽旧邦，其命惟新’，文王之谓也。子力行之，亦以新子之国。”（《孟子·滕文公上》）

孟子引用《豳风·七月》以证“民事不可缓”；引《小雅·大田》以证周代便存在着井田制度；并明确引用《大雅·文王》中赞美文王德政的话语“周虽旧邦，其命惟新”以勉励滕文公应如文王一样，推行如上政策，“亦以新子之国”。

从孟子与齐宣王、滕文公关于王道政治的问答中能够发现，孟子完全把《诗》作为了推行王道政教思想的教科书，把周文王作为西周王道政治的代表人物。而这种引《诗》用《诗》过程中密切联系西周王道制度的做法，与孟子对《诗》的文化功能的界定若合符契。

通过以上分析也能清楚看到，在战国至汉初这段时间，儒家学者中着力于彰显《诗》中蕴含的王道政教意义并身体力行的，唯有孟子。乐舞仪式中所蕴含的政教意义和庄严特点，也通过孟子在诗学定位、诗义阐释等多个方面对《诗》之文本的政教意义的赋予而得以流传。关于孟子对《诗》的政教意义的影响，清代岭南学者陈澧《东塾读书记》卷三《孟子》中的评价正是中的之论："政治之学，皆出于《诗》《书》，是乃孟子之学也。"[①] 诚哉斯言！这一论断明确界定了孟子在儒家《诗》学的政教阐释中上承孔子、下开汉儒的《诗》学地位。《诗》义阐释蕴含着对王道政教思想的宣扬，恰恰是汉代《诗》学经学化特点的一个重要表现。汉代《诗》学经学化地位的确立，也有赖于对《诗》三百文本的具体阐发。而这也正是两千年来理解、阐释《诗》三百的主要途径。由此，孟子于汉代《诗》学经学化乃至两千年来《诗》学阐释模式的构建，其地位与作用应当引起我们的重新审视与评价。

（作者单位：山东师范大学齐鲁文化研究院）

① 〔清〕陈澧：《东塾读书记》，上海古籍出版社 2012 年版，第 43 页。

# 交邻国有道

## ——孟子的邦交理论及其在盐铁之议的延续

杨　中

［内容提要］

在"交邻国有道"章，孟子集中阐述并结合他章完善了其邦交理论。该理论构建了"仁者""智者""大勇"三种外交战略，分别提供"以大事小""以小事大""文武之伐"三种理论模型。三者之间存在着紧密的因果联系，是"事"—"征"—"王"这一逻辑发生过程的重要组成部分。这一邦交理论是孟子根据孔子、子思的"知""仁""勇"说与周初"王"的实践历史归纳出来的，具有"王天下"的政治倾向。孟子试图以此遏止诸侯的"无义战"冲动并抗衡纵横之士的以"利""伐交"谋略。至盐铁之议，贤良、文学进一步阐发和扩展了孟子的邦交思想，加以教化式的国家边防策略作为"汤事葛"的根本基础。

孟子升格以前，孟子思想有两次值得注意的政治实践：一次是孟子的亲试；一次是盐铁之议上贤良、文学对孟子思想的运用。在齐宣王执政期间，孟子作为齐卿实际政治地位高（《孟子》4·6）[①]，齐燕战争（2·10）是他实际参与国家战略发展的重要事件，而"交邻国有道"章（2·3）是这一事件的理论起点。同时，孟子曾指导过滕文公行仁政并使滕国名誉九州，名士竞往之。但他注意的仍然是战国之"伯"，期待导"伯"转"王"，一跃化身周公以行仁政。而齐燕战争恰恰是孟子非常确定的一个"天时"，他说："今伐燕，此文武之时，不可失也。"（《史记·燕召公世家》）他说"五百年必有王者兴"（4·13），就是指他的这个时代、这个时候和这个机会，但失之则无能王矣。孟子在此之后于政治上归于黯然，他的退出固然有其年龄上的原因。所以，这一历史事件对于孟子学研究而言，其重要性是不言而喻的。另于秦汉政治史上，其思想突然发光者为西汉盐铁之议。[②]

当前，杨华《孟子与齐燕战争——兼论〈孟子〉相关篇章的文本编年》（载《中国哲学史》2001年第3期）对齐燕战争做了具体研究，他集中讨论了"孟子劝齐宣王伐燕的动机是因为他期望周初文王—武王—周公—成王模式能够重现"，认为其设计的"伐燕""取燕"策略是"模仿周初克商及统治商后裔的旧套路"。他主要解决了孟子是否参与了齐燕战争、起了怎样的作用等问题，但没有系统论述或归纳梳理孟子的"交邻国"理论。这正是本文将要重点阐述的内容。所以，深刻梳理此章内容并讨论其流变，不仅可以深入理解孟子邦交理论的具体形态，又可以为解决孟子思想为何会突然在盐铁之议上迸发的问题做理论准备，同时为"大外交"时代提供宝贵的传统文化资源。

## 一、"交邻国有道"章的思想史背景

《庄子·天下》云："道术将为天下裂。"其中，儒家学派传承一套"整体规划"，"这一整体规划，用孔子的话说，便是怎样变'天下无道'为'天

---

① 此种序号注释，以杨伯峻《孟子译注》（中华书局1960年版）为据，后文引《孟子》仅列序号。

② 学界普遍赞同金春峰的观点，即认为盐铁之议是孟子思想的崛起，详见金春峰：《汉代思想史》第八章第二部分，中国社会科学出版社2006年版。

下有道’”。孟子延续并发展了孔子、子思的“整体规划”，时人总结为“道性善，言必称尧舜”（5·1），质言之，即性善和仁政。这大体概括了孟子的学术体系。[①]

战国时期，诸子游走列国，为诸侯献保国家、一天下之策，同时实现其学术的“终极设计”。儒、墨、道、法、纵横诸家是当时最为活跃的几个学术流派。孟子（约公元前372—前289年）[②]之时，儒、墨、道三分天下学术潮流，时称“显学”；而纵横学术方兴未艾，杰出者有苏秦、张仪、公孙衍等。秦惠文王执政期间（公元前337—前311年），纵横之士在政治上尤为活跃[③]，以至于当时有“一怒而诸侯惧，安居而天下熄”（6·2）的盛誉。针对杨墨二学，孟子公开以“距杨墨”的卫道士身份游说诸侯行仁政、践周孔之道（6·9），同时他也没有轻视日益崛起的纵横之言。当时，“天下方务于合从连衡，以攻伐为贤，而孟轲乃述唐、虞、三代之德”[④]。

孟子所生活的时代正值战国的关键时期，是一部诸侯互相攻取吞并的战争史。其间，诸子活动频繁，每进仕则曰“我能为君约与国，战必克”（12·9），或曰“我善为陈，我善为战”（14·4）。于是，以战争为主题的议政平台成了诸子从政的重要活动场所。随着士人涌进政治舞台，诸子思考的主题便从“礼”转移到“仕”上。[⑤]《孟子》首章“孟子见梁惠王”不仅是义仕派的

---

① 在古人的观念中，学与术是两个不同领域的概念，但二者是一事之两面，是相互渗透的。如张载曾批评“朝廷以道学政术为二事，此正自古之可忧者”（《答范巽之书》，章锡琛点校：《张载集·文集佚存》，中华书局1978年版，第349页），认为学（道学）、术（治术）关系乃一事的两面。这是对中国传统学术人间性特征的精确把握。其他相关学术关系问题的具体讨论可参朱维铮：《中国经学与中国文化》，《中国经学史十讲》，复旦大学出版社2002年版。

② 参考杨泽波：《孟子年表》，《孟子评传》，南京大学出版社1998年版，第477～488页。

③ 参见《史记》卷五《秦本纪》、卷十五《六国年表》、卷六十九《苏秦列传》、卷七十《张仪列传》等。

④ 〔汉〕司马迁：《史记·孟子荀卿列传》，中华书局1959年版，第2343页。

⑤ 参见钱穆：《国学概论》，《钱宾四先生全集》第1册，联经出版事业公司1998年版，第59页。

孟子对士人如何“仕”的深刻反思，而且开启了“义利之辨”这一中国传统文化的主题[①]，更揭露了诸子以“利”游说、迎合诸侯王“利政”的思想史特征。诸侯问士，率先问“利”。

孟子见梁惠王。王曰：“叟！不远千里而来，亦将有以利吾国乎？”（1·1）

诸子止战，亦先言其“利”或“不利”。

曰：“轲也请无问其详，愿闻其指。说之将何如？”曰：“我将言其不利也。”（12·4）

孟子曾如此描述当时诸子之别：

鸡鸣而起，孳孳为善者，舜之徒也；鸡鸣而起，孳孳为利者，跖之徒也。欲知舜与跖之分，无他，利与善之间也。（13·25）

此外，这样一种议政潮流并非独见于政治领域，甚至在诸子讨论“性”的问题上也有以“利”论“性”的风尚：

孟子曰：“天下之言性也，则故而已矣。故者以利为本。”（8·26）

对于以“利”议政之甚者，孟子形容他们是“诸侯放恣，处士横议”（6·9）。赵岐注曰：“战国纵横，布衣处士，游说以干诸侯。”焦循疏曰：“是放恣即纵横也。”段玉裁《说文解字注》曰：“《孟子》言‘处士横议’，而天下乱

① 参见杨海文：《为〈孟子〉首章鼓与呼》，《中华读书报》2018年3月28日，第15版。

矣。”[①] 司马迁亦曰：

> 余读《孟子》书，至梁惠王问“何以利吾国”，未尝不废书而叹也。曰：嗟呼，利诚乱之始也！……自天子至于庶人，好利之弊何以异哉！[②]

可见，战国时期的战争局面是由诸侯王和游士互动并主导形势方向所形成的，且若干纵横实例已经发生。[③]

孟子对“无义战”之事实深恶痛绝[④]，为挽救这纵横逐利的军事外交理论对时世政治产生的弊端，而形成了独特的系统的邦交思想，以遏止诸侯的“无义战”冲动，抗衡纵横之士的以“利”“伐交”之谋略。在“交邻国有道”章（2·3），他集中而系统地阐述了他的邦交理论；别章亦有涉及，是该章理论延续。该章所记齐宣王（公元前319—前301年执政）与孟子的谈话发生于“子之之乱”（公元前316—前314年）[⑤]前，当时孟子年已七十余，其性善或仁政理论几臻完善。[⑥] 故而，我们认为其邦交理论也是成熟的。齐宣王执政时，招徕贤士，“而诸侯东面朝齐”[⑦]；可见，齐宣王是一位能够实现孟子“整体规划”的诸侯王。同时，因齐宣王的谦逊及其欲“莅中国而抚四夷”而对“仁政”产生的志趣（1·7），孟子亦给予他相当高的期望（3·1，3·2，4·12）。因此，孟子居稷下学宫议论国事期间是他争取实现其“整体

---

① 〔清〕焦循：《孟子正义》，沈文倬点校，中华书局1987年版，第456页。

② 〔汉〕司马迁：《史记·孟子荀卿列传》，第2343页。

③ 按《史记·六国年表》，公元前328年，张仪相秦；易王初立（公元前332年），苏秦合纵六国，使“秦兵不敢窥函谷关十五年”（《史记·苏秦列传》）；公元前318年，魏赵韩燕楚五国合纵攻秦，不胜而归。

④ 孟子曰：“故善战者服上刑，连诸侯者次之，辟草莱、任土地者次之。”（7·14）又见12·9，14·4等。

⑤ 参见《史记》卷十五《六国年表》、卷三十四《燕召公世家》。

⑥ 参见梁涛：《郭店竹简与思孟学派》，人民大学出版社2008年版，第315页。

⑦ 〔汉〕司马迁：《史记·孟子荀卿列传》，第2343页。

规划”的重要时期。而“齐人伐燕”正是孟子实现其“整体规划”的关键事件。虽然孟子有“大则以王，小则以霸”（6·1）的政治才能，但《孟子》《史记》显示，其“整体规划”以失败告终。笔者认为，这很大程度上应归因于身为义士派的孟子在政治实践过程中不“枉尺而直寻”（6·1）的以义、善论政的性格。①

## 二、仁智勇与事征王——对孟子邦交理论的归纳

《孟子》记载：

> 齐宣王问曰：“交邻国有道乎？”
>
> 孟子对曰：“有。惟仁者为能以大事小，是故汤事葛，文王事昆夷。惟智者为能以小事大，故太王事獯鬻，勾践事吴。以大事小者，乐天者也；以小事大者，畏天者也。乐天者保天下，畏天者保其国。《诗》云：‘畏天之威，于时保之。’”（2·3）

此处“交邻国”是指以“事”这一观念为核心的一种外交活动。何谓“事”？《说文解字》曰：“事，职也。从史。”又，“史，记事者也”。又，“职，记微也”。因此，“事”是历史记录的客体，即所谓“左史记言，右史记事，事为《春秋》，言为《尚书》”②。《尔雅》：“事，勤也。”《说文解字》：“勤，劳也。”可见，“事”也被描述成主体的积极性活动。昭公二十五年，赵简子问礼，子大叔对曰：“为政事、庸力、行务，以从四时。”杜预注曰：“在君为政，在臣为事，民功曰庸，治功曰力，行其

---

① 《史记·孟子荀卿列传》司马贞索隐曰：“（持方枘欲内圜凿）谓战国之时，仲尼、孟轲以仁义干世主，犹方枘圜凿然。”〔汉〕司马迁：《史记·孟子荀卿列传》，第2346页。

② 〔汉〕班固：《汉书·艺文志》，中华书局1962年版，第1715页。

德教，务其时要，礼之本也。”[①]《古今韵会举要》：“大曰政，小曰事。”在此意义上，“事”进而被限定为政治主体的事务性活动，并且具有“礼”的内涵；此即孟子所举“事”的内涵。因此，此章所谓“事”专指某种政治活动，但不涉及军事活动，是一类用以形容下级向上级施加积极行为的具有政治事务性质的活动。须指出，在《孟子》所举案例中，处于“事”的活动双方并无实质的君臣关系，而是一方对另一方主动采取的一种具君臣之“礼”性质的外交行为。

针对齐宣王之问，孟子率先回答的是“仁者”“智者”两种邦交战略，其实践模型分别为“以大事小”型和“以小事大”型。其中，“仁者宽宏大量，所以能够优礼尊侍小国。智者是审时度势，能够正确地判断力量的对比，形势的高下”[②]。在这两种模型中，行“事”主体的国家规模存在明显差异：一是天子之天下，一是诸侯之国。其首领实施“事”的决定也分别出于两种不同的政治心态或境界：一是“乐天”，一是“畏天”。“畏天”这个概念直接源于《诗》“畏天之威，于时保之”，“乐天”则是孟子在此基础上提出的区别于先秦诸子的全新概念。[③]

但齐宣王不满意孟子的回答，认为孟子夸大其词，于是托疾“好勇”。“勇”意味着战争。悉知，儒家并不排斥战争，而是排斥非正义、非正当战争。于是，孟子继续进言：

> 王曰：“大哉言矣！寡人有疾，寡人好勇。”
>
> 对曰：“王请无好小勇。夫抚剑疾视曰，‘彼恶敢当我哉！’此匹夫之勇，敌一人者也。王请大之！
>
> “《诗》云：‘王赫斯怒，爰整其旅，以遏徂莒，以笃周祜，以对

---

① 李学勤主编：《十三经注疏·春秋左传正义》，北京大学出版社 1999 年版，第 1454 页。按，这仅是回答的一部分。

② 陈来、王志民主编：《〈孟子〉七篇解读》，齐鲁书社 2018 年版，第 72 页。

③ 参见陈来、王志民主编：《〈孟子〉七篇解读》，第 72 ~ 73 页。

于天下。’此文王之勇也。文王一怒而安天下之民。

“《书》曰：‘天降下民，作之君，作之师，惟曰其助上帝宠之。四方有罪无罪惟我在，天下曷敢有越厥志？’一人衡行于天下，武王耻之。此武王之勇也。而武王亦一怒而安天下之民。今王亦一怒而安天下之民，民惟恐王之不好勇也。”（2·3）

在这一回答中，孟子针砭齐宣王“好勇”之症，提出“大勇”战略与“文武之伐”实践模型。该模型发生的充分条件是“以对于天下”，其终极目的是经由“一怒”而“安天下之民”。但这已脱离了上述邦交概念的范畴，而转移到民族与民族、国家与国家之间的冲突性接触论域中。在这一论域中，文武之“勇”是不同的：前者为了避免莒国被外族侵略而出兵保护莒国国人[①]，后者则为了拯救水火之中的天下人而讨伐商纣。但二者均不可称为“事”，而是另一种专门的政治活动——军事。按《孟子》，我们可称之为“征”、“伐”、“诛”或“讨”，是一种正义的军事活动。这种军事活动显然超出了统治者行政所辖范围内的政治义务与责任，但这并非干涉、侵略或谋反，而是出于“天降下民，作之君，作之师”的天命，这种政治使命总是出于民的意志。与“仁者”“智者”不同，“大勇”国家可能是一个有能力坐拥“天下”的强大民族部落或富强诸侯国。

我们根据“交邻国有道”章及别章的记述，可将孟子的邦交理论归纳为下表。

① 按，《孟子》此处所引《诗》与今本《诗经·大雅·皇矣》存在差异，但不改其意；《皇矣》所记之侵略者是密国。

**孟子邦交理论表**

<table>
<tr><th>类型</th><th>战略</th><th>实践模型</th><th>核心事例</th><th>结果</th><th>主要章节</th></tr>
<tr><td rowspan="4">非军事</td><td rowspan="2">仁者</td><td rowspan="2">以大事小</td><td>汤事葛</td><td rowspan="2">保天下</td><td>2·3，2·11，6·5</td></tr>
<tr><td>文王事昆夷</td><td>2·3，2·10</td></tr>
<tr><td rowspan="2">智者</td><td rowspan="2">以小事大</td><td>太王事獯鬻</td><td rowspan="2">保其国</td><td>2·3，2·14，2·15</td></tr>
<tr><td>勾践事吴</td><td>2·3</td></tr>
<tr><td rowspan="2">军事</td><td rowspan="2">大勇</td><td rowspan="2">文武之伐</td><td>文王徂莒</td><td rowspan="2">王天下</td><td>2·3，2·10</td></tr>
<tr><td>武王伐纣</td><td>2·3，2·10，14·4</td></tr>
</table>

由表可见，“以大事小”型或“以小事大”型与“文武之伐”型不是割裂的；相反，三者的关系是紧密的，并存在某种因果联系。我们选择一个发生在孟子与齐宣王对话前的案例来阐述这一关系。这个案例完整地描述了从“汤事葛”至“汤征葛”再至“王天下”的具体过程，展示了三种模型在衔接过程中的因果关系。这是一段非常重要的文献，兹摘录如下：

孟子曰：“汤居亳，与葛为邻，葛伯放而不祀。……汤使亳众往为之耕，老弱馈食。葛伯率其民，要其有酒食黍稻者夺之，不授者杀之。有童子以黍肉饷，杀而夺之。《书》曰：‘葛伯仇饷。’此之谓也。为其杀是童子而征之，四海之内皆曰：‘非富天下也，为匹夫匹妇复仇也。’‘汤始征，自葛载’，十一征而无敌于天下。东面而征，西夷怨；南面而征，北狄怨，曰：‘奚为后我？’民之望之，若大旱之望雨也。归市者弗止，芸者不变，诛其君，吊其民，如时雨降。民大悦。……其君子实玄黄于篚以迎其君子，其小人箪食壶浆以迎其小人；救民于水火之中，取其残而已矣。《太誓》曰：‘我武惟扬，侵于之疆，则取于残，杀伐用张，于汤有光。’不行王政云尔；苟行王政，四海之内皆举首而望之，欲以为君；齐楚虽大，何畏焉？”（6·5）

汤的邻国君主葛伯“放而不祀”、不耕不种，汤不以为忤，反而“以大事小”，这是该案例的起点。葛伯暴虐抢夺、杀童子的行为是“汤征葛”的导火索，这是后续事件发生的充分条件。于是，该案例进入“为匹夫匹妇复仇”或“诛君吊民”的过程。在这一过程中，汤的军事行为代表着国之民人甚至四海之民的意志。从某种程度上而言，这是一种“天命”。该案例的目的是“救民于水火”，其结果是“四海之内皆举首而望之”，进而汤“十一征而无敌于天下”。最后，汤放桀，而夏桀的“天命”转移到商汤手中；“王天下”既成事实。在该案例下，孟子最后通过这一邦交战略推导出其所能实现的政治终极手段和目标，即行仁政和王天下。于是，我们可以将它的整个流程示意为：

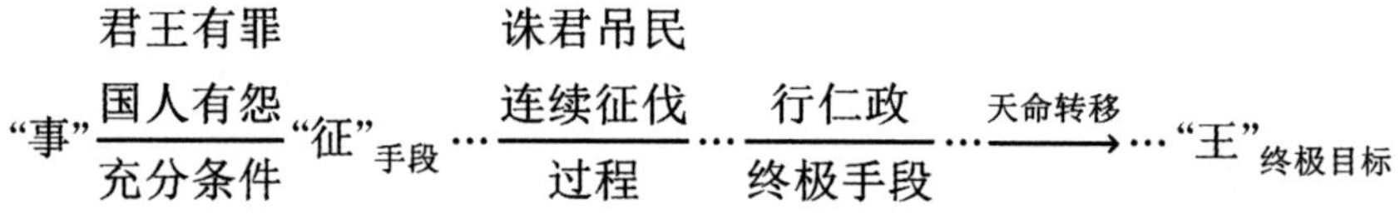


由此，孟子便在理论上设计了一个合乎正义的“王天下”的普遍流程。在这一流程中，实践主体是否代表四海之民的意志，或是否拥有天命，是这一流程正义与否的充分条件。此外，如果不存在“征”的充分条件，或“义取”后不以“行仁政”为“王天下”的根本性保证，那么天命的转移、“王”的革命便会直接流产（详下）。而前文所述“仁者”“智者”在“事”中，“大勇”在“征”中。须指出，该流程有一个关键性人物，即参与设计政治谋略的总规划师——自比于周公的孟子（6·9）。孟子“言必称尧舜”，在此问题上他却取向周公，这是值得注意的现象。

## 三、从对话的形成到思想的追溯——对相关问题的进一步分析

讨论孟子和齐宣王对话的形成，我们首先要解决的问题是齐宣王之问的政治意图是什么。如果联系上因果连续的“子之之乱”和“齐人伐燕”事件，那么齐宣王之问绝非无的放矢。在孟子所处时代，“交邻国”成了诸侯王首

要面对的关键政治议题，纵横之士因此活动频繁。我们知道，此章所载发生在“齐人伐燕”前，故齐宣王有此问。参考《孟子》1·3、1·7的内容，我们可以进一步推知齐宣王之问的政治目的是开拓国土、增加人口。显然，孟子的回答在齐宣王看来是不切实际的，于是齐宣王自毁有疾，托称好勇，委婉暗示孟子其真实意图：利用齐国的强盛国力来威压诸侯，并以征伐或吞并的形式实质性地推进国土面积和人口基数的扩增。这可以从后面齐宣王借“子之之乱”攻占燕国窥测出来。自称“我知言”（3·2）的孟子完全理解齐宣王的暗示，故以文王徂莒、武王伐纣的案例力谏齐宣王“好大勇”、行仁政，以“义战”“义取”的形式吞并燕国，进而逐步实现“王天下”。

其次我们发现，因“子之之乱”与“齐人伐燕”这一对因果连续事件的发生，孟子后来对于“大勇”之“交邻国之道”阐述很多；同时，孟子也因之从思想上抨击战国“无义战”的社会现实。所以，我们可以借这一案例来推理这一邦交理论的形成。但这并不是说，这一邦交理论是因这一案例而形成的。燕国“子之之乱”全面爆发后，齐大臣沈同在无齐王命的情况下已与孟子私下议论过要不要伐燕。孟子认为，只要伐燕系“天吏”所要执行的王者之事，是正义的战争，便可伐燕（4·8）。齐军轻易伐燕而胜后，齐宣王以“人力不至于此。不取，必有天殃”为由，进一步问可否兼并燕国，孟子对曰：

> 取之而燕民悦，则取之。古之人有行之者，武王是也。取之而燕民不悦，则勿取。古之人有行之者，文王是也。以万乘之国伐万乘之国，箪食壶浆，以迎王师，岂有他哉？避水火也。如水益深，如火益热，亦运而已矣。（2·10）

齐国攻克燕国后，曾有三四年时间对燕人实行军事管制，企图以此兼并燕国。[①]

---

① 杨华：《孟子与齐燕战争——兼论〈孟子〉相关篇章的文本编年》，《中国哲学史》2001年第3期。

这一军事管制显然不是孟子的“行仁政”。后来，这引致燕人的反抗及诸侯的注意，于是诸侯转而伐齐。齐宣王急，再问孟子。孟子对曰：

> ……今燕虐其民，王往而征之，民以为将拯己于水火之中也，箪食壶浆以迎王师。若杀其父兄，系累其子弟，毁其宗庙，迁其重器，如之何其可也？天下固畏齐之强也，今又倍地而不行仁政，是动天下之兵也。王速出令，反其旄倪，止其重器，谋于燕众，置君而后去之，则犹可及止也。（2・11）

由此观之，“取燕”的根本标准即出于燕人的意志，即“对于天下”。在“取”的活动中，“民以为将拯己于水火之中也，箪食壶浆以迎王师”就是“安天下之民”的另一种表达。《孟子》所记载的“齐人伐燕”“取燕”虽然是一次成功的政治策划，但齐王“贪壤土之利”，“倍地而不行仁政”，又摧毁燕民用以祭祀的宗庙和迁运象征燕国政权的礼器，以致诸侯起义兵伐齐（“动天下之兵”），最终导致“王燕”的流产。孟子认为，唯有迅速采取措施，遣返燕民，归其重器，并与燕众谋立新王，再撤兵燕境，才可能避免“王燕”流产的“强烈阵痛”。齐王因此“甚惭于孟子”（4・9）。不久，孟子便去齐息政，从此著书授学。齐国后来遭到了燕国的打击报复以及秦、楚、三晋的洗劫（《史记・燕召公世家》），即所谓“弱燕攻齐，长驱至临淄，湣王遁逃，死于莒而不能救”（《盐铁论・论儒》）。从“交邻国有道”到“子之之乱”再到“齐人伐燕”，孟子的对答都非常熟练且具系统性，又根据战国纵横征伐的特点，我们推定孟子的邦交理论是从类似案例中归纳出来的，而且他非常肯定其真理性。根据前引孟子对该事件的定性判断，我们可以推论他所根据的原始案例便是文、武、周公、成王“王天下”的周初实践。[①]

---

① 杨华：《孟子与齐燕战争——兼论〈孟子〉相关篇章的文本编年》，《中国哲学史》2001年第3期。

再次，从《孟子》看，孟子的邦交理论并非一套专为大诸侯国设计的理论；或者我们可以说，在孟子看来，这套理论具有普遍适用性，打比方说，孟子就把这套理论运用到滕（2・13，2・15）、宋（6・5）两个小国上。这是因为相关案例如“汤事葛”的初期，其部落或国家的规模并不大，如“汤以七十里，文王以百里”（3・3）；按周制，他们尚属于伯的规模，处于大国与小国之间（10・2）。去齐之后，孟子自负地说道：“五百年必有王者兴，其间必有名世者。由周而来，七百有余岁矣。以其数，则过矣；以其时考之，则可矣。夫天未欲平治天下也；如欲平治天下，当今之世，舍我其谁也？”（4・13）可见，任一诸侯只要实践他的理论，复汤、文、武之事，行仁政、王道政治，便可王天下。不过，孟子曾主观地寄望于更有条件实现其“整体规划”的齐宣王，这是一个非常明显的事实，但这不能改变他相信它具有普遍适用性的真理性的事实。

复次，孟子邦交理论是否是临时应对的说法？若不是，他的思想源于何处？在齐、楚两国攻宋前（公元前323年，孟子去齐过宋，尚未见齐宣王），孟子经过宋国时曾与他人讨论过相应的邦交问题（6・5），但因未能见宋偃王而没有直接参与议政的机会，又没有遇到如“子之之乱”“齐人伐燕”这样的“文武之时”，故未能如与齐威王对话般系统地阐述其邦交理论。而且，这场因禅让而致的大事件可以改变战国时局，甚至可以再现文、武、周公、成王之事，又孟子“在三卿之中”（12・6），处“齐卿之位，不为小”（4・6），所以他必然不会放弃此等天时，主动而急切地盼望其“整体规划”（4・13）的实现。故而，我们认为孟子的邦交理论并非一种临时理论，而是一种成熟且系统的理论，是其仁政理论的重要组成部分。值得注意的是，孟子对齐谋燕策略是径直进入到“大勇”的征伐阶段的。这样一种现象的发生，除少部分原因是出于孟子的急切心理外，更多是出于孟子对战国具体实际、形势变化的合理把握，这是孟子知“时”（10・1）的具体表现，如齐取燕失败后，孟子果断提出“王速出令，反其旄倪，止其重器，谋于燕众，置君而后去之”的止兵之策。目前，我们根据资料可以推定其思想根源在孔子。孔子曰：“君子道者三，我无能焉：仁者不忧，知者不惑，勇者不惧。”（《论语·宪问》，又见《子罕》）尔后，子思《中庸》作了进一步的理解和诠释：

> 知、仁、勇三者，天下之达德也，所以行之者一也。或生而知之，或学而知之，或困而知之，及其知之一也；或安而行之，或利而行之，或勉强而行之，及其成功一也。子曰：“好学近乎知，力行近乎仁，知耻近乎勇。知斯三者，则知所以修身；知所以修身，则知所以治人；知所以治人，则知所以治天下国家矣。”[①]

可以发现，子思不仅把孔子的“知（智）”“仁”“勇”三君子之道放置于更完美的道德品质（“达德”）层次，而且将这三“达德”作为治术的重要基础。此即表明，子思已在概念上完成了“知（智）”“仁”“勇”从道德概念到赋予政治内涵的概念转化。孟子则置入《诗》的历史故事充实、加强了这一思想，同时形成了其独特的邦交理论，分类为“仁者”、“智者”和“大勇”三种战略，并将它们组合到“事”—“征”—“王”这一逻辑发生过程中。可见，孟子的邦交思想源出一个思想谱系[②]，是这一思想谱系的特殊运用；同时，他所归纳的政治实践经验，亦来自二者[③]。“由此，孟子

---

① 〔宋〕朱熹：《四书章句集注》，中华书局 1983 年版，第 28 ～ 29 页。

② 按，思孟学派自荀子以来被认作是一个连续发展的儒家学派。早期学术界因文献不足征，无法对该学派的形成、发展、成熟和演变进行系统而有效的论证。直至 1993 年郭店竹简出土，这一学术脉络才逐渐清晰起来。详见梁涛：《郭店竹简与思孟学派》，中国人民大学出版社 2008 年版。李若晖《“三达德”之变体及其历史意义》（载《哲学研究》2018 年第 3 期）论述了“三达德”的变体及其历史意义，但未注意到“交邻国有道”章。

③ 《盐铁论·相刺》大夫曰：“昔鲁穆公之时，公仪为相，子思、子柳为之卿，然北削于齐，以泗为境，南畏楚人，西宾秦国。孟轲居梁，兵折于齐，上将军死而太子虏，西败于秦，地夺壤削，亡河内、河外。夫仲尼之门，七十子之徒，去父母，捐室家，负荷而随孔子，不耕而学，乱乃愈滋。……孔子所以不用于世，而孟轲见贱于诸侯也。”王利器：《盐铁论校注》，中华书局 2015 年版，第 280 ～ 281 页。

就把君王的德行仁智勇与安天下之民结合了起来，继续发挥他的民本思想。”[①] 我们甚至可以进一步推论，道学和治术是一体两面；这可以说是儒家学术的重要特征之一。

## 四、孟子邦交思想在盐铁之议上的角逐与变化

在孟子具体的邦交理论案例中，孟子所提到的两个案例“太王事獯鬻”与“文王事昆夷”中的“獯鬻”“昆夷”在战国以后被统称为“匈奴”。[②] 对其称呼的变化，只是因为该民族“中间或分或合……其俗尚武力，而文化之度，不及诸夏远甚。又本无文字……随世异名，因地殊号”[③]。由此观之，与匈奴的问题是一历史遗留问题，这一历史遗留问题自春秋战国以来就给诸夏带来沉重的边防压力，如秦、赵、燕等曾为此兴建长城以抵御匈奴扰边、入侵。

如果说孟子邦交思想在两诸侯国之间的运用可能使人怀疑孟子所肯定的普遍适用性，那么当把视野扩大到古代中国时，它被士人所承认的普遍适用性就会明显呈现出来。

公元前 200 年，汉高祖错估汉匈之间的军事实力差距惨致白登之围，之后采纳了刘敬“结和亲”策略，欲使冒顿“子孙为臣”，以此牵制匈奴，谋取休养生息的机会。[④] 直至“王恢误谋马邑，匈奴绝和亲”[⑤]，武帝朝发动对匈奴的全面战争，“结和亲”政策骤然中止。由于战争历时长（元光二年匈奴“绝和亲”至征和四年“轮台诏”，公元前 133—前 89 年）、范围广，西汉人民

---

① 参见陈来、王志民主编：《〈孟子〉七篇解读》，第 72 页。

② 参见王国维：《鬼方昆夷猃狁考》，《观堂集林》第 2 册《史林五》，中华书局 1959 年版，第 583 ~ 606 页。

③ 王国维：《鬼方昆夷猃狁考》，《观堂集林》第 2 册《史林五》，第 583 页。

④ 参见〔汉〕司马迁：《史记·刘敬叔孙通列传》，第 2718 页。

⑤ 王利器：《盐铁论校注》，第 571 页。又见《史记·平准书》，具体事件过程可见《汉书·西南夷两粤朝鲜传》。

在整个战争时期负担沉重。因此，讨论如何对待匈奴的问题成了 8 年后盐铁之议（公元前 81 年）下半场的重要议题。盐铁之议中，孟子思想的崛起显示出孟子思想仍具有明显的政治活力。

东汉时期，班固按西汉桓宽《盐铁论》和会议记录（“议文”）记述了汉昭帝时期非常重要的一场会议——盐铁之议：

> 所谓盐铁议者，起始元中，征文学贤良问以治乱，皆对愿罢郡国盐铁酒榷均输，务本抑末，毋与天下争利，然后教化可兴。御史大夫弘羊以为此乃所以安边竟，制四夷，国家大业，不可废也。当时相诘难，颇有其议文。[①]

这段文献精炼地总结了会议双方的立场、会议的情形与结果，指出了经济政策与政治国防之间的紧密性。盐铁之议以《取下》篇为界可分为两场会议。上一场为正式会议，桑弘羊等和贤良、文学主要讨论是否终止“盐铁酒榷均输”政策，并以丞相车千秋的会议奏议“罢郡国榷沽、关内铁官”[②]的通过而结束，另于同年七月发布正式诏书，但仅“罢榷酤官”[③]。下一场为非正式会议，讨论是否继续“伐匈奴安边境之策”[④]。会议期间，双方意见歧出，以桑弘羊为代表的主战派主张北绝匈奴，以贤良、文学为代表的主和派则主张“莫若偃兵休士，厚币结和亲，修文德”[⑤]。

具体而言，主战派是这样看待匈奴问题的：

---

① 〔汉〕班固：《汉书·公孙刘田王杨蔡陈郑传》，中华书局 1962 年版，第 2903 页。

② 王利器：《盐铁论校注》，第 516 页。

③ 〔汉〕班固：《汉书·昭帝纪》，第 224 页。

④ 王利器：《盐铁论校注》，第 357 页。另关于会议场次的论述，参见马非百：《桑弘羊传》，中州书画社 1981 年版，第 127 页。

⑤ 王利器：《盐铁论校注》，第 526 页。

匈奴背叛不臣，数为寇暴于边鄙……先帝哀边人之久患，苦为虏所系获也。[①] 匈奴桀黠，擅恣入塞，犯厉中国，杀伐郡、县、朔方都尉，甚悖逆不轨，宜诛讨之日久矣。陛下垂大惠，哀元元之未赡，不忍暴士大夫于原野；纵难被坚执锐，有北面复匈奴之志。[②]

圣主思中国之未宁，北边之未安，使故廷尉评等问人间所疾苦。[③]

今明天子在上，匈奴公为寇，侵扰边境，是仁义犯而藜藿采。昔狄人侵太王，匡人畏孔子，故不仁者，仁之贼也。是以县官厉武以讨不义，设机械以备不仁。[④]

往者，县官未事胡、越之时，边城四面受敌，北边尤被其苦。先帝绝三方之难，抚从方国，以为蕃蔽，穷极郡国，以讨匈奴。匈奴壤界兽圈，孤弱无与，此困亡之时也。辽远不遂，使得复喘息，休养士马，负给西域。西域迫近胡寇，沮心内解，必为巨患。是以主上欲扫除，烦仓廪之费也。终日逐禽，罢而释之，则非计也。[⑤]

汉兴以来，修好结和亲，所聘遗单于者甚厚；然不纪重质厚赂之故改节，而暴害滋甚。先帝睹其可以武折，而不可以德怀，故广将帅，招奋击，以诛厥罪。[⑥]

匈奴以虚名市于汉，而实不从，数为蛮、貊所绐，不痛之，何故也？高皇帝仗剑定九州；今以九州而不行于匈奴。闾里常民，尚有枭散，况万里之主与小国之匈奴乎？夫以天下之力勤何不摧？以天下之士民何不服？今有帝名，而威不信于长城之外，反赂遗而尚踞敖，此五帝所不忍，

---

① 王利器：《盐铁论校注》，第 2 页。
② 王利器：《盐铁论校注》，第 2 页。
③ 王利器：《盐铁论校注》，第 178 页。
④ 王利器：《盐铁论校注》，第 495 页。
⑤ 王利器：《盐铁论校注》，第 515 页。
⑥ 王利器：《盐铁论校注》，第 533 页。

三王所毕怒也。[1]

夫汉之有匈奴，譬若木之有蠹，如人有疾，不治则浸以深。[2]

总体来说，主战派认为汉匈“结和亲”历史虽长，又是汉高祖时代的重要方略，但匈奴不仅不能臣服，而且屡次撕毁契约侵边，致使边民受苦。匈奴的不臣与背叛，有损汉天子之名。可见，匈奴是不能“用夷变夏”的仁义之贼，理应讨伐之。又匈奴时下势弱，正是灭绝匈奴的大好时机。更为重要的是，灭绝匈奴可以永久保障汉民的生产生命安全。

贤良、文学则以为：

畜仁义以风之，广德行以怀之。是以近者亲附而远者悦服。故善克者不战，善战者不师，善师者不阵。修之于庙堂，而折冲还师。[3]

古者，贵以德而贱用兵。……今废道德而任兵革，兴师而伐之，屯戍而备之，暴兵露师，以支久长，转输粮食无已，使边境之士饥寒于外，百姓劳苦于内。[4]

闻文、武受命，伐不义以安诸侯大夫，未闻弊诸夏以役夷、狄也。[5]

周累世积德，天下莫不愿以为君，故不劳而王，恩施由近而远，而蛮、貊自至。[6]

古之用师，非贪壤土之利，救民之患也。民思之，若旱之望雨，箪食壶浆，以逆王师。[7]

---

① 王利器：《盐铁论校注》，第 534 页。
② 王利器：《盐铁论校注》，第 564 页。
③ 王利器：《盐铁论校注》，第 2 页。
④ 王利器：《盐铁论校注》，第 2 ~ 3 页。
⑤ 王利器：《盐铁论校注》，第 86 页。
⑥ 王利器：《盐铁论校注》，第 544 页。
⑦ 王利器：《盐铁论校注》，第 550 页。

王者中立而听乎天下，德施方外，绝国殊俗，臻于阙廷，凤皇在列树，麒麟在郊薮，群生庶物，莫不被泽。①

有虞氏之时，三苗不服，禹欲伐之，舜曰：‘是吾德未喻也。’退而修政，而三苗服。不牧之地，不羁之民，圣王不加兵，不事力焉，以为不足烦百姓而劳中国也。②

兵者，凶器也。甲坚兵利，为天下殃。③

由此观之，贤良、文学主张偃兵并与匈奴恢复“结和亲”，同时转移武帝朝的力政到修德以怀远的王政上来。他们并不支持以战争的形式对待匈奴，因为武帝朝对匈奴战争不是一场正义的战争，而是一场“贪壤土之利”的不正当战争，而且劳民伤财，使民疾苦。此外，有学者指出，贤良、文学多受公羊学影响，其所论带有浓厚的公羊学色彩④，所以他们把匈奴视为理想社会中的一部分，并不是不能被德化的一个民族。

若从汉高祖“结和亲”政策实施之日作为主战派的逻辑起点，那么武帝朝对匈奴的政治活动完全符合“事”—“征”—“王”这一流程。汉王朝做到了对匈奴的“事”（“结和亲”“通有无”等），但匈奴“背叛不臣”、戕贼仁义，并且“公为寇，侵扰边境”，使边民受罪、士大夫暴于原野。于是桑弘羊认为武帝朝对匈奴的战争（“征”）合乎征伐程序和程序正义。他认为灭绝匈奴可以“安天下之民”。但在贤良、文学眼中，汉武帝征伐匈奴不仅不符合征伐程序，也不具备程序正义。这首先体现在桑弘羊与文学于“汤事葛”问题上的分歧。桑弘羊曰：

圣主循性而化，有不从者，亦将举兵而征之，是以汤诛葛伯，文王

① 王利器：《盐铁论校注》，第571页。

② 王利器：《盐铁论校注》，第604～605页。

③ 王利器：《盐铁论校注》，第620页。

④ 陈苏镇：《〈春秋〉与“汉道”：两汉政治与政治文化研究》，中华书局2011年版，第309页。

诛犬夷。[1]

文学则曰：

汤事夏而卒服之，周事殷而卒灭之。故以大御小者王，以强凌弱者亡。[2]

可见，桑弘羊从诸夏教化夷狄的角度来对待汉匈关系，认为匈奴是不愿被教化的民族，于是径直强调“诛”的过程而忽略“事”的过程。这在文学看来并非实施仁政的合法手段和过程。其次，文学基于王道角度采取“汤事葛”式的“结和亲”外交策略与刘敬使冒顿“子孙为臣”式的“结和亲”外交策略存在差别。其中，前者符合孟子“事”的内涵而且具备了教化的意义。这正从思想层面上反映了贤良、文学对过去“结和亲”邦交策略的重新修正。再次是贤良、文学对汉匈战争性质的否定。贤良、文学认为武帝朝发动汉匈战争不是出于“以对于天下”的天命，而是出于“壤土之利”的贪婪人性，这与孟子“征”的目的完全相左。这场以“安天下之民”为名义的战争严重损害汉朝民生，而这正是召开盐铁之议的最直接原因——“问民间所疾苦”[3]。按今天的话语，这场战争完全是汉王朝“太平世”“王天下”进程的严重倒退。最后，在汉儒的历史记忆世界里，匈奴与华夏同源（《史记·匈奴列传》），是太平盛世的重要组成部分（见《公羊传·隐公元年》何休注“所见异辞，所闻异辞，所传闻异辞”）。显然，在贤良、文学看来，从“事”“征”及其战争结果上看，武帝朝对匈奴的战争完全不符合孟子“汤事葛”式邦交理论的内涵。因此，主和派主张“结和亲”，

① 王利器：《盐铁论校注》，第577页。
② 王利器：《盐铁论校注》，第534页。
③ 王利器：《盐铁论校注》，第1页。

以修德教化的方式重新审视、实践“事”—“征”—“王”的过程。值得注意的是，双方对这一程序的理解是没有任何分歧的，桑弘羊就承认了“汤、武之伐，非好用兵也；周宣王辟国千里，非贪侵也；所以除寇贼而安百姓也”[①]的价值判断。

总体来说，贤良、文学解决匈奴问题的方式是“仁者”式的。正如钱穆先生所言：“《孟子》亦自西汉时已大行，观《盐铁论》所叙贤良文学应对，大抵依据孔、孟，而证引孟氏之言尤多。”[②]可见孟子的相关思想或理论深刻地影响着汉儒，并有所革新。贤良、文学在孟子的基础上扩展了“汤事葛”邦交理论的内容，加以教化式的国家边防策略作为“汤事葛”式的根本基础。他们认为，国防的根本“在德不在固”，这与桑弘羊所认为的“兵革者国之用，城垒者国之固也”[③]存在明显的差别：

> 诚以仁义为阻，道德为塞，贤人为兵，圣人为守，则莫能入。[④]
>
> 言以道德为城，以仁义为郭，莫之敢攻，莫之敢入，文王是也。以道德为轴，以仁义为剑，莫之敢当，莫之敢御，汤、武是也。[⑤]

这种新的变化，虽有一种基于汉代公羊学王道主义的理想构建色彩，但毋庸置疑，这同时也是贤良、文学深刻反思44年战争灾难的结果。从这个角度上讲，贤良、文学的弭兵止战之策不失为对“时”的合理把握。

通过梳理汉人处理汉匈外交关系的不同思维模式，可以看出孟子的邦交理论的普遍适用性价值得到了他们的普遍认可，孟子的初衷——遏止诸侯的“无义战”冲动和抗衡纵横之士的以“利”“伐交”之谋略——仍延续着。

---

① 王利器：《盐铁论校注》，第230页。
② 钱穆：《国学概论》，《钱宾四先生全集》第1册，第151页自注。
③ 王利器：《盐铁论校注》，第571页。
④ 王利器：《盐铁论校注》，第583页。
⑤ 王利器：《盐铁论校注》，第597页。

我们甚至可以通过简要回溯历史进一步推论，孟子邦交理论在后世政治外交中占据主流地位，其策略渐成古代中国处理邦交问题的主旋律，而这需要进一步细致论证。

（作者单位：《深圳社会科学》编辑部）

# 从孟子林庙刻石看金元时期孟子地位之消长 *

周春健

**[内容提要]**

金元时期的孟子林庙刻石，共计37通，相关文字52篇，可以从一个侧面反映出金元时期孟子地位的消长以及孟学发展的实际面目，这是金元孟学史的重要内容。从历朝所赠孟子及其父母、弟子名号看，孟子在金元时期享有很高的地位。元文宗至顺元年（1330），朝廷颁发圣旨封赠孟子为“邹国亚圣公”，孟子地位达到历史最高点。而当考察相关建筑的实际情形时，又会发现孟子林庙在某些时期亦曾遭受破坏或冷遇。不过正因如此，才有了历代的重修维护、摽拨土田等举动。金元时期，孟子林庙亦多有书院、精舍、讲堂之设，时人特别强调思孟一体以及孟子在儒家道统传承中的正统地位，对于孟学精义的把握亦较准确。从中国思想史的维度看，金元时期孟子虽然在儒者心目中具有很高的地位，但在与佛老之学的对比中，孟学以至整个儒学始终停留在一个并不甚高的起点上，这也体现了金元作为“征服王朝”的基本特征。

* 本文是国家社科基金重大项目“中国四书学史”（13&ZD060）、“四书学与中国思想传统研究”（15ZDB005）及一般项目“辽金元孟学史”（13BZX054）的阶段性成果。

“孟子林庙”一词，有狭义、广义之分。狭义上，乃指孟庙、孟府、孟林之“三孟”建筑；广义上，则“包括孟子故里境内所有与孟子有关的遗址、墓葬、纪念性建筑，如孟子林墓、孟子庙、孟府、孟母林墓、孟母三迁处、孟母断机处、子思书院、子思祠、万章墓等”[①]。

孟子林庙刻石是一种特殊的文献形式，它记述了历代帝王对孟子及其父母、弟子之封赠，记述了孟子林庙相关建筑的修建、维护之沿革，记述了历代官员、文人对孟子其人其学之评价等。这些文献，对于我们理解孟学之发展演变，具有重要的学术价值。

据刘培桂先生统计，金代孟子林庙刻石可考者计 6 通，相关文字计 7 篇；元代孟子林庙刻石可考者计 31 通，相关文字计 45 篇（含碑阴、碑侧之文）。由这 52 篇文献，可以从一个侧面见出金元时期孟子地位的消长以及孟学发展的实际面目，这是金元孟学史的重要内容。

## 一、孟子林庙金元刻石述略

关于元代白话碑刻之汇集编撰，可称数者有冯承钧先生之《元代白话碑》（商务印书馆 1931 年版）、蔡美彪先生之《元代白话碑集录》（科学出版社 1955 年初版、中国社会科学出版社 2017 年修订版）等，但其中涉及孟子林庙刻石内容甚少。比如蔡书所录孟子林庙刻石文字仅有二篇，一为《邹县孟庙文书碑——断事官劄付（1237 年）》，一为《邹县孟庙文书碑——户部关文（1314 年）》，且二篇属同一通刻石。

孟子故里学者刘培桂先生，耗费十余年之功，专力搜罗整理孟子林庙历代刻石，于 2005 年出版《孟子林庙历代石刻集》（以下简称《石刻集》），是迄今最为完备的孟子林庙石刻资料汇编。本文之撰写，即主要以此书为基本文献依据。

兹将《石刻集》所收 37 通金元刻石之相应文字举列如下，以年代先后

---

① 刘培桂：《孟子林庙历代石刻概述》，《孔子研究》2002 年第 5 期。

为序，先列碑阳名，次列石刻出处，次列碑阴、碑侧名，次列碑文作者，末列碑文撰作或立石时间。碑名用《石刻集》之名，碑名或所属年代有异议者，略下按语加以说明。

（一）孟子林庙金代刻石：

1.《封乐正子克为利国侯配享孟子敕》，出处未详[①]，今佚，北宋徽宗政和五年（1115）敕文，金世宗大定十二年（1172）立石。

2.《封公孙丑等为伯从祀孟子敕》，出处未详，今佚，北宋徽宗政和五年（1115）敕文，金世宗大定十二年（1172）立石。

3.《敬谒先师邹国公祠》，今存孟庙，赵鼎撰文，金世宗大定二十八年（1188）十二月撰，金章宗承安三年（1198）立秋日立石。

4.《奠谒祠下题记》，今存孟庙，赫斻撰文，金章宗明昌二年（1191）十月二十八日撰，同年十一月十五日立石。

5.《重修邹国公庙记》，今存孟庙，赵伯成撰文，金卫绍王大安三年（1211）六月十五日撰，并立石。碑阴有文二篇：

（1）《邹国公累世孙之派》，金卫绍王大安三年（1211）仲冬立石。

（2）《阖县施主》，金卫绍王大安三年（1211）立石。

6.《邹公坟庙之碑》，原存孟母林，今毁，孙弼撰文，金宣宗贞祐元年（1213）秋九月十一日撰，并立石。

（二）孟子林庙元代刻石：

1.《皇帝圣旨》，今存孟庙。此碑碑阳分上下二截，有文二篇，刘培桂皆定名为《皇帝圣旨里》，蔡美彪分别定名为《邹县孟庙文书碑——断事官劄付》《邹县孟庙文书碑——户部关文》，赵文坦则将碑定名为《曲阜文庙免差役赋税碑》。蔡美彪书1955年初版、刘培桂书皆以为落款之“丁

① 此碑及下碑（二碑亦可能同刻一石），刘培桂《孟子林庙历代石刻集》正文均注明“不知原立于何处”（齐鲁书社2005年版，第12、13页），书后《石刻存地分类目录》则列二碑属“孟庙”（第522页）。

酉年十一月二十六日”[①]为元成宗元贞三年（1297），萧启庆、赵文坦及蔡美彪书2017年修订版均以为此处“丁酉年”当为元太宗窝阔台九年（1237），蔡美彪并以为碑在邹县孟庙，不当属曲阜文庙。碑阴有《孟子宗枝图派》（存目）。

按，赵文坦《邹城孟庙元碑两种简释》云：“关于此圣旨颁发的年代，延祐元年圣旨碑最后一行有刻石年代的明确记载：‘至顺二年十月吉日家长惟恭立石。’至顺二年是为元文宗四年（1331年），但圣旨颁发的年代更早。前辈学者或据碑文中的‘丁酉年’认为是元成宗大德元年（1297年），我国台湾‘中研院’院士萧启庆先生在《大蒙古国时代衍圣公复爵考实》一文中指出，此一圣旨颁布之年应为窝阔台汗九年。萧先生所说甚是。据忽都虎、孔元措的生卒年及事迹、斡鲁不的事迹即可推测，此丁酉年确是窝阔台合罕时期的丁酉年，即西历1237年。又，忽必烈在中统、至元之际‘罢世侯、置牧守’之后，东平府降为散府，至元九年（1273年）改为下路总管府，领司一，县六，不包括曲阜县。曲阜县改隶济宁路兖州，所以，成宗时的圣旨不可能‘行下东平府照会’。总之，此圣旨当是窝阔台合罕颁发的圣旨，而非成宗颁发的圣旨。”[②]

又，蔡美彪在修订版《元代白话碑集录》为此碑作“题解”云：“本碑上下两截刻。上截本文为札鲁火赤断事官的劄付，署丁酉年一月，考为元太宗九年（1237），原订年代有误，应予改正。下截为户部关文，见本书（68），署延祐元年（1314）十月。至顺二年（1331）立石。下截关文准免孟子后人地税，是此碑的主体。上截刻入太宗时代免除差发的劄付，以为依据。碑在邹县孟庙，原误为曲阜文庙，现予改订。”[③]又在《断事官劄付》“丁酉年”下作注释云：“丁酉年为太宗九年（1237），碑文中人物事实均可为证。下截末署至顺二年（1331）

① 蔡美彪所录碑文为“丁酉年十二月二十六日”，与刘培桂所录不同。

② 《齐鲁文化研究》总第5辑，山东文艺出版社2006年版，第151～152页。

③ 蔡美彪：《元代白话碑集录》（修订版），中国社会科学出版社2017年版，第112页。

十月立石，距丁酉年已近百年，是将旧文重刻，借以自重。”[①]

2.《先师亚圣邹国公续世系图记》，今存孟庙，徐之纲撰文，“甲寅年三月”撰，同年立石。碑阴又有《亚圣宗派之图》及《立石题名》。

按，“甲寅年”有二说：刘培桂以为属元仁宗延祐元年（1314），赵文坦则以为属蒙哥汗四年（1254）。赵文坦云：“关于此文刻石的年代，徐之纲生活在中统四年以前，显而易见，此碑所立年甲寅年为蒙哥汗四年（1254年），而非元仁宗延祐元年（1314年）。另，兹碑文末有‘山东淮南等路行省□□校勘立石’等字，兹碑碑阴是亚圣宗派之图，刻有立碑人的名字，其中有‘主奉宣圣祀事袭封衍圣公孔元措’，更能证明此碑立于蒙哥汗时期的甲寅年。”[②]

3.《拜邹国公墓祠题名》，今存孟庙，赵文昌撰文，元世祖至元二十年（1283）冬十月撰。

4.《驺孟子庙碑铭》，今存孟庙，张䇓撰文，元成宗元贞元年（1295）八月朔日立石。碑阴有文二篇：

（1）《邹孟子庙碑阴记》，司居敬撰文，元成宗元贞元年（1295）八月甲子撰，并立石。

（2）《孟子世系图》（存目）。

5.《中庸精舍记》，原存子思书院，今佚，张䇓撰文，元成宗元贞元年（1295）八月朔日立石。碑阴有《中庸精舍碑阴记》，司居敬撰文，元成宗元贞元年（1295）八月甲子撰，并立石。

6.《孟子墓碑》，今存孟子林，张䇓撰文。碑文下又有《孟子墓碑后记》，邵景、刘之美撰文，元成宗元贞二年（1296）二月甲寅立石。

7.《孟母墓碑》，今存孟母林，张䇓撰文。碑文下又有《孟母墓碑后记》，邵景、刘之美撰文，元成宗元贞二年（1296）二月甲寅立石。

---

① 蔡美彪：《元代白话碑集录》（修订版），第113页。

② 赵文坦：《邹城孟庙元碑两种简释》，《齐鲁文化研究》总第5辑，第153页。

8.《尚敏致祭孟子祠记》，今存孟庙，古景亮撰文，元成宗大德六年（1302）夏六月二十一日撰，同年九月立石。

9.《中庸书院开堂训辞》，原当存子思书院，今佚，马豫撰文，元成宗大德九年（1305）二月十三日撰。

10.《渊源堂记》，原当存子思书院，今佚，马豫撰文，元成宗大德九年（1305）二月十三日撰。

11.《中庸精舍书籍之记》，原存子思书院，今佚，刘泰撰文，元仁宗延祐元年（1314）三月望日撰。

12.《圣诏褒崇孟父孟母封号之碑》，今存孟庙，元仁宗延祐三年（1316）七月颁布圣旨。碑阴为《追封邾国公邾国宣献夫人碑阴之记》，吴律撰文，延祐四年（1317）六月撰，并立石。

13.《中庸书院缗田之记》，原存中庸书院，今佚，刘之美撰文，元仁宗延祐四年（1317）丁巳撰，并立石。

14.《王鹏南、和尚拜谒孟庙记》，今存孟庙，高克明撰文，元泰定帝泰定三年（1326）季冬朔日撰，并立石。

15.《邾国公祠堂记》，今存孟庙，曹元用撰文，元泰定帝致和元年（1328）五月朔立石。碑阴有《协力办事人等题名》及《孟氏托照得宣圣庙碑石内一件丁酉年间钦奉圣旨》。

16.《孟子庙资田记》，今存孟庙，蔡文渊撰文，元泰定帝致和元年（1328）七月望日撰，并立石。碑阴为泰定五年（1328）正月《皇帝圣旨·摽拨孟庙祭田公凭》。

17.《子思书院学田记》，原存子思书院，今毁，王思诚撰文，元文宗天历二年（1329）二月下旬撰。

18.《致严堂记》，今存孟庙，陈绎曾撰文，元文宗至顺二年（1331）二月丁巳撰，并立石。

19.《加封子思为沂国述圣公制》，原存子思书院，今佚，元文宗至顺元年（1330）加封，至顺二年（1331）立石。

20.《皇元圣制》，今存孟庙，内容为加封孟子为“邹国亚圣公”，元文宗至顺元年（1330）加封，至顺二年（1331）九月立石。

21.《暴书台碑阴记》，原存孟母三迁处，今佚，张铨撰文，元顺帝至元丁丑（1337）夏四月朔撰。

22.《邹国亚圣公庙兴造记》，今存孟庙，郑质撰文，元顺帝至元三年丁丑（1337）夏六月既望立石。碑阴为《同立石题名记》。

23.《重建孟母断机堂记》，原存孟母断机堂，今佚，李泂撰文，元顺帝至元丁丑（1337）冬十二月望日撰。

24.《思本堂记》，今存孟子林，郑质撰文，元顺帝至正三年（1343）上巳日撰。

25.《子思书院新庙之记》，原存子思书院，今佚，潘迪撰文，元顺帝至正四年（1344）甲申二月壬辰朔撰。

26.《断机堂邾国宣献夫人新像记》，原存孟母断机堂，今佚，郑质撰文，元顺帝至正五年（1345）季冬撰。

27.《重修子思书院率性堂记》，原存子思书院，今佚，赵景濂撰文，元顺帝至正六年（1346）六月朔日撰。

28.《达实帖睦尔请孟思言代祀亚圣公记》，今存孟庙，李之彦撰文，元顺帝至正十一年（1351）撰，并立石。

29.《太师右丞相过邹祀孟子之碑》，今存孟庙，杨惠撰文，元顺帝至正十二年（1352）撰，并立石。

30.《忽笃禄祇谒邹国亚圣公庙记》，今存孟庙，赵守宽撰文，元顺帝至正十四年（1354）七月二十三日撰，并立石。

31.《孟庙额设户计公文》，今存孟庙，元顺帝至正二十六年（1366）立石。

## 二、孟子及其父母、弟子名号之演变

关于孟子的名号，东汉赵岐在《孟子题辞》中曾称其为“命世亚圣之大才者也”①，但此“亚圣”之称属于学者个人之评价。北宋神宗元丰六年（1083）冬十月戊子，“封孟轲为邹国公”②，次年又允准孟子配享孔庙，这应当是孟子受到朝廷封赠的开端。其后，《孟子》一书又于宋徽宗宣和年间（1119—1125）首次刻石，终而跻身儒家“十三经”的行列。这一孟子其人受封及其书“由子入经”的过程，是唐宋以来“孟子升格运动”的自然产物。③

在孟子林庙金元时期的37通刻石中，我们可以看到朝廷及社会给予孟子本人及其父母、弟子名号之演变，由此可以反映出金元时期孟子地位之逐渐提升。

（一）关于孟子之名号

在元文宗至顺元年（1330）之前的刻石中，孟子之名号主要有如下七种表述：

1.“邹国公”。如金代《重修邹国公庙记》《封公孙丑等为伯从祀孟子敕》，元代《拜邹国公墓祠题名》《驺孟子庙碑铭》等。

2.“亚圣”。如元代《郕国公祠堂记》、元太宗丁酉岁所颁《皇帝圣旨》等。

3.“邹公”。如金代《邹公坟庙之碑》。

4.“亚圣邹国公”。如元代《中庸书院缗田之记》《孟子庙资田记》等。

5.“先师邹国公”。如金代《敬谒先师邹国公祠》等。

6.“先师亚圣邹国公”。如元代《先师亚圣邹国公续世系图记》。

7.“百世之师”。如元代《中庸精舍记》。

在这些名号中，其实关键词主要有两个：一为“亚圣”，一为“邹国公”。“亚圣”之名由来已久，乃沿用赵岐而来。何况北宋之前《孟子》虽身列“子书”，孟子其人也一直为儒家中人推为“亚圣”。而金元孟子林庙刻石中，单独

① 〔清〕阮元校刻：《十三经注疏·孟子注疏》，中华书局1980年版，第2662页。

② 〔元〕脱脱等：《宋史·神宗本纪三》，中华书局1977年版，第311页。

③ 参徐洪兴：《唐宋间的孟子升格运动》，《中国社会科学》1993年第5期。

称谓加上与“亚圣”“先师”等词套用，“邹国公”之名号无疑使用最广，这自然缘于北宋元丰年间的朝廷封赠，这也体现出孟子官方地位在社会各层面的深刻影响。至于“邹公”，当为“邹国公”之简称。“百世之师”，则应当来自孟子本人在《尽心下》中对伯夷、叔齐的赞誉：“圣人，百世之师也，伯夷、柳下惠是也。”后世儒者又转而以此指称孟子，亦以孟子为“圣人”。

至顺元年（1330）闰七月戊申，元文宗下诏加封孔子父母、颜子、曾子、子思、孟子、二程诸人，规定“加封孔子父齐国公叔梁纥为启圣王，母鲁国太夫人颜氏为启圣王夫人，颜子兖国复圣公，曾子郕国宗圣公，子思沂国述圣公，孟子邹国亚圣公，河南伯程颢豫国公，伊阳伯程颐洛国公”①。又专门为孟子颁发一道圣旨，云：

> 上天眷命，皇帝圣旨：孟子，百世之师也。方战国之纵横，异端之充塞，不有君子，孰任斯文？观夫七篇之书，惓惓乎致君泽民之心，凛凛乎拔本塞源之论；黜霸功而行王道，距诐行而放淫辞。可谓有功圣门，追配神禹者矣。朕若稽圣学，祗服格言，乃著新称，以彰渥典。於戏！诵《诗》《书》而尚友，缅怀邹鲁之风，非仁义则不陈，期底唐虞之治。英风千载，蔚有耿光。可加封邹国亚圣公。②

其中，“朕若稽圣学，祗服格言”表明了元代皇帝对儒学的重视以及对孟子的肯定；“乃著新称，以彰渥典”则表明在文宗看来，以往“邹国公”之名号尚不足以表彰孟子之功，故著以“新称”。这一新称便是“邹国亚圣公”。“亚圣”此一名号，也由东汉以来仅属于民间升格为最高规格的官方封赠。

---

① 〔明〕宋濂等：《元史·文宗本纪三》，中华书局1976年版，第763页。又参《元史·祭祀志五》“宣圣”条。

② 刘培桂：《孟子林庙历代石刻集》，第65页。

孟子的地位也因此达到了有史以来的最高峰。按照刘培桂先生的统计，孟子林庙刻石，宋代5通、金代6通，而“元代，孟子林庙等共留下各类石刻31块，远远超过宋、金两代之和”[①]，便是这一历史进程的自然反映。

从此以降，递至明清，无论官方还是民间，“邹国亚圣公”或“亚圣公”便成为指称孟子时主要使用的名号，而极少使用“亚圣邹国公”或“邹国公”，这是一个明显的变化。元代刻石中，使用“邹国亚圣公”者有《邹国亚圣公庙兴造记》《思本堂记》《子思书院新庙之记》《忽笃禄祗谒邹国亚圣公庙记》等，使用“亚圣公”者有《达实帖睦尔请孟思言代祀亚圣公记》等。元代刻石也有使用“亚圣”者，比如《太师右丞相过邹祀孟子之碑》《孟庙额设户计公文》等。但此时再用已不全同于至顺元年颁布圣旨之前，毕竟“亚圣”一词已经有了官方最高权威，而且有时可以理解为“亚圣公”一语的简称。

（二）关于孟子父母之名号

随着孟子地位的抬升，孟子父母尤其是孟母的地位也得以提高，并于元代得到朝廷封赠。元成宗元贞二年（1296），在孟母林专门设立《孟母墓碑》，儒者导江先生张䇓撰写碑文，称颂孟母教化之功，且为之作铭曰：

> 惟昔任姒，来嫔于姬；秩秩徽音，为周之基。
> 粤若孟母，爰适鲁族；笃生大贤，丧父以夙。
> 辅之翼之，教之诲之；圣道有传，繄母之仪。……[②]

然而此时只称“孟母”，尚未有专门名号。至于延祐三年（1316），元仁宗颁布圣旨，正式赐予孟父“邾国公”、孟母“邾国宣献夫人”之封号，这在历史上尚属首次。圣旨云：

---

① 刘培桂：《孟子林庙历代石刻概述》，《孔子研究》2002年第5期。
② 刘培桂：《孟子林庙历代石刻集》，第36页。

上天眷命，皇帝圣旨：朕惟由孔子至于孟子百有余岁，而道统之传独得其正。虽命世亚圣之才，亦资父母教养之力也。其父夙丧，母以三迁之教励天下后世。推原所自，功莫大焉。稽诸往代，实阙褒崇。夫功大而位不酬，实著而名不正，岂朕所以致怀贤之意哉？肆颁宠命，永贲神休。可追封其父为邾国公，母为邾国宣献夫人。①

“稽诸往代，实阙褒崇”，表明前代未曾对孟子父母有所封赠；“功大而位不酬，实著而名不正”，表明名号封赠委实重要；“岂朕所以致怀贤之意哉”，表明仁宗皇帝之稽古右文，礼遇圣贤。这一封赠，在《元史》中也可以找到印证，《元史·祭祀志五》“宣圣”条即云：“延祐三年秋七月，诏春秋释奠于先圣，以颜子、曾子、子思、孟子配享。封孟子父为邾国公，母为邾国宣献夫人。”②而追封孟子父母名号之用意与背景，在《圣诏褒崇孟父孟母封号之碑》之碑阴即有交待：

逮我圣天子孝治天下，雅尚儒术，礼乐法度，力复古制。大成至圣文宣王已既加崇于先朝，乃遣使乘传遽持诏即邹邑孟子庙，追封其父为邾国公，母为邾国宣献夫人。③

由此可以看出，追封孟父孟母名号，一方面为了体现当朝皇帝之“雅尚儒术”“力复古制”，一方面亦缘于“大成至圣文宣王已既加崇于先朝”，而“由孔子至于孟子百有余岁，而道统之传独得其正。虽命世亚圣之才，亦资父母教养之力”，故而追封之。“大成至圣文宣王已既加崇于先朝”是元朝的另一件大事，乃指元武宗在大德十一年（1307）降旨加封孔子为“大成至圣文

① 刘培桂：《孟子林庙历代石刻集》，第49页。
② 〔明〕宋濂等：《元史·祭祀志五》，第1892页。
③ 《追封邾国公邾国宣献夫人碑阴之记》，刘培桂：《孟子林庙历代石刻集》，第49页。

宣王”[①]。

在这一风气影响下，又于泰定帝朝为孟父专设邾国公祠堂，前礼部尚书曹元用撰写记文，对封赠孟父孟母事大加推赞，曰：“延祐三年，诏封孟子父为邾国公，母为宣献夫人。千古旷典始行于我朝，旨哉！渊乎！是可见仁庙文治之盛矣。”[②]于元顺帝朝，又重建孟母断机堂，以思孟母懿范，并为孟母塑以新像，郑质撰写记文《断机堂邾国宣献夫人新像记》，为之辞曰：“繄圣母兮振贤风，三徙教兮成孟公。神功默兮造物通，其流溥兮传无穷。”[③]

递于明清以至民国，对于孟父墓碑、孟母墓碑、孟母断机堂、孟母塑像、孟母祠堂等多有重修维护。乾隆二年（1737），又对孟父、孟母重新颁赐名号，封孟母为“端范宣献夫人”，封孟父为“启圣邾国公”。民国十四年（1925），文登毕庶澄又于孟庙敬献“母教一人”碑。这些行为，都是对元代以来崇祀孟父、孟母的文化延续。

（三）关于孟子弟子之名号

在孟子林庙金元刻石中，有三通涉及对于孟子弟子的封号：其一为金代《封乐正子克为利国侯配享孟子敕》，其二为《封公孙丑等为伯从祀孟子敕》，其三为元代《驺孟子庙碑铭》。据刘培桂先生考订，前两通刻石均立于金世宗大定十二年（1172）。

《封乐正子克为利国侯配享孟子敕》文曰：

由孔子至于孟子，百有余岁，去圣人之世若此其近也，兴圣人之道若此其难也。孟子既殁，配享孔子之庙，血食于天下，亦可谓至矣。今于邹独推尊孟子，求其门人高第，使得从祀配享，南面而处，如孔子之尊焉。克也学古之道，好善优于天下，追以侯爵，其配食焉。斯文之光，

① 参杨海文：《重订曲阜孔庙元代加封孔子碑两通》，《西夏研究》2013年第3期。

② 《邾国公祠堂记》，刘培桂：《孟子林庙历代石刻集》，第55页。

③ 刘培桂：《孟子林庙历代石刻集》，第76页。

万古不泯，可特封利国侯。[①]

《封公孙丑等为伯从祀孟子敕》文曰：

孟子既没，孔道益尊。今孔子庙食于天下，配享从祀，后世无并焉。肆朕命邹国公，邹崇庙貌，使世世得祀，虽不及于天下，至于门人高弟配享从祀，自孔子以来未有如孟子者也。尔等志不行于当时，而见录于后世，列爵疏封，亦可为荣矣。可依前件，敕封邹国公孟子诸弟子而侯伯之：

公孙丑寿光伯，万章博兴伯，告子不害东阿伯，孟仲子新泰伯，陈臻蓬莱伯，充虞昌乐伯，屋庐连奉符伯，徐辟仙源伯，陈代沂水伯，彭更雷泽伯，公都子平阴伯，咸丘蒙须城伯，高子泗水伯，桃应胶水伯，盆成括莱阳伯，季孙丰伯，子叔承伯。

先是太常寺言，兖州邹县孟子庙，宜以乐正克配享，公孙丑以下从祀，皆拟定其封爵。上从之，故有是命。[②]

金世宗以孟子弟子乐正子克1人配享孟子，以公孙丑等17人从祀孟子，显然是金代推尊孟子的表现，这与金代汉化程度较高有关。推尊孟子，甚至要使其“南面而处，如孔子之尊”，而且“门人高弟配享从祀，自孔子以来未有如孟子者也”，这表明孟子在金代有着较高的地位。《封公孙丑等为伯从祀孟子敕》所谓“先是太常寺言，兖州邹县孟子庙，宜以乐正克配享，公孙丑以下从祀，皆拟定其封爵”，则当出于宋徽宗政和五年（1115）的朝廷行为。[③]“上从之，故有是命”，表明金代延续了宋代以来官方对于孟子弟

---

① 刘培桂：《孟子林庙历代石刻集》，第12页。

② 刘培桂：《孟子林庙历代石刻集》，第13页。

③ 参〔元〕脱脱等：《宋史·礼志八·吉礼八·文宣王庙》，第2551页。

子的态度及封号。

这一程式延续到了元代，成宗元贞元年（1295）八月立石的《驺孟子庙碑铭》曰："元丰六年封邹国公。七年定九章之服，配食孔子。政和五年以乐正克配享，封利国侯。从祀十有七人……旧别祠成都伯扬雄、昌黎伯韩愈，今迁附焉。既衅庙，司侯命绘事如礼。"[①] 这表明，除去迁附扬雄、韩愈二人，其余规制皆依宋、金传统。

## 三、孟子庙重修、资田、拜谒、优抚之沿革

从历朝所赠孟子及其父母、弟子名号看，孟子在金元时期均享有很高的地位。而当考察孟子林庙相关建筑的实际情形时，又会发现这些建筑不时沦落到破败乃至芜秽的境地，这表明孟子林庙在某些时期亦曾遭受破坏或冷遇。不过正因如此，才有了历代的重修维护、摽拨土田等举动，孟子林庙也不断接受着世人的拜谒和朝廷的优抚。

（一）金元孟庙兴废考略

关于孟子林庙核心建筑孟子庙的兴建过程，在元人张瓆所撰《驺孟子庙碑铭》中有所记述：

> 驺孟子庙，有宋景祐四年，孔公道辅守兖州建于墓旁。后自墓旁徙县东郭。宣和三年，令朱缶复徙南门外。[②]

可见，孟子庙初建于北宋仁宗景祐四年（1037），徽宗宣和三年（1121）迁于今址。创建之初，泰山孙复曾撰《新建孟子庙记》，极力称颂孟子之功："孔子既没，千古之下，攘邪怪之说，夷奇险之行，夹辅我圣人之道者多矣，

① 刘培桂：《孟子林庙历代石刻集》，第26页。
② 刘培桂：《孟子林庙历代石刻集》，第25页。

而孟子为之首，故其功巨。”① 宣和四年（1122）八月之《邹县榜》，亦极力主张对孟庙特加保护：“乞依仙源县至圣文宣王庙例，公私不得诸般居占。”②

不过，“今孟庙刚迁建不久，女真人便占领了邹县……女真人入主中原，使北宋兴起的尊孟之风暂时沉寂了下来。但过了不久，人们又陆陆续续地来到了孟子林庙。金大定十二年（1172），有人将北宋《封乐正子克为利国侯配享孟子敕·封公孙丑等为伯从祀孟子敕》刻石立于孟庙”③。但在二通刻石立于孟庙仅十余年后，金世宗大定二十八年（1188）十二月七日，真定赵鼎“驰驿过邹县，敬谒先师邹国公祠，伤其芜秽殊甚，故作是诗”④，诗句有云：“先师立教尊姬孔，其士一祠犹草莱。”⑤ 此时的孟子庙，“芜秽殊甚”，“祠犹草莱”，显然是十分破败的模样，这或许正是金代“尊孟之风暂时沉寂”的一个表现。

二十余年后，孟庙迎来一次重修。其事始于金章宗泰和八年（1208），因其时的孟庙“磨以岁月，上栋下宇久则斯弊”，恰逢是年夏六月“王公瑀来知是邑。视事之初，敬谒祠下，徘徊瞻视，议遽新之”⑥，于是有了此次重修。这反映出此时金代社会的某种“尊孟”观念。⑦

然而其后不久，孟庙又遭受了较大破坏，究其因在于兵乱。此事在元代孟子林庙碑刻中多次提及。张𫾚在《驺孟子庙碑铭》中称：“甲戌毁于兵，惟门垣在。”⑧ 司居敬在《邹孟子庙碑阴记》中称：“曩以兵毁，属时多故官司

---

① 刘培桂：《孟子林庙历代石刻集》，第1页。

② 刘培桂：《孟子林庙历代石刻集》，第8页。

③ 刘培桂：《孟子林庙历代石刻概述》，《孔子研究》2002年第5期。

④ 刘培桂：《孟子林庙历代石刻集》，第13页。

⑤ 刘培桂：《孟子林庙历代石刻集》，第14页。

⑥ 刘培桂：《孟子林庙历代石刻集》，第16页。

⑦ 金卫绍王大安三年（1211）六月十五日，奉训大夫、知泰定军节度副使、兼兖州管内观察副使赵伯成撰《重修邹国公庙记》，即提出：“百世必祀，可谓至德，天下尊师重道，用王者之事，通祀于先圣。国开邹封，公其爵，而与享春秋之奠，并立乎圣人之域者，人宜知尊孟矣。”（刘培桂：《孟子林庙历代石刻集》，第16页。）

⑧ 刘培桂：《孟子林庙历代石刻集》，第25页。

不暇。”[①] 蔡文渊在《孟子庙资田记》中也说：“邹故有庙，贞祐毁于兵。”[②] 三者所言皆指一事，乃指金宣宗贞祐二年甲戌（1214），山东爆发战乱，使孟庙遭受较大程度毁坏。其后近八十年，孟庙一直难脱破败之状，仅有孟氏德昌，“资力四方，阅岁既久，仅成一堂”[③]。

至于元代，对孟庙较大规模重修者，主要有如下几番：

1. 元成宗元贞元年（1295）之重修。张須《驺孟子庙碑铭》言：“元贞元年，进义副尉、达鲁花赤术忽难，从仕郎、邹县尹司居敬，主簿兼尉赵国祥，以建学余资崇两庑与堂称，凡十四间，新其阶庭级道。”[④]

2. 元泰定帝致和元年（1328）重修及塑像。蔡文渊《孟子庙资田记》言：“大德中，县尹宋彰建神门。延祐丙辰，熠兴文治，搜辑遗典，诏封其父为邾国公，母邾国宣献夫人。今监县帖哥更修新祠，像而事之。”蔡氏并以为：“呜呼！褒荣至矣，庙制完矣。”[⑤]

3. 元顺帝至元三年（1337）大规模兴造。据郑质《邹国亚圣公庙兴造记》，至元二年（1336），曲阜张君铨任邹县县尹，因孟庙“历岁滋久，陵风震雨，不无损缺”，遂“以兴修为己任，乃与僚属议曰：‘补弊起废，所司之责，矧亚圣乎？可发庙帑羡资，以举是役。’众皆悦从。……所重立而新之者，两庑及神门二重。室以楹计者二十……其壮丽深严，益可观仰。又于通衢立石，以表祠所”[⑥]。

递至明清两代，亦有多次对孟子庙进行重新修缮或扩建。

（二）关于金元孟庙之摽拨土田

孟庙重修的过程，往往伴随着土田的赐予，只不过有时是以官方名义甚

---

① 刘培桂：《孟子林庙历代石刻集》，第 26 页。
② 刘培桂：《孟子林庙历代石刻集》，第 58 页。
③ 刘培桂：《孟子林庙历代石刻集》，第 25 页。
④ 刘培桂：《孟子林庙历代石刻集》，第 25 页。
⑤ 刘培桂：《孟子林庙历代石刻集》，第 58 页。
⑥ 刘培桂：《孟子林庙历代石刻集》，第 67 ~ 68 页。

至是颁发圣旨的方式郑重确定的。这一行为，也体现出朝廷对孟子的重视。

元泰定帝泰定丙寅岁（1326），朝请大夫王鹏南、中大夫和尚等曾力主为孟庙摽拨土地。是年冬，“按治到邹，首视县学。拜谒大成至圣文宣王庙。遂视中庸书院，尊礼沂国公。又访求孟氏之族，拜谒亚圣邹国公庙。瞻仰思慕，有功于圣教，功不在禹下，迟留不忍去。因旧案，随即力主摽拨地土叁拾顷，永久以供祭祀”[①]。如此举动的意义在于，“能体国家纲纪，知尊圣人之道，念及于吾民”[②]。

两年后，皇帝颁发圣旨，并下发公凭，向孟庙摽拨祭田叁拾顷，体现了元廷对孟庙的高度重视。蔡文渊于泰定帝致和元年（1328）七月望日撰写《孟子庙资田记》，记述此一过程云：

> 先是，乡大夫郭中议毅时任大司农司都事，上书省部，邹之野店旧为牧地，荒闲日久，请以亩计者三千，拨隶孟庙，庶永远不乏春秋之祀。从之。泰定戊辰春正月，符下。监县帖哥暨尹王思明、主簿郑惟良、典史孙友，表识界畔四至，具列碑阴。[③]

此碑碑阴所记，正与此文相应。碑阴录《皇帝圣旨里》中引用郭奉议上书之语：

> 前代以来敕修庙貌，及我圣朝举其遗典，于延祐三年七月，遣使追封孟父为邾国公、孟母为邾国宣献夫人，褒宠尊崇可谓至矣。然而尚阙庙田。切念孟子命世大才，攘剔异端，阐扬仁义，功垂后世，惠及当时。春秋祭祀，无所取给，诚为阙典。若蒙比附往年尚珍署系官地拨赡曲阜

---

① 刘培桂：《孟子林庙历代石刻集》，第 54 页。

② 刘培桂：《孟子林庙历代石刻集》，第 54 页。

③ 刘培桂：《孟子林庙历代石刻集》，第 58 页。

林庙例，将邹县蔡家庄、野店等处系官草场地土拨属孟庙，以供修理、祭祀，似为允当。[①]

不难看出，郭奉议正是基于元代孟子地位的不断提升，认为应当依照曲阜孔庙例，补足孟庙原阙之庙田，以供祭祀、修理之用。上书的结果是，这一提议得到朝廷批准，并最终摽拨土田叁拾顷（三千亩），“从南、东、西用官降弹尺打量，摽拨到孟庙祭田地叁拾顷。其地东至峄山东华宫，南至民地，西至官路，北至颜庙祭田”[②]。

其时，孟子尚未被朝廷封赐“亚圣”。三年之后，文宗降旨，加封孟子为“邹国亚圣公”。摽拨祭田叁拾顷，应当也是促使皇帝封赐的一个重要因素。

（三）关于金元孟庙之拜谒致祭

在金元孟庙石刻中，有多通记述对孟庙之拜谒致祭。所留无论诗文，皆可看出诸人对孟子其人其书之崇敬，从中亦可见出孟子在金元之实际地位、孟庙在金元之实际情状。

金代6通刻石中，有2通即为拜谒孟庙后所立：

一为《敬谒先师邹国公祠》，真定赵鼎驰驿过邹县，感于孟庙之“芜秽殊甚”而作，其诗曰：

老诞佛夷惑后来，诸方宏构切云开。
先师立教尊姬孔，其土一祠犹草莱。[③]

此诗一方面反映出孟庙其时情状之破败，一方面也反映出金代老佛二教力量之兴盛。

① 刘培桂：《孟子林庙历代石刻集》，第59页。
② 刘培桂：《孟子林庙历代石刻集》，第61页。
③ 刘培桂：《孟子林庙历代石刻集》，第14页。

二为金章宗明昌二年（1191）所立赫𬘭之《奠谒祠下题记》，记述了明昌二年十月“安阳赫𬘭按劾过此，奠谒祠下”[①]之过程。

元代刻石中，有6通与拜谒致祭孟庙相关：

一为元世祖至元二十年（1283）赵文昌所题《拜邹国公墓祠题名》，赵曾任行台治书侍御史，此碑记述至元二十年“冬十月望日，自阙里之邹，偕孟氏五十代孙德昌拜邹国公墓。明日，又拜祠下。三复公之言曰：‘我非尧舜之道不敢以陈于王前。’肃然而退。瞻望神光如有生气”[②]。赵文昌所述“我非尧舜之道不敢以陈于王前”，乃出《孟子·公孙丑下》，体现出孟子对于尧舜之道的继承，对于“仁义”的弘扬。文昌述此，也表明了孟子“仁义”思想对元人的影响。

二为元成宗大德六年（1302）之《尚敏致祭孟子祠记》，记述滕州知州尚敏“巡历属县至邹，以子思子、孟子传道之先师，孟母三迁之贤母，斋戒越宿，致祭于祠下，礼成而退”。此次致祭的另外一大功绩是“创立中庸书院，侯实主之”，其重要效用在于：“使邹之学者养育成就，四方士子有所依归。”[③]

三为元泰定帝泰定三年（1326）所立之《王鹏南、和尚拜谒孟庙记》，记述朝请大夫、佥山东东西道肃政廉访司事王鹏南及中大夫、佥山东东西道肃政廉访司事和尚等一行五人，“按治到邹，首视县学。拜谒大成至圣文宣王庙。遂视中庸书院，尊礼沂国公。又访求孟氏之族，拜谒亚圣邹国公庙”。此次拜谒的一个重要成果，是提议为孟庙“摽拨地土叁拾顷，永久以供祭祀”[④]，补足孟庙祭田之阙，这是孟子在元代地位得以提升的重要一环。

四为李之彦所记《达实帖睦尔请孟思言代祀亚圣公记》，记述元顺帝至正十一年（1351）秋八月，湖广等处行中书省平章大司农司卿达实帖睦尔，“奉使浙东，驰驿过邹，次于公廨，俾侍者请亚圣五十四代孙孟思言，谓曰：

---

① 刘培桂：《孟子林庙历代石刻集》，第14页。
② 刘培桂：《孟子林庙历代石刻集》，第24页。
③ 刘培桂：《孟子林庙历代石刻集》，第39页。
④ 刘培桂：《孟子林庙历代石刻集》，第54页。

‘余闻尔祖亚圣公，邹人也，有祠在此，礼宜奠谒。然有帝命在躬，不敢他及。子其为我代祭可乎？’遂给资五十缗，使买少牢以祀焉”[①]。达实帖睦尔为康里色目人，身居高位，他对孟子之如此态度，让身为将仕郎、侍仪司法物库直长的李之彦深有感慨，其闻而叹曰：

> 斯祭也，可见公之所存者矣。公当造次匆遽之时，不暇亲祭圣人，犹必使人代之。非平日仰慕圣贤之深，顷刻而不忘于怀，焉能如是哉？即此观之，使公居鼎辅之位，必能以吾孟子所以敬齐王者敬其上矣。彼以儒起身，贵显于世，居从容无事之际，道于是邑，反茫然不知有亚圣公祠在此。有虽知之，而又不一往拜于祠下，宁不有愧于公乎？[②]

由此碑，一方面可以看出孟子其时在元代地位之高，一方面可以见出孟子之学对于蒙古、色目人之深刻影响。

五为中奉大夫江浙等处行中书省参知政事杨惠所撰《太师右丞相过邹祀孟子之碑》，记述元顺帝至正十二年（1352）秋，太师右丞相前往河南戡定祸乱，“道经驺邑，以孟子林庙在焉。仰盛德高风，乃遣使备礼，偕邑令具牲币粢盛，代致祀焉。庸展肃恭之忱，庶尽尊崇之义”[③]。此碑亦体现出元代统治者高层对孟子、对儒学的重视。而且按杨惠所言，太师右丞相此次致祀孟庙，其意义不唯移风易俗，“使圣贤之教由是而兴，邹鲁之风由是而振”，于戡定祸乱亦有助焉，碑文云：“所谓以礼义为干橹，以忠信为甲胄。说礼义而敦诗书者复兴于昭代，用儒术而陈俎豆者再见于圣朝。既奖明乎文教，必克定乎武功。其于扩清寇乱，绥辑群黎，奏凯而还也，可偻而待矣。”[④]

六为河东陕西等处都转运盐使司知事赵守宽所撰《忽笃禄祗谒邹国亚圣

---

① 刘培桂：《孟子林庙历代石刻集》，第 79 页。
② 刘培桂：《孟子林庙历代石刻集》，第 79 页。
③ 刘培桂：《孟子林庙历代石刻集》，第 80 页。
④ 刘培桂：《孟子林庙历代石刻集》，第 80 页。

公庙记》，记述元顺帝至正十四年（1354）七月二十三日，中书省委官、奉议大夫、大都路左警巡院达鲁花赤忽笃禄等“驰驿至邹，祗谒邹国亚圣公庙。肃拜礼毕，馆于县治”。忽笃禄等祗谒孟庙，并非出于“做样子”，而是确乎“以崇敬先师亚圣为心”。比如祗谒完毕后，忽笃禄即曾延请孟氏族长惟让、五十四世孙孟思言等，谓之曰：

> 余幼读孟子书，获闻性善仁义之说，致君泽民之道，拳拳服膺，景慕企仰。今获躬造祖庭瞻觌容像，何其幸哉！然以王事匆速，不遑奠祭，谨奉楮币一百五十缗，以备牲醴，圣孙思言为我祀之。①

由其言其行，不难体察忽笃禄对孟子之真诚，赵守宽亦言：“公方奉承上命征发急遽之际，而以崇敬先师亚圣为心，非其寸刃有余，素存诚敬而能之乎？”②又据赵守宽言，忽笃禄世居冀宁路交城县，而能“幼读孟子书”，则从一个侧面体现出《孟子》一书在元代北方的传播。

（四）关于金元时期对亚圣子孙、孟庙之优抚

总体上说，孟子在金元时期得到了朝廷的尊崇，朝廷及地方对孟子子孙及孟庙也给予了一定的优抚政策。这些政策，既有免除赋税徭役方面者，亦有人员配置方面者。

窝阔台九年丁酉岁（1237），皇帝颁发圣旨，规定：

> 今准袭封衍圣公孔元措申，曲阜县见有宣圣祖庙，其亚圣子孙历代并免差发。目今兖国公后见有子孙八家，邹国公后见有子孙二家。事除已行下东平府照会，是亚圣之后，仰依僧道一体蠲免差发去讫，并不得

---

① 刘培桂：《孟子林庙历代石刻集》，第82页。
② 刘培桂：《孟子林庙历代石刻集》，第82页。

夹带他族。仰各家子孙准上照会施行。奉到如此。[①]

这里所谓“差发”，意指赋税徭役。“蠲免差发”，表明蒙元朝廷对于“亚圣之后”有特殊优抚。同碑下截为《户部关文》，当发文于元仁宗延祐元年（1314）而立石于元文宗至顺二年（1331），其文有曰：

山东宣慰司关益都路滕县、曲阜县申：“邹国公五十二代孙孟惟敬等呈：孟氏子孙合该税石，于丁酉年间奉圣旨，依僧道例将各家合该地税除免了当。惟敬等二家元籍系滕县住户（？），不相统摄，未蒙除免。”得此，又据邹县［状］申：“孟在委系亚圣邹国公四十九代孙，将合纳地税肆斗壹升除免相应。”得此，本部议得：亚圣兖国公颜氏子孙颜宽等捌家税石，已经呈准省部除免了当外，亚圣邹国公孟氏子孙孟信、孟成贰家，乙未、壬子二年籍面内明该滕县孟信、孟成系孟子五十代孙，邹县孟在系孟子四十九代孙。即与都堂钧旨连送户部，更为照勘地亩税石数目。如无违碍，依上施行。[②]

在这通关文中，也提到了“于丁酉年奉圣旨，依僧道例将各家合该地税除免了当”。不过蔡美彪先生认为，一方面，滕县、曲阜县将近百年前的旧文重刻，是“借以自重”，且“表明除免地税仍有纠葛”[③]；另一方面，窝阔台时期的“原旨称‘仍依僧道一体蠲免差发’，并未免地税。两县申奏依托旧旨，规免地税，实为曲解”[④]。

官方对于孟庙的优抚，除去“蠲免差发”，还为孟庙专门配置“洒扫户”。元顺帝至正二十六年（1366）所刊《孟庙额设户计公文》云：

① 刘培桂：《孟子林庙历代石刻集》，第 37 页。
② 蔡美彪：《元代白话碑集录》（修订版），第 185 页。
③ 蔡美彪：《元代白话碑集录》（修订版），第 185 页。
④ 蔡美彪：《元代白话碑集录》（修订版），第 186 页。

亚圣五十四代孙孟思谅禀，历代优恤孔、颜、孟即系一体，只今除孔、颜二氏所设洒扫户。有先祖亚圣庙林，缺人守护洒扫。得此，依准所禀。仰行下有司，拨付伍户，免差税，晨昏洒扫。……奉此，使府依上于相应户内拨伍户，除已出给各户执照，除免差税。今将洒扫户名数随此发下，晨昏洒扫。奉此，本县依上施行。须至下者，计伍户：李成、杜宽甫、戴聚、杜山、张义。①

洒扫户的设置，一方面可以更好地维护孟庙不致荒芜，一方面也可以从一个侧面看出时人观念中“孔—颜—孟”的儒家传承谱系。

## 四、孟子林庙书院、讲堂等之设与金元孟学

“书院之设，莫盛于元。”② 据邓洪波先生统计，

有元一代，历世祖、成宗、武宗、仁宗、英宗、泰定帝、文宗、惠宗（顺帝），凡八帝共98年（1271 ~ 1368年）。统计数字表明，是期书院总数为406所，绝对数字比南宋的442所少一点，而考虑到元代享国时间要比南宋少50余年，其年平均书院数为4.142所，远高于南宋的2.888所。因此，我们可以说，从总体上来讲，元代承南宋蓬勃之势，仍然处在整个书院史上的上升发展阶段。③

因金元时期孟子地位总体处于上升趋势，故此在邹县，书院、讲堂等亦多有设置。留有刻石者，主要有中庸精舍、中庸书院、渊源堂、子思书院、暴书台、思本堂六种。相关刻石内容，会交代创建缘由以及对子思、孟子等

---

① 刘培桂：《孟子林庙历代石刻集》，第83 ~ 84页。

② 〔清〕孙承泽：《春明梦余录》卷五十六《首善书院》。

③ 邓洪波：《中国书院史》，东方出版中心2004年版，第189 ~ 190页。

之评价，这也是金元孟学一个方面的内容。

（一）关于中庸精舍

《中庸精舍记》立石于元成宗元贞元年（1295），张𩟝撰文曰：

> 东阳司居敬来尹兹邑，暨达鲁花赤木忽难，主簿兼尉赵国祥，元贞元年复故宅遗址，辟门修垣以表之。爰寄讲堂于暴书台旁，曰中庸精舍。子思子南面，孟子西向侍。皆章甫玄端危坐，俨然昔日授受之容。[①]

此碑原存于子思书院，之所以立此刻石，乃因在元代儒者张𩟝看来，孟子独得儒家先师孔子—曾子—子思之道统传承，孟子之学乃得圣人传心之要。碑文云：

> 孔子曰："吾道一以贯之。"乃圣人传心之要。曾子一唯，授之子思。子思述之，作《中庸》一篇。首曰天命谓性，即曾子所闻一贯者。其书举孔子"诚者，天之道"之言，以指全体，自谓君子之道；"费而隐"之言，兼指体用。子思亲切为人之意，独孟子得之。其曰"性善"，子思"天命"之谓；其曰"思诚"，子思"诚之"之谓；其曰"万物皆备于我"，反身而诚，强恕而行，则体用兼该。至诚不诚之效，与"无息致曲者"无以异。授受之旨，若合符契。[②]

在这里，张𩟝不唯将"孔—曾—思—孟"之儒家道统揭示出来，而且提取子思、孟子学说之关键词（天命、性善；诚之、思诚等）作出比对，使各自学问精义得以贯通。对于思、孟二人学问精义的提炼，亦颇精准。修建中庸精舍的意义在于："学者沉潜反复，于焉有得，子思、孟子言论常体诸身，

① 刘培桂：《孟子林庙历代石刻集》，第 28 页。
② 刘培桂：《孟子林庙历代石刻集》，第 28 ~ 29 页。

圣门之学未坠于地，不能无望于今之升斯堂者。”[①]

（二）关于中庸书院

作于元成宗大德九年（1305）的《中庸书院开堂训辞》，亦强调了孔门传授心法，强调了“孔—曾—思—孟”道统之传，并以“邹鲁之学”之特定称谓相称，确立了孟子在儒学传承中的独特地位。汝南马豫撰文云：

> 圣贤之学，不外乎至于中而止也。是以尧授舜，舜授禹，惟曰精一执中。至于殷之建中，周之建极，皆此道也。逮吾夫子，虽不得其位，以行其道，而其所以继往圣，开来学，其功又有贤于尧舜者。当是时也，夫子传之曾子，曾子传之子思，而作为大中之书，开淑后人，以诏来世。复再传而得孟氏，为能推广二书，以承先圣之传，是谓邹鲁之学也。[②]

撰于元仁宗延祐四年（1317）的《中庸书院缗田之记》，则记述了“乡人乐助赡学之资数千缗，月增利息敦请主善训诲后进”[③]，此举亦可视为地方对孟子林庙的优抚。

（三）关于渊源堂

位于子思书院的渊源堂，乃专为子思所立。撰于元成宗大德九年（1305）的《渊源堂记》，首先交代了建堂缘由：“邹县城东南隅之阳，因利沟之阴，有子思之堂，名曰‘渊源’，乃子思传道于孟子之地也。夫渊源者，水所出之根源也。子思传道之统，有自来矣，亦犹水之出于渊源。水有渊源，则流之不竭；道有渊源，则传之无弊。”[④]其后，再次梳理了尧、舜、禹、汤、文、武、周、孔的儒家道统，并强调了子思、孟子在孔子之后道统传承中的重要地位：

---

① 刘培桂：《孟子林庙历代石刻集》，第 29 页。
② 刘培桂：《孟子林庙历代石刻集》，第 40 页。
③ 刘培桂：《孟子林庙历代石刻集》，第 53 页。
④ 刘培桂：《孟子林庙历代石刻集》，第 42 页。

孔门之徒有三千，达者七十二人，惟曾子独能传孔子之道。曾子复传之于子思，子思又传之于孟子，斯道之流，千百年之后皆得其渊源之正派，而传之无穷者也。呜呼！自孟子没而不得传焉。①

而建造渊源堂之目的，正在于强调思想传承中“正派”之重要，“渊源”之不可差：

凡学吾圣人之道者，当探其源本，究寻其正派，穷尧、舜、禹、汤、周、孔之道，明三纲五常之理，无毫厘之差可也。如渊源一差，则骎骎然入于杨墨之道，其流至于无父无君，入于禽兽之域矣。可不慎哉！②

这里提到的辟杨墨、辨禽兽，亦为孟子学说的重要内容。

（四）关于子思书院

金元时期孟子林庙刻石中，以“子思书院”为名者共有三通：

一为作于元文宗天历二年（1329）的《子思书院学田记》，翰林院编修官王思诚在记文中强调了“学之有田”的重要性，以为“自京都至于郡邑，莫不有学，而学莫不有田。皆为奉祭祀、廪师生设也。况邹乃圣贤之乡，兹书院又渊源之地。苟无田以赡给之，可乎？”于是，“良令长既相继筑台构室而崇修之，贤士夫复鸠资买田以廪赡之”③。这“崇修”“买田”的举动，亦是对孟子林庙的重要优抚。

二为作于元顺帝至正四年（1344）的《子思书院新庙之记》，国子司业潘迪则更强调了思、孟二人及《中庸》《孟子》二书在儒学史上“绍前圣、启后学”的特殊意义：

① 刘培桂：《孟子林庙历代石刻集》，第 43 页。
② 刘培桂：《孟子林庙历代石刻集》，第 43 页。
③ 刘培桂：《孟子林庙历代石刻集》，第 63 页。

矧吾夫子之道，如大明中天，万世攸仰。子思子实得其家学，而孟子又得其传。观《中庸》《孟子》书，则其道统绍前圣、启后学之功，岂迪妄议所能轩轾哉？[①]

三为作于元顺帝至正六年（1346）的《重修子思书院率性堂记》，书院山长赵景濂在记文中曾对《中庸》首节“天命之谓性，率性之谓道，修道之谓教”作出解说，并以为：

登斯堂也，吾党之士苟能会率性之理于吾心，将见鸢飞鱼跃之机，化育流行之妙，不在于天渊之间，而又在吾目前矣。呜呼！斯道之传也，自尧、舜、禹、汤、文、武、周公，以至于吾夫子。迨曾子一唯之后，斯道始传于子思，子思又传孟子。观《中庸》一书及《七篇》之旨，其所以启迪后人者，盖昭如日星也。[②]

很明显，记文再次突显了思孟学派之一体以及在儒家道统中的重要位置。

（五）关于暴书台

明人李贤《明一统志》卷二十三载：“曝书台，在邹县治东南，世传子思曝书于此。”邹县尹张铨于元顺帝至元三年（1337）撰《暴书台碑阴记》云：“沂国述圣公昔居邹教孟子，此祠世传以为故庠。少西有台，崇二丈许，名曰‘暴书’，台下即孟子居也。”[③]由此知，暴书台与子思、孟子二人皆有密切关系，故张铨于文末云：

呜呼！古今一天也，圣贤一心也。二公去世虽远，其心昭然如日星

① 刘培桂：《孟子林庙历代石刻集》，第75页。
② 刘培桂：《孟子林庙历代石刻集》，第78页。
③ 刘培桂：《孟子林庙历代石刻集》，第66页。

之存。登是台，睹二公之居，感二公之心，非如二公之存耶？后虽千百年，又岂非一日也。[①]

（六）关于思本堂

思本堂位于孟子林中，实为孟子墓前祭堂。因岁久摧毁，于元顺帝至正二年（1342）重建，龙山郑质目曰“思本”，并为之说曰：

凡物莫不有本，人本乎祖，惟于本有不思，故其心德凿而入于薄也。夫吾在万形，所以贵其躯者，祖之遗也；所以淑其性者，祖之德也；或寿富康宁，禄显享诸庆幸者，皆祖之贶也。盖源深者流衍，根盛者枝茂。凡子孙所居所有，莫不由祖先发，其可不致思而报乎？矧亚圣之为祖，上继群圣，力拯时弊，开示天心，以淑人性，功侔神禹，万世永赖。其有国家者，崇其祠而祀之，爵其子孙而育之。在彝宪，复其徭役累世无所与，又岂他姓之祖可比？思报之心，宜如何哉？后凡登是堂者，睹是名，味是语，宁无怵于中。报祀之礼，虔悫之心，容有少懈耶？又吾学圣人之门，沐圣人之泽者，视此亦当知所勉矣。[②]

这篇记文中，郑质一是解说“思本”名义，二是强调孟子之功（功侔神禹），三是重视虔悫之心。这些，都是对孟子其人其学的高度认可。

## 五、三教之间的金元孟子学

作为中国历史上两个有名的“征服王朝”，无论金、元，宗教均十分发达，而且呈现出派系繁多、信仰多元的复杂性。[③]从中国思想史的维度看，金元

---

① 刘培桂：《孟子林庙历代石刻集》，第67页。

② 刘培桂：《孟子林庙历代石刻集》，第72页。

③ 参宋德金：《金代宗教简述》，《社会科学战线》1986年第1期；孙悟湖：《元代宗教文化的特点》，《中央民族大学学报》2001年第6期。

时期孟子其人其书其学虽然在儒者心目中具有很高的地位，但在与佛、老之学的对比中，孟学以至整个儒学始终停留在一个并不甚高的起点上，这也体现了金、元作为少数民族政权的基本特点。孟子林庙的37通刻石，对三教之间的金元孟子学发展实有所揭橥与反映，兹略述之。

首先，在孟子林庙刻石碑文中，多有对金元二代朝廷“崇儒重道”之明确称颂。比如金人赵伯成撰《重修邹国公庙记》云：“今令之能以教化治民，崇重儒术，可谓知所先矣。”① 又如元人蔡文渊在《孟子庙资田记》中称：“洪惟我皇元受命，睿神嗣位。阐扬圣贤之道，以广风化之原。”② 此碑碑阴有云：“如准都事郭奉议所言，将益都路取勘到官田摽拨伍拾顷，以供粢盛，庶不负圣朝崇儒重道之美意。”③

如前所述，从元代几通皇帝圣旨中，确乎可以看出朝廷对孔孟之推崇优抚，因此孟子林庙刻石中的相关称颂并非无据。就元代来讲，这应当与元世祖以来所推行的“以儒治国”的文化政策有关。④

其次，在与极为强大的佛教、道教势力的比照下，金元时期儒家孔孟的力量其实并不占上风。比如金世宗大定二十八年（1188）真定赵鼎敬谒孟子祠时，“伤其芜秽殊甚”而作诗一首，其辞曰：

> 老诞佛夷惑后来，诸方宏构切云开。
> 先师立教尊姬孔，其土一祠犹草莱。⑤

其中所谓“老诞佛夷惑后来，诸方宏构切云开”，表明儒家在唐宋以来所受到的老、佛之挑战，到金朝依然存在。金卫绍王大安三年（1211）赵伯

---

① 刘培桂：《孟子林庙历代石刻集》，第16页。
② 刘培桂：《孟子林庙历代石刻集》，第58页。
③ 刘培桂：《孟子林庙历代石刻集》，第60页。
④ 参周春健：《元代四书学研究》，华东师范大学出版社2008年版，第30～45页。
⑤ 刘培桂：《孟子林庙历代石刻集》，第14页。

成所撰《重修邹国公庙记》，同样提及释、老尤其是佛教在金代对于儒学乃处于一种“压制”状态：

且释老杂儒教行乎中国，而乐诞泥空者，唱其说于其间。至有竭资产以奉塔庙者，于名教之地特不之顾。①

元代亦复如此，比如元成宗元贞元年（1295）年导江张𩇕所撰《中庸精舍记》即曾云：

或曰：“圣人之道，乃夫人日用所当行，如君臣、父子、夫妇、长幼、朋友是已。今而高谈性命，毋乃沦于空虚而无实用耶？”是不然。性者，天赋于人物之理，而诚则天理在我之实然者。自得于天者言之，则浑然一理；及其散于万事，则物物一理。人能穷是理，知其皆本于天，则知物物各有其则，不容一毫之私间乎其间。是则子思之“诚之”，孟子之“思诚”，三纲五常之道，胥此焉出，岂释老空谈比耶！②

在这里，张𩇕以思、孟之学乃“实然”之理，反驳提问者“空虚而无实用”之担忧。更言“岂释老空谈比耶”，显然是有所指而发，亦表明释、老在当时对儒学实际构成了相当大的挑战。

再次，前文提及的作于窝阔台九年（1237）的皇帝圣旨《断事官劄付》和元仁宗延祐元年（1314）的《户部关文》两通碑文，也都反映出孟子在元代的实际地位，并且在一定意义上印证了历史上著名的“九儒十丐”之说。《断事官劄付》有云：“事除已行下东平府照会，是亚圣之后，仰依僧道一体蠲免

① 刘培桂：《孟子林庙历代石刻集》，第16页。
② 刘培桂：《孟子林庙历代石刻集》，第29页。

差发去讫，并不得夹带他族。”[①]《户部关文》亦云：“孟氏子孙合该税石，于丁酉年间奉圣旨，依僧道例将各家合该地税除免了当。”[②]

两通文字中都提到了对于亚圣之后、孟氏子孙的优抚标准，乃是“依僧道一体蠲免”。也就是说，对于“僧道”的蠲免政策在此之前是早已制定了的，亚圣子孙只是仿照执行。孟子实际地位之高下，一目了然。赵文坦认为：

> 从兹碑我们可以得到两点启示，第一，元朝以武力君临中原汉地，但为维护其对中原汉地的长久统治，不仅要建立与中原汉地经济基础相适应的政治制度，而且要恢复中原汉地的传统文化，包括尊崇孔孟、礼遇孔孟后裔。第二，元代有“九儒十丐”之说（郑思肖《心史》），学界多认为此说不足凭信，因为元朝并没有这样的制度。然据此碑文中“是亚圣之后，仰依僧道一体蠲免差发去讫”之语，犹后世之对某种阶层依照何种品级给予何种待遇，可知大蒙古国前四汗时期儒士的社会经济地位确实排在僧道之后！[③]

综言之，孟子地位在金元时期的这种消长与虚实，体现出金元二朝作为“征服王朝”的显著特点，也体现出广大儒生与金元朝廷“知识与利益”的某种“交换”，以及学术与政治之间的密切关联。[④]

（作者单位：中山大学哲学系）

---

① 刘培桂：《孟子林庙历代石刻集》，第 37 页。
② 蔡美彪：《元代白话碑集录》（修订版），第 185 页。
③ 赵文坦：《邹城孟庙元碑两种简释》，《齐鲁文化研究》总第 5 辑，第 152 页。
④ 参周春健：《元代四书学研究》，第 60 ～ 73 页。

# 一篇罕见地高度评价滕文公的孟子学文献*
## ——湛若水佚文《吊文公词》考释

杨海文

[内容提要]

明代岭南思想家湛若水 1537 年途经滕县写下的《吊文公词》，既是一篇被作者的各种文集失收的佚文，有其自不待言的文献学价值；又是一篇罕见地高度评价滕文公的孟子学文献，在人们几乎不把评价滕文公当作问题意识的孟子解释史中，饱含耐人寻味的思想史价值。

2016 年 10 月下旬至 11 月上旬，笔者在孟子故里邹城面向社会大众解读《孟子·滕文公篇》。[②] 其间，承蒙孟子研究专家刘培桂、殷延禄先生引领，曾到滕州（旧称滕县）姜屯镇拜谒滕国故城文王古台，并收到当地文化学者何锡涛惠赠的《滕国风物》一书。近日探寻滕文公在孟子解释史中的影响问题，倍感资料奇缺。《滕国风物》所录明代岭南思想家湛若水（1466—1560）的《吊

* 本文原载《现代哲学》2018 年第 3 期。

② 参见杨海文：《〈孟子〉七篇解读·滕文公篇》，齐鲁书社 2018 年版，第 247 ~ 418 页。

文公词并序》[①]（特殊情形之外，以下统称《吊文公词》），是异常重要的史料。因何著未注明文献来源，遂向湛若水研究专家、深圳大学教授黎业明请教。以下是其 2018 年 3 月 22 日上午的微信回复："我查了一下，湛若水的这首诗没有收入《泉翁大全集》及《甘泉先生续编大全》等诗文集，可能是集外佚文。"依据惯例，《吊文公词》最有可能的文献来源是滕县地方志。

登录中山大学图书馆网页，得知《日本藏中国罕见地方志丛刊》收有据日本尊经阁文库藏明万历十三年（1585）刻本影印的《〔万历〕滕县志》。经检阅，《〔万历〕滕县志》卷四《祠祀志》"滕文公祠"条载有双行小字竖排的湛若水此文。现加标点符号，过录如下：

> 明尚书湛若水《吊文公词》自序曰：昔吾友丹山赵地曹善鸣过滕县，慨滕文公故国旧迹无有存者，志兴废而未能以书，请予表之。越二年，嘉靖丁酉春，予考绩之北，过其境，问其墓则曰志失其传，问其祠则曰图构未遑，为之徘徊叹息久之。伟文公之志，闵其不就，遂作词吊之。适督学王君道思巡历于此，并以告之，庶其作兴焉。词曰：当战国之末裔，风靡靡而波荡。千乘而君，万乘而王，仁义为迂，功利为长，天德亡而王道丧矣。有滕国文公者，以蕞尔之壤、挺然之身，独当仁而不让。闻性善之指，庶几乎天德可弘；学校、井田之制，庶几乎王道可兴；一时闻风者，莫不悦服而愿为之氓，庶几乎王业可成。然而未能以遂然者，其天命之凝耶？人将恶其厉己而害其能耶？抑行之未至于高大光明耶？将时势之未易以乘与？知孟氏王佐之才，而不能举国听焉，何也？然事虽不就，千百年之下，凛乎若生，真千古旷世之豪杰，万古王者之师承也已。余入斯境，履地怀贤。战国之君，惟公一人！独彷徨而咨访，慨

① 参见何锡涛编著：《滕国风物》，（香港）天马出版有限公司 2012 年版，第 172 页。

墓祠之不存，安得不动千古之太息而为之潸然！[①]

《滕县志》代有修葺。笔者见到的版本有二：一是前述的八卷本《〔万历〕滕县志》。它是现存最早的《滕县志》，亦是古代县志的上乘之作，我们据此过录《吊文公词》。二是1717年成书的十卷本《滕县志(康熙五十六年)》，原版现藏上海图书馆。何锡涛先生微信传送了涉案内容的照片，特此致谢！

两版对勘，仅有细微差异。其一，康熙版将《吊文公词》单列成条，题作《吊文公词(并序)》，署名“明尚书湛若水(甘泉)”，置于《滕县志(康熙五十六年)》卷九《艺文》。[②]其二，康熙版不同于万历版的文字有四处：“慨滕文公故国旧迹无有存者”之“滕”，康熙版无此字；“庶几乎天德可弘”之“弘”，康熙版作“宏”；“将时势之未易以乘与”之“与”，康熙版作“欤”；“千百年之下”之“年”，康熙版作“世”。

所谓“越二年，嘉靖丁酉春，予考绩之北，过其境……”，表明湛若水因北上考绩之故，曾于嘉靖十六年丁酉(1537)途经滕县，并写下《吊文公词》。查黎业明撰著的《湛若水年谱》，湛若水写有《谒孟子祠文》，其小序云：“维嘉靖丁酉三月旦，南京吏部尚书湛若水将赴上都，经过趋谒于先师邹国亚圣孟夫子庙庭之下。”[③]黎著“嘉靖十六年丁酉(1537)，七十二岁”条记述传主这次鲁南乃至山东之行，仅此一则。这说明《吊文公词》有必要

① 〔明〕杨承父修，〔明〕王元宾纂：《〔万历〕滕县志》，《日本藏中国罕见地方志丛刊》，书目文献出版社1992年版，第63页上栏。按，此书与《〔万历〕罗山县志》《〔康熙〕罗山县志》《〔万历〕汝州志》《〔崇祯〕郾城县志》合为一册。

② 参见〔清〕黄浚监修，〔清〕陈际昌、王特先等编修：《滕县志(康熙五十六年)》卷九《艺文》，第16～18页。按，此书系非正式出版物。

③ 参见黎业明：《湛若水年谱》，上海古籍出版社2009年版，第225页。按，《谒孟子祠文》写于邹城，但未被刘培桂的两部文献汇编收录(参见刘培桂编：《孟子林庙历代题咏集》，齐鲁书社2001年版；刘培桂编著：《孟子林庙历代石刻集》，齐鲁书社2005年版)。截至2018年3月28日晚，登录CNKI中国知网——中国学术期刊网络出版总库，以篇名“湛若水(湛甘泉)”+主题“孟子”或“滕文公”检索，均无相关论文显示。由此可见湛若水与孟子关系之研究亟待得到学术界重视。

引起湛若水研究者的关注：一是充传主行状之实，二是补《泉翁大全集》《甘泉先生续编大全》之缺。但是，《吊文公词》何以失收，不必做过深的揣测。盖因佚文本是常见之事，所谓全集极少是名副其实的。据悉上海古籍出版社近期拟出版由广东学者点校的《湛若水全集》，《吊文公词》的文献学价值自不待言。

《吊文公词》既有填补湛若水研究资料之空白的文献学价值，更因其罕见地高度评价滕文公而饱含思想史价值。众所周知，滕文公是《孟子》中的主要人物之一。另一个习焉不察的事实则是：从孟子解释史的角度看，人们对于滕文公的恶评、嘉奖都不多见，滕文公成了可有可无、名存实亡的过客。滕文公真的不重要吗？历史学家班固（32—92）编制《汉书·古今人表》，梁惠王、齐宣王位列第六等（中下），而滕文公位列第三等（上下智人）。① 笔者读《孟子》，无数次深切地感到：如果不是滕文公，孟子的思想主张与淑世情怀，在其有生之年恐怕连一次实践的机会都未必会有；正因有了滕文公，孟子的王道理念与仁政理想，在其有生之年才得以成就一次真正的政治伦理实践。② 寡闻所及，湛若水以“战国之君，惟公一人”与赵佑（1727—1800）以“周末第一有志向善之贤君”③ 相赠滕文公，虽有夸大其词之嫌，却是班固千年难遇的真知音。

接受面相对广泛的孟子解释史能够朗现思想史价值，接受面较为狭小的地方文化史同样可以显豁思想史价值。孟子解释史不重视滕文公，滕县的地方文化史会是例外吗？尽管《吊文公词》从一个侧面给出了答案，但为了更

---

① 参见〔东汉〕班固：《汉书》第 3 册，中华书局 1962 年版，第 942、944、948 页。

② 参见杨海文：《一个义仕派知识分子的淑世情怀》，《社会科学论坛》（学术评论卷）2007 年第 4 期，第 145 ~ 146 页；杨海文：《浩然正气——孟子》，江西教育出版社 2008 年版，第 26 页；杨海文：《我善养吾浩然之气——孟子的世界》，齐鲁书社 2017 年版，第 30 ~ 31 页。

③ 参见〔清〕赵佑：《四书温故录·孟子二》“滕文公”条，《续修四库全书》第 166 册，上海古籍出版社 2002 年版，第 585 页下栏。

全面地了解这一问题，现将《〔万历〕滕县志》“滕文公祠”条的全文分成三段，并过录如下（“……”代表《吊文公词》，括弧内的文字原为双行小字竖排）：

本性善书院，建始元延祐间，用御史任居敬言，改筑列于学宫。元末，毁于兵，而比丘尼因改筑为庵以居之。国朝成化知县马文盛始复为书院。前殿三楹祀孟子，乐正子、万章配。后更为殿三楹以祀文公，然友、毕战配；两庑各三楹，左祀名宦奚仲、知州薛原义、知县罗斐、县丞顾俊、归需、教谕项堙，右祀乡贤叔孙通、李洞、陆弘、李稷、寒朗、杜琓、曹褒、王嘉宾、李元。其后，前殿与两庑俱圮，而孟子亦废不祠；于后殿为三坛共宇，中祀文公，而左、右祀名宦、乡贤，岁随春秋上丁祭先师毕乃祭，祭用帛一，爵三，铏二，簠、簋各一，笾、豆各六。旧门在庠门内西向其后。万历三年知县杜济时更为二门、大门，各三间丹其壁，则直为文公祠，而书院之名废。

（……训导丁鸣春谒祠诗云：“扰扰群雄事战争，独谈仁义不谈兵。凭凌齐楚今何在，赢得长存善国名。”右一。“为尧为舜性中天，一见闻之即了然。制定三年成孝道，不虚亚圣此真传。”右二。“阡陌开来逐利先，谁能善国重民天。卓然远识惟公在，慕[①]古殷勤问井田。”右三。“堂堂祠宇傍宫墙，对越荣瞻俎豆光。学校井田垂世范，千年遗爱并甘棠。”右四。）

余按：书院之设，本以祠孟子而教邑子弟。后增祠文公，而乃附名宦、乡贤于中寝，失其书院之义矣。其后废孟子，专祀文公。文公俨然南面殿上，而名宦、乡贤列两庑，与文公非有君臣之义、师生之分者也。后两庑废，而升名宦、乡贤于文公共宇三坛，并南面似矣。然奚仲始封于薛者，事禹，始造车利用，万世赖之，亦一作者之圣。在文公所当严事，

① 引者按：原文误作“墓”。

乃犹称车服大夫，为其车服耶？滕不得独祀于名宦，为其封于薛故，奈何贬其侯爵，诎于文公之下？是使文公之灵不妥，而奚公为不享也。至于仲虺，则奚仲之后，为薛人。以其嗣封于薛，当与奚仲并列名宦；以其相汤之故，犹当首乡贤。奈之何弃而不祀？愚意名宦、乡贤当列戟门外东西向，使得从先师以为荣，而奚仲、仲虺、文公共为一祠，别祀之，似于礼为宜。姑记于此，俟议礼者采之。[①]

以上引文的第一段文字叙述了滕文公祠的由来。滕文公祠的所在地，最先是元代延祐年间（1314—1320）始建的性善书院（以下称作孟子书院）。四五十年后，书院毁于元末兵燹。原址后来改建成了尼姑庵，达数十年之久。明代成化年间（1465—1487），书院得以恢复。所谓“后更为殿三楹以祀文公”以及“其后，前殿与两庑俱圮，而孟子亦废不祠”，据《吊文公词》说的“问其墓则曰志失其传，问其祠则曰图构未遑”，必然是1537年后的事。创建滕文公祠的具体时间已难确考，但《吊文公词》所起的作用不可低估，甚至是至关重要的。令湛若水始料未及的是，万历三年（1575）“直为文公祠，而书院之名废”，孟子书院被滕文公祠彻底取代。

以上引文的第三段文字反思了滕文公祠的做法。《〔万历〕滕县志》卷一题下标识“邑人王元宾撰次”[②]；其他各卷虽无这一标识，只是循例承前省略。所谓“余按”，即该书实际作者王元宾（生卒年不详）的思考：其一，把滕文公祠建在书院之内，最终又取而代之，架空了书院的教化功能；其二，列于两庑的名宦、乡贤，与滕文公既无君臣之义、又无师生之分，有失祭祀之体统。王元宾主张另建一祠祭祀滕文公等人，言外之意是恢复专祀孟子的书院。从1575年“直为文公祠”到1585年《〔万历〕滕县志》成书的短短十年之间，就有王元宾这类地方贤达反思滕文公祠的做法，而且把它写进了

① 〔明〕杨承父修，〔明〕王元宾纂：《〔万历〕滕县志》，第62页下栏～第63页下栏。
② 参见〔明〕杨承父修，〔明〕王元宾纂：《〔万历〕滕县志》，第5页上栏。

县志，这是发人深省的。

孟子书院→孟子书院、滕文公祠并存→滕文公祠，此乃《〔万历〕滕县志》“滕文公祠”条勾勒的基本史实。兴建滕文公祠是湛若水路过滕县发出的倡议。如果没有身临其境，他会写下《吊文公词》，并在尊孟的大前提之下高度评价滕文公吗？《吊文公词》的理论预设是孟子、滕文公并尊的双重主体性，那么，滕县地方官员“直为文公祠”的单一主体性是否会面临侮辱圣贤、非圣无法的指责呢？训导丁鸣春（生卒年不详）的四首诗达不到这一认知高度，但王元宾的“余按”何尝不是含沙射影之论？说到底，滕文公是否值得高度评价，又如何在与孟子的张力之间做出相应评价，正是《〔万历〕滕县志》“滕文公祠”条从地方文化史角度释放出的思想史价值。

但是，地方文化史的“滕县经验”显然没有对孟子解释史的“滕文公问题”产生多大影响。姑且不论其他地方并不祭祀滕文公，即使他们祭祀类似滕文公者，也很难注意到滕县地方官员与贤达富有思想史价值的做法与反思，更不可能从其相互博弈那里获取应有的启迪。最物质的原因是：任何地方志都是地方性的，印数少，传播范围小，外人一般看不到。最时代的原因是：人们解读孟子，几乎不把是否要评价以及如何评价滕文公当作自身必需的问题意识。换句话说，尽管《吊文公词》是一篇高度评价滕文公的孟子学文献，可谓殊为难得、弥足珍贵，但它只是栖身于一版接一版的滕县地方志，耐心地等待着“不在沉默中死亡，就在沉默中爆发”的历史机遇。

行文至此，需要重提《吊文公词》之为佚文是如何确定的。第一，“四库系列丛书”收有湛若水的十部著作（去除重复者，实为七部），另有校订、注释陈白沙（1428—1500）的两部著作。[①] 其中，与本文相关的著作仅

① 参见复旦大学图书馆古籍部编：《四库系列丛书目录·索引》，上海古籍出版社 2007 年版，第 881 页右栏～第 882 页左栏。

有三十二卷本的《湛甘泉先生文集》。[①] 经检阅，该书无《吊文公词》一文。第二，《泉翁大全集》《甘泉先生续编大全》是现存收录湛若水作品最全的两部著作，台湾 2017 年 12 月已出版点校本。[②] 因中山大学图书馆暂未收藏，笔者据数据库下载的 word 文档检测，亦无《吊文公词》一文。特别感谢黎业明教授给予本文的提示与帮助，但考证费力不讨好，说有容易说无难，因而战战兢兢，期盼方家不吝指教。

（作者单位：中山大学哲学系）

① 参见〔明〕湛若水：《湛甘泉先生文集》，《四库全书存目丛书》集部第 56 ~ 57 册，齐鲁书社 1997 年版。按，又参见〔明〕湛若水：《湛甘泉先生文集》（全 5 册），广西师范大学出版社 2014 年版。两者实为同一书。

② 参见〔明〕湛若水：《泉翁大全集》（全 4 册），锺彩钧、游腾达点校，“中研院”中国文哲研究所 2017 年版；〔明〕湛若水：《甘泉先生续编大全》（全 2 册），锺彩钧、游腾达点校，“中研院”中国文哲研究所 2017 年版。

# 取法程朱，辨乎阳明
## ——吕柟的《孟子》学及其思想意义

李敬峰

［内容提要］

吕柟乃明代与王阳明中分其盛的关学集大成者，以“取法程朱、辨乎阳明”为宗旨对《孟子》展开创造性诠释。在理（性）气关系上，他反对张载、朱子的“理气为二”，主张“性在气上求”的“理气非二”说；在“良知”上，他批判阳明的“良知”之教过于浑沦和笼统，并以朱子的“知先行后”纠正阳明的“知行合一”；在“浩然之气”上，他认为这恰恰是孟子不及孔子处；在心性工夫上，他提出“收心之学，以仁为主”，以求凸显仁学的本旨和地位。吕柟的《孟子》学折射出秉承张载关学重视践履，批驳阳明心学，羽翼、修正朱子学的诠释特质，有力推动张载关学、朱子学的深化与发展，对于探究张载关学、朱子学在明代的流变具有重要的思想意义。

“求观圣人之道，必自《孟子》始”[①]，韩愈一语道出《孟子》在圣

① 〔唐〕韩愈：《送王秀才序》，《韩昌黎文集校注》卷四，马其昶校注，上海古籍出版社1986年版，第262页。

学之中举足轻重的地位。基于此，历代学者针对《孟子》注经解经，形成丰富的《孟子》学系统。吕柟作为“绍统绪，开来学，近接横渠，远宗文武”[①]，且与阳明中分其盛，与湛若水、邹守益共主讲席的关学集大成者[②]，他承继张载关学推崇《孟子》的学派治经传统[③]，以答问体的形式作《〈孟子〉因问》以显其意。是书受到后学高赞，李二曲赞其“为德业而作，非复制举之故套也。爽快明晰，最为儆策，学者宜致意焉”[④]，四库馆臣对吕柟其他著述多有微词，独对是书持肯定态度，称其“所说多因四书之义推而证诸躬行……不徒为训诂空谈”[⑤]，以此可见该书条贯清晰，义理浑沦，羽翼圣经，多有发越，卓然自成一家。然如此重要之经解著作，学界尚无专门而系统的研究，多是依照理学的本体、心性、工夫等研究范式去裁断、择用史料，无法有系统、有脉络地展现其《孟子》学，更无力凸显其对《孟子》的诠释特质、经解方法以及对关学宗师张载和理学大师朱子《孟子》学的突破、融合和发展。因此，通过回归文本，梳理和剖析吕柟《孟子》学的主导问题和义理诠释，以此彰显吕柟《孟子》学所折射出的时代问题及思想意义。

---

① 〔明〕吕柟：《泾野子内篇》序二，赵瑞民点校整理，西北大学出版社 2015 年版，第 245 页。

② 黄宗羲说：“关学世有渊源，皆以躬行礼教为本，而泾野先生实集其大成。……几与阳明氏中分其盛，一时笃行自好之士，多出先生之门。”又言：“九载南都，与湛甘泉、邹东廓共主讲席，东南学者，尽出其门。”见〔清〕黄宗羲：《明儒学案》上册，沈芝盈点校，中华书局 1985 年版，第 11、138 页。）

③ 张载之学被《宋史》称为“以孔、孟为法”（〔元〕脱脱：《宋史》，中华书局 1977 年版，第 12724 页），更被王夫之称为“《论》《孟》之要归也”（〔清〕王夫之：《张子正蒙注》，中华书局 1975 年版，第 4 页），以此可见《孟子》在张载学术体系中的重要性。

④ 〔清〕李颙：《李颙集》，张波编校，西北大学出版社 2015 年版，第 66 页。

⑤ 四库全书出版工作委员会编：《文津阁四库全书提要汇编》经部八，商务印书馆 2006 年版，第 511 页。

## 一、“性只在气上求”

“孟子有大功于世，以其言性善也”[①]，孟子所提揭的性善之旨在宋代儒学重构之时获得新生，多数理学家以“天命之性”与“气质之性”的两层“性”论推阐孟子的“性善”说，主导此后“性”论的发展，并成为学者论“性”所必然回应的学术话语。吕柟自不外此传统，但作出了异于张载、朱子的诠释。他首先追溯孟子的“性善”，他说：

> 孟子之言性善，本于性相近之言，盖天地间除是上智下愚移不得，其余性皆相近，可习而至，可以见性善也。夫上智下愚，数百年之内，千万人之中，止一二人耳，若相近之性，无人不然，故曰性善。[②]

在吕柟看来，“性相近”的内涵，孔子并没有明确规定，孟子推阐孔子之说，认为孔子的“性”相近之处就在于“善”，虽然还有“上智”与“下愚”不可移，但这并不影响孟子“性善”说的成立，因为这两类人毕竟是少数，千万人之中不过一二而已。吕柟明确孔子与孟子“性”论之间的渊源关系乃一脉相承，这就不同于宋代以来学者对孔、孟性论所作的区分，吕柟论道：

> 世儒谓孟子性善专是言理，孔子性相近是兼言气质，却不知理无了气，再那里有理，有理便有气，何须言兼，都失却孔孟论性之旨了。[③]

吕柟不认同将孔子的“性相近”理解为是合“理”与“气”，孟子的“性善”

---

① 此乃程颐语，转引自〔宋〕朱熹：《孟子集注》序言，金良年译，上海古籍出版社 2006 年版，第 261 页。

② 〔明〕吕柟：《朱子抄释》卷二，《景印文渊阁四库全书》第 715 册，第 268 页。

③ 〔明〕吕柟：《泾野经学文集·四书因问》，刘学智点校整理，西北大学出版社 2015 年版，第 462 页。

说是专指“理”“天命之性”而言的说法，缘由即在于将“理”“气”分为两截，以至于背离孔、孟性论本旨，因为“理”本身就在“气”中，何须言“兼”，这实际上是针对朱子之说而言的。他通过质疑张载的观点继续申明己意：

> 竖问：“张子说‘合虚与气，有性之名’，如何？”曰：“观合字，似还分理气为二，亦有病，终不如孔孟言性之善，如说‘天命之谓性’，何等是好！理气非二物，若无此气，理却安在何处？故《易》言‘一阴一阳之谓道’。”①

在这段对话中，吕柟明确提出他的“理气非二”论，认为关学宗师张载的“合虚与气”仍有将“理”“气”分为二之嫌，终不如孔孟所言完备，终不如“一阴一阳之谓道”将“道”“气”直接混而为一合适。那么，我们该如何理解吕柟的“理气非二”呢？吕柟明确说：

> 形也者，气也；气也者，理也。不能于理，即不能于气。②
>
> 理在天地及气流行之先，恐未然，毕竟是气即理也。③

在吕柟这里，“气”只是外在的“形”，而“理”则存于内，且“理”必须依“气”而存在，离开“气”，也就无所谓“理”。吕柟在此强调“理”与“气”的浑然为一，也就是“气即理”，并质疑朱子的“理在气先”之说。可以看出，吕柟是主张“理”“气”混融为一的，实际上是消解在程朱那里“理”作为实体的主宰性的地位，而将“理”只是作为“气”的异名同物而已。显然，吕柟还没有发展到像后来罗钦顺等人将“理”作为“气”的条理。在对《孟子》

---

① 〔明〕吕柟：《泾野经学文集·四书因问》，第485页。

② 〔明〕吕柟：《泾野子内篇》，第12页。

③ 〔明〕吕柟：《朱子抄释》卷二，《景印文渊阁四库全书》第715册，第267页。

一书“气”的诠释中，他说：

> 有夜气，有旦气，有昼气。昼气之后有夜气，夜气之发为旦气，旦气不梏于昼气则充长矣。孟子此言气字，即是性字。盖性何处寻？只在气上，但有本体与役于气之别耳，非谓性自性，气自气也。彼恻隐是性，发见于事是情，能恻隐皆是气做出来，使无是气，则无是恻隐矣。先儒喻气犹舟也，性犹人也，气载乎性，犹舟之载乎人，则分性气为二，大不是。试看人于今，何性不从气发出来。①

吕柟将孟子所言的“气”区分为“夜气、“旦气”和“昼气”，认为这里的“气”即内涵“性”，因此只须从“气”上求“性”“理”，也就是“即气求性”。

以恻隐为例，恻隐为“情”，乃由“性”而发，但之所以能发出“恻隐”，乃是由“气”决定的，无“气”则无“性”，则无“情”，所以前人所说的以气喻舟，以舟上之人喻性则同样分性气为二。可见，吕柟将“气”的地位拔高，有意回归张载，凸显“气”的地位，但又不同于张载将“天命之性”与“气质之性”对立的主张。正因吕柟主张“即气求性”，所以他反对程朱一系的“性”说，认为“程张说性，虽比诸子明白，然恐还不是孔孟说性之初意”②，在吕柟看来，只有孔孟的自然为一的性论才符合他所主张的“即气求性”。

总之，在理（性）气论上，程朱一系强调“理”对“气”的决定性、先在性的地位，两者关系乃是“二元对立，一元为主”，这确实容易被理解为两者决是二物，造成形上、形下隔绝的理论误区。吕柟为了消除张载、程朱的理论瑕疵，他一再强调“理气非二”“即气求理”，主张“理气”圆融为一，吕柟的这种折中调和虽然还有诸多不足，却是明代学者修正程朱理气观的一

① 〔明〕吕柟：《泾野经学文集·四书因问》，第479页。

② 〔明〕吕柟：《朱子抄释》卷二，《景印文渊阁四库全书》第715册，第269页。

个积极尝试，有意无意在明代中期揭开气学复振的大幕。

## 二、“知、行还是两个”

“良知”是指人的不学不虑先验地具有的道德意识，“孟子的全部修养方法，如集义、养气等皆以此为出发点”[①]，王阳明融合《大学》的“致知”与《孟子》的“良知”，着意阐发孟子此说，成为其全部学术思想的结穴。[②]吕柟借诠释《孟子》之际，对是时学界流行的“致良知”一说展开激烈批判，并将矛头延展至阳明所说的“知行合一”。他对“良知”首先解释道：

> 思敬问：“‘良知’‘良能’者何？”曰：“知为良心者，有验于人之幼也，原为所性者，有验于人之同也。使非原于天命之性，则固不能不学而能不虑而知矣。”[③]

吕柟认为“知”乃良心所发，心中本有，可于人幼时得见，乃从性中先天秉承而来，为人所同有，正是因为秉承于天，所以才具有不学而能、不虑而知的性质。在此，吕柟从理学的角度解释孟子的“良知”“良能”。但对于阳明只讲“良知”不讲“良能”，吕柟解释道：

> 坚问：“孟子言良知良能，阳明先生止言良知，何也？”先生曰：“且如言仁，有兼言之者，有偏言之者，阳明之说，兼言之也。”[④]

在吕柟看来，阳明之所以不讲“良能”，是兼而言之，也就是以“良知”

---

① 张学智：《明代哲学史》，北京大学出版社2000年版，第104页。

② 王阳明说：“吾平生讲学，只是‘致良知’三字。”（〔明〕王守仁：《寄正宪男手墨二卷》，《王阳明全集》卷二十六，吴光等编校，浙江古籍出版社2011年版，第1039页。）

③ 〔明〕吕柟：《泾野经学文集·四书因问》，第486页。

④ 〔明〕吕柟：《泾野经学文集·四书因问》，第487页。

统摄“良能”。后来清初李二曲将此直接点破，他说：“单言‘知’而不言‘能’者，盖‘知’为本体，‘能’乃本体作用，犹知府、知州、知县，苟真‘知’之，则‘能’在其中矣。”[①] 也就是说，“知”是本体，“能”不过是本体的发用，因此只须明晰本体，而发用自然在其中。二曲此说可谓切中阳明“良知”与“致良知”体用统一的思想本旨。吕柟虽回护阳明言“良知”不言“良能”之说，但从根本上激烈反对阳明的“良知”之教，他说：

> 何廷仁言：“阳明先生以良知教人，于学者甚有益。”先生曰：“此是浑沦的说话，若圣人之教人则不如是。人之资质有高下，工夫有生熟，学者有浅深，不可概以此语之。是以圣人或因人病处说，或因人不足处说，或因人学术有偏处说，未尝执定一言以教人。至于立成法以诏后世，则曰‘吾道一以贯之’，曰‘博学于文，约之以礼’。盖浑沦之言，可以立法，不可因人而施。”[②]

在吕柟看来，阳明只讲“良知”，忽视受教者在资质、工夫、学业等方面的差异，与圣人的因人指点、随机而发之教相背，故难免陷于浑沦，缺少可切实操作的工夫路径，且浑沦之言只能作为一个总体的原则立论，不可作为具体的教法。实际上，阳明在江右之前较为注重“诚意格物”，通过切实的工夫去上达本体，而在晚年则尤重“致良知”，意直悟本体，确实容易造成轻略工夫之弊，故吕柟的批评并非毫无根底。除了从总体上批判阳明“良知”之教所造成的不实弊端，吕柟对阳明的“良知”之说所带来的“知行合一”更加不满，他批判道：

> 问“致良知”。先生曰：“阳明本孟子‘良知’之说，提掇教人非不警切，

---

① 〔清〕李颙：《二曲集》，陈俊民点校，中华书局1996年版，第529页。

② 〔明〕吕柟：《泾野经学文集·四书因问》，第486页。

但孟子便兼‘良能’言之。且人之知行自有先后，必先知而后行，不可一偏。传说曰：‘非知之艰，行之惟艰。’圣贤亦未尝即以知为行也。”①

吕柟的“知行”观明显是沿袭朱子之意，他认为阳明与孟子相比，孟子是“良知”与“良能”并提，也就是孟子有知有行，阳明则直接将“知”“行”合一，也就是兼言。吕柟更为赞同孟子的说法， 因为“知”与“行”相比，是先“知”而后有“行”，从经典到圣人，皆主此意，更遑论将“知”直接等同于“行”，故对阳明的“知行合一”，他继续深入批道：

有问“知行合一”者。先生曰：“尔如此闲讲合一不合一，毕竟于汝身心上有何益？不若且就汝未知者穷究将去，已明白者尽力量行去，后面庶有得处。”②

在吕柟看来，徒论“知行合一”对自身无益，更于事无补，不如切实地就未知处去穷理、已知处着实践履，自然有得处。可见，吕柟秉承张载关学重视躬身践履的学风，反对阳明“知行合一”所带来的虚无不实、不重践履。而实际上，吕柟并未准确理解王阳明“知行合一”的本旨，阳明的“知行合一”并非就是将两者等同，而是强调两者密切之关系，更重要的是，阳明所讲的“行”，“一方面可以指人的实践行为，另一方面还可以包括心理行为”③，正是因为使用概念不一，故吕柟对阳明的批判并不符合阳明的本意，但不可否认的是，阳明的“知行合一”确实容易造成误解，使人容易轻视“行”。在批判完阳明之后，吕柟提出自己的观点：

---

① 〔明〕吕柟：《泾野子内篇》，第75页。

② 〔明〕吕柟：《泾野子内篇》，第97页。

③ 陈来：《宋明理学》，生活·读书·新知三联书店2011年版，第295页。

> 知得便行为是，谓知即是行，却不是。故知者行之始，行者知之随，犹形影然，又犹目视而足移然。①

在这里，吕柟提出知先行后，知是行的基础，而行则伴随着知，强调“知”的第一性、先在性，正如他说的“圣门知字工夫是第一件要紧的，虽欲不先，不可得矣”②。他以具体的例子来说明此意：

> 先生与某先生至一寺中幽僻，某曰：“行到此寺，方知此寺模样。可见行在知前。”先生曰：“若非知有此寺，何得行到此寺！知焉，在行前乎！”某遂不能对。③

吕柟以寺庙为例，正是因为事先知道有此寺庙的存在，才能行到此，这足以说明“知”在“行”前。可见，吕柟实际上恪守朱子的“先知后行”说，同时亦强调两者不可偏废，纠正他所认为的阳明心学“知行合一”所带来的不重践履的学术弊端。

## 三、“孟子不及孔子处在浩然之气”

“浩然之气”乃孟子有功于后学的四大理论之一④，被赞为“发孔氏之所未发，述‘六经’之所不载，遏邪说于横流，启人心于方惑”⑤，可见“浩然之气”在孟子哲学体系中不同寻常的地位。吕柟对“浩然之气”解释道：

---

① 〔明〕吕柟：《泾野子内篇》，第119页。

② 〔明〕吕柟：《泾野子内篇》，第132页。

③ 〔明〕吕柟：《泾野子内篇》，第189页。

④ 南宋学者施德操说：“孟子有大功四：道性善，一也；明浩然之气，二也；辟杨、墨，三也；黜五霸而尊三王，四也。”（〔清〕黄宗羲：《宋元学案》第2册，陈金生、梁运华点校，中华书局1986年版，第1319页。）

⑤ 〔清〕黄宗羲：《宋元学案》第2册，第1319页。

问："浩然之气如何？"先生曰："这却难说。孟子曰：'难言也。'他说难言，便见他实有此浩然之气。何以难言？这个气至大至刚，不是小可的，若能直养而不作为以害之，便塞乎天地之间，那里到不得！夫人以眇然之身而能塞乎天地之间，此气是何等样大，岂不是难言？然这个气亦不是光光的一个气，配合著这个道义，所以能塞天地之间。若无道义，只是个血肉之躯，却便馁了，怎么能浩然？惟气配义与道，故养气者须要'集义'，今日集一义，明日集一义，久之则自反常，直不愧于屋漏，可以对天人，可以质鬼神。至大者由此而生，至刚者由此而出，然后能塞乎天地。不是只行一事，偶合于义，便可掩袭于外而得之。若'义袭'的，他心中未免有歉，要行却趑趄，要说却嗫嚅，此气便馁矣。"①

何谓"浩然之气"？冯友兰先生曾明确解释道："'气'字本来有两种意义。一种指客观存在的一种物质，这是稷下黄老派所谓的'气'。一种指一种精神或心理状态，这是孟轲所谓的'气'。"② 冯友兰先生的解释可谓确然。孟子所讲的"浩然之气"的确是指人的精神境界，也正是因为它指向的不是物质性的"气"，故可以通过"集义"的形式提升人的精神层次，从而达至与天地合德的境界。从吕柟的解释中可以看出，吕柟基本是秉承朱子《孟子集注》的思想，多沿用朱子的诠释，一是承认"浩然之气"乃先天本有，但因受蒙蔽而需要不断地做工夫以"复其初"；二是强调"养气"的工夫即"集义"而非"义袭"，也就是通过"即事即学"的方式不断使义理充斥于心，最后扩展至身心，提升人的精神境界。但需要指出的是，我们不能把"'集义'只理解为道德行为之积累意义上的'积善'，这其实还只能是'义袭而取'。因此，'集义所生'，其着眼点在于'道义'内在于实存之本原贯通，由此引

① 〔明〕吕柟：《泾野子内篇》，第 222 ~ 223 页。
② 冯友兰：《中国哲学史新编》上册，人民出版社 1998 年版，第 381 页。

生‘气’之‘纯亦不已’的生生创造”[①]。当然，吕柟也赞成通过“配义与道”“勿忘勿助”等工夫来养浩然之气。但不同于朱子之处在于，吕柟高度赞赏张载以“礼”来养“浩然之气”。张载说：

> 学者且须观礼，盖礼者滋养人德性，又使人有常业，守得定，又可学便可行，又可集得义。养浩然之气须是集义，集义然后可以得。浩然之气，严正刚大，必须得礼上下达。集义者，克己也。[②]

在张载看来，“礼”不仅可以涵养人的德性，更可以“集义”，而这正是“养浩然之气”的必然工夫。吕柟肯定并称张载此说可以起到“内外交养之功”[③]，而这实际上是对张载关学崇礼重德传统的推崇和承继。将礼作为“养浩然之气”的手段之一，这是吕柟较之朱熹在“浩然之气”上的一个特色，而他最大的特质在于对孟子的“浩然之气”并不像前辈学者那样推崇和赞赏。他说：

> 孟子不及孔子处，还是学少有不同。孔子“祖述尧舜，宪章文武，上律天时，下袭水土”，这般样学，便与天地同流。孟子养“浩然之气”，才能求塞得天地耳。[④]
>
> “孟子不及孔子者在何处？”先生曰：“只这说浩然之气，便是不及孔子处。孔子何尝无浩然之气，却不如此说，与天地合德矣，又何须说充塞。”[⑤]

从以上引文中可以看出吕柟认为孟子所凸显的“浩然之气”恰恰是其不

---

① 李景林：《“浩然之气”的创生性与先天性》，《社会科学战线》2007年第5期。
② 〔宋〕张载：《张子全书》，林乐昌编校，西北大学出版社2015年版，第86页。
③ 〔明〕吕柟：《张子抄释》卷四，《景印文渊阁四库全书》第715册，第72页。
④ 〔明〕吕柟：《泾野子内篇》，第47页。
⑤ 〔明〕吕柟：《泾野经学文集·四书因问》，第461页。

如孔子的地方，缘由在于孔子本身就生而具有浩然之气，原本就是“上律天时，下袭水土”的境界，而不必通过养“浩然之气”才达到充塞天地的地步。在吕柟看来，孔子乃自然“与天地合德”，而不像孟子还需要着手去做工夫方能实现，由此他更否定孟子所说的“塞乎天地”。他说：

问：“塞乎天地之间，六合是恁的大，吾人以眇然之躯何以塞之？”先生曰：“吾与天地本同一气，吾之言即是天言，吾之行即是天行，与天原无二理，故与天地一般大，塞犹是小言之也。”①

当学生质疑人的肉身之躯如何塞乎天地之时，吕柟则从人与天地本是一气的角度，也就是天人同构的角度来反驳学生之问，认为人与天地是一般大，言“塞”便是将人小看，显然吕柟并不是从现实大小的角度来说，而是从精神层次、境界的角度言之。总之，从吕柟对孟子的评论中可以看出，他贯彻他的“理气一物”的强调自然为“一”的主张，认为孟子仍是“合”，仍是“二”，故其境界层次终不如孔子。

## 四、“收心之学，以仁为主”

“《孟子》一部书，只是要正人心，教人存心养性，收其放心”②，正是《孟子》内涵丰富的心性论，故在宋明理学建构时得以“升格”。尤其到明代，理学家更为关注心性学说③，吕柟自不超越于此时代特征，但在“心”与“性”

---

① 〔明〕吕柟：《泾野经学文集·四书因问》，第460页。

② 〔宋〕杨时：《龟山集》卷十二，《景印文渊阁四库全书》第1125册，第223页。

③ 张学智先生说：“明代理学的一个特点是理气论的褪色，心性论成为思想家的学说重心。这是因为，经过宋元诸大儒的推阐，理学发展到烂熟，越来越成为一种价值性学说，探究万物的终极实在已经变成了实证问题而逐渐居于人们视域的次要位置。理气问题已经没有多少继续深入挖掘的空间。而心性问题代表着哲学家对人的本质、对人与宇宙的关系的根本理解。”（张学智：《明代哲学史》，第1页。）

之间，吕柟强调“心”在心性结构中的优先地位，专注在如何“存心、求放心”上，他的诠释特色就在于非常强调此与“仁”的联系。他说：

官问：“学问之道，求其放心，《传》谓学问非止一端，又曰如是而可以上达者何？”曰：“学问之道，即求放心也。仁，人心也，放心则不仁，求放心则仁矣，即此是上达。”①

吕柟将孟子的“学问之道无他，求其放心”与“仁，人心”结合起来，提出“放心”就是“不仁”，“求放心”就是“仁”，如此久久用力，则自然志气清明、义理昭著，这就是上达。可见，吕柟非常强调仁学的实践工夫，通过不断“求放心”的下学工夫达到仁。那么具体该如何做呢？

问：“求仁之要，在放心上求否？”先生曰：“放心各人分上都不同，或放心于货利，或放心于饮食，或放心于衣服，或放心于宫室，或放心于势位。其放有不同，人各随其放处收敛之，便是为仁。如朋友相会，或一言之善，一行之善，或威仪言语处，相观而善。若能为得这个仁的学问，则他日居官自会爱民爱国也。”②

吕柟认为“放心”的外在表现因人而异，迷失在货利、饮食、衣服等身外之事上，人若能就迷失处收敛己心，如此就是为仁之事，可见他赞同学生的“求仁之要，在放心上求”。如果说“求放心”是从消极面去说，那“存心”则是从积极面说。吕柟说：

问存心之说。曰：“人于凡事皆当存一个心。如事父母，事兄长，

---

① 〔明〕吕柟：《泾野经学文集·四书因问》，第480页。

② 〔明〕吕柟：《泾野子内篇》，第179页。

不待言矣；虽处卑幼，则存处卑幼之心；处朋友，则存处朋友之心。至于外边，处主人亦当存处主人之心，以至奴仆，亦要存一点心处之，皆不可忽略。只如此，便可下学上达。《易》之理只是变易以生物，故君子变易以生民。”①

吕柟在回答如何存心时认为存心要在事上存，一事有一事之“心”，因此当于事事上努力，通过即事即学、日积月累即可上达天理。可见，吕柟走的是程朱“下学而上达”的工夫路径。那么“存心”与“仁”是何关系呢？吕柟说“存心熟只是仁熟”②，也就是说“存心”做到积累贯通处，自然可实现“仁”。由上可见，吕柟将孟子所强调的“求放心”“存心”皆与“仁”联系起来，认为通过这些工夫可以达至“心”与“仁”的合一。吕柟实际上秉承的是程朱理学的思路，认为“心”在未发之时已经掺入气禀之杂，因此还不直接就是“仁”，而需要通过做工夫才能实现，这显然不同于湖湘学派、陆王心学的直接以“心”为“仁”的主张。

那么吕柟为什么如此重视“仁”呢？他反复强调：

思敬问：“圣人人伦之至者，奚在乎？”曰：“仁而已矣。是故尧舜之事君治民不外乎此，幽厉之身危国削惟反乎此耳。”③

仁是圣门教人第一义，故今之学者必先学仁。④

由以上引文可见，吕柟拔高“仁”的地位，认为“仁”是圣人之伦的主要内容，亦是尧舜与幽厉、圣君与昏君的差异与界限，因此他主张“仁”是圣门之学的第一要义，亦是学者为学的首要内容。统贯“为学”与“为政”，

① 〔明〕吕柟：《泾野子内篇》，第101页。
② 〔明〕吕柟：《张子抄释》卷三，《景印文渊阁四库全书》第715册，第65页。
③ 〔明〕吕柟：《泾野经学文集·四书因问》，第465页。
④ 〔明〕吕柟：《泾野子内篇》，第162页。

正是“仁”的重要性，故吕柟在其哲学中着意凸显。而强调的缘由，吕柟亦明确说道：“自宋程、张二氏发挥孔孟论仁之旨，其后教者罔或知授，学者靡或肯求，故斯学鲜矣。”[①] 也就是说，吕柟认为仁学在张载、程颢推阐孔子之学后，由于种种原因，便走向式微。吕柟此说不虚，理学的话语确实在朱熹的哲学权威确立后，“关注课题从中和说、求仁说转变到理气说、心性说、格物说”[②]，故吕柟有意通过强调“存心、收放心”与“仁”的联系，力求凸显仁学的本旨和地位。

## 五、结语

吕柟身处朱子学以强势话语统治学界、阳明学渐炽天下、学者靡然风从之时，他舍弃注疏的形式，以“理在解语内”的方式展开对《孟子》的诠释，在性气、心性、工夫等方面皆富有创见，尤其是他所强调的“理气一物”，消解“理”的实体地位，凸显“理气”混而为一的特质，发出明代张载“气学”复兴的先声。更为重要的是，吕柟在对《孟子》的诠释中所体现出的“取法程朱，辨乎阳明”的特质，折射出明代中期朱子学在上升至科场令甲之后，弊端日益凸显，有识之士开始一改明代初期“此亦一述朱，彼亦一述朱”[③] 的学术风气，试图矫正朱子学的理论窠臼。吕柟虽对张载、朱子的理气说多有微词，但在“知行”“仁学”等方面仍体现出羽翼程朱的特质，同时他亦对阳明心学矫枉过正的一面有意提防。总之，吕柟的《孟子》学折射出秉承张载关学重视践履，批驳阳明心学，羽翼、修正朱子学的诠释特质，有力推动张载关学、朱子学的深化与发展，对于探究张载关学、朱子学在明代的流变具有重要的思想意义。

（作者单位：陕西师范大学哲学系）

---

① 〔明〕吕柟：《泾野先生文集》，米文科点校整理，西北大学出版社 2015 年版，第 524 页。
② 陈来：《略论宋代道学话语的形成》，《石家庄学院学报》2009 年第 2 期。
③ 〔清〕黄宗羲：《明儒学案》上册，第 179 页。

# 戴震人性观之嬗变
## ——以孟学四书为例

刘瑾辉

［内容提要］

戴震坚持性一元论，认为“性以类别”“性不同呈乎才”，强调“知即善”，竭力批驳宋儒“天理之性善，气质之性恶”的性二元论。戴震孟学四书之人性观，前后既有继承，又有明显发展，经历了一个否定之否定、不断深化和完善的过程，凸显戴震对程朱理学由怀疑、纠结、远离到全力批驳的心路发展历程。

戴震孟学著作主要有《原善》三卷（前期《读孟子论性》、《原善》三篇皆收入《原善》三卷，下文《原善》即指《原善》三卷）、《孟子私淑录》、《绪言》和《孟子字义疏证》（下文简称戴震孟学四书）。

“道性善”是孟子思想的核心，戴震推孟崇儒，申发孟子性善论。戴震坚持性一元论，并在“性以类别”“性不同呈乎才”“知即善”等论断基础上，构建独具特色的戴氏人性论体系。戴震孟学四书人性观之嬗变，反映戴震的人性论思想体系形成有一个初建到发展再到完善的过程，凸显戴震对程朱理学由怀疑、纠结、远离到全力批驳的心路发展历程。

## 一

《读孟子论性》可以视为戴震最早的孟学著述，由题中“论性”可知此作是关涉孟子人性思想的专论，目的是确立戴氏人性观。在此戴震提出“性”乃人、物共有，但人、物之“性”存在着根本区别，区别的根本原因就在于“类”之不同：

> 人物之生，类至殊也。类也者，性之大别也。孟子曰：“凡同类者举相似也，何独至于人而疑之，圣人与我同类者。”诘告子“生之谓性”，则曰：“犬之性犹牛之性，牛之性犹人之性欤？”盖孟子道性善，非言性于同也。人之性相近，胥善也。①

戴震着重关注的是孟子“同类者举相似也”，将“性”的性质特点概括为“性以类别”，这一理论在戴氏人性观发展过程中起着基础性作用，在之后的孟学著述中，戴震阐释孟子的人性论都是在“性以类别”的前提下进行，严格区分“人性”与“物性”。然而，《读孟子论性》对“性以类别”这一观点的阐释还显简略，对什么是“性”、为何人物之性存在类的区别、区分的依据又是什么等问题还未进行深入地探讨，戴震在之后的孟学著作中对此皆有讨论，并不断深化“性以类别”的思想，直至《孟子字义疏证》（下文简称《疏证》）时，最终建立起具有唯物特征的人性观。可以从两个侧面透视戴震“性以类别”思想的嬗变历程。

1. 人物以类滋生

《孟子私淑录》（下文简称《私淑录》）、《绪言》和《疏证》对“类”的思想都有详细论述，皆由“气化生人生物以后，各以类滋生久矣”而发。《疏

---

① 〔清〕戴震：《读孟子论性》，杨应芹、诸伟奇主编：《戴震全书》第6册，黄山书社2010年版，第348页。

证》曰：

> 气化生人生物以后，各以类滋生久矣；然类之区别，千古如是也，循其故而已矣。在气化曰阴阳，曰五行，而阴阳五行之成化也，杂糅万变，是以及其流形，不特品物不同，虽一类之中又复不同。凡分形气于父母，即为分于阴阳五行，人物以类滋生，皆气化之自然。……分于道者，分于阴阳五行也。一言乎分，则其限之于始，有偏全、厚薄、清浊、昏明之不齐，各随所分而形于一，各成其性也。然性虽不同，大致以类为之区别……孟子曰："凡同类者，举相似也，何独至于人而疑之！圣人与我同类者。"言同类之相似，则异类之不相似明矣；故诘告子"生之谓性"曰，"然则犬之性犹牛之性，牛之性犹人之性与"，明乎其必不可混同言之也。天道，阴阳五行而已矣；人物之性，咸分于道，成其各殊者而已矣。①

戴震明确指出"性"的本质是源于气化的阴阳五行，也就是"道"，这种带有朴素唯物主义倾向的人性论在戴震思想体系中具有相当重要的地位。戴震认为存在"类"的不同的原因在于"分于道"，不能齐也，即不同物种所禀之"性"存在着巨大差别。于此，戴震回答了什么是性、性存在类的区别的根本原因等问题，相较于《读孟子论性》有了较大发展。

《私淑录》、《绪言》和《疏证》对"类"的思想皆由"气化生人生物以后，各以类滋生久矣"而发，但在《私淑录》、《绪言》和《疏证》三著中又存在着明显差异：

第一，重视程度不同。"气化生人生物以后，各以类滋生久矣"一段，分别见于《私淑录》第十二条、《绪言》第十一条、《疏证》"性"九条。相较于《私淑录》《绪言》，戴震在《疏证》中专门提取"性"这一哲学范畴著"性"一章，尊崇孟子性善论思想，对人性进行集中论述，将"气化生

---

① 〔清〕戴震：《孟子字义疏证》，杨应芹、诸伟奇主编：《戴震全书》第6册，第177～178页。

人生物以后，各以类滋生久矣”一段置于“性”九条下第一条的重要位置，说明到《疏证》时，戴震对此的重视程度大大提高。另外，区别于《私淑录》和《绪言》中用问答的方式，此段在《疏证》中作为一章的第一条，以一种纲领性主旨条目的形式呈现，对“性”九条所阐述的思想内容起到提纲挈领的作用，可见戴震对此论述的重视。

第二，内容有增减。首先，《绪言》删除了《私淑录》中相应内容。《私淑录》云：

> 人与禽兽得之为性也同，而致疑于孟子。（朱子云：“孟子言‘人所以异于禽兽者几希’，不知人何故与禽兽异；又言‘犬之性犹牛之性，牛之性犹人之性与’，不知人何故与牛犬异。此两处似欠中间一转语，须著说是‘形气不同，故性亦少异’始得。恐孟子见得人性同处，自是分晓直截，却于这些子未甚察。”）①

《绪言》只保留了“人与禽兽得之为性也同，而致疑于孟子”，删去了《私淑录》对朱子言论的引征与质疑。朱熹认为人与禽兽由于形而下的形气的不同，所以各自的性也存在差异，借此宣扬自己的性二元论思想。而到《疏证》时，戴震又将此内容移至“性”九条，用于批驳朱熹性二元论的问答中，这样显得更为合理，主旨也更加明确。这也反映戴震的人性观发展经历了一个纠结的过程。

其次，《绪言》调整和精简了《私淑录》中的部分内容。在《私淑录》的“人物以类滋生”一段有较长的篇幅是对“才”这一概念的论述（“自尧、舜至于凡民……材于性无所增损故也”②），此时“才”的思想体系已初成，在《绪言》和《疏证》中多被采录。但是，从前文所举《疏证》关于“类”

---

① 〔清〕戴震：《孟子私淑录》，杨应芹、诸伟奇主编：《戴震全书》第 6 册，第 49 页。

② 〔清〕戴震：《孟子私淑录》，杨应芹、诸伟奇主编：《戴震全书》第 6 册，第 50 ~ 51 页。

的内容来看，与“类”思想有着紧密联系的是“分”，有着较大篇幅关涉“才”的论述在这里就显得有点突兀。因此，到《绪言》时，戴震将关于“才”的内容从“人物以类滋生”一段移至第23条和第28条之中，这样“才”与“类”的相关论述都更为集中精准。

总体来看，《绪言》较《私淑录》而言，内容上精简了不少，主要是精简了一些与“类”或“分”的人性思想关联不大的内容，从而起到了凸显主旨的作用。就此而言，《绪言》无疑是进步的，也可佐证学术界关于《绪言》成书在《私淑录》之后的说法。

再比较《绪言》与《疏证》，《疏证》基本保留了《绪言》对《私淑录》所做的改动，但对《绪言》的部分内容又进行了增减。

首先，《疏证》删除了《绪言》中“一阴一阳之谓道，继之者善也，成之者性也”[①]等原有涉《易》内容，而保留了对《大戴礼记》“分于道谓之命，形于一谓之性”[②]的阐释。就所删内容看，“一阴一阳之谓道”的解释偏向于对“天道”概念的阐发，故戴震将此移至“天道”条。而保留对《大戴礼记》的相关阐释，是因为“分”与“类”思想有着紧密的联系。如此变动体现了《疏证》编排更加合理，阐释更显精当。

其次，“人物以类滋生”到《疏证》中成为主旨条目，变诘问宋儒之语为结论性表述：

> 性者，分于阴阳五行以为血气、心知、品物，区以别焉，举凡既生以后所有之事，所具之能，所全之德，咸以是为其本，故《易》曰“成之者性也”。……凡分形气于父母，即为分于阴阳五行，人物以类滋生，皆气化之自然。……天道，阴阳五行而已矣；人物之性，咸分于道，成

---

① 〔清〕戴震：《绪言》，杨应芹、诸伟奇主编：《戴震全书》第6册，第90～91页。

② 〔清〕王聘珍：《大戴礼记解诂》，中华书局1983年版，第250页。

其各殊者而已矣。[①]

明确了“性”是以阴阳五行为本源的特性，“性”由阴阳五行分到具体人与物而言则存在不同，所以产生“类”的区别。既明确了“性”的本质，又明确了“性以类别”的根本原因。《疏证》作为戴震孟学四书的最后成果，对“类”思想的阐发，较之《原善》有了质的飞跃，较之《私淑录》和《绪言》显得更加精炼，主旨更加明晰。

2. 举凡品物之性，皆就其气类别之

戴震著述，常常使用“气类”这一概念。《原善》曰：“性，言乎本天地之化，分而为品物者也。限于所分曰命，成其气类曰性。”[②]这里“气类”的含义大致是阴阳二气运动变化而形成人和物不同本质的种类，可以认为“气”是形成人与物不同种类的基础，这或许可以解释为什么戴震会将“气”与“类”合称。同时，人与物种类不同，本质也就不同，而这种本质就是“性”。戴震以“气类”解释“性”，颇具唯物自然观的特征。“气类”的概念在《原善》之后的孟子三书中一直沿用，且有“如飞潜动植，举凡品物之性，皆就其气类别之”等内容相继出现，并不断发展完善。《私淑录》云：

如飞潜动植，举凡品物之性，皆就其气类别之。人物分于阴阳五行以成性，舍气类更无性之名。医家用药，在精辨其气类之殊；不别其性，则能杀人。……天道，阴阳五行而已矣。人物之性，分于道而有之，成其各殊者而已矣；其不同类者各殊也，其同类者相似也。孟子曰：“如使口之于味也，其性与人殊，若犬马之与我不同类也，则天下何耆皆从易牙之于味也！”又言“动心忍性”，是孟子矢口言之，亦即别于气类，

---

① 〔清〕戴震：《孟子字义疏证》，杨应芹、诸伟奇主编：《戴震全书》第6册，第177～178页。
② 〔清〕戴震：《原善》，杨应芹、诸伟奇主编：《戴震全书》第6册，第7页。

尽人而知之性。[①]

戴震在此将“性”“气”“类”紧紧地联系在一起，并对“类”的区分有着较为系统的论述，故《绪言》基本沿用此内容，只将《私淑录》中“是孟子矢口言之，亦即别于气类，尽人而知之性”改为“是孟子矢口言之，所谓性，亦如后儒指为‘已不是性’者矣。孟子言性，曷尝自歧而二之哉！”[②]《绪言》将原来的陈述改为诘问，并将矛头直指宋儒，可见戴震反理学的态度愈加鲜明。

《疏证》将此内容置于“性九条”，主要用来批驳荀子、释氏与宋儒的人性论，并将“类”的思想向纵深发展。

首先，戴震在《疏证》中保留了原有区分人物“类”的思想，删去《绪言》“岂其然哉”之后原有表述，取而代之的是：

自古及今，统人与百物之性以为言，气类各殊是也。专言乎血气之伦，不独气类各殊，而知觉亦殊。人以有礼义，异于禽兽，实人之知觉大远乎物则然，此孟子所谓性善。[③]

认为人性与物性对比，就不仅仅是客观气类上的差别，更存在主观知觉能力方面的不同。戴震此观点标志其“血气心知”人性理论的成熟，这里的“血气之伦”就指有“血气”的一类，即“气类”；“知觉”体现在人身上即“心知”。在此，人、物之性不仅体现出气类上的不同，同时还体现出知觉上的差别。虽然知觉能力的拥有是以血气为基础的，归根结底还是“气”的区别，但戴震提出“知觉亦殊”无疑是开拓了一个新视野，从而使得在讨论人性与物性时，

① 〔清〕戴震：《孟子私淑录》，杨应芹、诸伟奇主编：《戴震全书》第6册，第54页。

② 〔清〕戴震：《绪言》，杨应芹、诸伟奇主编：《戴震全书》第6册，第95页。

③ 〔清〕戴震：《孟子字义疏证》，杨应芹、诸伟奇主编：《戴震全书》第6册，第189页。

不仅可以从种类的区别上进行比较，更可以从知觉能力上对人和物进行比较。其实戴震较早就开始关注人具备特殊的知觉能力，到《疏证》时将“性”“类”和知觉能力联系起来，丰富发展了早期“类也者，性之大别也”思想。

综上，戴震继承并发扬了孟子“类”的思想。首先，“人物以类滋生”明确了何为“性”及产生“类”的区分的根本原因，重点揭示气化运动是性的本源、“分”是“性”存在不同种类的原因。其次，在“举凡品物之性，皆就其气类别之”论断中，戴震一方面继承了孟子关于“类”的普遍性与特殊性相统一的特点；另一方面，对“类”的具体含义进行了深入探析，充分论述了气、类关系，使它更好地为自己的人性观服务。同时，将具有主观认识作用的、以“血气”为存在前提条件的“心知”，作为区分人性与物性的根本特征。

纵观孟学四书，戴震是在对程朱理学怀疑、纠结过程中，不断地调整和修正，最终才形成较为成熟和完善的戴氏人性理论。这一理论的意义在于，将孟子“圣人与我同类者”中“类”的概念视为“性”的一个本质特点，同时“类”的划分又以具体的现实世界为依据，批驳程朱避开具体的人谈性的荒谬，否定宋儒“性”二元论，使得自己的“人性论”立足于人并在严格区分人性与物性的框架中进行。

## 二

戴震在《原善》中对“才”有多次论述，含义大概有四：

第一，明确了“才”的性质。“性，言乎本天地之化，分而为品物者也。限于所分曰命；成其气类曰性；各如其性以有形质，而秀发于心，征于貌色声曰才。”[①] 戴震在此阐明了气化运动的限制作用为命，气化生成不同种类为性，才是按照人物之性而具有的形态，才为性的外在表现，具体可以表现

---

① 〔清〕戴震：《原善》，杨应芹、诸伟奇主编：《戴震全书》第6册，第7页。

为声色容貌等，性是才的根本，故戴震说“性至不同，各呈乎才”[①]。通过才可以显性，即“惟据才质为言，始确然可以断人之性善”“人之材质良，性无有不善，见于此矣”[②]，人们可以通过外在的才质来观察和判断性的善恶。

第二，人、物之“才”具有差异性。由于“性”与“才”互为表里，相互依存，所以戴震说“才以类别存乎性”[③]，认为才存在种类的差异，而这种差异的根本原因在于性存在类的差别，性为才之本原，所以才随性之不同而不同。

第三，“才”具有“思”的能力。“人之才，得天地之全能，通天地之全德，其见于思乎”“耳能辨天下之声，目能辨天下之色，鼻能辨天下之臭，口能辨天下之味，心能通天下之理义，人之才质得于天，若是其全也”[④]，戴震认为人的才质具有“思”的能力，此乃人之“全能”“全德”，是人性区别于物性的外在表现。

第四，“私”与“蔽”可戕害“才”。“人之不尽其才，患二：曰私，曰蔽。……私者之安若固然为自暴，蔽者之不求牖于明为自弃，自暴自弃，夫然后难与言善，是以卒之为不善，非才之罪也。”[⑤]戴震十分强调私与蔽对才的戕害，戕害才就是戕害人性。倘若人有私蔽之患则难显善性，所以作为性的外在表现的才也就不显善。性表现为不善应归咎于私与蔽，而不应怪罪于才。戴震的这种表述与《孟子》“非天之降才尔殊也，其所以陷溺其心者然也”异曲同工，将陷溺的原因归结为私与蔽。

总体看来，《原善》对“才”的概念的阐发已初具形态，对戴震之后的孟学三书深化“才”思想有着重要意义。其中，对“才”的本质的规定和“性”与“才”的相互关系的认知，在整个“才”思想体系中已经是核心的内容。然而，

① 〔清〕戴震：《原善》，杨应芹、诸伟奇主编：《戴震全书》第6册，第16～17页。
② 〔清〕戴震：《原善》，杨应芹、诸伟奇主编：《戴震全书》第6册，第18、25页。
③ 〔清〕戴震：《原善》，杨应芹、诸伟奇主编：《戴震全书》第6册，第7页。
④ 〔清〕戴震：《原善》，杨应芹、诸伟奇主编：《戴震全书》第6册，第20、18页。
⑤ 〔清〕戴震：《原善》，杨应芹、诸伟奇主编：《戴震全书》第6册，第23页。

“才”具有“思”的能力这一思想在其后的孟学三书中有所削弱，其原因或许与其“血气心知”思想的发展和渐趋成熟有关。《原善》已初现人有欲有觉的思想，这是人的本性中固有的能力，性的外在表现是才，性是抽象的，而才是具体的，所以《原善》中认为才亦有欲有觉。同时，《原善》中“血气心知”思想还处在萌芽状态，与人的欲望和知觉能力的联系尚不紧密。而自《私淑录》到《绪言》再到《疏证》，“血气心知”思想逐渐发展为一种成熟的思想体系，遂欲能力与血气紧密联系，知觉能力与心知密切相关。在这种趋势下，《原善》中赋予“才”能力的思想逐渐被削弱或许就可以理解了。

《私淑录》对“才”的论述篇幅不大，其遵循的基本思想与《原善》基本一致，其中有一段论述对之后的思想发展有较大影响：

> 在天道为阴阳五行，在人物分而有之以成性，由成性各殊，故材质亦殊。材质者，性之所呈也，离材质，恶睹所谓性哉！故孟子一则曰“非才之罪”，再则曰“非天之降才尔殊”（才、材，古字通用）。人之材得于天独全，故物但能遂其自然，人能明于必然。孟子言“圣人与我同类”，又言“犬马之不与我同类”，是孟子就人之材之美断其性善明矣。材与性之名，一为体质，一为本始，所指各殊，而可即材之美恶以知其性，材于性无所增损故也。①

此处强调两点：其一，“材质者，性之所呈也”，才是性的外在表现，不通过才就无法观察性。自《私淑录》始，此言成为戴震对“才”的标准表述，之后的《绪言》和《疏证》对“才”的定义都与此一致。其二，确定“才”与“性”“一为体质，一为本始”，明确提出“材于性无所增损”的观点。较之《原善》，这是戴震对“才”思想的新发展，具有十分重要的意义：丰富了“才”思想，呼应《孟子》“若夫为不善，非才之罪也”之论，明确了才与性之间互为表

① 〔清〕戴震：《孟子私淑录》，杨应芹、诸伟奇主编：《戴震全书》第6册，第51页。

里的关系，强调才显性之善恶而不左右性之善恶。戴震“一为体质，一为本始”的一元论的前提是“材于性无所增损”，实际上与程朱将才与性分而为二的观点是针锋相对的。虽然《私淑录》中暂未明确反对程朱，但是为《绪言》和《疏证》批驳程朱性二元论奠定了基础。由此可见戴震对程朱理学由怀疑、纠结、远离到批驳不是一挥而就，而是经历了长期艰难的抉择历程。

《绪言》将《私淑录》中关于“才”的论述拆分为二章，“材质者，性之所呈也”被完整录入卷上并予以丰富，“材于性无所增损”思想则在卷中得到发展。曰：

> 以人譬之器，材则其器之质也，分于阴阳五行而成性各殊，犹之取于木以为器，则其器木也；取于金以为器，则其器金也。此以类别者也，品物之不同如是矣。从而察之，木与金之质，其精良与否，其为器也，一如乎所取之木，所取之金。故材之美恶，于性无所增，亦无所损。夫木与金之为器，成而不变者也，人又进乎是。自圣人至于凡民，其等差凡几。或疑人之材非尽精良矣，而不然也。人虽有等差之不齐，无非精良之属也。孟子言“圣人与我同类”，又言“犬马之不与我同类”，是孟子就人之材之美断其性善明矣。材与性之名，一为体质，一为本始，所指各殊，而可即材之美恶以知其性，材于性无所增损故也。[①]

若将人比作器皿，才则相当于器皿表现出的质地，人和物分于阴阳五行而形成不同的特性，那么材质也因性的不同而不同。戴震通过类比，一方面可以验证才为性之所呈、性不同才亦不同的观点；另一方面，好比器皿表现为木质还是金属的问题，或木质还是金属孰优孰劣的问题，这只与器皿以什么为原材料有关。换言之，戴震这里所说的“才”是体质，“性”是本始，通过才可显性之本原，但才的外在体现不会成为其本始之性的决定因素。此

① 〔清〕戴震：《绪言》，杨应芹、诸伟奇主编：《戴震全书》第6册，第112～113页。

观点与《私淑录》是一致的，但《绪言》中用比喻的方式和较大篇幅的类比以证明此观点，并且这种论证方法在《疏证》中得以沿用。《绪言》又云：

> 宋儒以不善归气禀，孟子所谓性，所谓才，俱指气禀，指其禀受之全曰性，指其体质之全曰才，禀受之全，无可据以为言。如桃、杏之性，含于核中之仁，其香色臭味，无一或阙，而无可见；及其萌芽甲坼，根干枝叶，桃与杏各殊；由是为华为实，香色臭味，无不区以别者，虽性则然，皆据材言之耳。成是性斯为是材，人之性善，故材亦美。①

《私淑录》中有关论述已经起到批判程朱理学的作用，但态度不够明确，至《绪言》中这一态度非常明确。戴震还引程朱以不善归才的论述：

> 程子言："才禀于气，气有清浊，禀其清者为贤，禀其浊者为愚。"朱子引之而云："程子此说'才'字，与《孟子》本文小异。盖孟子专指其发于性者言之，故以为才无不善；程子专指其禀于气者言之，则人之才固有昏明强弱之不同矣。二说虽殊，各有所当，然以事理考之，程子为密。"②

戴震推举孟子"性"和"才"皆就气禀而言之论，坚决否定程朱把人性的不善归咎于气禀的言论。此外，将桃杏的核中之仁比作"性"，将香色臭味比作"才"，以此说明有什么样的性就有什么样的才，但性必须通过具体形态的才方能见。可以说，戴震通过生动形象的论证方法阐明"才"与"性"的根本区别与联系，是对"才"思想的丰富与创新。

戴震在《原善》中曾言私与蔽会戕害才，《私淑录》中此一思想没有得到进一步申发，而《绪言》则深化且赋予其更为丰富的内涵。曰：

---

① 〔清〕戴震：《绪言》，杨应芹、诸伟奇主编：《戴震全书》第6册，第113页。

② 〔清〕戴震：《绪言》，杨应芹、诸伟奇主编：《戴震全书》第6册，第112页。

> 此偏私之害，不可以罪材，尤不可以言性。孟子道性善，成是性斯为是材，性善则材亦美，然非无偏私之为善为美也。人之初生，不食则死；人之幼稚，不学则愚；食以养其生，充之使长；学以养其良，充之至于圣人；其故一也。材虽美，譬之良玉，成器而宝之，气泽日亲，久能发其光，可宝加乎其前矣；剥之蚀之，委弃不惜，久且伤坏无色，可宝减乎其前矣。又譬之人物之生，皆不病也，其后百病交侵，若生而善病者。或感于外而病，或受损于内身之阴阳五气胜负而病，指其病则皆发乎其体，而曰天与以多病之体，不可也。如周子所称猛隘、强梁、懦弱、无断、邪佞，是摘其材之病也；材虽美，失其养则然。孟子岂未言其故哉？因于失养，不可以是言人之材也。夫言材犹不可，况以是言性乎！①

周敦颐认为人性有刚有柔，而刚柔都有善恶，只有做到“中和”才达最高境界，而只有圣人能至此。戴震指明周子之言是宣扬才为恶的观点，其原因在于理学家把不善归罪于人的气质。针对宋儒之言，戴震明确指出人性现不善的原因在于私，不可以归罪于才，更不可以讲性有不善。“孟子道性善，成是性斯为是材，性善则材亦美，然非无偏私之为善为美也”，认为孟子强调有什么样的性就有什么样的才，性善则才也美，才之善是由性之善所决定的。

戴震认为人的材质可以为“偏”与“私”所损害，故相应地提出了“才”可被滋养的观点。将才比作玉石，常保养则会更加美观，如果弃之不理则会失去光泽，由此确认人的材质也需要后天滋养。故周敦颐所说的缺陷与不足，是“失其养则然”。

综上所述，《绪言》对“才”思想的发展较之《原善》和《私淑录》是全方位的。首先，运用比喻的修辞手法和类比的论证方法，对才的本质和才与性的关系进行了申发，丰富了“才”思想。其次，强调后天滋养对才的积

---

① 〔清〕戴震：《绪言》，杨应芹、诸伟奇主编：《戴震全书》第6册，第115～116页。

极作用，是对“才”思想的深化。再次，反对程朱理学的倾向愈发明显。

《绪言》的“才”思想较之《原善》《私淑录》已有了跨越式发展，《疏证》在此基础上又重点做了三方面工作：

一是论证更显科学，表述更加精准。《绪言》在论述才与性的关系时，举“以人譬之器，材则其器之质也”，并以“取于木以为器”和“取于金以为器”二者进行类比，将人性比作金与木，然后讨论外在的表现与本质的精良的关系。较之《私淑录》，其实《绪言》的这种类比已使戴震的“才”思想更加生动易懂。但若仔细推敲，戴震所举的木与金还是存在质的差别的，不在一个层面之上比较。戴震在《疏证》中对此做了修改，曰：“犹金锡之在冶，冶金以为器，则其器金也；冶锡以为器，则其器锡也。”[①] 戴震不再以金和木而是用金和锡作类比，相较于金和木的质的差异，金与锡同为金属，二者既有相似性又有差异性，故以此类比人性，较之金和木作类比要更为严谨，表述更加精准。[②]

二是丰富完善。《绪言》曰：“或疑人之材非尽精良矣，而不然也。人虽有等差之不齐，无非精良之属也。”《疏证》则曰：“或疑人之才非尽精良矣，而不然也。犹金之五品，而黄金为贵，虽其不美者，莫与之比贵也，况乎人皆可以为贤为圣也！”[③] 此处以黄金贵于其他金属作类比，说明人的材质总是高于其他百物。戴震再次运用类比论证的方法，使深奥道理形象化，进一步完善了“才”思想。

三是更加集中精炼。《绪言》对“才”的阐述散见于各卷之中，《疏证》则是专设“才”一章，一则显得著作布局更为合理，逻辑性强；二则“才”一章内各条所表达思想更为明确清晰，避免了大致相同的内容重复出现而显累赘。《绪言》中关于才的性质及才与性的关系的有关内容，《疏证》集中

---

① 〔清〕戴震：《孟子字义疏证》，杨应芹、诸伟奇主编：《戴震全书》第 6 册，第 193 页。

② 王智汪《命、性、才——戴震关于人性的命题及其局限》（《北方论丛》2016 年第 1 期）一文有对戴震哲学思想中“性”和“才”的含义及关系的讨论。

③ 〔清〕戴震：《孟子字义疏证》，杨应芹、诸伟奇主编：《戴震全书》第6册，第193 ~ 194 页。

归入“才”一章第一条，而将原来《绪言》问答中的相关内容选择性保留成为第二条，将引述的程朱言论移至“才”一章第三条中，并与周敦颐才有不善思想并列，以便一并批驳，显得更加集中、精炼、合理。

总而言之，《疏证》在前孟学三书的基础上对“才”思想进行了修补提升，使得语言的表述更加准确和严谨，观点更加清晰，结构也更为精简合理。就“才”思想而言，《疏证》无论是语言表述还是篇章结构，都向着体系化的方向迈进，标志着戴震“才”思想的成熟。纵观戴震孟学四书“才”思想的变化，既体现其唯物思想逐步发展和成熟，也可见其从怀疑、纠结、远离再到全力否定程朱理学的心路发展历程。

## 三

戴震在《原善》三篇中就提出血气心知之性，人皆有之，非二本然也。强调血气心知之性与“天之性”是一本而非二本，说明戴震在其早期的人性论中，已开始关注“血气心知”与性善的关系，至《原善》三卷时，关于“血气心知”的内容明显增多。曰：

> 《记》曰：“夫民有血气心知之性，而无哀乐喜怒之常；应感起物而动，然后心术形焉。”……《记》又有之曰：“人生而静，天之性也；感于物而动，性之欲也；物至知知，然后好恶形焉。好恶无节于内，知诱于外，不能反躬，天理灭矣。”人之得于天也一本，既曰“血气心知之性”，又曰“天之性”，何也？本阴阳、五行以为血气心知，方其未感，湛然无失，是谓天之性，非有殊于血气心知也。是故血气者，天地之化；心知者，天地之神。①

① 〔清〕戴震：《原善》，杨应芹、诸伟奇主编：《戴震全书》第6册，第10～11页。

“血气心知之性”[①]这一概念出于《礼记》中的《乐记·乐言》一篇，本是阐述音乐的本原、社会作用以及音乐和“礼”的关系，此处讲虽然人人都有气质、心智这些本性，但喜、怒、哀、乐等情感变化并没有规律，人心受到外物的刺激而产生反应，然后才表现为一定的情感。戴震引《乐记》之言目的在于：一是采择人人都有气质和心智的思想，即血气与心知；二是认同“心”对客观事物的认识作用。此外，戴震所说“血气心知”还涉及《乐记》“人生而静，天之性也”[②]，因为宋儒性二元论和天理人欲相对立思想盖基于此。宋儒“由已发以求未发之中，由感物之动以求天性之静，想以此来达到存天理而去人欲，常为程、朱系统中的大事”[③]，宋儒将儒家经典中的“天之性”视为具有超越性的天理，由此产生天理之性与气质之性的对立，因此在这里，戴震需要对“天之性”进行合理的解释，使得“天之性”能与物质性的“血气心知之性”思想相统一。所以，戴震既坚持性“一元论”立场，认为血气心知以阴阳五行为根本；同时还认为当血气心知之性在没有感受到外物而保持纯净的时候，就可以被称为“天之性”，“天之性”与“血气心知之性”并非二物，“天之性”只是“血气心知之性”的某种特殊状态。另外，戴震坚持“血气”是天地阴阳二气自然运动作用的结果，而“心知”是阴阳运动产生的认识功能，这对戴氏认识论的形成和发展起到至关重要的作用。

《原善》又曰：“性，言乎本天地之化，分而为品物者也。……有血气，斯有心知，天下之事能于是乎出，君子是以知人道之全于性也。”[④]戴震这里用唯物思想来解释人性问题，认为性来源于阴阳的运动变化，分而为各种具体人与物的不同属性。同时戴震还指出血气与心知之间存在着逻辑上的先后关系，故曰“有血气，夫然后有心知”，并对这种逻辑上的先后关系及“心

① 〔唐〕孔颖达：《礼记正义》，〔清〕阮元校刻：《十三经注疏（清嘉庆刊本）》，中华书局2009年版，第3327页。

② 〔唐〕孔颖达：《礼记正义》，〔清〕阮元校刻：《十三经注疏（清嘉庆刊本）》，第3311页。

③ 徐复观：《中国思想史论集》，九州出版社2014年版，第40页。

④ 〔清〕戴震：《原善》，杨应芹、诸伟奇主编：《戴震全书》第6册，第7页。

知”的重要意义进行了阐发：

> 《传》曰：“心之精爽，是谓魂魄。”凡有生则有精爽，从乎气之融而灵，是以别之曰“魄”；从乎气之通而神，是以别之曰“魂”。《记》有之：“阳之精气曰神，阴之精气曰灵；神灵者，品物之本也。”有血气，夫然后有心知，有心知，于是有怀生畏死之情，因而趋利避害。其精爽之限之，虽明昧相远，不出乎怀生畏死者，血气之伦尽然。故人莫大乎智足以择善也，择善则心之精爽进于神明，于是乎在。[①]

戴震从一般生物现象中得出人有生命就有思维这种结论，认为“精爽”为“血气之伦”所尽有，凡人皆有精爽能力，都有“心知”层面的怀生畏死的本能。此怀生畏死与趋利避害就是“精爽”的最基础表现，也就是“心知”的一种表现。在之后的孟学三书中戴震都论及怀生畏死与趋利避害，可以说这个观点具有十分重要的基础性地位。戴震认为在“精爽”之上还存在着更高级的状态——“神明”。精爽如何进而为神明？人“智足以择善”就可以实现。戴震在此言“智”和“择善”，说明人具智慧的特点，故有主动认知和选择善的能力[②]，“知即善”的思想初步形成，实际是在申发孟子性善论。

总体而言，“血气心知”之论在《原善》中还不系统，所表达的“知即善”思想基本上还是处于初级阶段，在《私淑录》和《绪言》中得以改进，直到《疏证》中才趋于成熟。

《私淑录》直接论述“血气心知”的内容很少，甚至少于《原善》，但是《私淑录》对心的认知作用的表述较之《原善》更深一层，如：“知觉云者，如寐而寤曰觉，心之所通曰知，百体皆能觉，而心之知觉为大。”[③]“人与

---

① 〔清〕戴震：《原善》，杨应芹、诸伟奇主编：《戴震全书》第6册，第16页。

② 张岱年主编：《中国哲学大辞典》，上海辞书出版社2010年版，第56页。

③ 〔清〕戴震：《孟子私淑录》，杨应芹、诸伟奇主编：《戴震全书》第6册，第55页。

物咸有知觉，而物之知觉不足与于此。人物以类区分，而人所禀受，其气清明，远于物之不可开通。礼义者，心之所通也，人以有礼义异于禽兽，实人之智大远乎物。”[①] 戴震在《原善》中认为人心能由精爽进于神明，人的智慧可以“择善”；在《私淑录》中则明确指出人心的功能是能“通”的知觉作用，而人的智慧足以让人拥有更高级的认知作用，即认知理义，这就可以解释为什么人性是善的，因为“知即善”。较之《原善》，《私淑录》的思想明显提高了一个层次。《私淑录》中的种种表述虽然还未直接明言“知即善”，但实际上为最后形成系统的“知即善”理论奠定了坚实基础。

《绪言》继承和发展了关于心具知觉和认知能力的思想，并发《私淑录》所未发：

> 心者，耳目百体之灵之所会归也。……盖耳之能听，目之能视，鼻之能臭，口之能味，魄之为也，所谓灵也，阴主受者也；心之志虑，不穷于用，魂之为也，所谓神也，阳主施者也。主施者断，主受者听。故孟子曰：“耳目之官不思，心之官则思。”是思者，心之能也。《春秋传》曰：“心之精爽，是谓魂魄。”魄属阴之精气，魂属阳之精气，而合言之曰“心之精爽”者，耳目百体统于心，无一时一事不相贯也。精爽有蔽隔而不通之时，及其无蔽隔，无弗通，乃以神明称之。凡血气之属，皆有精爽。其心之精爽，巨细不同，如火光之照物，光小者，其照也近，所照者不谬也，所不照斯疑谬承之，不谬之谓得理；其光大者，其照也远，得理多而失理少。且不特远近而已，光之及又有明暗，故于物有察、有不察；察者尽其实，不察斯疑谬承之，同乎不照，疑谬之谓失理。失理者，限于质之昧，所谓愚也。……故理义非他，所照、所察者之当否也。何以得其当否？心之神明也。人之异于禽兽者，虽同有精爽，而人能进于神明也。理义岂别若一物，求之所照、所察之外？而人之精爽能进于神明，

---

① 〔清〕戴震：《孟子私淑录》，杨应芹、诸伟奇主编：《戴震全书》第6册，第60页。

岂求诸气禀之外哉！①

“凡血气之属，皆有精爽”与《原善》中的说法基本相同，但《原善》说到“心之精爽进于神明”则止，《私淑录》中说人心能进入更高层次的“神明”之后也无深入，《绪言》对人的一般思维能力进行了更深入的阐发，最特别且多为后人所称道的便是戴震“火光照物”的比喻。用“火光”比喻心，用“照”来比喻心的认知行为，用被光所照之物来比喻理，盖有四层含义：第一，就像火光能照到事物一样，人心具有认知的能力；第二，像火光有大有小，人的认知能力有差异性；第三，像事物独立于火光一样，真理具有客观性；第四，像事物可以被火光所照亮，客观的理具有可知性。②戴震这里保留了前著的思想，同时将此与《孟子》“心之官则思”结合起来，明确地指出人心的认知功能。虽然此处没有直言“知即善”，但是戴震这里对人心具有的认知能动性、理义的客观性及心知认知理义的可能性进行了系统阐发，这种阐发其实推动了“知即善”理论的最终建立，同时也解释了为什么人性区别于兽性而能知理为善。

《绪言》中凡言“血气心知”都与心知的认识功能紧密关联。曰：

人之血气心知本乎天者也，性也。……心知之资于问学，其自得之也即为我之心知。以血气言，昔者弱而今者强，是血气之得其养也；以心知言，昔者狭小而今也广大，昔者暗昧而今也明察，是心知之得其养也。故人之血气心知，本乎天者不齐，得养不得养，则至于大异。③

此处所言源于“天”的人之血气和心知就是人的本性，将血气心知与人

---

① 〔清〕戴震：《绪言》，杨应芹、诸伟奇主编：《戴震全书》第6册，第119～120页。
② 王茂《戴震哲学思想研究》（安徽人民出版社1980年版，第58～64页）有“火光照物”之论。
③ 〔清〕戴震：《绪言》，杨应芹、诸伟奇主编：《戴震全书》第6册，第135页。

性善具体地结合起来并对血气和心知展开讨论，强调的是对血气和心知进行滋养和扩充的重要性和通过“问学”的方式以达到心知的神明，即善的境界。又曰：

> 凡血气之属，自有生则能知觉、运动，而由其分于阴阳五行者殊，则知觉、运动亦殊。人之知觉，通乎天德，举其知之极于至善，斯仁义礼智全矣，极于至善之谓理。……孟子直云“恻隐、羞恶、恭敬、是非之心”，四者由心知而生，是乃仁义礼智之端绪也；既得端绪，则扩充有本，可以造乎仁义礼智之极，明仁义礼智，人皆有根心而生之端，非以仁义礼智为性，恻隐、羞恶、恭敬、是非为情也。人之性善，其血气心知异于物，故其自然之良，发为端绪，仁义礼智本不阙一耳。①

戴震直言人性善的原因在于人的血气心知，以此区别于禽兽之性，使血气心知与性善直接联系起来，说明人的心知能力若能达到极致的话，就具有仁义礼智，人性也就能至善。同时，戴震推举孟子的 “四端”学说，认为人之心知本身就具有恻隐、羞恶、辞让、是非之善端，人心对此善端进行扩充就能至善，即“知即善”。

总之，到《绪言》时，“血气心知”在人性论中的地位逐渐提升。首先，在篇幅上较之《私淑录》有明显增加，出现了较多的间接或直接涉及血气心知的内容。其次，深化思想内容，特别是针对心知的认知功能，《原善》和《私淑录》基本上只是阐述了人心拥有认知的功能，而《绪言》则从认知的规律、认知的扩充及心知与理义的关系等方面进行了深入探讨，使得“知即善”思想渐趋成熟。到《疏证》时，戴震一方面继续构建“知即善”这一理论体系，提高其在戴氏人性论中的地位；另一方面对前孟学三书中已有的理论加以改造和完善，使其与“血气心知”的联系更加紧密，更加彰显“知即善”思想。

---

① 〔清〕戴震：《绪言》，杨应芹、诸伟奇主编：《戴震全书》第6册，第116～117页。

《绪言》曰："人之血气心知本乎天者也，性也。"《疏证》则曰："人之血气心知本乎阴阳五行者，性也。"[①] 虽然在《绪言》中"天"已经具有阴阳五行的意义，但在《疏证》中改为直言阴阳五行，也可见得戴震的唯物主义倾向更加明显。

《绪言》多次论述心知的认知功能，并将"心知"与《孟子》"四心"相关联；《绪言》说"四者由心知而生"，也就是说善由心知而生，但对于心知如何产生四端未进行说明，倘若心知无须感知对象而具有直接的生成作用，那么戴震这里所说的"四者由心知而生"难免有唯心和先验论倾向。或许正是因为此，《绪言》中对四心四端的表述未见于《疏证》，取而代之的是对四端和心知的全新论述：

> 性者，血气心知本乎阴阳五行，人物莫不区以别焉是也，而理义者，人之心知，有思辄通，能不惑乎所行也。……然人之心知，于人伦日用，随在而知恻隐，知羞恶，知恭敬辞让，知是非，端绪可举，此之谓性善。于其知恻隐，则扩而充之，仁无不尽；于其知羞恶，则扩而充之，义无不尽；于其知恭敬辞让，则扩而充之，礼无不尽；于其知是非，则扩而充之，智无不尽。仁义礼智，懿德之目也。孟子言"今人乍见孺子将入井，皆有怵惕恻隐之心"，然则所谓恻隐、所谓仁者，非心知之外别"如有物焉藏于心"也，己知怀生而畏死，故怵惕于孺子之危，恻隐于孺子之死，使无怀生畏死之心，又焉有怵惕恻隐之心？……此可以明仁义礼智非他，不过怀生畏死，饮食男女，与夫感于物而动者之皆不可脱然无之，以归于静，归于一，而恃人之心知异于禽兽，能不惑乎所行，即为懿德耳。……孟子言"人无有不善"，以人之心知异于禽兽，能不惑乎所行之为善。[②]

---

① 〔清〕戴震：《孟子字义疏证》，杨应芹、诸伟奇主编：《戴震全书》第6册，第157页。

② 〔清〕戴震：《孟子字义疏证》，杨应芹、诸伟奇主编：《戴震全书》第6册，第181～182页。

《疏证》首先明确了性的本质是源于阴阳五行而具形体和精神两个层面的特质，人之心知经过思考后可获得理义。戴震借用孟子的四心之说，强调了心知可以通过思的作用而与理义产生联系，首先构建起一种认知模式：心知是作用的主体，人伦日用是作用的客体，四心则是作用的结果。换言之，孟子所说的恻隐、羞恶、辞让、是非之心，是心知对人伦日用进行感知而得到的思维结果，所以戴震说“知恻隐”“知羞恶”“知辞让”“知是非”。孟子说恻隐之心是人心所固有的，又说“今人乍见孺子将入于井，皆有怵惕恻隐之心”，戴震正是据此为切入点，将诸如“乍见孺子将入于井”这类现象归为人伦日用，它包含了人们日常生活的所有现象及人与人之间的相互关系，人们只有在此类关系中才能产生恻隐之心。有客观的对象，才能有主观的认知，《疏证》对此问题的论述较之《绪言》则更加丰富，唯物主义倾向也更为明显。戴震强调孟子言“人无有不善”的关键就在于“人之心知异于禽兽”，可见人之心知在戴震人性论中起到了越来越重要的作用，“知即善”思想也愈来愈明晰。

《疏证》对《绪言》中已有的关于“血气心知”的思想进行了改造和完善，特别是对“心知”的阐发已经成熟，对“知即善”思想的发展还表现出另外两个特点：

首先，《疏证》对“血气心知”的论述内容更加丰富，论述的频次篇幅较之《绪言》有着明显增加。如《疏证》曰：“味也、声也、色也在物，而接于我之血气；理义在事，而接于我之心知。”[①]明确血气和心知的各自职能，同时强调了理义可以被心知所认知和获得。此外关涉“知即善”的论述还有“是孟子矢口言之，无非血气心知之性”[②]“血气心知者，分于阴阳五行而成性者也”[③]，等等。

① 〔清〕戴震：《孟子字义疏证》，杨应芹、诸伟奇主编：《戴震全书》第6册，第153页。
② 〔清〕戴震：《孟子字义疏证》，杨应芹、诸伟奇主编：《戴震全书》第6册，第183页。
③ 〔清〕戴震：《孟子字义疏证》，杨应芹、诸伟奇主编：《戴震全书》第6册，第206页。

其次，“血气心知”在人性论中的地位不断提升。戴震在《疏证》“性”一章开篇即曰：“性者，分于阴阳五行以为血气、心知、品物，区以别焉。”[①]此言在《疏证》中无疑起着纲领性作用。一方面强调性的本质是由阴阳五行而来，是坚持理气一元论；另一方面性具体表现为血气与心知，所以戴震的人性论就依托心知而立。故云：“言分于阴阳五行以有人物，而人物各限于所分以成其性。阴阳五行，道之实体也；血气心知，性之实体也。”[②]戴震从唯物自然观出发，认为物质性的阴阳五行是道的实体，表现为形体和知觉的“血气心知”则是性的实体。将“血气心知”上升至性之实体的高度，对坚持“知即善”之论具有十分重要的意义。

总之，“知即善”理论在《疏证》中得到了很大的提升，内容更加充实，思想更加深刻，在其人性论体系中的地位更为重要。

戴震坚持性一元论，认为人性本质上是本于物质性的“血气心知”，认为人性“分于阴阳五行”，正因为有所分才有所别，故曰“性以类别”。强调才是性的外在表现，提出“性不同呈乎才”，实则是对程朱“才禀于气，气有清浊”的理气二分和性二元论的直接否定。坚持“心”对客观事物具有认识作用，认为人性本善的原因就在于“知即善”。纵观戴震孟学四书中人性论的发展轨迹，可知戴震对程朱理学的怀疑、远离是渐进的，纠结、抉择过程是艰难的，批驳是全力以赴的。所以戴震言：“仆生平论述最大者，为《孟子字义疏证》一书，此正人心之要。今人无论正邪，尽以意见误名之曰理，而祸斯民，故《疏证》不得不作。”[③]

（作者单位：扬州大学文学院）

① 〔清〕戴震：《孟子字义疏证》，杨应芹、诸伟奇主编：《戴震全书》第6册，第177页。
② 〔清〕戴震：《孟子字义疏证》，杨应芹、诸伟奇主编：《戴震全书》第6册，第173页。
③ 〔清〕戴震：《与段茂堂等十一札》，杨应芹、诸伟奇主编：《戴震全书》第6册，第533页。

·第二届国际青年儒学论坛获奖论文（据内容排序）·

# 肯定的否定与身教教学方式
## ——论《论语》中孔子式的反讽

## CONFUCIAN IRONY IN THE ANALECTS: AFFIRMATIVE NEGATION AND EMBODIED TEACHING

Dimitra Amarantidou 易冬兰

**［内容提要］**

中国古代哲学没有“反讽”（irony）及与其类似的词，在中国经典文本中也缺乏关于反讽的具体的概念和研究，但这并不意味着反讽作为语气、修辞工具、教学法，甚或作为一种哲学态度，在中国经典中是完全不存在的。就先秦时期哲学而言，学界研究的重点往往只是道家思想中语言的反讽及作为思维与把握世界怀疑性的方式的反讽，甚至作为人生态度的反讽，而儒家经典文本中的反讽思想引起的重视则相对较少。以古代注疏者的解读为依据，不少当代中国学者仍常把孔子这一儒家传统最突出的代表人物视为不苟言笑的圣人，或者认为他不太展开其情绪、不具有幽默的哲学感和话语，正如在字面上解读孔子语录所得到的那样。同时，即使一些国内外学者强调有血有肉的、“微笑的”孔子，但一则，多数研究忽略幽默与反讽之间的异同与重叠，二则，《论语》中的反讽通常被看作一个很有趣味的、让夫子“活起来”的特点，而表示一种否定（批评、愤怒、失望、反对等），因此反讽所具有的肯定的哲学作用与意蕴尚未受到较多关注。借用并超越西方语言哲学的词语与定义，本文试图说明，孔子的反讽作为一种语言方式自然涉及哲学价值与含义；作为一种独特态度自然变成一种身教方式而更具有一种否定并肯定的意义，即反对傲慢与语言的平庸，否认外在的教条对人的规范性，而提倡一种批判的、主动的、创造性的状态与强调由内而发把握世界和改善自己的可能性与力量。

## 一、何为反讽?

在中国古典文本里，“反讽”一词几乎是找不到的。相反，就西方哲学历史而讲，从古希腊城邦思想开始到古罗马、浪漫主义时期，再到现代的哲学家（如克尔凯郭尔、罗蒂、德里达），反讽这一观念的修辞功能与哲学意义一直以来都受到了很大的重视，其重要性与不断的发展表现得很明确。更具体而言，从古希腊各种意义上的“eironeia”（尤其是所谓“苏格拉底式反讽”）到昆体良（Quintilianus）、西塞罗（Cicero）及文艺复兴时代的“ironia”，进而延至施莱格尔（F. Schlegel）的浪漫主义的反讽与现当代的和后现代意义上的“irony”来看，反讽作为修辞手法、教育工具、哲学态度甚至生存方式，不断受到思想家的关注。然而，众所周知，中国传统哲学从未运用过“反讽”概念。毕竟，中国古代哲学甚或缺乏“哲学”一词，但是，尽管“philosophy”对应的“哲学”的出现是晚近之事，这也并不意味着，在中国传统思想中不存在类似的理论活动与理论形态。在黑格尔所讲的“哲学历史”大约两百年以后的今天，国内外学界已经难以否认中国古代具有哲学活动。[①] 同样，中

① 当代中国学者仍提出这一点。参见杨国荣：《中国哲学二十讲》，中华书局 2015 年版；黄勇：*Dao Companion to the Analects,*（Series Editor’s Preface），Springer, 2014。

国古代虽没有“反讽”之“名”，但反讽之“实”[①]以不同的表现形式（作为语言表达方式、一种形象的具体的叙事以及哲学的与人生的态度）在很早已出现了。但是，如果拟在古典文本如《论语》中试图阐述反讽的作用与哲学意蕴的话，那么，该如何定义“反讽”这一借词?

诚然，在儒家传统历史上，孔子不但从未被称作“eirōn”（反讽者），而且一向被视为圣人、不苟言笑的“先师”。然而，在《论语》中，孔子其实经常被描绘成一位使用反讽来批判别人的态度与行为并进行自我批判的对话者，这是不可轻易忽略的。在当代，已有不少学者承认孔子是个有血有肉的常人。在强调孔子的人性色彩时，王元化曾指出：孔子“在失意时也会发感慨……在不满社会黑暗时，也禁不住要发泄愤懑……也有感伤……也有发脾气的时候”[②]。在展开《庄子》中提到的三种人（至人、神人、圣人）的区别时，陈赟曾提出，孔子是圣人，但同时是个社会人。普通人不能理解他，他却能理解人，因此，孔子表现得跟常人不同。陈赟进一步扼要地说明，如果我们只是将孔子视为圣人而已，那么我们就无法对这么完美的人物做哲学分析与研究；圣人就是圣人，我们不能对他说什么。[③]显然，在后人将孔子“神圣化”的影响下，国内学界对《论语》中反讽问题的关注相对较少。

在试图展开对《论语》中“孔子式的反讽”的探索之前，首先对本文的基本前提加以说明，即本文对这样一件事持肯定态度：在对话过程中，孔子之言无疑包含各种语气与语言的表达方式，并且孔子在答复弟子的问题时，也同时表示其多种情绪如愤怒、失望、反对等，而在孔子的诸多语气与语言方式中，反讽显然位居其列。进一步而言，笔者认为，在肯定孔子的反讽存

---

① 参见张允熠：“Philosophy's Predicament and Hegel's Ghost: Reflections on the View that there is 'no Philosophy in China'”（《哲学的困境和黑格尔的幽灵——关于中国无哲学的反思》），Frontiers of Philosophy in China，2007，2（2），230-246。

② 王元化：《谈〈论语〉八篇·孔子的神圣化》，《文汇报》2007 年 8 月 10 日。

③ 陈赟：《庄子·逍遥游》课程，华东师范大学哲学系，2017 年冬季学期。

在的同时也应该明确其有不同的作用及哲学意蕴，并且，这些作用与哲学意蕴能够成为帮助我们理解孔子所关注问题的一把钥匙。实际上，在一开始考虑上述问题时，我们无疑会遇到跟郝大维（D. Hall）与安乐哲（R. T. Ames）所面临的同样的挑战："每个研究的甚或最可靠研究的反讽之处就是，它预设了它将要深究的内容。"① 尽管如此，但本作者认为，尝试在上述的前提上进行有关《论语》里的反讽研究，不仅可以让孔子"活起来"，同时将提出其在一定程度上被忽视的多重态度及哲学思维。

从语言层面上来看，反讽基本上是指一种比喻，是在语言与意义之内的现象。② 自古以来，反讽就被认为是一种机制，它引导人们理解事实的反面。根据昆体良的最早与最基本的定义，反讽（ironia）是"说与本意相反的事"③。依此我们可以看到，反讽本身与语言是密不可分的。然而，反讽同时也在语言和意义之外发挥作用，它可超越语言的领域及"语言游戏"（language games），并且能够提供"使我们摆脱概念真理的严格性"的能力并提出一定概念的不可言性。④ 显然，"说什么"与"如何说"不仅是围绕语言层面的问题，它同时包括深刻的哲学涵义。语言的反讽因而必须要进入无言的领域，来揭示深刻的哲学意义与哲学态度。在谈论苏格拉底式反讽时，弗拉斯托斯（G. Vlastos）曾提出：苏格拉底对知识的否认是一种"复杂的反讽"（complex irony），一种修辞，其中所说的是同时又不是他的意思。⑤ 在提出孔子这个人物往往被忽视的幽默感与滑稽性时，弗勒泽（K. Froese）提出

① David L. Hall and Roger T. Ames, *Thinking Through Confucius,* New York: State University of New York Press, 1987, 40.

② Claire Colebrook, *Irony in the Work of Philosophy,* Lincoln: University of Nebraska Press, 2002, 84–85.

③ 昆体良把反讽（irony 或 illusion）归类为寓言的一种，同时提出三个相关希腊语同意词：讽刺（sarkasmos）、彬彬有礼的机智（asteismos）、矛盾的话（antiphrasis）与谚语（paroimia）（8.6.54–59）。

④ Colebrook, *Irony,* 17.

⑤ Gregory Vlastos, *Socrates: Ironist and Moral Philosopher,* Cambridge University Press, 1991, 13.

了相似的观点："其所说的是而同时不是他的意思。"[①] 这里值得注意的地方在于，如何能够明确地区分幽默与反讽的不同内涵与作用，因此，该论文将借用（并超越）语言哲学的定义与词语，从而更好地进入孔子式的反讽所具有的丰富的内容与哲学涵义。更具体地说，本论文在以格赖斯（H. P. Grice）关于谈话的理论为依据的基础上同时试图超越格赖斯的定义，从而进一步对孔子式的反讽加以说明。

格赖斯认为，对话通常在某种程度上就像合作型企业，因此，格赖斯提出了会话中的"合作原则"（cooperative principle）：在任何谈话过程中，对话双方要根据他们所从事的谈话交流的目的或方向，在对话发生的阶段做出他们所需要的会话贡献。合作原则包括四个范畴（按照康德运用的范畴），每个范畴又包括一条准则和一些次准则。[②] 大致上听者可以通过理解"如何说"而非通过理解"说什么"来进行会话含义的解读。格赖斯也提出了语用学领域中反讽的经典定义；对于他来说，在任何会话中具有反讽意味的是一种特殊的会话含义（conversational implicature）[③]，它是由公开的违反（剥削）引发的第一个质的准则（first maxim of quality）：不要说自知是虚假的话。[④]

诚然，幽默与反讽是很难辨别的，但它们毕竟是两个不同的概念。虽然

① Katrin Froese, "The Comic Character of Confucius", *Asian Philosophy* 24, no. 4 (December 2014): 311. http://dx.doi.org/10.1080/09552367.2014.983669.

② Herbert Paul Grice, "Logic and Conversation", *Studies in the Way of Words*, Cambridge, Massachusetts: Harvard University Press, 1989, 26–27.

③ Leonor Ruiz Gurillo and M. Belén Alvarado Ortega, eds., Irony and Humor: From Pragmatics to Discourse, Amsterdam: John Benjamins Publishing, 2013, 1.

④ Grice, "Logic and Conversation", 24–37。1975 年格赖斯提出了一套合作原则，量的准则（quantity maxim）：一、所说的话应该满足交际所需的信息量；二、所说的话不应超出交际所需的信息量。质的准则（quality maxim）：一、不要说自知是虚假的话；二、不要说缺乏足够证据的话。关系准则（relation maxim）：说话要有关联。方式准则（manner maxim）：说话要清楚、明了，一、避免晦涩；二、避免歧义；三、简炼；四、井井有条。

其关系很密切，虽然幽默存在于幽默的反讽中，反讽存在于反讽的幽默中，但它们实际上是截然不同的现象。但同时反讽和幽默之间显然有重叠，即反讽和幽默都是比喻语言形式，因此两者表现出一种创造性的运用。同时，反讽和幽默都形成了对比的与间接否定（indirect negation）的语用学过程的一部分。在它们作为语用事实的情况下，两者都违反了语用原则。事实上，“反讽有助于文本幽默的感知”①。不同于反讽这一语用事实，幽默同时具有语义性和语用性。此外，反讽回声明确传达的假设，而幽默回声隐含表达的假设；反讽涉及否定的推理，而幽默则需要一个脚本（script）代替另一个脚本。更具体而言，反讽被理解为间接否定，而幽默基本上是指围绕一个替代脚本的反义词的机制。而对于所涉及的推论，反讽主要是违反了格赖斯所讲的量的准则，相反，幽默涉及对信息性准则的侵犯。②

显然，反讽是一种极其复杂的现象，因此，要完全理解其功能与不同形式，上述定义与辨别显然是不足够的。尽管如此，就孔子的反讽来讲，我们还是可以在基本的理论基础上对《论语》中的反讽进行研究。首先要承认的是，根据上述定义，在《论语》中幽默与反讽两个现象都是存在的，同时，对《论语》字面上的解读往往也是有依据的（如前所述，孔子所说的往往是而同时不是他的意思）。但按照笔者的想法，一则，以反讽我们可以感知幽默，二则，反讽本身跟一种否定有（而幽默不一定有）密切的关系。具体来说，一方面，它具有对比与间接否定的作用；另一方面，以反讽来对话者可以表示其否定的情绪（反对、批评、失望等）；并且，作为对质的准则的违反，反讽更明确地提出跟知识与真理（认识论）有关的哲学问题。进一步而言，《论语》中的反讽不仅是间接的否定，而更主要是一种肯定的否定：孔子以反讽的话语来表示其否定的情绪并否定一定的言行，而同时间接、无意地肯定别人的、每个人的改善自己的可能性。

---

① Gurillo and Ortega, *Irony and Humor*, 5.

② Gurillo and Ortega, *Irony and Humor*, 5.

## 二、何为孔子式的反讽？

海登·怀特（H. White）曾指出："任何现代的解读本身都是反讽的，因为它涉及发现过去自身没有意识到的事情。"[①]就对《论语》的解释而言，我们无疑有某种特权地位，即可以从当代的后现代视域来看《论语》里孔子生活中发生的事，即可以从某种高处看到孔子的成功与失败、希望与失望，并且在一定程度上也可以看到儒家这个学派的沉浮。后人可以回归过去，超越语境中的反讽，看到古人生活中的"全性的反讽"（total irony）。[②]但本论文的主要关注点在于，在《论语》的语境中所运用的反讽，对于理解孔子这位最有代表性的先秦思想传统中的人物与形象可以提供什么帮助，以及反讽在孔子的思想体系中，及在面临具体的人、具体的情况下具有什么教学价值与哲学含义。

当代国内外学界对《论语》中反讽问题的关注显然较少，在为数不多的研究中，见解独到且在西方汉学界受到欢迎的是何莫邪（C. Harbsmeier）对《论语》中幽默的研究。[③]以《论语》中的幽默及非正式性为依据，何莫邪认为，有幽默感、"微笑的"孔子与后代《孟子》《荀子》那里描绘的孔子是不一致的，而这与儒家思想的发展有密切的关系："如果孔子拥有跟其他人一样的情绪，并且这些情绪是在正确的智慧的圣人标准被确立甚或被预想之前得以记录下来的，那会怎么样呢？可能孔子的弟子想要他比他实际上更像圣人。"此外，在对《论语》的译介中，介绍孔子的弟子与孔子对他们不同的答复与态度时，安乐哲与罗思文（H. Rosemont）曾指出，孔子往往是富有幽默感的。[④]并且，

---

① Hayden White, *Metahistory: The Historical Imagination in Nineteenth-Century Europe*, Baltimore: Johns Hopkins University Press, 1973, 375.

② Colebrook, *Irony*, 39.

③ Christoph Harbsmeier, "Confucius Ridens: Humor in the Analects", *Harvard Journal of Asiatic Studies* 50, no. 1 (June 1990), 131-161.

④ Roger T. Ames and Henry Rosemont Jr., *The Analects of Confucius: A Philosophical Translation*, New York: Ballantine Books, 1999, 7.

如前所述，弗勒泽（K. Froese）也指出了《论语》与《庄子》中对孔子的滑稽性描绘。根据她的解读，在《论语》那里幽默主要称为一种教学手段[①]，其意义在于孔子对“礼”的理解及其对非弹性的仪式行为的批判与反对；“如果要保持仪式的自发性，就要准备离开它。孔子似乎默认，为了保持仪式，我们必须偶尔离开它”[②]。对“真”与“正”这两个关键概念进行研究时，拉菲尔斯（L. Raphals）不否认何莫邪的解读，但进一步提出了“真”与“正”所具有的不同意义、它们跟语言的关系，以及在更广泛的意义上它们所包含的跟交流和行动有关的意蕴。拉菲尔斯认为，以幽默或反讽为依据的解读跟她提出的“身体对齐”（physical alignment）的理想（“无为”）无疑不同，但不能说是不一致的。总体说来，拉菲尔斯正如何莫邪一样，承认《论语》中的反讽，而且更强调“真”与“正”跟间接性行为的关系，以及其对理解儒家思想发展过程与《论语》和后代先汉儒家文献（尤其是《孟子》与《荀子》）的关系与差异的重要性。[③]最后，需要指出的是 Weihe Xu 对孔子的幽默所进行的解释。根据其理解，孔子有幽默感是不可忽视的；然而，其幽默是恰当的，从不违反礼节：“从儒家角度来看，恰当的幽默意味着一种私人的、温和的、善良的、有品味的、有教益的欢乐。”[④]

对于上述学者的解释，我们要特别留意反讽、幽默、讽刺、笑话等概念之间的异同。总体说来，探究《论语》中孔子的语录具有的幽默或诙谐性时，学者不大明确区分反讽与幽默的不同的涵义与作用，即按不同的学者之见，幽默的议论可以被视为反讽的，反之亦然。

---

① Katrin Froese, Why Can't Philosophers Laugh? Cham: Palgrave Macmillan, 2017, 173.

② Froese, “The Comic Character of Confucius”, 308.

③ Lisa Raphals, “Uprightness, Indirection, Transparency”, *Dao Companion to the Analects,* ed. Amy Olberding, New York: Springer Publishing, 2014, 159–170.

④ Weihe Xu, “The Classical Confucian Concepts of Human Emotion and Proper Humour”, *Humour in Chinese Life and Letters,* eds. Jocelyn Chey and Jessica Milner Davis, Hong Kong: Hong Kong University Press, 2011, 27.

诚然，把孔子的反讽看作一种让夫子间接表达其各种否定情绪（愤怒、反对、失望、遗憾等）的修辞手法，无疑是有根据的，但本论文将试着进一步阐述的问题在于，反讽还具有哪些教学的价值与哲学意蕴。笔者不拟反对上述学者对孔子的幽默感的理解，也并不拟否认孔子是一位有幽默感、有各种情绪的人，而是认为，幽默的话语同时可以被视为表达一种无意运用反讽的教学法，并且更表现为对别人与自己的言行的反思，以及对把握世界与改善自己的哲学态度。换言之，作为孔子的态度与性格特点，反讽可以被看作一把钥匙来帮我们理解孔子潜在的想法。然而，在一开始思考孔子话语中的反讽时，我们不可避免地面临《论语》编排的问题。孔子的反讽究竟在哪里可以看到？如所周知，《论语》并不是出自一人之手，而是出自孔子不同学生之手与其他不同的再传弟子之手。在谈《论语》八篇时，王元化先生强调《论语》“有一种不大为人讲到的优点”，即此书编者并没有“为尊者讳”，而是将各种言行都“忠实地记录下来，无所掩饰”[①]。这就意味着，这样一种观点是缺乏依据的，即认为《论语》里的话语是根据不同年代、不同弟子的需要与意图记录的。在论《论语》篇的编排时，陈赟曾提出，尽管《论语》是语录作品，但这并不意味着它没有义理的结构。[②] 现今不少学者认为，尽管文本里有许多内插与省略，但从《论语》中我们仍旧可以体会到一个具有不同形象的“活着”的孔子。关于文本的体系性，万百安（B. Van Norden）曾指出：“我并不是说孔子在他的观察中是完全随意的，他也有系统性的程度。”[③] 尽管本论文并不是要对上述解释提出挑战，但笔者认为，在一定程度上，尽管《论语》中弟子对孔子进行了不同的描绘，但这并不意味着《论语》不是一个可靠的资源，反而意味着其中的描绘都让一个“活着”的孔子显现

---

① 王元化：《谈〈语语〉八篇·孔子的神圣化》，《文汇报》2007 年 8 月 10 日。

② 陈赟：《儒家思想与中国之道》，浙江大学出版社 2016 年版。

③ Bryan W. Van Norden，“Unweaving the ‘One Thread’ of Analects 4:15”，*Confucius and the Analects: New Essays*，ed. Bryan W. Van Norden，Oxford: Oxford University Press，2002，216–236. 在同样文集参见 Philip J. Ivanhoe，“Whose Confucius? Which Analects?”，119–133。

出来。一个非常一致的、统一的描述不会像不一致的描述那样更令人信服或可靠，这是因为真实的人通常是不一致的和复杂的，而不是统一的。无论《论语》的编排如何，无论孔子如何，不可忽视的是，反讽意味是无处不到的，而我们可以，一方面，从反讽角度试图探究在《论语》语境中反讽的哲学意义与价值，另一方面，以反讽为依据来尝试解读孔子的思想与性格。

而在谈论《论语》或孔子的幽默与反讽时，就必须要提到林语堂。作为一位引入西方幽默概念的作家、翻译家、语言学家、哲学家与发明家，林语堂觉得中国缺乏幽默感。在1924年他创造了“幽默”一词，并且依据《论语》提出了他自己的幽默概念与人生哲学。[①] 在《论孔子的幽默》中，林语堂曾指出：

> 《论语》一书，有很多孔子的人情味。要明白《论语》的意味，须先明白孔子对门人说的话，很多是燕居闲适的话，老实话，率真话，不打算对外人说的话，脱口而出的话，幽默自得话，甚至开玩笑的话，及破口骂人的话。总而言之，是孔子与门人私下对谈的实录。最可宝贵的，使我们复见孔子的真面目，就是这些半真半假、雍容自得的实录。由这些闲谈实录，可以想见孔子的真性格。[②]

同样，何莫邪（C. Harbsmeier）承认，“在《论语》中笑容是无处不到的”[③]，但如果如此，反讽何在？笔者认为，固然以幽默来揭示孔子的情绪与人性的色彩，甚或来了解儒家思想的发展过程以及《论语》、《孟子》与《荀子》之间对孔子的描绘差异，并不是错误的，但是根据笔者的看法，无处不在的并不是幽默，而应该是反讽的意味。因此，在不排斥从幽默角度所进行的解读的同时，我们可以从反讽角度来探索孔子对“学”“礼”“仁”等核心概

---

① Christopher Rea, *The Age of Irreverence: A New History of Laughter in China*, California: University of California Press, 2015, 12.

② 林语堂：《论东西文化的幽默》，天天出版社2014年版，第167页。

③ Harbsmeier, “Confucius Ridens”, 160.

念的理解，也许还能够提出一些新的解释。因为孔子作为一位老师、一位哲学家、儒家最伟大的儒者，同时主要作为人、一辈子都在“学”的过程中的人（这正是对其教学内容的执行），主要是通过反讽来无意地表达其哲学态度的。

## 三、孔子式的反讽何在？

在《论语》里孔子那些具有反讽性质的回答中，《子罕》篇第二章是受到较多关注者之一：“达巷党人曰：‘大哉孔子！博学而无所成名。’子闻之，谓门弟子曰：‘吾何执？执御乎？执射乎？吾执御矣。’”其中，孔子在问弟子的同时也在自问：“吾何执？执御乎？执射乎？吾执御矣。”有关如何理解“达巷党人”、“博学”、“成名”、“射”与“御”的问题在当今国内外学术界颇有争议。就汉语学界而言，按照古代注疏者（如何晏、朱熹）所进行的解读较多。根据对这一段的解释，很容易发现的是，他们给孔子的注疏是依据字面上的解释，强调其渊博的知识与谦虚。具体而言，何晏云：“孔子闻人美之，承之以谦。”“以为人仆御，是六艺之卑者，孔子欲名六艺之卑，故云‘吾执御矣’，谦之甚矣。”[①] 对此朱熹有类似的理解：“闻人誉己，承之以谦也。”[②] 相反，一些当代外国学者把上述孔子的答复视为是反讽的，但对这里的反讽的意义存在不同的理解：达巷党人是无知的，孔子在间接地对其进行批评（A. Waley）；孔子是在反讽地拒斥军事技术（B. L. Schwartz）；孔子在反讽地答复一个荒谬的问题（H. G. Creel）；反讽表现为孔子的超虚（J. Legge）；孔子只是在进行一种温和的反讽而已（F. W. Mote）。[③] 同时，一些当代中国哲学家对这段话有不同的看法，如李泽厚认为，这一段是很难理解的（像《子罕》第一章一样），它其实并不是反讽的，而

---

① 〔三国〕何晏注，〔宋〕邢昺疏：《论语注疏》，中国致公出版社 2016 年版，第 129 页。

② 〔宋〕朱熹：《四书章句集注》，上海古籍出版社 2017 年版，第 109 页。

③ Frederick W. Mote, “The World of Thought in Ancient China by Benjamin I. Schwartz”（review）, *Harvard Journal of Asiatic Studies* 50, no. 1（June 1990）: 384-402.

是表现了孔子的失望："思想家不能成为专家，所以我正好选择地位最低的技术，即御驾。"

虽然学界对这一段具有不同的解读，但是笔者认为，我们也许可以尝试用反讽来理解这一段，并且可以进一步把反讽看作一种资源：它能够帮我们展开对多重哲学含义与教学作用的理解。诚然，如前所述，根据语言哲学家的理论分析，并根据普遍的经验与理解，反讽本身是一种否定；对话者以反讽表示其反对、批评甚或嘲弄，并且反讽违反一种基本的原则（格赖斯的合作原则或基本的逻辑原则）。然而，笔者认为，孔子式的反讽同时具有一定的肯定意义及作用，即孔子以其来无意地提出一些哲学问题，即认识论与伦理的问题："知""礼""仁"等究竟是如何了解、如何得到的？《论语》中相对较明确的反讽的例子不在少数，但与其他学者不同的是，这些具有反讽意味的孔子的答复与评论不仅涉及一种否定（反对、温和的批评以及消极情绪如愤怒、失望等），而且同时孔子通过反讽来为创造力和主动反应开辟一片空间。在讨论孔子思想中理性的原则时，杨国荣曾指出：

> 按孔子之见，凡人都具有判断是非善恶的能力……以理性的判断与推论作为实现人道原则的必要条件，意味着将自觉的原则引入人的行为中。孔子十分强调人的行为应当以理性认识为前提。[①]

笔者认为，对于《子罕》篇第二章中所体现的孔子式的反讽，可以将其看作对人的傲慢（达巷党人以为他理解什么叫"成"、什么叫"名"以及它们的价值）、对专业知识与对"成名"的追求的排斥，以及同时对人的理解能力表现肯定。在表面上，可以说，孔子肯定其弟子的智力，间接地表示一定的事实而必要。孔子的意思似乎是："我间接地说话的时候，你们都能够理解，你们都应该能够理解。"质言之，反讽就是对凡人的理性能力与自觉

---

① 杨国荣：《中国哲学二十讲》，第68页。

的自我认识和改善自己的能力的一种无意的肯定。

这里特别需要说明的是"无意的"这一词，因为这正是孔子与儒家思想家在教学方面的特点。孔子作为儒家传统中最伟大的老师，其教学方式正是并非出于刻意设计的"身教"。关于这一点，杜维明曾指出："孔子与学生坦率地相互沟通，并非出于教学法的设计使然，而是反映了他的生活态度。"[①] 并且，儒家思想家通过身教来证实其"做人"的观念的有效性。而之所以如此，是因为儒家思想家并不重视其观念的普遍性，而以此时此地的人的生存为依据，他们自身体现其原则，并以身教的方式来教化别人。根据上述解释，不但可以帮助我们理解为何《论语》中孔子以不同的答案回答弟子的问题，而且更能够让我们进一步展开对孔子式反讽的理解，即它的哲学意义与价值。

根据以上分析，我们可以解释不少具有反讽意味的《论语》文本。《论语·公冶长》曾记载："宰予昼寝。子曰：'朽木不可雕也，粪土之墙不可圬也；于予与何诛？'子曰：'始吾于人也，听其言而信其行；今吾于人也，听其言而观其行。于予与改是。'"宰我往往向夫子提问很难的问题，并被认为表现好学深思，但他在《论语·阳货》中被孔子视为"不仁"。关于这里的反讽，一则在于孔子的失望与对宰我的态度的间接反对（"朽木不可雕也"），二则在于其后面的评论"于予与改是"。对此可以进行两种说明：一方面，可以说孔子无疑从未认为宰我这位缺乏"仁"的人能够学习或改善自己（否定的意思）；但另一方面，也可以说这句话就包含着这样一层意思，即我们当然可以自不完美的人身上学习与认识自己（肯定的意思）。关于这一点，《论语·里仁》（"见贤思齐焉，见不贤而内自省也"）进行了进一步的解释。在《子罕》的这一段中，反讽有两种作用及意义：在相对较表面的层次上，反讽体现为批评与反对的意义；而在更深层次上，反讽则具有身教教学作用的意义，提倡人对"学"的可能性，因而可被视为一种否定的肯定。

---

① 杜维明：《儒家思想：以创造转化为自我认同》，生活·读书·新知三联书店2013年版，第55页。

而在《论语·子路》第十八章中孔子答复如何理解“直”的问题时也体现了一定的反讽：“叶公语孔子曰：‘吾党有直躬者，其父攘羊，而子证之。’孔子曰：‘吾党之直者异于是：父为子隐，子为父隐。直在其中矣。’”这一章在学界受到了较多的关注，学界的关注点主要集中于亲缘关系与社会法律规定之间的矛盾。这里值得注意的无疑是孔子对这种矛盾的解决（“说什么”的重要性），而且同样关键的是孔子为何运用带着反讽意味的说法（“如何说”的重要性）。笔者认为，孔子的评论包含着一个伦理概念的理解（“直”），其反讽的语言方式同时涉及如前所述的认识论的态度：孔子不是用抽象的、普遍化的定义理解道德品格与行为，而是通过具体的、生活中的例子向叶公答复，并且不是直接反对对“直”不同的（对他而言是不正确的）理解，而是间接向叶公提供教学帮助。关于此，傅佩荣提出孔子教学的办法与特点：孔子是从消极（你不要这样做）转向积极（你去这样做）。[①]从“不要怎么样”到“要怎么样”的过程中，反讽是一种关键的无意教学方式，因为反讽所涉及的间接性对于让人主动思考、反省与理解而言扮演着重要角色。

除此之外，从反讽角度对《论语》的解读也可以帮助我们更好地理解孔子对“仁”这一儒家思想中核心概念的看法。从《论语·子罕》第一章中我们发现，夫子不大谈“仁”（“子罕言利与命与仁”）。其中，值得注意的有两点：一、孔子不愿意谈“仁”，但“仁”在《论语》大约五百章中出现了一百多次（这也可以被看作一种反讽！），并且每次我们都可以得到孔子针对不同弟子所给予“仁”的不同例子与定义。如何做“仁人”这一儒家理想的人，无疑是最关键的问题，但孔子往往迂回地向弟子回答这一问题。[②]不同的人得到不同的答案，这也体现出孔子无疑对其弟子都有深刻的了解：“柴也愚，参也鲁，师也辟，由也喭。”（《论语·先进》）二、似乎孔子不愿意对“仁”提供定义，他不大说何谓“仁”，而说何不谓“仁”（如

---

① 傅佩荣：《傅佩荣讲孔子》，北京联合出版公司 2018 年版。

② 例外也许是《论语·颜渊》中的记载：“樊迟问仁。子曰：‘爱人。’”

在《论语·公冶长》中）。[①]《论语·微子》曾记载："微子去之，箕子为之奴，比干谏而死。孔子曰：'殷有三仁焉。'"在这段文本中我们可以看到，孔子不具体说"仁"是什么，而只提出一些不同的体现"仁"的人物（微子、箕子、比干）而已，让弟子主动阐述并体会这三位仁人的态度与性格。进一步我们可以尝试性地断定，孔子并没有任何教学方式，而只有学习、思考、反省、生活方式而已。其实，这就可以被看作孔子式的反讽：否认外在的教条对人的规范性（甚至最好的老师、最完美的定义也不一定让你理解最重要的事），而同时肯定一种批判的、有理性的态度，并强调由内而发的把握世界和改善自己的可能性。正如杨国荣曾指出的那样："主体是否遵循仁道规范，是否按仁道原则来塑造自己，都取决于自主的选择及自身的努力，而非依存于外部力量。"[②] 作为自身教学内容的体现，孔子以反讽来肯定他人所体现的理想的力量，并进而否定地肯定了哲学生活的主要内容：哲学并不是"爱智慧"（philosophia），而在儒家传统中变成"创造智慧"的凡人可以实现的理想。

## 四、总结

诚然，"反讽"这一术语在中国古代传统中并不存在，但是，在《论语》这一中国古代文化传统中的关键文献里，"微笑的"、"活着的"、有幽默感的、反讽的孔子无疑是可以见到的。然而，国内外学者对《论语》里反讽的关注与研究相对较少。并且，当代中国学者一方面往往把孔子这一儒家传统最伟大的代表人物视为不苟言笑的圣人；另一方面，尽管其承认孔子所具有的人性的色彩，但并不大展开对孔子的反讽话语及其所蕴含的哲学意义的探讨，而是通常仅就孔子语录字面上的含义来对其进行解读。同时，一些中外学者虽然提出了"有血有肉的孔子"的看法，但一则，其研究通常不重视

---

① 《论语·公冶长》第八章（"不知其仁也"）与第十九章（"未知。焉得仁"）。

② 杨国荣：《中国哲学二十讲》，第73页。

幽默与反讽之间的异同与重叠，二则，《论语》中的反讽在此有时仅被视为有趣味的文本，其作用与含义也仅限于一定的否定的态度（批评、愤怒、失望、反对等），而其肯定的哲学作用与意蕴则是一向被忽视的。在引用并超越西方语言哲学的词语与定义的基础上，本文认为，在《论语》中孔子“说什么”与“如何说”是密不可分的事实，因而，反讽作为一种语言方式自然涉及哲学价值与含义。尽管其在表面上是一种否定（反对傲慢与语言的平庸，否认外在的教条对人的规范性），但它实则具有肯定的意义。因此，孔子式的反讽，作为孔子个人的态度，自然也是其身教的教学方式，并且通过反讽他不但在提倡批判的、主动的、创造性的状态，而且同时主要在肯定由内而发把握世界和改善自己的可能性。

（作者单位：华东师范大学哲学系）

# 早期儒家人性论的两种模式及其影响
## ——以《中庸》、孟子为中心

任蜜林

[内容提要]

在早期儒家人性论思想中，除了人性善恶问题，还有人性、物性异同关系的问题。其大致可以分为两种模式：一种是人性、物性相同模式，以《中庸》为代表；一种是人性、物性相异模式，以孟子为代表。在宋明以前，孟子的人性论模式居于主流地位。由于受到佛教、道教的刺激，宋明以后《中庸》的人性论模式开始受到重视。两种模式本来属于不同的理论体系，各有特色，但到了朱熹注“四书”的时候，朱熹不得不同时面对两个文本，于是造成了其思想上的矛盾，这对其以后的儒学发展产生了重要的影响。

人性论无疑是早期儒家最为关注的问题之一。自孔子提出“性相近也，习相远也”以来，早期儒家提出了不同的人性论思想，较为著名的当属孟子的“性善论”和荀子的“性恶论”。对于早期儒家人性论，学界较多关注人性的价值方面，即人性的善恶问题。近年来，人们对于早期儒家人性论有了深入的认识，不再纠结字面的意思。如对于荀子的人性论，目前就有多种不同的看法。毫无疑问，这些看法都或多或少地推动了人们对早期儒家人性论的认识。

除了人性的价值方面，对于人性的研究还涉及一个人性与物性异同的问题。这一问题在早期儒家并未受到足够的重视。经过佛教、道教思想的影响，宋明以后，此问题逐渐凸显出来，成为宋明儒家探讨人性论问题的主要内容之一。但从根源上讲，人性、物性异同的问题并非源于佛教和道教，而是在早期儒家思想中就已蕴含的问题。

早期儒家对于人性、物性异同的问题，大致有两种模式：一种是人性、物性相异模式，这是自孔子以来儒家人性论的主流模式，以孟子为代表；一种是人性、物性相同模式，相比前一种模式，这种模式居于比较次要的地位，以《中庸》为代表。下面分别对这两种模式作一深入的分析，然后指出它们对于宋明以后儒家人性论思想的影响。

## 一、以孟子为代表的人性、物性相异模式

先秦儒家人性论由孔子奠其基。在整部《论语》中，有两处提及“性”：一处为“夫子之言性与天道，不可得而闻也”（《公冶长》）；一处为“性相近也，习相远也”（《阳货》）。然孔子对于“性”论述颇简，其具体内容不可详知。其所持人性论，究竟是自然人性论，还是性善论，抑或其他方面的内容，无从断言。正如陈来先生所说：“相比于孟、荀的人性论，孔子的人性论思想在《论语》中并没有清楚呈现出来，‘性相近’的说法应当如何诠释才能历史地接近孔子自己的思想，并没有接近孔子时代的资料加以支持。”[①] 然不管其内容如何，孔子所说的“性”毫无疑问指的仅是人性，并不包含物性。孔子还说：“鸟兽不可与同群，吾非斯人之徒与而谁与？”（《论语·微子》）可见孔子明显地将人类社会与动物区分开来，因此，其必然也会区别人性与物性。

孟子继承了孔子这一思想，严辨人、物之别。在孟子看来，人之所以能

---

① 陈来：《竹帛〈五行〉与简帛研究》，生活·读书·新知三联书店 2009 年版，第 76 页。

够与动物相区别，就在于人具有与动物不一样的特性，“人之所以异于禽兽者几希，庶民去之，君子存之”（《孟子·离娄下》）。人与动物所不一样的地方并不是很大，仅仅在于“几希”的那一点点。这“几希”的一点点也就是他所说的“性善”。孟子认为，“性善”是人之为人的根据，如果失去这一点，就与动物没有什么区别了。这种“性善”是通过“心善”的方式呈现出来的。对于此点前人多有论述，如徐复观先生说：“孟子所说的性善，实际是说的‘天之所与我者’的‘心善’。”[①]唐君毅先生也说：“孟子言性，乃即心言性善，及此心即性情心、德性心之义。所谓即心言性善，乃就心之直接感应，以指证此心之性之善。”[②]在孟子看来，人性之所以是善的，就在于人具有“四端之心”。他说：

> 乃若其情，则可以为善矣，乃所谓善也。若夫为不善，非才之罪也。恻隐之心，人皆有之；羞恶之心，人皆有之；恭敬之心，人皆有之；是非之心，人皆有之。恻隐之心，仁也；羞恶之心，义也；恭敬之心，礼也；是非之心，智也。仁义礼智，非由外铄我也，我固有之也，弗思耳矣。（《孟子·告子上》）

这是说，就人的实际情况来看，人性是可以行善的。如果其所做不善，并不是其本心造成的。这种“性善”是人本身固有的，不是外在强加于人的。其具体表现为“四心”，即恻隐之心、羞恶之心、恭敬之心、是非之心，分别对应于仁、义、礼、智“四德”。如果无此“四心”，则人就不能称作人，“无恻隐之心，非人也；无羞恶之心，非人也；无辞让之心，非人也；无是非之心，非人也”（《孟子·公孙丑上》）。可以看出，孟子通过“四心”来论证其性善（“四德”）思想。因此，孟子又说：“君子所性，仁义礼智根于心。”

---

① 徐复观：《中国人性论史·先秦篇》，上海三联书店 2001 年版，第 148 页。
② 唐君毅：《中国哲学原论·原性篇》，中国社会科学出版社 2005 年版，第 13 页。

（《孟子·尽心上》）

从上面的分析可以看出，孟子从“心善”推出“性善”。具体来说，恻隐、羞恶、辞让（恭敬）、是非“四心”是“心善”的表现，仁、义、礼、智“四德”则是“性善”的内容。这样看来，“心”是“性”的根本，“性”是“心”的表现。不过孟子又说：“恻隐之心，仁之端也；羞恶之心，义之端也；辞让之心，礼之端也；是非之心，智之端也。”（《孟子·公孙丑上》）与前者相比，这里没有把恻隐、羞恶、辞让、是非“四心”直接等同于仁、义、礼、智“四德”，而仅仅把它们当作仁、义、礼、智“四德”的开端。“四心”只是“四德”的一个部分，也就是说，“心”在这里成了“性”的一个组成部分。以上两种表述虽然有些差异，但并不矛盾，即都通过“心善”来说明“性善”。那么“心”何以就是“善”的呢？在孟子看来，这是天所赋予人的。因此，“心善”是人天生就有的，而不是从后天习得的。孟子把这种天生的“心善”又称作“天爵”“良贵”。他说：

夫仁，天之尊爵也，人之安宅也。（《孟子·公孙丑上》）

有天爵者，有人爵者。仁义忠信，乐善不倦，此天爵也；公卿大夫，此人爵也。（《孟子·告子上》）

欲贵者，人之同心也。人人有贵于己者，弗思耳矣。人之所贵者，非良贵也。（《孟子·告子上》）

在“四德”之中，仁、义是根本，礼、智是从属。孟子说：“仁之实，事亲是也；义之实，从兄是也；智之实，知斯二者弗去是也；礼之实，节文斯二者是也。”（《孟子·离娄上》）而仁、义二者之中，仁又是根本，仁是“人心”，义是“人路”。因此，在孟子思想中，仁是可以包含其他三德的。这样上面说“仁义”是“天爵”，是人天生固有的，实际上也包含礼、智二者。而“良贵”说的也是人天生而有的善“心”，是人之所以为人的最尊贵的表现。

可以看出，孟子认为人之所以为人在于其有着与其他动物不同的地方，即“性善”。孟子并不否认人与动物之间相同的自然属性，因此，在与告子辩论的时候，他对告子“食色，性也”的观点并未直接加以反对。同时，孟子还提出“形色，天性也”的观点。但孟子认为，人性包含自然属性和道德属性两个方面，前者属于小的方面、贱的方面，后者属于大的方面、贵的方面。他说：

体有贵贱，有小大。无以小害大，无以贱害贵。养其小者为小人，养其大者为大人。……饮食之人，则人贱之矣，为其养小以失大也。（《孟子·告子上》）

这里小、大分别指“小体”“大体”。所谓“小体”即耳目口鼻等感官的生理欲望，“大体”则指人“心”的道德属性。如果顺从小体，则为小人；反之，顺从大体，则为大人。“耳目之官不思，而蔽于物，物交物，则引之而已矣。心之官则思，思则得之，不思则不得也。此天之所与我者，先立乎其大者，则其小者弗能夺也。此为大人而已矣。”（《孟子·告子上》）耳目等感官的生理欲望容易受到外物的影响，从而被蒙蔽。而心具有“思”的主动性，这是天所赋予人独特的能力，因此，不会受到外物的影响。“贱”“贵”同样是相对于人的生理属性和道德属性来讲的。“贱”指饮食口腹之欲，“贵”指的就是前面所说的“良贵”。

在孟子看来，人如果丧失其“本心”，仅仅顺从生理欲望，那么就是小人、庶民。他常常用“禽兽”来比喻这类人。孟子说：

人之所以异于禽兽者几希，庶民去之，君子存之。（《孟子·离娄下》）

人之有道也，饱食、暖衣、逸居而无教，则近于禽兽。（《孟子·滕文公上》）

其日夜之所息，平旦之气，其好恶与人相近也者几希，则其旦昼之所为，有梏亡之矣。梏之反覆，则其夜气不足以存；夜气不足以存，则

其违禽兽不远矣。（《孟子·告子上》）

这些说的都是如果丧失“本心”，那么就离禽兽不远了。因此，在与告子辩论的时候，孟子极力反对将人性与动物之性相等同，“然则犬之性，犹牛之性；牛之性，犹人之性与？”（《孟子·告子上》）如果从“生之谓性”的角度来看，人与动物没有什么区别，但这不是人之为人的本质特征，因为人与动物属于不同的种类。孟子说：

> 故凡同类者，举相似也，何独至于人而疑之？圣人与我同类者。……故曰：口之于味也，有同耆焉；耳之于声也，有同听焉；目之于色也，有同美焉。至于心，独无所同然乎？心之所同然者何也？谓理也，义也。圣人先得我心之所同然耳。故理义之悦我心，犹刍豢之悦我口。（《孟子·告子上》）

孟子认为，凡是同种类的事物，都有相同的属性。对于美味、美色等，人类都有相同的感觉，那么对于“心”，人类也应该有相同的内容。孟子的这种论证正确与否，暂且放在一边，但其“凡同类者，举相似也”的逻辑是清楚明白的。动物与人属于不同的种类，因此，其本性也必然不同。这也就是孟子为什么不把生理属性当作人的本性的原因所在。因此，孟子一再强调人的修养工夫，从而避免沦为禽兽。他说：“君子所以异于人者，以其存心也。君子以仁存心，以礼存心。”（《孟子·离娄下》）而“存心”则能“养性”，“尽其心者，知其性也。知其性，则知天矣。存其心，养其性，所以事天也”（《孟子·尽心上》）。

通过上面的分析可以看出，孟子在人性论上一个重要方面就是严辨人性、物性之异。其实先秦儒家关于“性”的论述大多是从人的角度讲的，如《尚书·汤诰》说：“惟皇上帝，降衷于下民，若有恒性。”《左传·襄公十四年》说：“天生民而立之君，使司牧之，勿使失性。”《礼记·乐记》说："人生而静，天之性也；感于物而动，性之欲也。"《大戴礼记·文王官人》说："民有五性，喜、怒、欲、惧、忧也。"孟子弟子公都子所列举的三种人性论，也都是就人来讲的。荀子关于"性"的思想虽然与孟子相反，但也是从人的角度来讲的，如"人之性恶，其善者伪也"（《荀子·性恶》），"散名之在人者：生之所以然者谓之性"（《荀子·正名》），等等。在郭店竹简中，我们也能看到类似的思想，如《性自命出》说："凡人虽有性，心无定志，待物而后作。""四海之内，其性一也。其用心各异，教使然也。"《性自命出》还说："牛生而长，雁生而伸，其性使然；人而学或使之也。"这里说的"牛生（性）""雁生（性）"也是指它们的自然属性，与人类具有学习能力的特性是不同的。《成之闻之》也说："民皆有性而圣人不可慕也。"虽然以上所论"性"的内容不尽相同，但大多从人的角度论"性"，即使提到物性，也是在与人性不同的角度进行论述的。

## 二、以《中庸》为代表的人性、物性相同模式

与孟子的人性、物性相异的人性论模式不同，《中庸》所代表的是一种人性、物性相同模式的人性论思想。

《中庸》开篇即对"性"作了论述：

> 天命之谓性，率性之谓道，修道之谓教。

这是说，"性"是从天而来的，顺此性而行，则是"道"，用此"道"来教化、治理天下民众，就是"教"。那么"性"指什么呢？郑玄认为此指仁、义、礼、智、信"五常"："天命，谓天所命生人者也，是谓性命。木神则仁，金神则义，火神则礼，水神则信，土神则知。"[①] 这明显受到了汉代思想的影响，显然与《中庸》思想不符。朱熹虽然以"理"释"性"，

① 李学勤主编：《十三经注疏·礼记正义》，北京大学出版社 1999 年版，第 1422 页。

但同样以“五常”为其内容，说：“命，犹令也。性，即理也。天以阴阳五行化生万物，气以成形，而理亦赋焉，犹命令也。于是人物之生，因各得其所赋之理，以为健顺五常之德，所谓性也。”[①]这同样不符合《中庸》的本意。

从《中庸》全篇来看，其所说“性”指的是“诚”。其说：

自诚明，谓之性；自明诚，谓之教。

无论是“自诚明”，还是“自明诚”，都是以“诚”为内容的。二者的区别仅仅是实现方式的不同。在《中庸》作者看来，“诚”乃天道，是一切事物存在的根据。“诚者，天之道也。”“诚者，物之终始。不诚，无物。”正因为如此,《中庸》所讲的“性”不仅包含“人性”，而且包含“物性”。“人性”和“物性”的区别仅在于，“人”能够通过修养工夫来扩充、完善自己的“性”，而“物”则没有此种工夫。因此，《中庸》又说：“诚之者，人之道也。”

对于“人”的修养工夫，《中庸》分为两种：一种是天性完备，不需要经过后天工夫就能充分体现其“性”的人；一种是受到后天染蔽，需要经过后天不断修养才能充分实现其“性”的人。前者指的是圣人，后者指的是贤人与众人。《中庸》说：

诚者，不勉而中，不思而得，从容中道，圣人也；诚之者，择善而固执之者也。

圣人没有经过后天的染蔽，其本身就是“天道”最完美的体现。从此种角度来看，其与“天道”并无区别，因此，可以用“诚者”来表示。这也就是前面说的“自诚明，谓之性”。而一般的人则需要通过后天的工夫来实现

① 〔宋〕朱熹：《四书章句集注》，中华书局1983年版，第17页。

其“性”，即通过不断做善事并保持固守来使其“性”显现出来。这也就是前面说的“自明诚，谓之教”。

对于这两种方式，《中庸》分别作了论述。对于前者，其说：

> 唯天下至诚，为能尽其性；能尽其性，则能尽人之性；能尽人之性，则能尽物之性；能尽物之性，则可以赞天地之化育；可以赞天地之化育，则可以与天地参矣。

这种天下至诚的人指的就是圣人。只有这种人才一开始就能充分发挥自己的先天本性，然后还能够把这种先天本性推广到他人之性中，从而使他人也能充分实现他们自己的本性。不仅如此，圣人还能让万物之性也充分地实现出来，然后就可以参与到自然界生生不已的变化繁育过程中，这样就达到了“与天地参”的境界。从此可见，“人性”与“物性”是有共同性的，不然其就不能把“人性”扩充到“物性”之中。

对于后者，《中庸》说：

> 其次致曲，曲能有诚，诚则形，形则著，著则明，明则动，动则变，变则化，唯天下至诚为能化。

郑玄注曰：“致，至也。曲，犹小小之事也。”朱熹注曰：“致，推致也。曲，一偏也。”按照郑玄的解释，“致”指“至”，即上面所讲的“至诚”，意思是说，于细小之事中虽然不能尽性，但可以体现“至诚”这种天道。按照朱熹的解释，意思则是把诚这种天道推到具体事物之中。其实这里说的是“自明诚”的修养工夫。所谓“致曲”，就是于“曲”中致“诚”，即在具体事物的实践过程中来实现自己的“性”。这种实践活动主要指道德活动，即前面说的“择善而固执之者”。既然“诚”是天下万物的本体，那么其也必然体现在天下的每一个事物中。这样就能在具体事物中认识“诚”、实现“诚”。

“诚则形，形则著”等是对这一实现过程的具体描述。这是一个由小到大、由浅入深的过程，最终达到一种“大而化之”的地步，也就是“至诚”的境界，即“诚”完全得以实现的境地。

虽然实现“诚”的工夫有着不同的方式，但其最终的境界都是一样的。对于这种境界，《中庸》说：

> 故至诚无息。不息则久，久则征，征则悠远，悠远则博厚，博厚则高明。博厚，所以载物也；高明，所以覆物也；悠久，所以成物也。博厚配地，高明配天，悠久无疆。如此者，不见而章，不动而变，无为而成。

这种境界也就是“至诚”。作为天道的“诚”体是生生不息的，其体现在天下的一切事物中，其具有“悠远”“博厚”“高明”等不同的性征，对天下万物起着不同的作用。“博厚”用以承载万物，与地相配；“高明”用以覆盖万物，与天相配。“悠久”用以成就万物，表示“诚”体本身。“诚”体对于万物的成就是无为无形的，万物并不知道“诚”体的这种作用，因此《中庸》又说：“天地之道，可一言而尽也：其为物不贰，则其生物不测。”这里的“天地之道”实际讲的只是“天道”，亦即“诚”，因为“地道”也是从“天道”而来的。

正因为人、物有着共同的“性”，所以，人类在成就自己本性的同时，还要成就万物的本性。《中庸》说：

> 诚者，非自成己而已也，所以成物也。成己，仁也。成物，知也。性之德也，合外内之道也，故时措之宜也。

“成己”只是“性”之实现的开始，“成物”才是“性”之实现的目标。只有“成己”和“成物”都做到了，“性”才完全实现。这也就是其说的“性之德也，合外内之道也”。

从上面的分析可以看出，在《中庸》中，人性、物性是相同的，因为二者有着共同的本源，即“天道”之“诚”。正因为这种相同性的存在，才使得人类能够帮助万物充分实现它们的本性，从而达到“与天地参”的境界。

《中庸》的这种人性、物性相同模式在早期儒家中并不居于主流地位。从现有文献来看，只有《易传》的人性论思想与其相似。对于人性，《易传》亦从天道论的角度加以论述。如《乾·彖传》说：“大哉乾元，万物资始，乃统天。云行雨施，品物流形。……乾道变化，各正性命，保合太和，乃利贞。”“乾”在《周易》中代表“天”。这是说，宇宙万物皆源于“天”这个本源，故皆统合于“天”。“云行雨施，品物流形”是对“天”生成万物过程的描述。万物在由天道生成的过程中，各自形成自己的“性命”。“性命”是从不同方面来讲的，实际指的是一个内容，从天道赋予万物之方面来讲即“命”，从万物之继承天道的方面来讲即“性”。对于人性、物性之间的关系，《易传》虽然没有明显地说明，但从上面的分析来看，其显然认为人性、物性皆源于天道。因此，《易传》也是持人性、物性相同思想的，尽管其与《中庸》的具体内容不同。

## 三、两种人性论模式不同的原因

《中庸》，一般认为是子思所作。对于子思、孟子，学界大多认为其属于同一学派，即思孟学派。荀子最早把子思、孟子放在一起进行批评，说他们“略法先王而不知其统，犹然而材剧志大，闻见杂博。案往旧造说，谓之五行……此真先君子之言也。子思唱之，孟轲和之”（《荀子·非十二子》）。汉代司马迁也说：“孟轲，驺人也。受业于子思之门人。”（《史记·孟子荀卿列传》）到了宋代，理学家为了突出儒家的“道统”，构建一个孔子、曾子、子思、孟子的传承谱系，因此把《论语》《大学》《中庸》《孟子》并称“四书”，成了与“五经”具有同等地位的经典。如朱熹在《中庸章句序》中说：“见而知之者，惟颜氏、曾氏之传得其宗。及曾氏之再传，而复得夫子之孙子思，则去圣远而异端起矣。”[①]随着出土文献的不断发现，尤其是郭店竹简的出土，学者对于思孟学派的存在更加确信。如荀子批评的“五行”即其一。以前对“五行”的解释有着不同看法，随着马王堆帛书、郭店竹简《五行》的出土，其具体内容始大白于天下。庞朴先生最先指出《五行》说的仁、义、礼、智、圣就是荀子批评的“五行”[②]，并在《中庸》《孟子》中找到相应的内容。[③]陈来先生则指出《五行》经部为子思所作、说部为孟子所作，从而落实了荀子“子思唱之，孟轲和之”的说法。[④]这些都说明了孟子与子思的密切关系。[⑤]的确，从思想内容上看，子思、孟子有一些相似之处，如在《中庸》和《孟子·离娄上》中，我们可以发现“在下位不获乎上，民不可得而治矣”一节二者表述基本相同。这也反映了《中庸》思想对于孟子的影响。

除了相同的地方，孟子与子思的思想在一些地方也存在着差异。从上面的分析来看，二者在人性、物性的关系上就有着明显的不同。那么，这种不同是什么原因造成的呢?

从《中庸》和孟子对人性的论述来看，有没有本体论设定是造成二者不同的一个根本原因。在《中庸》中有一个本体论的设定，即天下万物都是由天生成的，这样天下万物就从同一个本体那里继承了同一种“天命”，此种“天命”落实到每个具体事物中就成了每个具体事物的“性”，此即“天命之谓性”。《中庸》还对“天命”的内容作了说明，即“诚者，天之道也”。虽然天下万物皆从“天命”而来，但“天命”在每个事物中表现的情况并不相同，因此出现了种种不同的事物。人与物的不同，在于人能对其所有之“性”有

---

① 〔宋〕朱熹：《四书章句集注》，第15页。

② 庞朴：《马王堆帛书解开了思孟五行说之谜》，《文物》1977年第10期。

③ 庞朴：《竹帛〈五行〉篇与思孟五行说》，《哲学与文化》1999年第5期。

④ 陈来：《竹帛〈五行〉篇为子思、孟子所作论》，《孔子研究》2007年第1期。

⑤ 关于思孟学派的论述，可参看梁涛:《郭店竹简与思孟学派》，中国人民大学出版社2008年版，第34～59页。

自觉的认识，并能通过修养工夫的方式使其充分发挥出来。而物则没有此种自觉、此种工夫。与《中庸》人性论相似的《易传》也有此种架构，即本体论的设定，如其说的“乾道变化，各正性命”“一阴一阳之谓道，继之者善也，成之者性也”，等等。

孟子对于人性则没有一个本体论设定。虽然他也认为“心”是天所赋予的，但他强调天对人的独特性，即认为只有人才有“心”的自觉，动物则没有此种“心”“性”，更不用谈其他物种了。因此，他特别强调人、物之间的区别。虽然在生理属性等方面人与动物有着相同的地方，但孟子并不将此视为人之为人的本质特征。因此，在孟子那里，从人推到万物是缺乏基础的。虽然他也谈到“亲亲而仁民，仁民而爱物”（《孟子·尽心上》），但如果按照其人、物之辨的思想，这种推论是不能成立的。因此，从理论上讲，孟子的人性论思想是有一定缺陷的。

本体论方面的不同，也造成了《中庸》、孟子在“性”“命”关系方面的不同。《中庸》有其本体论的设定，因此，其“性”“命”关系是上下一贯的。“命”是从天道下降万物的角度讲的，“性”则是从万物承接天道的角度讲的，二者是一体之两面，是统一的，不是分离的。在孟子思想中并没有本体论的设定，因此其“性”“命”关系是分离的。孟子认为，对于人来讲，“性”是内在的、主动的，是通过个人的努力就可以实现的，“求则得之，舍则失之，是求有益于得也，求在我者也”（《孟子·尽心上》）；“命”则是外在的、受限制的，不是通过个人努力就一定可以实现的，“求之有道，得之有命，是求无益于得也，求在外者也”。这种受外在条件限制的“命”，又被称作“天”，“莫之为而为者，天也；莫之致而至者，命也”（《孟子·万章上》）。在这种情况下，“性”与“天”也是分离的。

孟子还从人的自然属性和本质属性方面对“性”“命”的区别作了论述：

> 口之于味也，目之于色也，耳之于声也，鼻之于臭也，四肢之于安佚也，性也，有命焉，君子不谓性也。仁之于父子也，义之于君臣也，

礼之于宾主也，智之于贤者也，圣人之于天道也，命也，有性焉，君子不谓命也。（《孟子·尽心下》）

耳、目、口、鼻之欲，是人天生就有的自然属性，也是先天赋予人的本能，因此可以称作“性”。但这种自然属性的满足受到外在条件的限制，因此又被称作“命”。从其受限制的方面来讲，其就不能称作“性”。仁、义、礼、智等道德属性也是先天赋予人的，也是人不能主动选择的，因此可以称作“命”。但这种道德属性又是内在的，其实现是不受外在条件限制的，因此又可以称作“性”。

除了上面所讲的受外在条件限制的“命”，孟子还讲“正命”，其说：“莫非命也，顺受其正。是故知命者，不立乎岩墙之下。尽其道而死者，正命也。桎梏死者，非正命也。”（《孟子·尽心上》）可以看出，这种“命”是人的自然生命与道义担当的统一。因此，知道“命”的人不会站在危墙之下，而那些以身试法死亡的人则非“正命”。这种“正命”认识了“命”的应当性，同样不受外在的限制，从这方面来讲，其也就是“性”。因此，在这里“性”“命”（“天”）又统一起来了。孟子说：“尽其心者，知其性也。知其性，则知天矣。存其心，养其性，所以事天也。夭寿不贰，修身以俟之，所以立命也。”（《孟子·尽心上》）

从上面的分析来看，《中庸》、孟子对于人性、物性关系同异的不同认识，取决于他们思想中是否有一个本体论的设定。但这只是就二者人性论思想的不同来分析，并不能推广到其他一切思想体系。

## 四、两种人性论模式的影响

《中庸》、孟子所代表的早期儒家人性论的两种模式，实际上反映了人性的普遍性与特殊性的关系问题。《中庸》认为人性、物性有着普遍性，人性、物性的区别并不在于其所含之“性”的不同，而在于其能否自觉地实现其“性”。孟子则认为人有着与其他事物不同的特性，这才是人之为人的本质所在。这种思想在早期儒家“天地之性人为贵”“人者，五行之秀气”等以人类为万物中心的观念下，并没有显现出什么问题。因此，汉唐儒家所持的人性论基本上都是从人的角度出发的，如董仲舒的性三品说、扬雄的性善恶混说、李翱的性善情恶说等都是如此。

但随着佛教、道教思想发展的深入，孟子的这种人性论模式逐渐暴露出不足。佛教自东汉末年传入中国，其一开始宣扬的理论也是就人来讲的。人人皆有佛性，与儒家讲的“人人皆可以为尧舜”在理论上有着相似之处。然随着佛教在中国传播的深入，“自中唐之后，佛性思想就出现一种由众生有性到万物有性方面发展的倾向”[①]。明确提出这种思想的是天台宗的湛然。湛然提出了“无情有性”思想。在他看来，世界万物都是真如的表现，佛性只是真如的另一种称呼，因此，世界上的万事万物皆有佛性。他说：“万法是真如，由不变故。真如是万法，由随缘故。子信无情无佛性者，岂非万法无真如耶？”（《金刚錍》）“佛性既具空等三义，即三谛，是则一切诸法无非三谛，无非佛性。”（《大涅槃经疏》）这种思想后来为禅宗所继承，禅宗所说的“青青翠竹，尽是法身；郁郁黄花，无非般若”就是这个意思。

从中国思想传统来看，除了《中庸》等儒家著作，道家也有这种人性、物性相通的思想。在道家看来，世界万物皆是“道”的产物，“道”落实到每个事物之中便成为每个事物的特性，即“德”，亦即“性”。后来的道教也继承了道家这种思想，到了唐代也提出了“一切万物，皆有道性”的思想，如潘师正说“一切有形，皆含道性”（《道门经法相承次序》卷上），孟安排说“一切含识，乃至畜生、果木、石者，皆有道性也”（《道教义枢》卷八），等等。

可以看出，到了唐代，佛教、道教都提出了世界万物皆有佛性或道性的理论，他们的内容虽然有所不同，但讲的都是人性、物性的普遍性问题。这种思想对于宋明理学产生了重要的影响。

---

① 赖永海：《中国佛性论》，江苏人民出版社 2010 年版，第 182 页。

相比佛教、道教的人性、物性普遍性思想，孟子的人性、物性相异的思想在当时就显得不足了。因为仅仅强调人性特殊性的一面，那么如何把人的这种特殊性推广到其他万物中就成问题了。同时，这与儒家所欲实现的“天下一家，万物一体”的最高理想也是相抵牾的。这也就成了宋明理学家所要解决的问题。因此，《中庸》和《易传》成了宋明理学家建构其人性论思想体系的重要资源。

周敦颐是最先构建人性、物性统一性的理学家。周敦颐认为世界万物皆由“太极”这个本体生成，“太极动而生阳，动极而静，静而生阴。静极复动。一动一静，互为其根；分阴分阳，两仪立焉。……二气交感，化生万物。万物生生，而变化无穷焉。惟人也，得其秀而最灵”①。既然人与万物皆由“太极”生成，那么二者在“性”上也应该有同一性。正如朱熹注曰：“盖人物之生，莫不有太极之道焉。”“太极”又被称作“诚”，“‘大哉乾元，万物资始’，诚之源也。‘乾道变化，各正性命’，诚斯立焉”②。可以看出，这是以《中庸》之“诚”来解释《易传》的“性命”思想。

周敦颐对于人性、物性关系的论述并不明显。张载、二程对于此问题则有明确的认识，如张载说：

> 性者万物之一源，非有我之得私也。惟大人为能尽其道，是故立必俱立，知必周知，爱必兼爱，成不独成。③

张载认为，世界万物皆由“太虚”生成，人性、物性也都源于此。“太虚无形，气之本体，其聚其散，变化之客形尔；至静无感，性之渊源。”④正是出自同一本源，所以张载也讲《中庸》的“尽人物之性”：“尽其性能

---

① 〔宋〕周敦颐：《周敦颐集》，中华书局1990年版，第3～5页。

② 〔宋〕周敦颐：《周敦颐集》，第12页。

③ 〔宋〕张载：《张载集》，中华书局1978年，第21页。

④ 〔宋〕张载：《张载集》，第7页。

尽人物之性。”[①] 二程也认为人性、物性有着同一性，如：

> 告子云“生之谓性”则可。凡天地所生之物，须是谓之性。皆谓之性则可，于中却须分别牛之性、马之性。是他便只道一般，如释氏说蠢动含灵，皆有佛性，如此则不可。“天命之谓性，率性之谓道”者，天降是于下，万物流形，各正性命者，是所谓性也。循其性而不失，是所谓道也。此亦通人物而言。循性者，马则为马之性，又不做牛底性；牛则为牛之性，又不为马底性。此所谓率性也。人在天地之间，与万物同流，天几时分别出是人是物？[②]

二程并不反对告子“生之谓性”和佛教“蠢动含灵，皆有佛性”的说法。他们认为告子和佛教的错误在于只看到人性、物性同一性的一面，而没有看到人性、物性差异性的一面。用“理一分殊”的说法来讲，就是他们只看到了“理一”，没有看到“分殊”。可以看出，二程在这里也用了《中庸》“天命之谓性”的说法。

张载、二程虽然意识到了人性、物性同一性的问题，但他们并没有意识到此问题的复杂性，也没有涉及《中庸》、孟子两种人性论模式不同的问题。这一问题到了朱熹那里才有了比较深入的讨论。朱熹对“四书”都作了系统的注解。朱熹注解“四书”并非还原它们的本义，而是要把他的“理”本论思想注入到“四书”中。“四书”本身并非一个完整的整体，在很多思想方面存在着差异，上面所说的《中庸》与孟子对于人性、物性关系看法的不同就是一个明显的例子。这也就成了朱熹在注解《中庸》和《孟子》的时候不得不面对的一个问题。在《四书章句集注》中，《论语集注》《孟子集注》完成在前，《大学章句》《中庸章句》完成在后。在《孟子》“人之所以异

---

① 〔宋〕张载：《张载集》，第22页。

② 〔宋〕程颢、程颐：《二程集》，中华书局2004年版，第29～30页。

于禽兽者几希，庶民去之，君子存之”下朱熹注曰：

> 人物之生，同得天地之理以为性，同得天地之气以为形；其不同者，独人于其间得形气之正，而能有以全其性，为少异耳。虽曰少异，然人物之所以分，实在于此。①

在孟子那里，人与物的区别在于人具有“性善”之性，这是其他万物所不能具有的。朱熹则认为人与物的性都源于“天地之理”，其不同的地方只在于“天地之气”正与不正的区别。这与孟子思想显然大异。在“然则犬之性，犹牛之性；牛之性，犹人之性与”下朱熹说：

> 性者，人之所得于天之理也；生者，人之所得于天之气也。性，形而上者也；气，形而下者也。人物之生，莫不有是性，亦莫不有是气。然以气言之，则知觉运动，人与物若不异也；以理言之，则仁义礼智之禀，岂物之所得而全哉？此人之性所以无不善，而为万物之灵也。②

与上面所说有所不同，这里又强调了人性、物性在“气”方面是相同的，在“理”方面则有所得全与不全的区别。那么人性、物性究竟是在“理”方面相同，还是在“气”方面相同呢？从朱熹的思想体系来看，前者是符合朱熹本人思想的，而后者则受到《孟子》“本文”的牵制。③在《中庸章句》中就不存在这一问题。在“天命之谓性，率性之谓道，修道之谓教”下朱熹注曰：

---

① 〔宋〕朱熹：《四书章句集注》，第 293 ~ 294 页。

② 〔宋〕朱熹：《四书章句集注》，第 326 页。

③ 李存山：《中韩儒学的“性情之辨”与“人物性同异之辩”》，《道德与文明》2017 年第 5 期。

天以阴阳五行化生万物，气以成形，而理亦赋焉，犹命令也。于是人物之生，因各得其所赋之理，以为健顺五常之德，所谓性也。……性道虽同，而气禀或异，故不能无过不及之差。[①]

在“唯天下至诚，为能尽其性”一节下朱熹注曰：

人物之性，亦我之性，但以所赋形气不同而有异耳。[②]

这都是说人性、物性在“理”上是相同的，其区别仅在于所禀之“气”的不同。

《中庸》、孟子的人性论思想属于不同的模式。朱熹的理论架构无疑与《中庸》相似，因此，其在注《中庸》的时候没有遇到困难。但对于《孟子》，其注解就没有那么顺畅了，因此，出现了“理同气异”与“气同理异”的矛盾。对于这个矛盾，朱熹的学生黄商伯已经指出，朱熹当时的回答是：“论万物之一原，则理同而气异；观万物之异体，则气犹相近而理绝不同也。气之异者，粹驳之不齐；理之异者，偏全之或异。”[③]“理同而气异”是从本体角度来讲的，“气犹相近而理绝不同”则是从现象层面讲的。可以看出，“理绝不同”讲的实际上还是“气异”的问题，因为“理”的“偏全之或异”从根本上讲还是“气”造成的。

可见，宋明理学家建构的哲学体系大多有一个本体论的设定，这也就使得他们在人性、物性关系的问题上与《中庸》的思想更为接近。因此，周敦颐、张载、二程以及朱熹都不得不肯定人性、物性有着相同的本源。这同时也就造成了他们的思想与孟子思想的矛盾，从而不得不对这种矛盾进行解释。

---

① 〔宋〕朱熹：《四书章句集注》，第17页。

② 〔宋〕朱熹：《四书章句集注》，第33页。

③ 〔宋〕朱熹：《朱子全书》（修订本）第22册，上海古籍出版社、安徽教育出版社2010年版，第2130页。

这也就是二程肯定告子“生之谓性”、朱熹提出“理同气异”与“气同理异”两种矛盾说法的原因所在。

综上可知，在早期儒家人性论中除了人性善恶的思想，还有人性、物性关系的思想。人性、物性关系的思想有着两种模式：一种是以《中庸》为代表的人性、物性相同模式；一种是以孟子为代表的人性、物性相异模式。在宋明以前，孟子的人性论模式居于主流地位。由于受到佛教、道教的刺激，宋明以后《中庸》的人性论模式开始受到重视。两种模式本来属于不同的理论体系，各有其特色，但到了朱熹注“四书”的时候，朱熹不得不同时面对两个文本，于是造成了其思想上的矛盾。这不仅对宋明理学产生了重要的影响，对韩国儒学也产生了深远的影响。①

（作者单位：中国社会科学院哲学研究所）

① 韩国儒学史上著名的“湖、洛论争”之一就是围绕此问题展开的。关于此问题的研究，可参看 [ 韩 ] 崔英辰《韩国儒学思想研究》（东方出版社 2008 年版）第五章《朝鲜后期的儒学思想》、杨祖汉《从当代儒学观点看韩国儒学的重要论争》（华东师范大学出版社 2008 年版）第八章《韩儒“人性物性异同论”及其哲学意义》、李存山《中韩儒学的“性情之辨”与“人物性同异之辨”》等。

# 《孟子》今乐思想在理学中的展开

田中有纪

[ 内容提要 ]

在中国古代，音乐是礼乐的一部分，儒家对于音乐抱着演奏以上的巨大期待。他们认为音乐有“移风易俗”的功能，能改善人们的风气与习俗。所以儒家常常批判有可能引导人们走上邪道的音乐，试图分清儒家理想的正当的古乐与民间流行的有魅力但有危险性的今乐。不过孟子给予今乐不低的评价，他说：“今之乐，犹古之乐也。”这段经文在后世成为利用今乐来复兴古乐的经学上的根据。因为古乐已经不容易复原，所以儒家开始在他们同时代的今乐中寻找古乐的遗声。笔者首先分析特别重视《孟子》的朱熹(1130—1200)的今乐论，然后分析在朱熹的影响下评论古乐与今乐的朱载堉（1536—1611)的思想。通过这些分析，笔者提出一个事例来说明《孟子》的今乐论在宋明理学中的展开。

## 一、今之乐犹古之乐也：对《孟子》今乐论的解释

在中国古代，儒家对于音乐抱着演奏以上的巨大期待。他们认为音乐有“移风易俗”（《孝经·广要道》）的功能，能改善人们的风气与习俗。《论

语》里也有很多关于乐的记述，比如“兴于《诗》，立于礼，成于乐”（《论语·泰伯》），孔子将乐看作完成人格的最后阶段。并且他说：“人而不仁，如礼何？人而不仁，如乐何？”（《论语·八佾》）“礼云礼云，玉帛云乎哉？乐云乐云，钟鼓云乎哉？”（《论语·阳货》），即认为只演奏乐器，不能说是乐，他要求人们从音乐中体会出一些崇高的精神性。

因此儒家常常批判颇有魅力但可能引导人们走上邪道的音乐。孔子将郑声（在郑国流行的俗乐）视为扰乱人心的音乐，他说“郑声淫，佞人殆”（《论语·卫灵公》），认为郑声好听得像嘴巧的人一样，但最终会危害人民与国家。孔子赞扬《关雎》之乐说：“乐而不淫，哀而不伤。”（《论语·八佾》）与此相反，郑声却是又快乐又淫乱、又悲哀又伤害人心的音乐。所以他认为必须分清雅俗，疏远郑声。

不过孟子给予民间流行音乐不低的评价。以下经文是孟子与齐宣王的对话：

他日，见于王曰：“王尝语庄子以好乐，有诸？”王变乎色，曰：“寡人非能好先王之乐也，直好世俗之乐耳。”（《孟子·梁惠王下》）

赵岐（西汉）将宣王说的“世俗之乐”解释为郑声。孙奭将“先王之乐”解释为“如黄帝之《咸池》，尧之《大章》，舜禹之《韶》，夏商周之《濩》《武》是也”；将“世俗之乐”解释为“如郑、卫之声是也”。[①] 他们都认为郑声是在民间流行的音乐的一种，是与雅乐对立的。孟子继续说：

王之好乐甚，则齐其庶几乎！今之乐犹古之乐也。（《孟子·梁惠王下》）

---

① 《十三经注疏·孟子注疏》，北京大学出版社2000年版，第40页。

关于“今之乐犹古之乐也”，赵岐注释：“大要与民同乐，古今何异也。”孙奭注释：“孟子见齐王言不能好先王之乐，直好世俗之乐，故以此言今之乐亦若古之圣王乐也，但其要在能与民同听乐为乐耳。”[①]古注如此认为：从能与人们一起欣赏的角度来说，今乐与古乐没有差异。朱熹注释为“今乐，世俗之乐。古乐，先王之乐”[②]，如下文所述，他引用范祖禹的解释，对滥用今乐的倾向敲起了警钟。在古注与新注中都谨慎地解释：孟子夸奖宣王的意图在于，他没有独享音乐，没有否定与人们一起欣赏音乐，在这一点上，他说古今没有差异。不过实际上，这段经文在后世成为利用民间音乐来复兴古乐的经学上的根据。儒家为了制作他们理想的音乐，本来寄希望于古乐，然而古乐都已经失传了。相反，民间音乐与外来音乐却很流行，它们总能捉捕人心。因此对后世的儒家来说，今乐不是无足轻重的存在，而是用来复原古乐的重要手段。

## 二、古乐的传承

为什么古乐会失传？其原因在于儒家特别重视乐律。在儒家的理念中，乐律表征着皇帝的权力，会影响王朝的命运。所以每个王朝负责音乐的学者们都要制作新乐律与新乐器，前王朝使用的音乐都被看作前王朝的“亡国之音”，那么前一时代的音乐就不容易被传承下来。不过实际上，前一时代的音乐并没有完全被破坏，比如说，元朝继续演奏北宋与金的雅乐。但是那样不符合儒家的理想。所以儒家需要根据经书摸索适合于他们效忠的王朝的音乐，就是说，他们需要制作他们理想的“新”古乐。

乐被看作“六经”之一，但是没有《乐经》。这一事实也有很大的影响。虽然没有《乐经》，但是乐属于传统的四部分类中的经部。比如，儿玉宪明说：

---

① 《十三经注疏·孟子注疏》，第38、40页。

② 〔宋〕朱熹：《四书章句集注》，中华书局1983年版，第213页。

"'乐'比较特殊，它没有能形成经学的基础的经典。"[①] 那么为什么不存在《乐经》？关于这一问题，可将历代儒家的看法概括如下：

①《乐经》在秦焚书时消亡了。

②《乐经》并未在秦焚书时消亡，它的精神继续保存着。

③《乐经》原本不存在，古乐的精神记载在别的经书里。

关于①，沈约说："秦焚典籍，《乐经》用亡。"（《宋书·乐志一》）刘勰说："秦燔《乐经》，汉初绍复。"（《文心雕龙·乐府七》）徐坚说："古者以《易》《书》《诗》《礼》《乐》《春秋》为六经。至秦焚书，《乐经》亡，今以《易》《诗》《书》《礼》《春秋》为五经。"（《初学记·文部·经典一》）徐师曾说："古有《乐经》，疑多声音乐舞之节，而无辞句可读诵记识，故秦火之后无传焉。"（朱彝尊《经义考》卷一百六十七引）

②的看法和朱熹、朱载堉的看法近似。如下文所述，朱熹认为秦汉时代离三代比较近，所以当时周代的乐器与音乐还残存（《律吕新书序》曰"古乐之亡久矣。然秦汉之间，去周未远，其器与声犹有存者"）；朱载堉认为古乐消亡的原因不在焚书（《经义考》卷一百六十七引称"古乐绝传，率归罪于秦火，殆不然也"）。

关于③，有些儒家认为，《诗经》《易经》《礼记·乐记》《周礼·大司乐》《仪礼》等书里记载着乐的精神。明代黄佐说，《易经》《尚书》《诗经》《春秋》有关于乐的记述，因此不可以说只有《乐经》没传承下来（《经义考》卷一百六十七所引）；清代邵懿辰认为，乐本来没有经典，在《诗经》或《仪礼》中已经描写了乐（《礼经通论·论乐本无经》）；朱彝尊认为，在《周礼·大司乐》里保存着乐经的大纲，《礼记·乐记》中对它作了补充（《经义考》卷一百六十七）。[②]

---

① 儿玉宪明：《经学における"乐"の位置》，《人文科学研究》（新潟大学）106，2001年，第33页。

② 关于《乐经》的问题，参考周予同：《中国经学史讲义》，上海文艺出版社1999年版，第20～22页。

不存在《乐经》这一事实却促使儒家对音乐问题进行了内容丰富的讨论，这一点是与其他经学不同的特征。

古乐与《乐经》都没有明确地传承下来，目前只有今乐。在这种情况下，儒家怎样制作他们理想的古乐呢？笔者首先分析特别重视《孟子》的朱熹（1130—1200）的今乐论。

## 三、朱熹的今乐论

朱熹怎样解释《孟子》的今乐论？在《孟子集注》中，他引用了范祖禹与杨时的解释。首先介绍范祖禹的解释：

> 范氏曰："战国之时，民穷财尽，人君独以南面之乐自奉其身。孟子切于救民，故因齐王之好乐，开导其善心，深劝其与民同乐，而谓今乐犹古乐。其实今乐古乐，何可同也？但与民同乐之意，则无古今之异耳。若必欲以礼乐治天下，当如孔子之言，必用《韶》舞，必放郑声。盖孔子之言，为邦之正道；孟子之言，救时之急务，所以不同。"①

范祖禹认为：在战国时代，人们都很穷困，只有人君才能欣赏音乐。孟子觉得应将拯救人们视为急务，为了开导宣王的善心，劝他"与民同乐"。但这只是应急措施而已，古乐本来与今乐不一样。所以范祖禹还引用孔子的言说来主张，我们应该用圣人的音乐，不应该用郑声。

然后介绍杨时的解释：

> 杨曰："魏文侯曰：'端冕而听古乐，则唯恐卧，听郑卫之音，则不知倦。'则今乐与古乐固异矣。而孟子之言如此者，盖乐者天地之和也，而乐以和为主，人和则气和，气和则天地之和应之矣。使人闻钟鼓管弦

① 〔宋〕朱熹：《四书章句集注》，第214页。

之音，举疾首蹙頞，虽奏以《咸池》《韶濩》，无补于治也。故孟子告之以此，姑正其本而已。”[①]

杨时也认为今乐与古乐本来不一样，不过我们应该考虑乐的主要效用，就是“和”。如果我们听古乐时都头疼、皱起眉头的话，那样难听的音乐当然不能开导人心而带来和谐。他觉得今乐虽然是一时的手段，但能让我们知道什么是乐的根本精神。

二人都觉得今乐是不正当的、暂时的手段，根本而言是与古乐不同的。不过，朱熹认为范祖禹的解释更好：

或问：首章范、杨之说不同，何也？曰：非不同也，范氏以孟子之言为救时之急务，而杨氏亦以为姑正其本，则其意固皆以为使孟子得政于齐，则夫所谓世俗之乐者，必将以渐而去之矣。但二公之说，皆有所未竟，故使人不能无疑。然从范氏之说而失之，不过为失孟子之微意，而未害乎为邦之正道。从杨氏之说而失之，则是古乐终不必复，今乐终不必废，而于孟子之意，为邦之道，将两失之，此不可以不审也。[②]

范祖禹与杨时的意见，在世俗的音乐应该越来越少这一点上是一致的。朱熹认为两者都有可能误会了孟子的微言大义，不过范祖禹的解释还没有背离治国正道，所以没有很大问题。然而杨时的解释，不仅不能复兴古乐，而且不能去掉今乐，潜藏着背离正道的危险。的确如杨时所说，我们已经欣赏不到古乐而不得不欣赏今乐，因此无论我们多么想去掉今乐，也是不可能的。朱熹恐怕觉得今乐不能带来和谐，所以他认为范祖禹的解释比杨

① 《孟子精义·梁惠王章句下》，《朱子全书》第7册，上海古籍出版社、安徽教育出版社2002年版，第656页。《孟子集注》引用其一部分。

② 《孟子或问》卷二，《朱子全书》第6册，第927页。

时的更好。

朱熹并非完全否定今乐。他认为应该利用古乐的理论来改变今乐，然后我们才可以用今乐。朱熹注释《通书》说："古今之异，淡与不淡，和与不和而已。""复古礼，然后可以变今乐。"[①]他认为古乐与今乐的差别就在于淡然不淡然，和谐不和谐。杨时说今乐可以带来和谐，朱熹却说未经改变的今乐无法带来和谐。朱熹认为，复兴古礼之后才可以改变今乐，那么具体来说，他用怎样的方法来改变？

朱熹的方法是，从今乐中去掉不合适的要素，从而使之与古乐接近。朱熹自己说："今之乐虽与古异，若无此音律，则不得以为乐矣。"[②]他认为如果没有今乐的音律，复原古乐是不容易的。那么他觉得今乐的哪些要素是不合适的？

> 古礼繁缛，后人于礼日益疏略。然居今而欲行古礼，亦恐情文不相称，不若只就今人所行礼中删修，令有节文、制数、等威足矣。古乐亦难遽复，且于今乐中去其噍杀促数之音，并考其律吕，令得其正；更令掌词命之官制撰乐章，其间略述教化训戒及宾主相与之情，及如人主待臣下恩意之类，令人歌之，亦足以养人心之和平。[③]

先儒将复杂的古礼加以改变以适合后代的人们，所以音乐也应该被改变。如果我们难以复原古乐，那么就应该利用今乐。他说，应该从今乐中去掉音量微小、演奏复杂的声音而改为正当的乐律，让专业的官吏作词，采用能开导出人们之善心的歌词。朱熹又说：

---

① 《通书·乐上》，《周敦颐集》卷二，中华书局1990年版，第28、29页。

② 〔宋〕黎靖德编：《朱子语类》第3册，中华书局1986年版，第932页。

③ 〔宋〕黎靖德编：《朱子语类》第6册，第2177页。

今之乐，皆胡乐也，虽古之郑卫，亦不可见矣。今《关雎》《鹿鸣》等诗，亦有人播之歌曲。然听之与俗乐无异，不知古乐如何。古之宫调与今之宫调无异，但恐古者用浊声处多，今乐用清声处多，季通谓今俗乐，黄钟及夹钟清，如此则争四律，不见得如何。①

按朱熹的说明，古今的宫调没有差异。就是说，他认为古今的音阶没有变化。然而，即使根据同样的音阶，古乐一般用低音，今乐经常用高音。根据蔡元定②（1135—1198）所说，当时俗乐使用从黄钟到夹钟清声的乐律。《宋史》引用蔡元定的《燕乐书》说：燕乐有黄钟、大吕、太簇、夹钟四个清声③，而且将夹钟清声作为宫声，宫声、商声、羽声、角声都有七调。《燕乐书》中还说，夹钟清声是十六律中的最高音，因此将它作为宫声常常演奏的话，音乐音程较高，过分华美。④

如上所述，朱熹对于今乐本身具有带来和谐的效果这一点不予肯定，他觉得应该彻底改变今乐，具体来说，就是去掉今乐中的高音部分，然后我们才可以用今乐。

那么在朱熹看来，什么样的音乐算是古乐？他心目中的理想之乐依据的是汉代或唐代的制度，就是说他依据“近古”的制度，而不是直接参照三代的制度。在朱熹的《仪礼经传通解》中，主要将《仪礼》中的记述看作“经”，而将其他文献中有关礼的记述看作“传”。关于乐，朱熹首先在“学礼”中提及“钟律”“钟律义”，然后提及“诗乐”，最后提及“礼乐记”。他在该书目录卷里说道：

---

① 〔宋〕黎靖德编：《朱子语类》第6册，第2347页。

② 蔡元定，字季通，福建建阳人。他读了二程、邵雍、张载等人的著作，他的学问是在道学的巨大影响下形成的。建阳附近有朱熹的学舍，他二十五岁时和朱熹初次见面，开始交往。参〔元〕脱脱等：《宋史·儒林列传四》，中华书局1977年版，第12875～12877页。

③ 比正律高八度音的音律。

④ 〔元〕脱脱等：《宋史·乐志十七·燕乐》，第3345页。

古无此篇。今以六艺次之，凡礼之通行者，已略见上诸篇矣。此后当继以乐，而《乐经》久已亡逸，故取《周礼》郑注、太史公、《淮南子》、《前后汉志》、杜佑《通典》之言律吕相生、长短均调之法，创为此篇，以补其阙。[①]

朱熹为了补上亡佚的《乐经》，创设“钟律”一项，采用《史记》、《汉书》、《周礼》郑玄注、《通典》等从西汉到唐代的文献。就是说，朱熹创设乐经时并未采用三代的制度本身，而采用“近古”的乐律制度。朱熹与蔡元定支持的就是叫“三分损益法”的乐律计算法。三分损益法是与古希腊的毕达哥拉斯的乐律一样，用振动数比 2 ∶ 3 的完全五度与 3 ∶ 4 的完全四度的谐和音程的音阶。[②] 这个计算法基本上根据汉代王莽与刘歆的制度。他们的制度的确是精湛的，可是因为是王莽制定的，所以被批判为“非兴国之声”（《汉书 · 王莽传》）。不过朱熹在《律吕新书序》中相信他们的制度而说道：

古乐之亡久矣。然秦汉之间，去周未远，其器与声犹有存者。故其道虽不行于当世，而其为法犹未有异论也。

朱熹认为，即便古乐与乐道消亡了，但乐器和声音并不会消亡，在秦汉之间还会留下其痕迹。他说：

---

① 《仪礼经传通解 · 篇第目录》，《朱子全书》第 2 册，第 37 页。

② 在中国古代，通过用竹做成的律管来计算乐律。若将某个律管的长度变成 2/3 的长度，那个律管发出的声音的振动数变成 3/2，其音高移高五度。将长度分成三段，将其中一段去掉，所以将这个过程称为三分损一。将某个律管的长度变成 4/3 的长度，那个律管发出的声音的振动数变成 3/4，其音高移低四度。将长度分成三段，再增加一段，所以将这个过程称为三分益一。

自唐以前，乐律尚有制度可考；唐以后，都无可考。如杜佑《通典》所算分数极精。……本朝范、马诸公非惟不识古制，自是于唐制亦不曾详看；《通典》又不是隐僻底书，不知当时诸公何故皆不看。[①]

朱熹重视《通典》，因为该书记述了古乐的痕迹。朱熹批评范镇、司马光没有参考唐制[②]，因为他觉得，如果古乐已经消亡，无法直接复原三代的音乐，那么我们就应该参照离三代不远的时代的制度（唐代比宋代更“近古”），这样比较切合实际。

就是说，朱熹复兴古乐时，未直接参照三代的制度，参照的是继承了那个制度的汉代“近古”的制度。朱熹重视唐代的《通典》，因为该书中保留着古乐理论。在《仪礼经传通解》中，说明“钟律”与“钟律义”后，还提及“诗乐”而引用唐代的《开元十二诗谱》：

古亦无此篇。而大乐遗声，其绝久矣。今取世传唐《开元十二诗谱》补之，以粗见其仿佛，然亦未知其果有以合于古之遗声否也。[③]

这个乐谱是北宋赵彦肃传授的，为《诗经》中的部分诗歌谱的曲子，据说制作于唐代开元年间。如上文所述，唐代比宋代“近古”，所以朱熹觉得，在那个时代的乐谱中会留下古乐。不过为什么朱熹会采用像他所说的“未知其果有以合于古之遗声否也”那样的权宜之计，试图给周代的诗添加唐代的旋律？

至唐开元，乡饮酒礼其所奏乐乃有此十二篇之目，而其声今亦莫得

---

① 〔宋〕黎靖德编：《朱子语类》第6册，第2342页。

② 不过司马光在《资治通鉴》中偶尔引用《通典》，所以笔者认为他一定看过那本书。

③ 《仪礼经传通解·篇第目录》，《朱子全书》第2册，第37页。

> 闻矣。此谱乃赵彦肃所传，云即开元遗声也。古声亡灭已久，不知当时工师何所考而为此也。窃疑古乐有唱有叹，唱者发歌句也，和者继其声也。诗词之外，应更有叠字散声以叹发其趣，故汉、晋之间，旧曲既失其传，则其词虽存而世莫能补，为此故也。若但如此谱直以一声叶一字，则古诗篇篇可歌，无复乐崩之叹矣，夫岂然哉！又其以清声为调，似亦非古法。然古声既不可考，则姑存此以见声歌之彷彿，俟知乐者考其得失云。①

朱熹认为，要复兴古乐，一定需要诗的言辞与像唱、和、叹等的歌唱技术。但是这些技术是不能写下来的，经过很多代后当然无法继承下来，我们能知道的只是诗的言辞。朱熹通过暂且依据《开元十二诗谱》的办法让我们可以唱古诗，期待后代的知音之士来判断其正误。

关于诗和音乐，朱熹在《诗集传·诗传纲领》中引用了谢良佐的话：

> 上蔡谢氏曰："……古诗即今之歌曲。今之歌曲往往能使人感动。至学《诗》却无感动兴起处，只为泥章句故也。明道先生善言《诗》，未尝章解句释，但优游玩味，吟哦上下，便使人有得处。"②

只通过学习《诗》的言辞，无法感动人心，却能导致固执章句的结果。因此谢良佐认为，古诗一定要像当时的歌曲一样感动人心。他说，程颢决不详细解释《诗》的言辞，只玩味吟咏诗歌，但是人们都能理解《诗》的深奥含义。谢良佐的"古诗即今之歌曲"之说，和朱熹的今乐论比起来，更肯定今乐，但是他们的看法在人们能唱古诗后才能领会古诗的含义这一点上是共通的。对朱熹来说，为了让人们唱古诗，唐代的乐谱还是必需的。因此可以如此总结：对朱熹来说，最理想的制作音乐的方法是通过古乐改造今乐。他

---

① 《仪礼经传通解·诗乐》，《朱子全书》第 2 册，第 526 ~ 527 页。

② 《诗集传·诗传纲领》，《朱子全书》第 1 册，第 349 页。

虽然同时利用古乐与今乐，但重点还在古乐。不过古乐已经失传，他只能注视“近古”的音乐。他依据“近古”的汉代的乐律制度与唐代的旋律，为人们提供跟古乐接近的音乐。朱熹试图通过这样的方法来复兴古代的圣人之乐。

## 四、朱载堉的今乐论

明代朱载堉以十二平均律①的发明而闻名。吾妻重二在《朱子学的新研究》里说：朱载堉的理论是宋明理学中“格物穷理”的展开之一。② 笔者也觉得朱载堉的研究在宋明理学中应占有一席之地。朱载堉将朱熹说的“古乐亦难遽复，且于今乐中去其噍杀促数之音，并考其律吕，令得其正……令人歌之，亦足以养人心之和平”理解为“言古乐难遽复，必自今乐始”，对这段话和其他一些话给予了较高评价，称之为“论律学之正理”。一些学者对于朱载堉重视今乐的事实给予较高评价③，但是重视今乐的潮流在明代的乐论里已经出现④。下文将具体分析朱载堉如何重视今乐，并考察他的今乐论的特征。

对于朱载堉来说，《孟子》的今乐论还是重要的。笔者认为，和朱熹比起来，朱载堉更肯定今乐，积极利用今乐：

> 古人乐谱，今虽失传，然其理则未尝亡也。学者不过穷理而已，必欲穷究古乐未亡之理，莫若先自今乐所易知者以发明之其理。既明，一通百达，举而措之，斯无难矣，乃捷要之法也。孟轲氏不云乎，“今之乐犹古之乐也”。孔子曰：“夏礼吾能言之，杞不足征也。殷礼吾能言之，宋不足征也。文献不足故也，足则吾能征之矣。”又曰：“周监于二代，

---

① 朱载堉将十二律中相邻的两个音律间的弦长比设定为统一的比率，即 $1:\sqrt[12]{2}$。

② 吾妻重二：《朱子学の新研究》，（东京）创文社 2004 年版，第 377 ~ 379 页。

③ 比如，王怡：《朱载堉“乐从乎今，情合于古”思想述评》，《人民音乐》2009 年第 11 期。

④ 田中有纪：《明代乐论に见る“朱子学的乐律论”の变容——“往而复返”と“礼失求诸野”》，《日本中国学会第一回若手シンポジウム论文集》，2012 年，第 155 ~ 170 页。

郁郁乎文哉！吾从周。”[①] 我朝制典，即孔子所谓之周也。借今乐明古乐，不亦可乎？[②]

朱载堉认为，即便古乐谱消亡了，但是乐谱中包含的理并未消亡，如果我们想考究那个理，最好的方法就是通过容易理解的今乐来发明。孟子说过今乐像古乐一样；孔子不谈无法根据文献来想象的礼，认为自己生活的周代的礼是在夏、殷两代的礼的基础上形成的，和这两代比起来，周礼更精彩。朱载堉将孔子生活的周代换成自己生活的明代来考察，从而认为，通过当代的音乐来发明上古的音乐这一方法是不错的。

那么朱载堉是怎样看古乐之传承的？他对古代乐器瑟的传承作了如下评论：

乐学之不传，厥失在惑于分别古今异器之说也。古乐既不可得，今乐复不可用。欲乐之不亡难矣。窃尝评之。夫乐者以和为本，古人听古乐，和而已矣。今人听今乐，和而已矣。儒者所称至德之世，则必曰羲农，然羲农之时，茹毛血，居巢穴，淳淳朴朴，人纪未立，故其所作之乐，淡而无文，质而鄙野。其后圣王渐出，始造宫室饮食器用之具，始制文字礼乐衣冠之饰，万世由之，愈久愈精，作述之功，信不诬矣。儒者知毛血之不可复饱也，巢穴之不可复安也，草衣之不可复服也。而于乐则用太古之音，言欲挽回太古之风；诚能挽回，太古之风有何益于今之世乎？……今人不解古乐之音，则听者必厌，厌则不悦，不悦且厌，而和安在？则乐之本固已失之。盖由俗儒不通古今之论欤。古犹今也，今犹古也，又何必较古乐之是，今乐之非哉。……器与度，礼乐之末也，

① 《论语·八佾》：“子曰：‘周监于二代，郁郁乎文哉！吾从周。’”

② 《乐律全书·乐学新说》，《北京图书馆古籍珍本丛刊》4，书目文献出版社1990年版，第97页。

历代不相沿袭者也，又何必较碗碟之异于笾豆，琴瑟之异于筝纂哉。①

朱载堉在这里讨论了继承古礼和古乐的方法。就是说，现在人们的生活越来越充裕，我们不饮动物的血、不住在窝里，已经不满足于素朴的生活了。伏羲或神农的时代是儒家的理想时代，但是我们已经无法回到那个时代。音乐当然也随着时代的前进越来越精致。如果演奏上古时期的音乐，那种音乐一定不适合当代人的感觉，我们一定不能欣赏，只会感到厌烦。只有人们热心欣赏音乐，音乐才能发挥它的作用——和。朱载堉认为，只有通过将乐器、乐律、演奏方法改为适合当代生活中人们的感觉，音乐才能发挥它的功能，陶冶人的性情。

具体而言，朱载堉是怎样采用今乐的技术的？他的《灵星小舞谱》是为儿童练习灵星舞（即在叫“灵星祀”的国家祭祀中表演的乐舞）而制作的舞谱。朱载堉引用了《孟子》的今乐论，将古词和今乐的旋律、节奏搭配组合起来构想适合于现代的“灵星小舞”。

凡舞必借古人词章何也？“述而不作，信而好古”之意也。凡腔调或借今人所易知者何也？“今之乐由古之乐也。”《记》曰：“凡音之起，由人心生也。”人心无古今之异，而音岂有古今之异哉？用古之词章，配今之腔调，使人易晓，而悟乐之理，如此其妙也。②

他设计《灵星小舞谱》时，一方面从《诗经·周颂·清庙之什》中选出歌词，一方面采用今乐《豆叶黄》的旋律，不用律吕谱（即为儒学音乐理论所重视的）而用工尺谱（即民间音乐所用的）来表达旋律。对朱载堉来说，今乐是用来

① 《瑟谱大序》，李天刚主编：《朱载堉集》第1册，上海交通大学出版社2013年版，第133～134页。

② 《乐律全书·灵星小舞谱》，《北京图书馆古籍珍本丛刊》4，第865页。

再现古乐的重要资料。朱载堉为什么同意“今之乐由古之乐也”的看法呢?这个理由可以在《礼记·乐记》中找到。如果说“凡音之起，由人心生”的话，人心没有古今的差异，那么音乐也没有古今的差异，我们不必用难理解的古乐，而应该用古代的歌词与现代的旋律，这就可以让人们更容易理解乐之理。如下，朱载堉考察了跳“灵星小舞”时该用什么样的乐器：

> 豳籥以苇为哨，并两管而吹之，今世俗亦有焉。但土鼓未见，而《农书》所绘图式，殆似南人插稻秧之鼓耳。《诗》云：“琴瑟击鼓，以御田祖，以祈甘雨，以介我稷黍。”然则古人虽言击鼓，未必皆土鼓。如无，则不拘何鼓皆可也。其苇籥如无，则不拘何笛，或笙，或管，皆可，但节奏不差而已。琴瑟如无，或不用亦可。①

朱载堉认为，表演“灵星小舞”不必备齐《周礼》或其注释中所描述的古乐器。比如，他认为豳籥是用芦苇做的笛子，在当时的民间演奏中也使用，但如果找不到的话，用普通的笛子或者笙、管也可以代替；如果没有土鼓，什么样的鼓都可以用；如果没有琴瑟，不用也没问题。他说“节奏不差而已”，他最重视的是节奏，不论用何种乐器，只要能演奏出符合节奏的音乐，就没有问题。朱载堉图示了灵星小舞用的乐器，并说：“已上乐器俗多有之。此书盖欲圆融雅俗，是以乐器多从俗便。”②

在朱载堉的舞蹈论中，今乐已经不仅仅是古代音乐的补充资料。他认为，当时的人们热心欣赏的音乐就是上古圣人最理想的音乐，古诗通过和今乐的演奏技术搭配才可以发挥和谐的功能，然后我们才可以复兴人们能积极地、生动活泼地参加的“新古乐”。因此可以说，朱载堉给今乐赋予了更肯定的意义。

---

① 《乐律全书·灵星小舞谱》，《北京图书馆古籍珍本丛刊》4，第767页。
② 《乐律全书·灵星小舞谱》，《北京图书馆古籍珍本丛刊》4，第769页。

## 五、结论

《孟子》的今乐论对后世儒家有很大影响。复原古乐已经不容易了，儒家可以依靠的材料就是同时代的民间音乐。在儒家思想中，“礼乐”一词表明“乐”是“礼”的一部分，不过《礼记·乐记》中说“乐者天地之和也，礼者天地之序也”，礼给人们带来差等化和秩序化，乐虽然是礼的一部分，但它具有给人们带来和谐、开导人心向善的效果。就是说，儒家对于乐，一方面期待它作为礼的一部分带来秩序化，另一方面也期待它作为补充礼的存在带来和谐。

不过笔者认为，后世儒家常常忘掉乐的带来和谐的这一效果，而过分强调它和礼同样的差等化、秩序化的效果。他们认为，他们所讨论的音乐就是正统的经学，把民间音乐看作乐工的雕虫小技。①但是，元儒马端临批评北宋徽宗的音乐说：实际演奏的乐工都不听从儒家的理论，虽然儒家讨论音乐，但是实际的音乐根本没有发生变化。②如此，儒家的理论和乐工的技术是互相脱节的。就是说，儒家将自己的音乐看作正统的古乐，与民间音乐加以区别，结果却导致他们的音乐无法和一般人共同欣赏。针对这一风潮，朱熹和朱载堉试图找出将古乐和今乐搭配起来的方法。不过我们应该注意，朱熹和朱载堉也不认为今乐具有和古乐完全相同的价值，他们的目的根本上是利用今乐这一手段来复原古乐。所以他们的乐论还是属于儒家的乐论。

孟子当然不能预测中国音乐的这一展开，但是他有可能已经察觉到音乐具有两种互相对立的要素。笔者认为，音乐虽然最重要的目的就是和谐，但另一方面它的排他性也很强，它希求获得独一无二的正当性，然后排除不适

---

① 田中有纪：《中国の音乐论と平均律》，风响社 2014 年版，第 5 ~ 8 页。

② “学士大夫之说，卒不能胜工师之说，是乐制虽曰屡变，而元未尝变也。”〔宋〕马端临：《文献通考·乐考三》，中华书局 2011 年版，第 3994 页。

合于那个正当性的东西。孟子为什么鼓励喜欢不“正统”的今乐的宣王？笔者认为，那是因为孟子试图将自己的视线从儒学理想中的“正统”音乐移到不“正统”的民间音乐上去，以此来恢复“乐”本来具有的带来和谐的根本精神。

（作者单位：日本立正大学经济系）

# 统合孟荀的形而上学基础

张新国

[内容提要]

创新儒学是继承儒学的最佳方式。时下学者通过“统合孟荀”来发展儒学的新提法值得关注。孟子人性论中现实的一面被悬置，同时人性中具有价值范导意义的一面被凸显，此即学界已有的孟子“以善为性”说。这可以视为孟子的道德理性论。孟子以恻隐之心说心的看法，则可以视为孟子的道德情感论。统而观之，孟子较为充分地发展了孔子的仁学思想。孟子之后，荀子则较为强调人性中现实的一面，并主张在认识人性现实的基础上，通过心的辨察与具体的礼制法度行为来实现善。此即学界已有的荀子“性恶心善”说。统而观之，荀子较为充分地发展了孔子的礼学思想。从统合孟荀来创新儒学的视角来看，在孟荀心论议题上，重点不在于比较二者“心善”论的意义差别，而在于突出孟子心论的仁性特质和荀子心论的智性特质。从认识的视域对孟荀之仁与礼的关注，与从实践的视域对孟荀之仁与智的关注，均为理解和诠释先秦儒学道德哲学整体意义的要素。值得补充的是，康德对自由与道德法则关系的诠释可望为以统合孟荀来创新儒学提供重要的方法论参考。

应当说，儒学的发展史本身呈现为一个思想融合的宏观历程。这个历程不仅包含儒学与其他各家学术的对话与融通，也包含儒学自身内部各思潮的对话与融通。而从根本上讲，儒学内部思想的融会与出新是儒学发展更为基础性和根本性的动力。唐宋以来，随着道统论的逐步确立和强化，孟子的地位得到逐步提升，相比之下，荀子的地位则呈隐退之势。当然，这并非说从此荀子哲学就退出思想舞台。历代学者仍不乏对荀子相关思想的阐释和发展，来弥补旧的道统谱系内的论域之不足，并借此推进儒学自身的进步。可见，荀子学是儒学发展的一个不可或缺的理论维度。近年来，梁涛教授意图打破旧的道统说，在提出“新四书”即《论语》《孟子》《礼记》《荀子》的基础上，主张“统合孟荀，创新儒学”。应当说，总体上这不失为建构大陆新儒学的一条好的路径。梁教授论证的中心在于统合孟荀的人性论。笔者试图说明，康德道德哲学相关学说可以为“统合孟荀”提供形而上学的基础性说明。

## 一、“统合孟荀，创新儒学”论衡

在中国古代思想史中，尤其是在儒学史中，人性论肇端较早。这说明中国古代思想家较早即通过思考道德问题把握人在宇宙中的价值和地位。张岱年先生曾指出：“中国古代关于人性的学说是古代思想家力求达到人的自觉的理论尝试，也就是力求达到关于人的自我认识的理论尝试。”① 所谓“人的自觉”，主要指从社会道德的视角来说明人的行动理由，其文化意义即在于先在性地范导人的存在方式。显然，“关于人的自我认识”则是对以道德范导人的存在方式的理论化和系统化。

张先生也指出：“中国古代人性学说的中心问题是人性善恶问题。”②“人性善恶的问题就是道德起源的问题，亦即善恶的起源的问

① 张岱年：《中国伦理思想研究》，江苏教育出版社 2005 年版，第 78 页。

② 张岱年：《中国伦理思想研究》，第 78 页。

题。”[①] 很显然，在中国思想史上，孟子是主张性善论的主要代表，而荀子是所谓主张“人性恶”的主要代表。诚然，道德的起源问题与人性的善恶问题实质上是同一个问题。这里的“起源”不当作为生物学意义上的时间来理解，而指的是“来源”或“根源”。以上可见，对人性的“善”与“恶”的探讨均有其理论价值，虽然在某种意义上可以说“性善论是比性恶论更伟大的思想”[②]。正像梁涛所论：

> 宋代以后，随着道统说的确立，孟子地位的提升，出现了荀学的隐形化，但荀学并没有真正退出儒学的舞台，一些大儒依然自觉不自觉地将荀学作为重要的思想资源，吸收到自己的思想中来。故荀学代表了儒学一个必要的面相，失去这个面相的儒学是不完整的。荀学兴，则儒学兴；荀学衰，则儒学衰。[③]

梁教授认为，唐宋以来的新儒学，在抗衡佛道异教的社会文化环境下，意图建立儒家道统谱系。这一谱系首肯孟子作为孔子的传道者，孟子之后，其道中断。这一论调在其直接意义上，应该说与以性善论堵塞佛道在本体论和伦理学领域的虚无寂灭之教不无关系。相形之下，荀子所倡隆礼重法将其逻辑基础置于现实人性即人性中的自私趋利之上。这与当时的新儒家企图建构以性善论为核心的道德形而上学表面看起来是相左的。这是荀子及其哲学思想被宋明儒学排除在道统之外的深层原因。他们批判荀子言及“性恶”就“大本以失”，其他无足观者。应当说，“性恶”是荀子整个思想的起点，而并非结论和终点。

荀子在其文本中近十次言及“性恶”，但每一次都并非孤立地谈所谓“性

---

① 张岱年：《中国伦理思想研究》，第 78 页。

② 张岱年：《中国伦理思想研究》，第 70 页。

③ 梁涛：《统合孟荀 创新儒学》，《宗教与哲学》第 7 辑，社会科学文献出版社 2018 年版。

恶”。因此有学者认为：“通观《荀子》全书，他所能证明及所要证明的，不在性恶，而在善伪。”“我们与其说荀子是性恶论者，不如说他是善伪论者。”[①]这个“善伪”的“伪”在郭店楚墓竹简中有时写作𢡺。《荀子·正名篇》中尝曰：“心虑而能为之动谓之伪。”庞朴先生解说：“‘心虑而能为之动谓之伪’句中的‘伪’字，本来大概写作‘𢡺’，至少也是理解如‘𢡺’，即心中的有以为……只是由于‘𢡺’字后来消失了，抄书者不认‘𢡺’为何物，遂以‘伪’代之。”[②]梁涛教授在这个基础上诠释道：“荀子的伪并非一般人们所理解的作为，而首先是指心的思虑活动，心的价值判断，荀子的心也不是以往学者所认为的是认知心，而是可以好善、知善、为善，具有道德判断的能力。”[③]如果借用后世“本体”与“工夫”的诠释模式，似乎可以说荀子论说的重点在“伪”之工夫上。这个工夫具体体现为对礼义法度的践行。我们认为，仅仅指出这一点还远不够，也无法周延地说明“荀学兴，则儒学兴；荀学衰，则儒学衰”的具体缘由。梁教授也从总体上指出：

> 儒学既有心性的一面，也有政治的一面，内圣与外王的贯通，是儒学的基本主题。孔子之后，孟子偏重心性，走的是由道德而政治的路向，荀子偏重政治，是以政治处理道德。统合孟荀，是大陆新儒学开新的一条重要途径。统合孟荀的关键在于心性论，孟子性善论实际是以善为性论，荀子则主张性恶心善说，而非传统的性恶说。孟子的心善（性善）更适宜说明人的道德实践，而荀子的心善更能（解释）人的政治活动，性恶心善说为统合孟荀提供了心性论的基础。[④]

---

① 唐端正：《荀子善伪论所展示的知识问题》，《中国学人》第6期，1977年；后收入氏著《先秦诸子论丛》，东大图书有限公司1981年版，第171～172页。

② 庞朴：《郢燕书说——郭店楚简及中山三器“心”旁文字试说》，刘贻群编：《庞朴文集》第2卷，山东大学出版社2005年版，第208页。

③ 梁涛：《统合孟荀 创新儒学》，《宗教与哲学》第7辑。

④ 梁涛：《统合孟荀 创新儒学》，《宗教与哲学》第7辑。

在梁教授看来，统合孟荀的契入点是孟荀心性论的理论特质，即孟子在价值论意义上以善说性的性善论，以及荀子在智识论和规范论意义上主张的性恶心知论。质言之，梁教授认为，统合孟荀的关键性合理之处在于重新审视和准确理解荀子的“性恶心善说”。而在这一所谓“性恶心善说”中，重点不在“性恶”，而在“心善”。梁教授将荀子的“性”诠释为“向下堕失的力量”“人生中的一股逆流”，同时将其“心”诠释为“向上提升的力量”“人生中的一座灯塔”。要注意的可能还在于，这个精彩譬喻背后的哲学理路还有待澄清。在勘定荀子心性论为“性恶心善论”的基础上，梁教授认为，借由统合孟荀，可望为“大陆新儒学”开出一片新境。要言之，统合孟荀之方不在于找出孟荀心性论思想相近之处，而应找到二者内在相通之处。这个“找到”可能需要我们结合现代道德哲学的考察视域。我们认为，康德道德哲学相关理念可为统合孟荀以创新儒学提供思辨的和形而上学的基础。

## 二、康德道德的形上学对统合孟荀的启示

在康德看来，任何真正的道德哲学都是需要形而上学的，形而上学不仅为人们指引先验的道德原理的根源，也会对破坏道德的活动起到必要的预防作用。而就这个所谓的道德形而上学本身来看，无论其内部元素为何，都会呈现出类于自由与道德法则的关系结构。统合孟荀的逻辑支点在于孟荀的心性论，特别是荀子的“性恶心善说”。这里的“心性论”，从其实质上讲，是一种儒学的道德形而上学，它应当摄取和统合孟子的性说和荀子的心说。这里的工作就是证明这个微观的统合何以可能，并借此正面回应统合孟荀的实质意义。

康德认为：

> 一门道德形而上学是不可或缺地必要的，这并不仅仅是出自思辨的一种动因，为的是探究先天地存在于我们的理性中的实践原理的源泉，而是因为只要缺乏正确地判断道德的那条导线和最高的规范，道德本身

> 就依然会受到各种各样的败坏。因为要使某种东西在道德上成为善的，它仅仅符合道德法则还不够，而且它还必须为了道德法则的缘故而发生。否则，那种符合就只是很偶然的和糟糕的，因为非道德的根据虽然有时会产生符合法则的行动，但多数情况下却将产生违背法则的行动。①

这是说道德形而上学之所以必要，不仅是出于人们理智思辨的文化本能（这种本能可能产生道德形而上学，也可能产生非道德的形而上学），更是由于人们追溯对范导自身社会化行动的先验原理和法则的需要，如果不能确立（尽管经常被诟病以独断论）正确衡量道德的终极原则，人类生而具有的性质倾向无疑将不断侵蚀偶然性的道德现象。其实，这里我们就可以准确理解儒学中孟子"以善说性"的逻辑所在。康德讲"仅仅符合道德法则还不够，而且它还必须为了道德法则的缘故而发生"，据此可以明白孟子所讲"由仁义行，非行仁义也"（《孟子·离娄下》），"由仁义行"就是从仁义本身出发，这是言为律而身为度，自我与道德原理融合为一，自我的行动就是道德的直接体现。仁义本身是基础和目的。这与孔子的"为仁由己"的主体性以及"从心所欲不逾矩"的顺遂自然一脉相承。与之相对，"行仁义"则是将仁义视为外于自己的道德原则，人匍匐在规范和原则之下，完全成了道德的婢女。在康德看来，诸如为了追求利益等"非道德的依据"，也可能偶然带来类似"符合法则的行动"，但是由于没有良善的道德形而上学作观念支撑，这不仅不可靠，反而会招致更多"违背法则的行动"。

准此观之，统合孟荀的关键点浮现出来了，即如何将孟子以善说性的性善论与荀子的心论统合起来。这就需要重新审视和正确理解荀子关于心、性、情的理论。荀子在其《正名》篇中说：

① 李秋零主编：《康德著作全集》第4卷《道德形而上学的奠基》，中国人民大学出版社2005年版，第396～397页。

性之好恶喜怒哀乐谓之情。情然而心为之择谓之虑，心虑而能为之动谓之伪。虑积焉、能习焉而后成谓之伪。正利而为谓之事，正义而为谓之行。所以知之在人者谓之知，知有所合谓之智。智所以能之在人者谓之能，能有所合谓之能。

这里，荀子集中诠释了他关于情、虑、伪、事、行、知、智、能的思想。他认为，性自身不能表现出来，表现出来的是情，所以也称情性。荀子认为，人的情性是好利恶害，具有自私自利的特性，其结果是减蚀社会公共空间，所以情性应当受到心的管制和约束，这是人的道德行动以及政治活动得以秩序化的究竟原因。情性是每一个人与生俱来的，但人之心作用不同，每个人的情性形于外者就各不相同了。心之判准表现在“可”与“不可”即认可与拒斥：

欲不待可得，所受乎天也；求者从所可，受乎心也。所受乎天之一欲，制于所受乎心之多，固难类所受乎天也。人之所欲生甚矣，人之所恶死甚矣；然而人有从生成死者，非不欲生而欲死也，不可以生而可以死也。故欲过之而动不及，心止之也。心之所可中理，则欲虽多，奚伤于治！欲不及而动过之，心使之也。心之所可失理，则欲虽寡，奚止于乱！故治乱在于心之所可，亡于情之所欲。不求之其所在，而求之其所亡，虽曰我得之，失之矣。（《荀子·正名》）

按照荀子的说明，“欲”是人生而具有的，但人“求”以满足自己欲望时会受到心的约束，这种约束体现为规范论意义上的“可”与“不可”。如此一来，在心的宰制下所表现出来的欲望就不再是人生而具有的欲望了。陈来先生曾指出：“在实际生活中，‘欲’会引导到‘求’，而‘求’却不一定导致‘争’，阻止‘求’变为‘争’的关键在‘心’，在‘心之所可’，这里的‘心’即近于霍布斯所谓自然理性的公理了。”① 陈先生以霍布斯自然理性的公理即人性公理来理解荀子的“心”，既表现出心的仁性，即为学界较多肯认的心善说，又充分注意到荀子论心之知觉、辨察与判断功能，即表现心的智性，而仁性和智性的合一，正是荀子心论之固有的特性。更为重要的是，陈先生以人性公理诠释荀子的心性论，对于时下的统合孟荀具有方法论启发意义。康德讲：

> 自由固然是道德律的存在理由，但道德律却是自由的认识理由。因为如果不是道德律在我们的理性中早就被清楚地想到了，则我们是决不会认为自己有理由去假定有像自由这样一种东西的（尽管它也并不自相矛盾）。但假如没有自由，则道德律也就根本不会在我们心中被找到了。②

按照康德的说明，自由因其是实践性的，它自身就是目的和行动的起点，自由之上没有更高的目的。也正是因此，自由本身不会显像化，即不可被直接认识，可被认识的是自由的体现——道德法则。人们正是借此想象到自由是存在的。如果没有自由，那先行存在于我们头脑中的道德法则就是没有根源的和不可解释的了。这样来看，在儒学中，孟子的性善说就相当于康德讲的自由，荀子讲的心知就相当于康德讲的道德法则。这里需要说明的是，依照康德的逻辑，孟子的性善说只是自由的一种元素，自由本身要比性善说宽泛得多；荀子心知论包含的人性公理说也可以视为康德意义上道德法则之一种具体的类别。这样来看，性善说就成了心知论的存在根据，心知论就成了性善说的认识根据。亦即，性善本身是不能被直接认识的，但人在现实生活中可以清楚地感知到心的智识功能。我们可以依据心的智识功能来想象和把

---

① 陈来：《情性与礼义——荀子政治哲学的人性公理》，邓正来主编：《中国社会科学辑刊》2009 年 6 月夏季卷，复旦大学出版社 2009 年版。

② [德]康德：《实践理性批判》，邓晓芒译，人民出版社 2003 年版，第 2 页。

握性善说，并且知道，如果人性本身不是善的，我们实际上就难以真正把握到人心的智识特性。儒学史上，不乏认为人具有所谓“智的直觉”者。要而言之，这属于一种理智的狂妄和僭越，且在根本上是不必要的。

公允地讲，孟子与荀子各自思想中本来也包含各自的道德形而上学的全部要素。孟子讲:“徒善不足以为政，徒法不能以自行。”(《孟子·离娄上》)即孟子的认识实际上已触及道德与政治的关系。他认为单纯依靠道德的善是不足以安排政治秩序的，同时他也指出，单纯依靠外在性的政治法度也终将从根本上失去内生动力。他走的是“由道德而政治的路向”，但由于他略于描绘现实的政治秩序图景，显得其形而上学是不充分的。同时，荀子的道德本体论是存在一定问题的。最主要的就是他虽充分认识到人性的和社会的现实，但正是由于这一点，他几乎完全忽略了道德动力问题。这一点不能不说，孟子的说法更为周延。荀子说：“人一之于礼义，则两得之矣；一之于情性，则两丧之矣。”（《荀子·礼论》）他将现实人性与礼义作了一个对勘，虽言之凿凿，但终究解决不了礼义的至善根源问题，也就是他的性恶论前提的问题所在。但是必须承认的是，依照康德关于道德形而上学的说明，荀子的性恶论未尝不是一种合理的“自由”元素。只不过，这里要建构的道德形而上学具体要素与荀子所讲的不同罢了。二者可以相互辩论，但不容相互抹杀。总之，孟子与荀子的道德哲学其实回答的是同一个问题，即善何以可能的问题。他们言说中的善无不同时包含着道德与政治两个层面。

张岱年先生认为，历史上的儒学“确实是在探讨一个重要的理论问题：人与自然的关系究竟如何？”他还指出：

> 这个问题包括：人在宇宙间的地位如何？人类道德有无宇宙的意义？人类道德原则与自然界的普遍规律有何联系？
>
> 这类问题也可以称为“道德形上学”的问题。德哲康德曾提出“道德形上学”的名称，我们可以借用这个名词来表示中国古代哲学中关于

道德的本体论基础的学说。[①]

张先生所说“自然”指的是人类立身其中的世界或曰宇宙。人与自然的关系也就是人与自己立身其中的世界的内在关系。回望孟子道德哲学与荀子道德哲学，无不包含张先生所分析的人与宇宙关系的三个维度，即人在宇宙间的地位、人类道德的宇宙意义以及人类道德与自然界的普遍规律之间的联系。毋庸置疑的是，张先生是在哲学价值论和规范论意义上而非生物学意义上探讨“自然界”和“宇宙”。结合语境，实际上张先生认为，人有为宇宙立心的地位。准此观之，人类道德具有宇宙论的意义。这就表明，伦理学与宇宙论具有内在的包含关系，人对自身地位、自身价值的思考就是对宇宙的思考。儒学所讲的“人类道德原则”核心在心性论及其内部各要素之间的关系；“自然界的普遍规律”指的是宇宙运行之道即内在于其中的人类社会发生、发展的总规律。张先生将这类问题名之为“道德形上学”问题。有意思的是，张先生还以康德所称的“道德形上学”来表示之。质言之，张先生所言“中国古代哲学中关于道德的本体论基础的学说”实际上指涉的重要一部分就是先秦儒学尤其是孟荀的心性论学说。换言之，时下学界展开的统合孟荀的工作是有其一定的学理基础的。

## 三、荀子心论的智识特质

以上可见，冀求统合孟荀来创新儒学的必要性在于，孟子和荀子的道德形而上学即其理论要素自身具有或不充足或不周延的理念缺憾。梁涛教授认为，统合孟荀的切入点在于荀子的性恶心善论，甚是。上述已对所谓荀子的“心善”仁性内涵，从康德道德形而上学的视角，结合孟子的性善说，作了建构性的说明。以下总结之余，再就荀子心论的智性亦即智识性作一交待。

① 张岱年：《中国伦理思想研究》，第139页。

荀子在《非相》篇中说：

> 人之所以为人者，何已也？曰：以其有辨也。……夫禽兽有父子而无父子之亲，有牝牡而无男女之别，故人道莫不有辨。

应当说，“辨”是“心”的功能，荀子这里主要是在道德意义上讲心的辨别功能，他认为人道体现了心的辨别功能，如对人类与禽兽之间差异的分别。本来在荀子之前，讲心有辨别功能的思想家并非没有，但未如荀子一样将心的辨别功能上升到“人之所以为人”的理论高度。荀子在其书中对于心的辨别功能的论述不胜枚举，兹不一一列出。梁涛教授曾将其与孟子的心论对此：

> 孟子讲心善，他的心是有内容的，是实心，是四端之心，四端——恻隐、羞恶、辞让、是非是先天的道德禀赋，是生而具有的，“我固有之”，“非由外铄我也”；扩而充之，就可以由内而外，表现为自觉的道德行为，“由仁义行，非行仁义也”。荀子虽然讲心善，他的心是没有内容的，是虚心，只是一种能力。……即使承认孟子、荀子都讲心善，也并不表示他们所讲的心是没有差别的，关键就在于孟子讲的是实心，道德本心、良心；荀子讲的是虚心，道德智虑心、理智心。①

这样看来，孟子讲的心因其具有实在的道德内容而可被理解为“实心”，荀子讲的心则因其只是表征为一种理智、智识而可相对地理解为“虚心”。这是很有道理的。在儒学史上，还有与此相近的说法。朱子晚年尝讲道：“智

---

① 梁涛：《统合孟荀 创新儒学》，《宗教与哲学》第 7 辑。

有藏之义焉。”又讲：“智则义之藏。”[①] 即儒家讲的“智”是仁学视域中的理智，并非单纯的理性。这与现代西方讲的“理性”不同。这与说明中国古代哲学与文化对于道德的普遍重视不无关系。朱子认为，智有蓄藏的意思，且进一步认为，智就是义理归藏自身所显示的纯形式。梁教授以“虚心”“道德智虑心”“理智心”解释荀子的“心知”，又说：“荀子则是以智识心，是一种智性的认知心，就其以礼义法度为主要认识对象而言，也可以说具有德性的内涵，但主要是以认知的形式。”[②] 这是有道理的。在儒学史中，有一个道德意识传统，即实际上的仁统诸德。这就意味着，如果单纯以现代西方哲学意义上的理性、理智来理解荀子的心知学说，是难得要义的。当然，同时也要清楚，荀子的心论较之孟子，更显示出智识性质。用程朱仁之偏言与专言概括的话，孟子较为充分地发展了偏言之仁，荀子则较为充分地发展了偏言之智。于此亦可见时下统合孟荀的意义所在。

李泽厚先生曾在评价朱熹学问旨趣时说：“朱熹却又是高举‘四端’‘性善’的孟子大旗，来构建此荀学的。”[③] 总体上可以说这是李先生眼中朱子所做的统合孟荀的工作。但李先生所论的统合主要是指“以情润理，范导行为，并将个体修身与治国理政亦即将宗教性道德与社会性道德混同构建，合为一体”，并认为“这也就是为什么朱（熹）式的性善说在中国传统中一直占据上风”[④] 的根本原因。李先生主张情本体学说，主张以“休谟来补足康德”。李先生的实际意思还是凸显其情本体的学说，这与我们所讲的以心性论为切入点的道德形而上学建构意义有所不同。

（作者单位：南昌大学江右哲学研究中心）

---

① 〔宋〕朱熹：《朱子全书》第23册，上海古籍出版社、安徽教育出版社2002年版，第2780、2779页。

② 梁涛：《廓清荀子人性论的千年迷雾》，《中华读书报》2017年4月5日，第13版。

③ 李泽厚：《举孟旗 行荀学——为〈伦理学纲要〉一辩》，《探索与争鸣》2017年第4期。

④ 李泽厚：《举孟旗 行荀学——为〈伦理学纲要〉一辩》，《探索与争鸣》2017年第4期。

# "道统"之兴起与"孟荀同尊"之余韵*

## ——论北宋初期儒者观念中的孟子和荀子

李文娟

[ 内容提要 ]

受韩愈影响，考量儒家道统成为宋代儒家学者构建理论、品评人物时不可或缺的一个环节。基此而形成之尊孟排荀倾向，在宋代道统论中表现得最为强烈。不过，当以孔道辅、孙复、石介、韩琦、苏洵、欧阳修等人的道统论辩为基本材料，进行系统梳理时发现，北宋初期尚未出现"尊孟排荀"之风，汉代以来"孟荀同尊"之余韵仍在学术圈具有广泛影响。"孟荀同尊"折射出宋初儒家学者对孟、荀重要性的认识，也反映出当时学者希圣希贤的学术情怀，值得人们重视。

儒家道统中，诸儒推尊、争相续接的是孟子，取舍不定、颇受争议的是荀子。尊孟排荀，在宋代道统论中表现得最为强烈。然而，这一风气在宋代初期并不明显，反而仍有汉代"孟荀同尊"的韵味。通过对这一阶段的历史

* 本文为山东省社会科学规划重点课题"宋代山东乡约乡礼研究"（17BZXJ02）阶段性成果，受泰山学者工程专项经费资助。

考察，可以清晰认识北宋初期儒家学者的道统立场，有助于分析孟子与孟学、荀子与荀学在当时的受重视程度。

## 一、韩愈论道：宋代考量儒家“道统”之滥觞

钱穆先生言：“治宋学必始于唐，而以昌黎韩氏为之率。”[①]儒家道统之论说兴起于北宋，但“道统”所代表的儒学复兴趋势及它的精神价值和传承方向在唐代韩愈等人的新儒学运动中可以找到直接的根源。

唐代佛老之学兴起，儒学处于官学僵化状态。盛唐时期，李白、杜甫、高适等文人便吟出“宋人不辨玉，鲁贱东家丘”（李白《送薛九被谗去鲁》）、“纨绔不饿死，儒冠多误身”（杜甫《奉赠韦左丞丈二十二韵》）、“问津见鲁俗，怀古伤家丘。寥落千载后，空传褒圣侯”（高适《鲁西至东平》）等诗句，他们以儒者治世报国自居，同时又因儒者怀才不遇而自嘲，可见当时儒学已备受冷落，日趋凋零。相对而言，佛老之学却迎来一个“暖春”，“李氏皇族奉老子为祖宗，奉老子妻为先天太后，将孔子像立于老子之侧，道教趁势而起”[②]。同时，唐代统治者将佛教纳入朝廷管辖范围，加倍重视，唐太宗李世民曾邀京师高僧到皇宫举行法会，让僧人们为阵亡战士诵经超度，他本人在玄奘大师指引下研读《菩萨藏经》；武则天时期，修凿龙门石窟，广造佛像；唐宣宗时下诏各州建寺院，大兴佛法。唐宪宗笃信佛法，更是专门派人把释迦摩尼的佛骨从凤翔法门寺迎接到长安皇宫中供奉，百姓趋之若狂，一些愚昧的人甚至残害自己的身体供养佛祖。

在这样的社会和政治氛围中，儒学的正统地位岌岌可危。韩愈作为唐代古文运动的领袖、儒家思想的传承与守护者，冒着被杀头的危险，义无反顾地投入到反佛运动中。他上书《论佛骨表》，直指唐宪宗迎佛骨一事，陈述佛法之害：佛教未入中国时，黄帝、少昊、颛顼、帝喾、尧、舜、禹、汤、

---

① 钱穆：《中国近三百年学术史》，中华书局1987年版，第1页。

② 武宁：《尊孔孟 重德性》，中华书局2018年版，第51页。

武丁、周文王、武王、穆王等在位均百姓安乐、天下太平；自汉明帝始有佛法，其后乱亡相继，运祚不长，梁武帝沉溺佛教，更是不得善终，由此观之，佛不足事；佛本是夷狄之人，与中国语言不相通，服饰不相近，不言先王之道，不服先王之法，不知君臣之义、父子之情，如若将其供奉长安御楼，便是为京都士庶设诡异之观、戏玩之具，天子事佛，百姓更会为佛法残害身体、散财舍命，导致伤风败俗，世人传笑。所以，韩愈请求“以此骨付之有司，投诸水火，永绝根本，断天下之疑，绝后代之惑”[①]。有学者把韩愈《论佛骨表》比喻成一杆“枪”。[②]韩愈将这杆“枪”投向了被佛法冲昏了头的唐宪宗，引来一场杀身之祸，幸亏当时裴度、崔群等朝中亲贵出来说情，才免去极刑处死，但从繁华的都城长安被贬往几千里之外的潮州。这一反佛事件，与其说是韩愈对唐代皇室“内怀至忠”[③]的守护，不如说是对儒家圣人之道的誓死捍卫，虽然在当时没能阻止佛教的滋长，但是“退之以谏迎佛骨得罪，当时后世莫不重其品节”[④]，韩愈的品行受到儒家学者的肯定和敬仰，夯实了韩愈在儒家系统中的地位。

受《孟子·尽心下》末章及当时异常兴盛的中国化佛教禅宗的传法世系的启发[⑤]，韩愈在《原道》中首次创立了儒家“道统”：

> 曰：斯道也，何道也？曰：斯吾所谓道也，非向所谓老与佛之道也。尧以是传之舜，舜以是传之禹，禹以是传之汤，汤以是传之文、武、周公，文、武、周公传之孔子，孔子传之孟轲。轲之死，不得其传焉。[⑥]

---

① 孙昌武选注：《韩愈选集》，上海古籍出版社 2013 年版，第 382 页。

② 赵平略：《枪与场——韩愈〈论佛骨表〉与王阳明〈谏迎佛疏〉比较》，《贵阳学院学报》（社会科学版）2011 年第 3 期。

③ 〔唐〕韩愈：《韩愈诗选》，中州古籍出版社 2016 年版，第 178 页。

④ 陈寅恪：《论韩愈》，《历史研究》1954 年第 2 期。

⑤ 陈寅恪言：“退之自述其道统传授渊源固由孟子卒章所启发，亦从新禅宗所自称者摹袭得来也。”见陈寅恪：《论韩愈》，《历史研究》1954 年第 2 期。

⑥ 孙昌武选注：《韩愈选集》，第 261 ~ 262 页。

这段话的意义在于：一是向教外别传的禅宗证明，儒家学说的渊源在中国本土，是治国、平天下、安百姓的正统思想；二是开启儒家道统观的源头，呼吁儒家学者担负起承续道统的责任，也向儒家吹响了“集结”的号角；三是肯定孟子的传道之功，将孟子置于原被公认属于颜回的“亚圣”地位，迈出“孟子升格运动”的第一步。[①] 韩愈贞定儒家道统的做法后来被北宋儒者所继承，使考量儒家道统成为构建理论、品评人物时不可或缺的一个环节，也使承续儒家道统“成为对知识分子的一种有吸引力的理想”[②]。

## 二、宋初儒者观念中的孟子与荀子

韩愈论道是宋代道统说之滥觞，他开启了学者论说儒家道统的风气，但在宋初，韩愈的道统观念并没有被广泛接受而成为主流。细察之，宋初学者对儒家道统的贞定并不尽同韩愈，“最显著的特点就是在孟子之后都将荀子列入其中”[③]。

### （一）祀孟荀、奉五贤：孔道辅等人的儒学复兴运动

北宋初期，统治者为儒学提供了一个宽松的政治环境，儒学出现复兴之势。细数儒学复兴之端倪，孔道辅之功不可没。孔道辅（985—1039）乃孔子第四十五世孙，举进士第，“以刚毅谅直名闻天下”，“公持一节以终身”。[④] 宋仁宗时任兖州知府，管辖泗水、仙源（今曲阜）、邹县等儒学发源重地，他常感叹，孟子对圣门道统传承功劳最大，孟子之功能述之、尽之，却不能祀之。于是，他遍寻孟子后人和孟子葬身之处。景祐四年（1037），孔道辅

① 参见赵宇：《儒家“亚圣”名号变迁考——关于宋元政治与理学道统论之互动研究》，《历史研究》2017 年第 4 期。

② 陈来：《宋明理学》，生活·读书·新知三联书店 2011 年版，第 26 页。

③ 刘涛博士认为：“宋初大儒孙复和石介等人在继承韩愈提出的从尧至孟子的传道谱系的同时，也着力对其有所发展，最显著的特点就是在孟子之后将荀子、扬雄、王通、韩愈一并列入其中。”笔者认为此说不甚准确，如苏洵并没有将王通列入道统。刘涛：《荀子在宋初儒学中的地位及其影响》，《邯郸学院学报》2012 年第 4 期。

④ 王安石为孔道辅撰写墓志铭。

在邹县四基山找寻到孟子坟墓，并请能工巧匠于此兴建孟子庙，嘱托当时在泰山讲学的孙复作《新建孟子庙记》，刻立石碑为纪，他又向朝廷推荐孟子后裔孟宁主管孟子庙祭祀。景祐五年（1038），孔道辅又在孔庙正殿西侧修建五贤堂，专门祭祀孟子、荀子、扬雄、王通、韩愈五子，并亲自作《五贤堂记》：

> 苟圣人之道壅，则五贤迭起而辅导之。……而孟、荀继作，乃述唐虞之业，序仁义道德之原。……然贤者违世矫俗，能去难者盖寡矣。孟不免齐梁之困，臧仓之毁；荀不免齐人之谗，楚国之废；扬不免刘歆之侮，投阁之患；王不免隋氏之抑，群公之沮；韩不免潮阳之窜，皇甫之谮。其间或讥其作经，或短其修史，彼徒能毁之，弗顾己之弗逮也。……孔圣之道否，则五贤振起之。……因建堂事，收五贤所著书，图其仪，叙先儒之时荐。庶几识者登是堂，观是像，览是书，肃然改容，知圣贤之道尽在此矣。[①]

孔道辅的“道统”，呈现出清晰的“孟、荀、扬、王、韩”传承序列。他与韩愈一样，认为孔子之后孟子功劳最大、分量最重，甚至对孟子扬名天下做出了最大贡献：建立孟庙，开创祭祀孟子之始；建立五贤堂，开启“孟子配食孔庙的发端”。[②]就这样，孟子由一座千年孤坟，瞬间得以天下共祀之。他又与韩愈不一样，没有苛求诸儒之道“醇乎醇”[③]，而是言“然贤者违世矫俗，能去难者盖寡矣”，宽容地将荀子、扬雄、王通、韩愈一并纳入道统，为荀子此后有资格从祀摆明立场。

时人孙复（992—1057）、石介（1005—1045）、韩琦（1008—1075）

---

① 刘桂荣编著：《论荀辑要》，安徽师范大学出版社 2016 年版，第 48 页。

② 刘培桂：《孔道辅与祭祀孟子之始》，《孔子研究》1994 年第 1 期。

③ 《韩愈·读荀》：“孟氏醇乎醇者也。荀与扬，大醇而小疵。”

等均沿用“五贤”之说，并与孔道辅的道统观保持一致。

孙复在给孔道辅的书信中说：“自夫子殁，诸儒学其道，得其门而入者，鲜矣，惟孟轲氏、荀卿氏、扬雄氏、王通氏、韩愈氏而已。彼五贤者，天俾夹辅于夫子者也。”（《上孔给事书》）他将孟、荀、扬、王、韩称为“五贤”，并再次缩小范围，将孟子、荀子、扬雄三人称为“大儒”：“孔子而下至西汉间，世称大儒者，或曰孟轲氏、荀卿氏、扬雄氏而已，以其立言垂范、明道救时、功丰德巨也。”（《董仲舒论》）他在诗中写道：“人生在学勤始至，不勤求至无由期。孟轲、荀况、扬雄氏，当时未必皆生知。因其钻仰久不已，遂入圣域争先驰。”（《谕学》）在这里，他采用韩愈的观点，认为荀子与孟子一样，其学已入“圣域”[①]，只不过又把扬雄加入此列。这样看来，孙复“道统”中，孟、荀、扬与王、韩之间应该有条分界线，前三者重于后两者。孙复在作《兖州邹县建孟庙记》时说过：“诸儒之有大功于圣门者，无先于孟子。”可见，孙复与韩愈、孔道辅一样，最推崇的是孟子。

石介，山东徂徕人，世称徂徕先生，有着山东人刚直不阿的性格，把儒家道统视为生命。他推崇韩愈维护道统、力排佛老的气节和胆识，把孟、荀、扬、王、韩称为“五贤人”，又将韩愈尊奉为“贤人之卓”：

> 噫！孟轲氏、荀况氏、扬雄氏、王通氏、韩愈氏，五贤人，吏部为贤人之卓。不知更几千万亿年复有孔子，不知更几千百数年复有吏部。孔子之《易》《春秋》，自圣人来未有也，吏部《原道》《原仁》《原毁》《行难》《禹问》《佛骨表》《诤臣论》，自诸子以来未有也。呜呼！至矣！（《尊韩》）

① 韩愈《进学解》：“昔者孟轲好辩，孔道以明，辙环天下，卒老于行；荀卿守正，大论是弘，逃谗于楚，废死兰陵。是二儒者，吐辞为经，举足为法，绝类离伦，优入圣域，其遇于世何如也？”

石介也效仿韩愈，不顾自身安危撰写《怪说》《中国论》等文章批判佛老，从中可以看出，"尊韩"与他的平生志向有关。其实，在他的思想中，"五贤人"都是通过排斥异端而存道，其存道之功可与孔子相媲美：

道大坏，由一人存之。天下国家大乱，由一人扶之。周室衰，诸侯僭，道大坏也，孔子存之。孔子殁，杨墨作，道大坏也，孟子存之。战国盛仪，秦起，道大坏也，荀况存之。汉祚微，王莽篡，道大坏也，扬雄存之。七国弊，王纲圮，道大坏也，文中子存之。齐梁以来，佛老炽，道大坏也，吏部存之。（《救说》）

他甚至将"五贤人"与周公、孔子列在一起，并称为"圣人大儒"：

古之圣人大儒有周公，有孔子，有孟轲，有荀卿，有扬雄，有文中子，有吏部。（《答欧阳永叔书》）

在"五贤人"中，孟子与荀子的地位孰轻孰重？他多次以孟、荀、扬、王、韩的次序讨论诸儒，但在回复好友欧阳修的书信中曾说"今视钟王虞柳其道其德，孰与荀孟诸儒、皋夔众臣胜哉"（《答欧阳永叔书》），也在给宰相李迪荐贤的信中有"（贾）公疏著书本孟子""（孙明复）皆荀卿之述作"之语[①]，又在诗中言"道视荀扬虽未至，分于管鲍已知深"（《士廷评相会梓州》），通过以贾孙比孟荀等说法可以看出，石介肯定了孟荀的同等重要性，

① 石介《徂徕集》卷九《杂文·贤李》：相国养士固不若孟尝之多、平津之厚，然其表山东文人之杰，则有贾公疏、高公仪、刘子望、孙明复。在公疏则相国师友之，公仪则相国姻睦之，子望则相国宾客之，明复则相国以其弟之子妻之。公疏著书本孟子，有《山东野录》数万言，公仪、子望、明复皆宗周公、孔子，公仪有《常刑》三篇，子望有《辅弼明对》四十卷，明复有《春秋尊王发微》十七卷，皆荀卿之述作也。四人可谓魁贤大儒，相国俱收之，则相国之贤视孟尝、平津远矣。

“孟、荀、扬、王、韩”的道统次序只不过是按照时间先后排列罢了。

韩琦，北宋初期有着重要地位的政治家，仁宗、英宗、神宗三朝为相，在当时社会具有很大影响力。《宋史·韩琦传》记载：“琦蚤有盛名，识量英伟，临事喜愠不见于色。论者以重厚比周勃，政事比姚崇。其为学士临边，年甫三十，天下已称为韩公。”韩琦坚持“五贤”说：“孔子没，能传其道者，孟、荀、扬、王、韩五贤而已矣。”（《策问》）宋仁宗至和元年（1054），韩琦知并州（今太原），买下民庙修建夫子庙学，将颜回以降诸弟子、孟子以降诸大儒列于东西堂庑之间，既而叹曰“夫五贤者，圣人之亚，学者之师”①，并亲自作《五贤赞》。他赞孟子：“存而醇者，孟氏而止。欲观圣人，必自孟始。较其大功，盖禹之比。呜呼贤哉！道孰可拟。孔子之后，一人而已。”②又赞荀子：“始考其辞，若不醇粹。及其要归，鲜与孔异。虽小疵焉，道则奚累？轲、雄之间，在我无愧。”③韩琦继承了韩愈“孟氏醇乎醇者也。荀与扬，大醇而小疵”（《读荀》）的说法来评价孟荀，依然认为孟子是孔子之后的第一人，甚至功高盖禹，可见他是“尊孟”的。但是，他并没有因考辞不醇粹而否定荀子的传道之功，一句“轲、雄之间，在我无愧”稳固了荀子在道统中的地位。

（二）犹存敬畏心，莫敢比圣贤：苏洵一辈的学术情怀

苏洵（1009—1066），北宋文学家，古文运动倡导人，“二十七始发愤为学……遂通‘六经’、百家之说……嘉祐时，与其二子轼、辙皆至京师，欧阳兖公得其所著书二十二篇……公卿大夫争传之，一时学者竞效苏氏为文章”④。苏洵的道统观和对孟荀之学的态度，集中在与欧阳修来往的书信中。

在《上欧阳内翰第一书》中，苏洵欲向翰林学士欧阳修推荐他的两个儿子苏轼和苏辙，同时他介绍了自己的治学经历，尝“取《论语》、《孟子》、

---

①〔宋〕韩琦：《安阳集编年笺注》上册，李之亮、徐正英笺注，巴蜀书社2000年版，第760页。
②〔宋〕韩琦：《安阳集编年笺注》上册，第762页。
③〔宋〕韩琦：《安阳集编年笺注》上册，第763页。
④〔清〕黄宗羲：《宋元学案》（四），中华书局1986年版，第3276页。

韩子及其他圣人、贤人之文，而兀然端坐，终日以读之者七八年”[①]。这段话说明苏洵治学从孔子、孟子、韩愈之文开始，也彰显出他对“文统”的排列次序。苏洵对孟子、韩愈、欧阳修的文学风格一一做出评论，赞叹“此三者，皆断然自为一家之文也”，“盖执事之文，非《孟子》、韩子之文，而欧阳子之文也”，既流露出他对孟子、韩愈、欧阳修之文的喜爱，也肯定了欧阳修绍承“文统”的宗师地位。

《上欧阳内翰第二书》中有段话，可以看作苏洵的“道统”观：

> 自孔子没，百有余年而孟子生；孟子之后，数十年而至荀卿子；荀卿子后乃稍阔远，二百余年而扬雄称于世；扬雄之死，不得其继千有余年，而后属之韩愈氏；韩愈氏没三百年矣，不知天下之将谁与也？[②]

在信中苏洵感叹，孔子之后数千年间，能够传承道统的只有孟子、荀子、扬雄、韩愈四人而已。他评价孟、荀、扬、韩，“以一能称，以一善书”，“以其姓名闻乎天下后世”，“数千年之间，四人而无加”。因此，他对欧阳修赞许自己的文章像荀子之文表示感谢，但宁愿得罪欧公也不敢接受。可见，苏洵把荀子摆在了如同孔子、孟子般圣人、贤人的位置上。有诗文可以为证：“仲尼为群婢，一走十四年。荀卿老不出，五十干诸田。顾彼二夫子，岂其陷狂颠？出处固无定，不失称圣贤。”[③]

就学术风格而言，苏洵作为宋初时期的学者，依然秉持着对圣贤的敬畏之心，因循守常，这一特征在上文提到的学者中均有所表现。客观地说，北宋初期苏洵等学者心存敬畏、希圣希贤的学术立场，看似保守，实则博大。正是因为这种博大的胸怀，才能认识到孟子、荀子思想的可贵之处，并使之

---

① 〔宋〕苏洵：《嘉祐集笺注·上欧阳内翰第一书》，上海古籍出版社 1993 年版，第 329 页。
② 〔宋〕苏洵：《嘉祐集笺注·上欧阳内翰第二书》，第 334 页。
③ 〔宋〕苏洵：《嘉祐集笺注·又答陈公美》，第 465 页。

发扬光大。北宋中后期的疑古思潮固然在思想上得到解放，但是容易形成门户之见，造成“抓了芝麻，丢了西瓜”的后果。正如李学勤先生所说，“（疑古思潮）把当时古史上的偶像一脚全都踢翻了，经书也没有权威性了，起了思想解放的作用，当然很好”，“可是，它有一个极不好的地方，在今天还有影响，就是它很讲门户”，“不过这种倾向发展到末流，就变成了师心自用，特别是明朝一些人，简直是束书不观了”[①]。所以，北宋初期学者们博大的学术情怀，在儒学研究中是值得提倡的。

宋初儒者希圣希贤的学术立场，与宋代中后期兴起的疑古思潮形成鲜明对比。“自庆历后，诸儒发明经旨，非前人所及”[②]，王安石疑《荀子》，司马光疑《孟子》，二程排《荀子》，到了原本就恃才傲物、睥睨天地的苏轼，更是作《子思论》《孟子论》《荀卿论》《扬雄论》《韩愈论》等，将孟子、荀子、韩愈等古圣先贤议论了一个遍。苏洵与苏轼（1037—1101）为父子，同宗“蜀学”，一个“尊荀”，一个却“排荀”。在道统观方面，为何没有父子相继？这是因为对苏轼影响最大的不是其父苏洵，而是北宋文坛领袖欧阳修。

（三）始异而终同：欧阳修的思想冲突与真正的孟荀立场

欧阳修（1007—1072）为北宋文坛领袖，诗文革新运动的发起者，先后任翰林学士、史官修撰等职，推贤纳士，在朝中颇有威望。他对荀子特别推崇，赞其“最近于圣人”：

> 三代之衰，学废而道不明，然后诸子出。自老子厌周之乱，用其小见，以为圣人之术止于此，始非仁义而诋圣智。诸子因之，益得肆其异说，至于战国，荡而不反。然后山渊、齐秦、坚白异同之论兴，圣人之学，几乎其息。最后荀卿子独用《诗》《书》之言，贬异扶正，著书以非诸子，

---

① 李学勤：《走出“疑古时代”》，《中国文化》1992 年第 2 期。

② 〔宋〕王应麟：《困学纪闻》，上海古籍出版社 2015 年版，第 291 页。

尤以劝学为急。荀卿，楚人。尝以学干诸侯，不用，退老兰陵，楚人尊之。及战国平，三代《诗》《书》未尽出，汉诸大儒贾生、司马迁之徒莫不尽用荀卿子，盖其为说，最近于圣人而然也。（《郑荀改名序》）

当时有个叫郑昊的年轻人，多次请求欧阳修为他重新取名，欧阳修列出几个名字让他选择，最后郑昊改名叫"荀"。欧阳修十分欣慰，并期待其能像荀子一样虽不能亲见圣人，却能读其书而自得：

夫荀卿者，未尝亲见圣人，徒读其书而得之。然自子思、孟子已下，意皆轻之。使其与游、夏并进于孔子之门，吾不知其先后也。世之学者，苟如荀卿，可谓学矣，而又进焉，则孰能御哉！（《郑荀改名序》）[①]

欧阳修对子思、孟子以后轻视荀子的人表示不满，认为荀子如果同子游、子夏同进孔子之门，必定无人能及。另外，他对苏洵十分欣赏，认为其《六经论》与荀子风格相近，赞叹是"荀卿子之文也"[②]，并对举荐苏洵的张方平写信致谢。从以上事例来看，欧阳修对荀子的赞颂非同一般。

然而，宋仁宗庆历三年（1042），欧阳修作《本论》三篇，表明排佛立场："佛法为中国患千余岁，世之卓然不惑而有力者，莫不欲去之。已尝去矣，而复大集，攻之暂破而愈坚，扑之未灭而愈炽，遂至于无可奈何。是果不可去邪？盖亦未知其方也。"[③]一句"未知其方也"，将韩愈《原道》中的排佛策略从根本上进行了否定，也从侧面对好友石介作《怪说》抵佛的鲁莽行为做出提醒和批评。欧阳修反对"以文排佛"，主张使"天下皆知礼义"才是"胜佛之本""自然之势"[④]。于是，他欲立孟子的仁义之说以绝佛老之

---

① 李之亮笺注：《欧阳修集编年笺注》第3册，巴蜀书社2007年版，第147～148页。

② 〔宋〕苏洵：《嘉祐集笺注·上欧阳内翰第二书》，第334页。

③ 《中国古代名家诗文集·欧阳修集》卷一，黑龙江人民出版社2005年版，第215页。

④ 《中国古代名家诗文集·欧阳修集》卷一，第216页。

根本——“昔战国之时，杨、墨交乱，孟子患之而专言仁义，故仁义之说胜，则杨、墨之学废”，“此所谓修其本以胜之之效也”①。

出于排佛的立场，欧阳修转而否认了荀子之说：

> 昔荀卿子之说，以为人性本恶，著书一篇以持其论。予始爱之，及见世人之归佛者，然后知荀卿之说谬焉。甚矣，人之性善也！彼为佛者，弃其父子，绝其夫妇，于人之性甚戾，又有蚕食虫蠹之弊，然而民皆相率而归焉者，以佛有为善之说故也。呜呼！诚使吾民晓然知礼义之为善，则安知不相率而从哉？②

可见，欧阳修忽然否定荀子，是为排佛老；如无佛老之害，也许就无后来弃荀之说。“佛教对民风的引领作用在于佛之劝善，受此刺激，他从最初所持之荀子的性恶说，转而走向性善。”③然而，此处欧阳修因要立“人之性善”而否定“人性本恶”，只是出于政治立场，并未从理论上做出分析和解释，恐难以服众。此等“言而不究”的事情发生在欧公身上并不奇怪：“施德操曰：‘欧公语《易》，以谓《文言》《大系》皆非孔子所作，乃当时《易》师为之耳。韩魏公心知其非，然未尝与辩，但对欧公终身不言《易》。’”“叶水心《习学记言》曰：‘以经为正而不汩于章读笺诂，此欧阳氏读书法也。然其间节目甚多，固未易言。以其学考之，虽能信经，而失事理之实者不少。’”④欧公“言而不究”之论，有时连其门下苏轼、曾巩也不敢苟同。

欧阳修此说一出，对孟子之学是一种推崇，但对荀子之学是一种打击，这不符合其初衷。况且正值“世人多言性”之时，欧阳修怕世人言性而对孟、荀、

① 《中国古代名家诗文集·欧阳修集》卷一，第216页。

② 《中国古代名家诗文集·欧阳修集》卷一，第217页。

③ 向世陵：《儒佛之际与宋初性无善恶说》，《东岳论丛》2005年第1期。

④ 〔清〕黄宗羲：《宋元学案》（一），第202页。

扬等学说造成中伤和误解，遂欲以“‘六经’不言性”的根据来“卒其说”[①]，试图改变学者言性的风向。同时，他又摆明对孟、荀、扬的立场：

> 或又问曰：“然则三子言性，过欤？”曰：不过也。“其不同何也？”曰：始异而终同也。使孟子曰人性善矣，遂怠而不教，则是过也；使荀子曰人性恶矣，遂弃而不教，则是过也；使扬子曰人性混矣，遂肆而不教，则是过也。然三子者，或身奔走诸侯以行其道，或著书累千万言以告于后世，未尝不区区以仁义礼乐为急。盖其意以谓善者一日不教，则失而入于恶；恶者勤而教之，则可使至于善；混者驱而率之，则可使去恶而就善也。其说与《书》之“习与性成”，《语》之“性近习远”，《中庸》之“有以率之”，《乐记》之“慎物所感”皆合。夫三子者，推其言则殊，察其用心则一，故予以为推其言不过始异而终同也。凡论三子者，以予言而一之，则谠谠者可以息矣。[②]

在这段话中，欧阳修用了两次“始异而终同”来强调三子学说的同等价值和重要性，并且不再言“荀卿之说谬焉”，而是言孟子人性善、荀子人性恶、扬子人性混最终的指向都是急于复兴仁义礼乐。欧阳修官位显赫、众人敬仰，却不顾个人利害一改往日说辞，肯定是经过深思熟虑的，虽然不能挽回此前言论对荀子之学的打击，但是足以证明他是很看重荀学的。

值得注意的是，欧阳修的思想冲突恰恰反映出北宋初期与中后期不同的学术特征，也反映出其承前启后的学术地位。欧阳修前期的思想与韩琦、苏洵等人一样，持希圣希贤、尊孟尊荀的立场，甚至对荀子的评价高于其他学者。然而，欧阳修后期走向“排荀”，以及怀疑《文言》《大系》皆非孔子所作，这不能简单以“言而不究”来论之，还可以看作北宋中后期疑古思潮的生发处。

---

① 李之亮笺注：《欧阳修集编年笺注》第 3 册，第 258 页。

② 李之亮笺注：《欧阳修集编年笺注》第 3 册，第 260 页。

欧阳修后期的思想对苏轼产生了巨大的影响。作为欧门弟子，苏轼不但继承了欧阳修的排荀观点，甚至将欧阳修一起列入“道统”：

> 五百余年而后得韩愈，学者以愈配孟子，盖庶几焉。愈之后二百有余年而后得欧阳子，其学推韩愈、孟子以达于孔氏，著礼乐仁义之实，以合于大道。其言简而明，信而通，引物连类，折之于至理，以服人心，故天下翕然师尊之。自欧阳子之存，世之不说者，哗而攻之，能折困其身，而不能屈其言。士无贤不肖不谋而同曰：“欧阳子，今之韩愈也。”①（《六一居士集叙》）

苏轼所列“尧、舜、禹、汤、文王、武王、周公、孔子、孟子、韩愈、欧阳修”的传道谱系，延续了欧阳修的“道统”，同时也正合了其父苏洵所列的“文统”。朱熹将欧阳修与苏轼并称“欧苏”，评价其“皆以文人自立”，并以“文与道俱”之说进行批评。② 作为北宋中后期的著名学者，苏轼比之苏洵更显狂放不羁，比之欧阳修更具怀疑和批判精神。通过苏洵、欧阳修、苏轼三人可以看出，北宋初期与中后期的学术风格迥异，时代历史变迁会引发相应的思想变化与思想冲突。

## 三、汉代以来“孟荀同尊”之余韵

纵观整个宋代儒学史，宋初儒者希圣希贤、孟荀同尊的学术风格确实是一股清流，是汉唐以来“孟荀齐号”之余韵再现。“救危振衰，光耀孔门，孟、荀之于儒学，实在难分伯仲。”③ 唐代以前，在司马迁、董仲舒、刘向、班固、

---

① 《苏东坡全集》3，北京燕山出版社 2009 年版，第 1488 页。

② 朱熹：“今东坡之言曰：‘吾所谓文，必与道俱。’则是文自文而道自道，待作文时，旋去讨个道来入放里面，此是它大病处。”〔宋〕黎靖德编：《朱子语类》第 8 册，中华书局 1986 年版，第 3319 页。

③ 路德斌：《荀子与儒家哲学》，齐鲁书社 2010 年版，第 1 页。

扬雄、杨倞等先儒的书籍中，孟子与荀子几乎都是并称于世的。

北宋初年，虽然诸儒都在感叹“道之不传”，但是从这种“自觉精神”[①]中能够看出儒学已有复兴的态势。宋代历来有重文臣之传统，给予文臣治国理政的充分权力，另外，文人后学一经进士登第，便能封官受禄，光耀门庭，甚至荫及子孙。所以，宋代社会士风、学风浓重，大批儒生士人终日饱读经书、进学科考、评古论今。然而宋朝一直饱受内忧外患，钱穆先生描述：“在不堪言状的分裂与堕落之后，中国又重新建立起一个统一的中央政府来。这一个中央，却以他特殊的姿态出现于历史。与秦、汉、隋、唐的统一相随并来的，是中国之富强，而这一个统一却始终摆脱不掉贫弱的命运。”[②]庆历三年（1043），范仲淹、韩琦、富弼等一批士人提出10项改革措施，以缓解宋朝积贫积弱的局面，因遭到旧贵族官僚的阻挠而失败，史称“庆历新政”。出于这种“先天下之忧而忧，后天下之乐而乐”（范仲淹《岳阳楼记》）的忧患意识和报国之志，宋朝儒生士人们治学大都会追求经世致用的路径。

总体来看，宋初儒学呈现出以下特点：一是宋初儒家学者肯定了荀子的传道之功，比韩愈更宽容地将荀子列入“道统”。二是宋初儒家学者没有将荀子性恶论与孟子性善论对立起来，没有因尊孟而非荀，更没有因尊荀而非孟。三是宋初儒家学者没有从学理上深究孟荀之学，而是对原有学说“择其善者而用之”。他们的主要职责依然停留在言“道统”、辟佛老的立场上，以恢复儒家道统、打击佛老异端为使命，将孟子性善论作为力排佛老的思想武器。荀学则是作为礼制的准绳、正礼的依据，如神宗时详定礼文所言：“谨按《荀子·礼论》曰：‘飨尚玄尊而用醴酒，齐大羹而饱庶羞，贵本而亲用也。贵本之谓文，亲用之谓礼。’”[③]四是宋初儒家学者倡导“以古文复现古道”[④]，

---

① 钱穆：《国史大纲》下册，商务印书馆1991年版，第558页。

② 钱穆：《国史大纲》下册，第523页。

③ 〔宋〕李焘：《续资治通鉴长编》卷三百十八，中华书局1995年版，第7681页。

④ 卢国龙：《宋儒微言——多元政治哲学的批判与重建》，华夏出版社2001年版，第50页。

受韩愈影响，欧阳修、苏洵等人反对追求华丽辞藻的西昆体诗歌，将古文运动与复兴儒学结合在一起，留下许多千古传诵的诗词、散文作品，推动了儒学在文学领域的发展。五是从对孟荀的称谓来看，宋初儒家学者基本上对孟荀一视同仁。在叙述儒家道统时，孔道辅称“孟荀”，孙复称“孟轲氏、荀卿氏”，石介称“孟轲氏、荀况氏”“孟子、荀况”“孟轲、荀卿”，韩琦称“孟荀”“孟氏、荀卿”，欧阳修称“孟子、荀卿”，或言“荀卿子”，苏洵称“孟子、荀卿子”。虽然孔道辅、孙复、韩琦等在主观上偏重孟子，欧阳修、苏洵在主观上偏重荀子，但是他们在客观上都是持“孟荀同尊”的立场。

（作者单位：山东社会科学院）

# 道德存在的普遍性维度及其界限

## ——朱熹对孟子道德哲学的“转戾”与“曲通”

郭美华

[ 内容提要 ]

朱熹的“理”哲学与孟子的“心”哲学之间并不一致，将人的活生生的道德身生存引向理智抽象的普遍本质世界，这可以说是“转戾”。朱熹用理刻画人的普遍类本质与普遍道德原则的统一，以克服孟子道德哲学的模糊性与随意性，这可以说是“曲通”。就转戾而言，针对孟子哲学中的推扩问题，朱熹的理本道德哲学陷入了抽象本质与现实生存无法跨越的推扩鸿沟；就曲通而言，无论人自身的道德本质还是人类的道德原则，都必须有一个相对独立的理智反思以确定确定无疑的规定性。如何在抽象的普遍性与具体的现实性统一基础上实现人自身深邃的存在，还有待进一步的深思。

朱熹之解孟子，有他自身一个完整的系统作为框架，此框架系统无疑逸出孟子哲学的范围，在此不予详究。本文只是就孟子道德哲学所含蕴的性与善之主题，以朱熹《孟子集注》为中心展开有限的讨论。简单看，朱熹解孟子，有一个鲜明的强认知倾向，从认知立场为孟子道德哲学的主题做了深一步的廓清与强化；同时，基于认知立场，他将性的普遍确定性加以空前凸显，认为人之为人的本质有一个客观、普遍、超越的性质，而非个体任性；由此，对于善的理解，也就主要显现为某种脱离现实过程的抽象性质。朱熹认知主义立场上的普遍与超越取向，就孟子哲学的心学色彩而言，无疑有许多彼此榫枘不合之处，与性和善的动态生成义也不吻合。但是，朱熹如此解释的背后，却也敞露了个体成就自身的一个基石问题，即个体性的生成本身必须有一个普遍主义的基础，悖于此，根本就不可能有属于人之本质的善，或者说，根本就没有人的本质可言。在朱熹看来，没有普遍之理的确定性，就无以在道德上断是非："非心通于道，而无疑于天下之理，其孰能之？"[①] 在某种意义上，理性普遍性与超越本质的证成与呵护，作为个体道德存在的责任，意味着担当和牺牲，这是我们今天尤其要注意的。不过，朱熹或许忽略了，普遍性与超越性的本质与善，并非最终的目的，也非最高的存在，最高的、最终极的与最真实的存在，还是具体个体鲜活的自身成就。个体的自我完善与普遍秩序及共同本质之相互关联的合理阐释，迄今仍然在路上；而真实地在切已生存活动中融合二者而在，则更是不断地召唤着新的更为坚韧与自觉的践行。

## 一、性的理化——性作为确切无疑的理智普遍性及其问题

在《告子上》中，孟子与告子有"杞柳与杯棬之辩""湍水之辩""生之谓性辩"等几个争论，这是孟子关于"性"概念的集中讨论。朱熹以"生之谓性辩"为告孟争论的中心[②]，对此做了一个总结性的诠释：

---

① 〔宋〕朱熹：《四书章句集注》，中华书局1983年版，第233页。

② 冯契认为孟子对"性"的讨论，大约相当于"本质"概念，他用类、故、理三个范畴来概括《孟子·告子上》前三章的内容，以为"生之谓性辩"讨论的是人存在的本质（类），"杞柳与杯棬之辩"讨论的是人之道德存在的根据（故），而"湍水之辩"讨论的是人存在的必然性（理）。这也是以"生之谓性辩"为基础。（冯契：《中国古代哲学的逻辑发展》上册，上海人民出版社1993年版，第184～189页。）徐复观也说："告子的人性论，（接下页注）

> 性者，人之所得于天之理也；生者，人之所得于天之气也。性，形而上者也；气，形而下者也。人物之生，莫不有是性，亦莫不有是气。然以气言之，则知觉运动，人与物若不异也；以理言之，则仁义礼智之禀，岂物之所得而全哉？此人之性所以无不善，而为万物之灵也。告子不知性之为理，而以所谓气者当之，是以杞柳湍水之喻，食色无善无不善之说，纵横缪戾，纷纭舛错，而此章之误乃其本根。所以然者，盖徒知知觉运动之蠢然者，人与物同；而不知仁义礼智之粹然者，人与物异也。①

这段话是朱熹诠释孟子道德哲学的纲领，其基本的理路就是理气二分架构。就人的实然存在而言，当然无所谓理气二分，理气二分仅仅是对于活生生的人之存在活动的静态的、逻辑的、理智的抽象理解。将人之性归为形而上之天理，将人之生归为形而下之气化，凸显着摒除纷繁杂多之牵扯、以在理智上准确地界划人之存在的目的。人自身作为合群性存在物，或类存在物，在每一个体自我确证之先，他必须先行确证自身归属于一个“类本质”，即一个普遍的规定性。朱熹的道德哲学，其突出之点就在于：在每一个体得以自为成就之先，确定清晰无误的作为所有个体或整个人之类（乃至于所有物）的确切无疑的“本质规定性”。通过区分为形上之理与形下之气，朱熹将人的本质与人的生命彼此区分开来，生命整体存在的精神规定性以“天理”作为根据，意味着其超越性，此超越性强化了其普遍有效性——此一普遍有效的本质规定性，具有理性主义色彩，它排除个体性神秘主义的自圣化顿悟。超越之理作为人之为人的普遍性本质，是每一个体运用理性之思都能理解与

---

（接上页注）是以‘生之谓性’为出发点。”（徐复观：《中国人性论史·先秦篇》，上海三联书店2001年版，第163页。）值得注意的是，有论者看到了第六章的重要意义，见信广来：《〈孟子·告子上〉第六章疏解》，李明辉主编：《孟子思想的哲学探讨》，“中研院”中国文哲研究所筹备处1995年版，第97～114页。

① 〔宋〕朱熹：《四书章句集注》，第326页。

领悟的，亦即只要运思就能领悟，“性者，人生所禀之天理也”①。

天理，在本质上意味着现实生命进程的某种悬置，即在纯粹理智思考以自我确定自身之际的“止”：暂时撇开生命的现实性生机，在运思中获得对于人之为人确切无疑的本质、生存秩序的领受（领悟与接受），以此为基，人生再行启程。如此悬置之止，是理智认知对于生命存在加以反思的必然环节，是心的明觉之思对于生命整体的本质构成性取得相对独立的形态。

在总体上，孟子道德哲学作为心学肇端，其所谓仁义礼智、良知、良能以及善等，在明暗之喻与机巧之辩的相互纠结中，不乏神秘与晦涩不清之处。孟子对于理智之凿的反对②，以及强调思乃内在于生命活动之觉悟③，使得作为普遍道德规定性的人之本质晦暗不明。孟子突出思，是具有内容的内在领悟，而内容往往就是个体性的道德活动。如此而言，孟子的思，因其内容的个体性而无法完全给出一个对所有人有效的普遍性。尽管在孟子的思考中，已经对普遍性有关注④，但是孟子道德哲学中的普遍性具有一些特殊的意义。

---

① 〔宋〕朱熹：《四书章句集注》，第325页。

② 孟子曰：“天下之言性也，则故而已矣，故者以利为本。所恶于智者，为其凿也。如智者若禹之行水也，则无恶于智矣。禹之行水也，行其所无事也。如智者亦行其所无事，则智亦大矣。天之高也，星辰之远也，苟求其故，千岁之日至，可坐而致也。”（《孟子·离娄下》）智者之凿，如鲧之治水，在真实流动的水之外，用理智抽象地构造水的本质，结果与水的实情全不相侔；大禹之治水，即以真实之水的流动本身为本，而不在其外思辨地悬设一个第三者作为水的本质，如此则顺水而治。如此说法，具有一种文学或诗学的表达魅力，但并不具有理智思辨的清晰性。

③ 《孟子·离娄上》：“诚者天之道，思诚者人之道。”最为基本的涵义就是思以天道之诚为真实的内容，而非无内容的纯粹理智思辨。在《告子上》中，孟子为了表达内容对于思的先在性，频繁使用了否定性的语句（“弗思”）来表达思（如“仁义礼智，非由外铄我也，我固有之也，弗思耳矣”“拱把之桐梓，人苟欲生之，皆知所以养之者，至于身，而不知所以养之者，岂爱身不若桐梓哉？弗思甚也”“耳目之官不思而蔽于物，物交物，则引之而已矣。心之官则思，思则得之，不思则不得也。此天之所与我者，先立乎其大者，则其小者弗能夺也。此为大人而已矣”“欲贵者，人之同心也。人人有贵于己者，弗思耳”等），以达到在突出思的同时又不穿凿而自私用智，本质上就是强调思是一种生存活动的内在觉悟。

④ 《孟子·告子上》就强调理义为“心之所同然者”，力图突出道德普遍性。

一方面，正如戴震所指出的，孟子强调“心之所同然为理义”，这是突出普遍性，但是，如果以个体性为内容，这个普遍性根本就无法达成[①]；另一方面，孟子基于具体行事活动的普遍性，是一种具体普遍性或器用普遍性，其间充满了灵活性和不确定性，而非理智抽象的确切无疑的普遍性。[②]

同时，当活生生的生命存在被理智静观地加以剖析之际，精神规定性归之于天理，相应地，人的物质规定性便归之于气化。天理是理智思辨的形式本质，气化则是理智思辨的质料本质。表面上，理才是对于人的普遍本质的界定。但实质上，气和理是理智对于人自身加以普遍化的同一进程的两个方面，是相伴相生的两个方面。气本身作为理解人之生命的质料本质，也是普遍性的。在此，恰好值得注意：孟子具有内容的道德普遍性必须以气为基底，因此其普遍性无法抵达确切无疑的理智确定性；而朱熹以气为普遍性的质料，则剔出了其具体性内容，使得理的确切无疑的理智确定性得以可能。在朱熹看来，孟子以个体性具体内容为基础的仁义礼智，经由理之确切无疑性的挺立，则只是具有形式性而非具体性的内容。

因此，理气二分以及个体性内容的剔出，使得朱熹能通过理智抽象在确切无疑的普遍性意义上确定人的本质，并归之于天理。如此理智的抽象剖析，在理气的逻辑架构中，活生生的人之存在本身是暂时被悬置而隐匿的。

然而，朱熹理气二分对于性的解释引出一个比较棘手的问题，即理智抽象的普遍本质如何诠释人物之别？

这个问题，在朱熹是有一些复杂的纠缠。人与物的区别，从孟子开始就是儒家道德哲学的一个前提性问题。在朱熹，对这个问题的解释，一方面是本体论上的同异之辩（二者的根据同异问题，可以说是体上的同异问题），一方面是道德 / 价值—工夫论上的同异之辩（在人的行动中如何差别对待的

① 参见郭美华：《“一本”与“性善”——论戴震对孟子道德本体论的圆融与展开》，《哲学研究》2013 年第 12 期。

② 参见郭美华：《儒学政治与普遍主义》，《思想与文化》第 20 辑。

问题，这可以说是用上的同异问题）。人与禽兽乃至草木等，其本体论上的根据都是相同的“理”与“气”，本体论上根本无以区别。但是，人与包括禽兽在内的万物，在事实上又存在着无法抹灭的区别，不能不加以理论的解释。对此，朱熹以为人与动物在“气”上相近（知觉运动相似），而在“理”上不同（人有仁义礼智，禽兽则无）。[①] 实质上，朱熹这个说法，根本无法

---

① 在《答黄商伯》中，朱熹有一个说法，更可以见其搅扰：“论万物之一原，则理同而气异；观万物之异体，则气犹相近而理绝不同。气之异者，粹驳之不齐；理之异者，偏全之或异。”（《晦庵先生朱文公文集》卷四十六，《朱子全书》第 22 册，上海古籍出版社、安徽文艺出版社 2002 年版，第 2130 页。）在《孟子集注》里面许多其他说法也可以显示朱熹在此问题上的搅扰：“盖人之于禽兽，同生而异类。故用之以礼，而不忍之心施于见闻之所及。”“盖天地之性，人为贵。故人之与人，又为同类而相亲。是以恻隐之发，则于民切而于物缓；推广仁术，则仁民易而爱物难。今王此心能及物矣，而其保民而王，非不能也，但自不肯为耳。”“盖骨肉之亲，本同一气，又非但若人之同类而已。故古人必由亲亲推之，然后及于仁民；又推其余，然后及于爱物，皆由近以及远，自易以及难。”（〔宋〕朱熹:《四书章句集注》，第 208 ~ 210 页。）实质上，朱熹忽略了孟子哲学中的真正本体论基石（即具体行事活动的本体论意义），从而没有看到在孟子中，人性本身基于一个能动的自觉选择及其行动而得以区别人与禽兽、人与人。比如，其一，孟子认为，人之能自觉地选择其性是人之本质的更为关键之处。孟子说：“口之于味也，目之于色也，耳之于声也，鼻之于臭也，四肢之于安佚也，性也，有命焉，君子不谓性也。仁之于父子也，义之于君臣也，礼之于宾主也，智之于贤者也，圣人之于天道也，命也，有性焉，君子不谓命也。”（《孟子 · 尽心下》）朱熹没有看到其中蕴含的自觉能动的选择本身是人之更为本质之处，反而以天赋气禀为说，说明他未曾自觉到理智的抽象不能解释人与禽兽、人与人之间相区别的困境。其二，人之性，在基于人自觉自主的行为，并自主选择其自身的内容，并以此内容而与禽兽和他人相区别。孟子说：“君子所以异于人者，以其存心也。君子以仁存心，以礼存心。仁者爱人，有礼者敬人。爱人者人恒爱之，敬人者人恒敬之。有人于此，其待我以横逆，则君子必自反也：我必不仁也，必无礼也，此物奚宜至哉？其自反而仁矣，自反而有礼矣，其横逆由是也，君子必自反也：我必不忠。自反而忠矣，其横逆由是也，君子曰：此亦妄人也已矣。如此则与禽兽奚择哉，于禽兽又何难焉？是故君子有终身之忧，无一朝之患也。乃若所忧则有之：舜人也，我亦人也，舜为法于天下，可传于后世，我由未免为乡人也。是则可忧也。忧之如何？如舜而已矣。若夫君子所患则亡矣。非仁无为也，非礼无行也。如有一朝之患，则君子不患矣。”（《孟子 · 离娄下》）这一章，朱熹的《孟子集注》几乎忽略了。人的本质以及相应人与动物、人与他人之间的区别，只有根据行动与觉悟相统一的具体行事活动及其展开，才能得以说明。朱熹从抽象理智虚构的理—气世界来解释现实人性，不但不能合理地诠释其差异，而且抹灭了真正个体性差异的可能性。

解释人为什么会有仁义礼智的道德，而动物则没有道德。而且，在人与动物区分的意义上，还得进一步对人与人加以区分。在某种意义上，朱熹在本体论上对人与物的无以区分，与在道德/价值—工夫论上的截然划分，含蕴着更为曲折的隐义。

孟子本来有一个说法：“人之异于禽兽者几希，庶民去之，君子存之。”（《孟子·离娄下》）孟子将禽兽、庶民与君子放在一起来加以区分、比较，其间涵着很多复杂的义理分疏。朱熹的解释，可以说就是一个对此加以清晰化的尝试：

> 人物之生，同得天地之理以为性，同得天地之气以为形。其不同者，独人于其闻得形气之正，而能有以全其性，为少异耳。虽曰少异，然人物之所以分，实在于此。众人不知此而去之，则名虽为人，实无以异于禽兽。君子知此而存之，是以战兢惕厉，而卒能有以全其所受之理也。[①]

理智抽象所得的理、气，本来是去除了现实多样性的普遍之物，指向“万物之所同”；但是，普遍而同的抽象规定性，却又要解释万物的现实差异性。所以，在人性问题上，朱熹的理气架构，就是以牺牲现实差异性、多样性为代价，而追求普遍确定性和理智纯粹性。归根结蒂，朱熹理气架构的人类生存解释，无疑是一种“精致化的天命论”：一方面，无论现实具体之物多么纷繁复杂、五彩缤纷，不管知与不知，它们的最终本质都是同一个超越而普遍之“理”；另一方面，现实的一切差异与多样性，都是气化而成，而且气化还是依理而行——只有对理的知与否的区别，没有有理与无理的区别。本质上，朱熹所谓气化，不过是“理化世界”的反面表述而已。如此，人与动物的区别是“天理如此”，人与人的区别也是“天理如此”。

“生之谓性辩”要显明的主题，是生命存在自身与生命本质之间的内在

---

① 〔宋〕朱熹：《四书章句集注》，第293～294页。

关联。朱熹通过将性理化，从而使生命本质与生命存在本身脱离。由此，他所理解的生命活动本身，就成为没有本质的纯粹动物般的本能性活动：“生，指人物之所以知觉运动者而言。告子论性，前后四章，语虽不同，然其大指不外乎此，与近世佛氏所谓作用是性者略相似。”①

朱熹反对心学“心即理”之论，乃至以陆九渊为告子，都是基于“作用是性”的看法。所谓作用是性，即以日用常行之举手投足的活动本身，或者所谓本能知觉运动直接就是认知本质的实现。朱熹认为，这种举手投足的身体性知觉运动，人和动物本没有什么差别。心的活动，即使是思，也是一种气化性身体活动，它并非就是人的本质。心、性、理的关系上，朱熹强调性即理，而反对心即理。在道德哲学领域，从逻辑上说，他要突出的是：认识活动本身与其所确认的确切无疑的普遍性本质是相互区别的，在“存在”或“实存”的意义上是相区别的——认识活动总是个体性的，羼杂各种偶然性、不确定杂质的现象性事物，而理则是纯净无染的、剔除了各种个体性杂质的、超越的普遍性精神。换言之，在道德认识之域，能觉与所觉具有本质的不同，二者不能混而为一，否则普遍性就无法得以确定：“心者，人之神明，所以具众理而应万事者也。性则心之所具之理，而天又理之所从以出者也。”②能觉是个体性的活动，所觉是超越的普遍性本质。个体的本质只有以超越而普遍之理为源才能得到确定，而不能以自身杂乱的知觉运动为据，此即性即理而非心即理的要义。唯有如此，理才能持存其确切无疑的普遍性。

不过，必须看到，朱熹强调性即理而非心即理，当他简单地断定心即理是“作用即性”时，则是一种对心学道德立场的歪曲。就道德哲学而言，更为重要的是如何道德地行动，具体道德行动本身具有决定性的意义。没有任何道德行动的道德哲学本身就是不道德的。从重视行动出发，任何作为人之本质的规定性，如果不由道德践行活动实现、显露出来，都是不真实的虚假

---

① 〔宋〕朱熹：《四书章句集注》，第326页。

② 〔宋〕朱熹：《四书章句集注》，第349页。

之物。因此，当心学的极端以为良心或良知或本心就是当下活动，而易于陷入以作用为性时，朱熹对作用即性的批评是有道理的。尤其当有些自我珍视者，进而自圣化，以一己之心为天地之心时，朱熹的批评尤为值得重视。但是，朱熹批评一切作用，脱离一切现实活动而彰显天理本质的做法，在逻辑上却陷入自相矛盾：没有心的灵明觉知的认识，普遍超越的天理如何显现自身？心的灵明觉知，显然是超越而普遍的天理作为本质得以显现的前提（朱熹并不认可那种天理自行显现、自行实现自身的绝对论）。尤其是，朱熹自己是一个特殊“个体”，所谓“超越而普遍的本质之物”是“朱熹”那个“特殊个体”“觉悟到”的某种天理。在此意义上，朱熹所谓性即理，简单而片面地排斥“作用”，可以说是转化了的、更强意义上的隐秘的心即理。实质上，心学的立场，较为平实的说法，是“作用见性”而非“作用即性”。朱熹以告子为“作用即性”，摈弃了一切现实的活动，而走向理智抽象的超越精神规定，反而以不同通道走向了与告子相同的立场——脱离现实生存活动而虚构人的本性（尽管告子虚构的是自然本性，朱熹虚构的是逻辑或理智本性）。

要言之，在孟子那里，他与告子关于“生之谓性”的辩论，不是要与告子一样离生言性，而是坚持即生言性，只是孟子所理解的人之生，不同于犬牛羊之生。人与动物的不同，不是理智抽象的本质性不同，而是现实的生存活动、生命存在活动不同。人的性，恰好就要在人之生命活动与犬牛羊的动物活动不同之处显现、实现出来，此即为作用见性。[①]

作为人之本质的性，走向理性普遍性与确定性，是与朱熹突出知的优先性相适应的。孟子说自己“我知言，我善养吾浩然之气”（《孟子·公孙丑上》），知言与浩然之气之间的具体关系，本来应该是内外本末交相培养而一体不分的，但朱熹认为，知言是知道义，养气是配道义，从而知言作为知，就先于养气之作为行：“盖惟知言，则有以明夫道义，而于天下之事无所疑；

---

① 参见郭美华：《认知取向的扬弃——〈孟子·告子上〉“生之谓性”章疏解》，《中山大学学报》（社会科学版）2018 年第 4 期。

养气，则有以配夫道义，而于天下之事无所惧，此其所以当大任而不动心也。”[①]对孟子“尽心知性知天”的生存过程论，朱熹也以先知而后行来加以解释：“愚谓尽心知性而知天，所以造其理也；存心养性以事天，所以履其事也。”[②]实际上，知即知理。在一定意义上，知理为先，就是对人之为人的普遍而超越之本质的确定和凸出。

对于自任心性之流弊，朱熹有清醒的自觉。《论语》中孔子与宰我关于“三年之丧”的讨论，朱熹解释：

> 其曰安则为之者，乃深责而痛绝之辞也，岂使之真以为安而遂为之也哉！若如其言，则圣人之所以垂世立教者，初无一定之则，直徇世俗情意之厚薄，使人之自为礼，而不虑夫坏法乱纪之原自我始也。[③]

突出道德礼仪（以及其后之理）的普遍性、确切无疑性，这是道德之为道德的崇高性与尊严性的重要之处；单纯地自任其心，往往易于引向自任其情意而悖理乱行。就此而言，以普遍而超越之确切无疑的规定性作为人之为人的本质，对于矫正自任而放荡的个体性有着积极的意义；而且，以理智的抽象思辨来抽取出确切无疑的人之本质，也是人之存在深化自身的一个必然环节。

## 二、道德原则的普遍有效性及其超越性走向

道德行动何以可能的问题，是道德哲学的基本问题之一。一般来说，道德行动基于理智的自觉、意志的自愿与自主和情感的自得三者的统一。其中，个体精神与道德原则的关系问题是其核心之处。

---

① 〔宋〕朱熹：《四书章句集注》，第231页。

② 〔宋〕朱熹：《四书章句集注》，第349页。

③ 〔宋〕朱熹：《四书或问》，上海古籍出版社2001年版，第383页。

在一定意义上，将人性抽象地加以理化，与将仁义抽象地天理化，是朱熹注重普遍规定性的两个统一方面。朱熹说：“天者，理而已矣。”[①]这就是将人性的理化与仁义的理化统一起来。朱熹强调义作为道德原则是天理的表现，而与人欲对立起来，突出了义的超越性：“义者，天理之所宜。利者，人情之所致。”[②]并且，他将仁义视为天生固有的“公”，而利则是基于形体的人欲之“私”。朱熹注释《孟子》开篇孟子回答梁惠王“何必曰利”章有个概括性的说法：

> 此章言仁义根于人心之固有，天理之公也。利心生于物我之相形，人欲之私也。循天理，则不求利而自无不利；殉人欲，则求利未得而害已随之。所谓毫厘之差，千里之缪。此《孟子》之书所以造端托始之深意，学者所宜精察而明辨也。[③]

将人欲归结为“物我相形”，实质上就是说人欲属于现实生存之需；而将仁义抽象为天理之公，与将人之性理化，二者是完全一致的。如此，通过将人性理化与将仁义天理化，以抽象普遍的人性与抽象普遍的理二者“本质一致”的方式，解决了普遍道德原则与个体道德主体之间的合一问题。

在朱熹看来，善就是一种天下普遍之物。他解释孟子“大舜有大焉，善与人同”说：“善与人同，公天下之善而不为私也。”[④]善的本质含义，根基于具体行事活动的自为肯定与自为实现，内涵着个体性自我成就之意。朱熹以“公天下之善而不为私”，抑制了善的个体性实现的一面，而特别突出了善的普遍有效性的一面。而且，朱熹在将孟子的人性与仁义“理化”的过程中，突出天理与人欲的对峙，也将孟子政治哲学中对于一般人（庶民）的物质财

① 〔宋〕朱熹：《四书章句集注》，第215页。
② 〔宋〕朱熹：《四书章句集注》，第73页。
③ 〔宋〕朱熹：《四书章句集注》，第202页。
④ 〔宋〕朱熹：《四书章句集注》，第239页。

富保障与对治国者的仁义要求混而为一，将存天理灭人欲当作了对于所有人的普遍要求：

> 盖钟鼓、苑囿、游观之乐，与夫好勇、好货、好色之心，皆天理之所有，而人情之所不能无者。然天理人欲，同行异情。循理而公于天下者，圣贤之所以尽其性也；纵欲而私于一己者，众人之所以灭其天也。二者之间，不能以发，而其是非得失之归，相去远矣。故孟子因时君之问，而剖析于几微之际，皆所以遏人欲而存天理。①

孟子突出的是好货、好色“与民同之”，要求国君（齐宣王）能使民众得到物质财富的普遍保障（养生丧死无憾），而政治上的仁义，就是民之得财色而自遂其生。朱熹则将遏制物质欲望的满足作为一种普遍性的要求，不单单是对国君、士的要求，而且指向所有人，包括民众的要求，并以天理作为其超越的根据。如此指向，强调“善与利，公私而已矣”②，就其实际效果而言，无疑使得在上者“以理杀人”（戴震语）——表面上以天理作为普遍要求制约民众的合理生活要求，自身却不受监督地满足自己的私欲。

义作为道德原则或道德规范，朱熹强调：“义者，人心之裁制。”③但是，人心裁制的能力，实现于具体情境或具体行动之中，往往受具体性因素的影响，使得具体行事活动出现灵活性。因此，义，除却心之制一面，还有事之宜一面：“义者，心之制、事之宜也。”④宜就是相对于具体事情或情境的灵活性，而灵活性本身可以说也是“义”的一种表现，不过，在朱熹看来，作为人心裁制的义，具有对于任何具体行事活动的先验性，他以此先验性来担保义的普遍性。朱熹解释孟子的“集义”时说：“集义，犹言积善，盖欲事

---

① 〔宋〕朱熹：《四书章句集注》，第219页。
② 〔宋〕朱熹：《四书章句集注》，第356页。
③ 〔宋〕朱熹：《四书章句集注》，第231页。
④ 〔宋〕朱熹：《四书章句集注》，第201页。

事皆合于义也。”[①] 使得具体的每一事、每一行动合于义，表明义是在任何具体行动之先的规范，从而是先验之物。就此而言，朱熹这里所谓“人心之裁制”，并非现实活动，而是一种抽象的理智设定。朱熹在解释“知言”时说：

人之有言，皆本于心。其心明乎正理而无蔽，然后其言平正通达而无病……非心通于道，而无疑于天下之理，其孰能之？[②]

道者，天理之自然。[③]

可以看出，心、义、道、理本身都被理解为脱离了具体行事的抽象之物：

义者，宜也，乃天理之当行，无人欲之邪曲，故曰正路。[④]

在此，朱熹又将义理解为敬：“义主于敬。”[⑤] 敬是富于情感的精神觉悟状态，朱熹将敬与天理合起来理解“义”，作为道德规范的义，脱离了孟子“从兄事亲”的具体生存活动，而越发走向超越性了。进而，孟子哲学中与“动”一体的“诚”“善”[⑥]，也被朱熹引向了超越性：

诚者，理之在我者皆实而无伪，天道之本然也；思诚者，欲此理之在我者皆实而无伪，人道之当然也。[⑦]

---

① 〔宋〕朱熹：《四书章句集注》，第 232 页。

② 〔宋〕朱熹：《四书章句集注》，第 233 页。

③ 〔宋〕朱熹：《四书章句集注》，第 231 页。

④ 〔宋〕朱熹：《四书章句集注》，第 281 页。

⑤ 〔宋〕朱熹：《四书章句集注》，第 287 页。

⑥ 《孟子·离娄上》中孟子强调的是明善诚身而动，明、善、诚、动四者一体不分：“诚身有道：不明乎善，不诚其身矣。是故诚者，天之道也；思诚者，人之道也。至诚而不动者，未之有也；不诚，未有能动者也。”

⑦ 〔宋〕朱熹：《四书章句集注》，第 282 页。

本来，思在孟子哲学里不过就是明之得以实现的活动，诚、思/明与善、动是浑然一体的，但在朱熹这里，通过将诚与思理化，而实现了“人道之当然”与“天道之本然”合一及其超越性和确定性。

这显然是在追求道德主体、道德法则的纯粹性与确定性。对于纯粹性和确定性的追求，是纯粹理智思辨的一个必然环节：“一个人观察事物的时候，尽量单凭理智，思想里不搀和任何感觉，只运用单纯的、绝对的理智，从每件事物寻找单纯、绝对的实质，尽量撇开视觉、听觉——一句话，撇开整个肉体，因为他觉得灵魂有肉体陪伴，肉体就扰乱了灵魂，阻碍灵魂去寻求真实的智慧了。”① 在一定意义上，单纯思辨地理解肉体和灵魂而二元对立本身就是理智的抽象了，因为肉体和灵魂统一的真正根基是“必有事焉”。脱离具体行事活动而追求纯粹性与确定性，就会把肉体与理智分开：“我们追求的既是真理，那么我们有这个肉体的时候，灵魂和这一堆恶劣的东西搀和一起，我们的要求是永远得不到的。因为这个肉体，仅仅为了需要营养，就产生没完没了的烦恼。肉体还会生病，这就阻碍我们寻求真理。再加肉体使我们充满了热情、欲望、怕惧、各种胡思乱想和愚昧，就像人家说的，叫我们连思想的功夫都没有了。”② 朱熹对于道德普遍原则之纯粹性与确定性的追求，无疑彰显了纯粹理智思辨在人之整体存在中的特殊性地位。而对于道德活动而言，通过强调普遍原则的纯粹性与超越普遍性，则突出了其道德的崇高性与威严性。尽管道德行动总是由具体个体担当，但是，道德之为道德的断定，并非完全基于个体及其行动自身，而是有一个超越其自身的普遍性维度。如果说，道德总是基于人类的共存处境与相互关联而有，那么，整体或关系本真及其内在的原则、秩序，就具有超越于任何一个具体个体的普遍性。朱熹对于义的天理化解释，就是对克服个体任意性与随意性的普遍和超越的彰显。

---

① [古希腊]柏拉图：《斐多》，杨绛译，辽宁人民出版社2000年版，第16页。
② [古希腊]柏拉图：《斐多》，第16～17页。

为此，朱熹将道德原则的根源引向一种宇宙论意义上的理解。孟子所谓“不忍人之心”，其真实的含义与“乍见孺子将入于井”的具体情境浑然不可分离。朱熹为了突出其超越性，就赋予了一个“宇宙论”的意味：

天地以生物为心，而所生之物因各得夫天地生物之心以为心，所以人皆有不忍人之心。①

脱离了具体行动情境的不忍人之心，一方面获得了摈除偶然性因素的确定性，一方面却蕴涵着从抽象跨入具体的困境。在孟子，仁就是一种具体生存处境及其内在的生动选择：

孔子曰：“里仁为美，择不处仁，焉得智？”夫仁，天之尊爵也，人之安宅也。莫之御而不仁，是不智也。（《孟子·公孙丑上》）

朱熹为了突出仁自身的理性确定性，便引向抽象的理解：

仁、义、礼、智，皆天所与之良贵。而仁者天地生物之心，得之最先，而兼统四者，所谓元者善之长也，故曰尊爵。在人则为本心全体之德，有天理自然之安，无人欲陷溺之危。人当常在其中，而不可须臾离者也，故曰安宅。②

脱离具体存在之境的理智抽象物，具有某种超越性，也即由此而有其普遍性。超越性与普遍性的道德原则，按其本意，指向其对于任何个体行动的有效性。但是，朱熹这种义的超越普遍性是纯形式意义的确定，就其实质而言，

① 〔宋〕朱熹：《四书章句集注》，第237页。
② 〔宋〕朱熹：《四书章句集注》，第239页。

反而毫无有效性。

因为与具体情境浑然不可分，所以在孟子道德哲学中，作为“普遍性”之表达的是“规矩”：“规矩，方员之至也；圣人，人伦之至也。”（《孟子·离娄上》）规矩本身是一种具体性器具，因为它以人的行事活动为基，规矩可以说是器具普遍性或具体普遍性。圣人也是因为其“行事”之切己而昭示每一个体的反求诸己，而不是圣人成为千篇一律的模子。但在朱熹的解释中，规矩成为方圆之理的载具，圣人成为人道的载具，由此湮没了具体性的规矩与生动性的圣人，突出了超越而普遍的道或理：

> 规矩尽所以为方员之理，犹圣人尽所以为人之道。①

注重道德原则的超越性与普遍性，克服了个体行动的任意性，但也容易消解道德行动的具体性与生动性。每一个体的具体生存活动，尽管有其普遍性维度，但并非“普遍性”所能囊括。但是，在朱熹这里，为着消解个体任性而追求普遍确定性的认知努力走向了另一个极端，即消解了活生生的具体生存活动本身。

## 三、善的先天性及其推扩困境

孟子关于人的善，通常的诠释，就是点出孟子强调人有先天或天生的四端之心，而此四心的实质的内容都是道德上的善，因此，将天生或先天的善端，在后天的实际人生活动中实现出来，就是人的善。这种理解，实质上就是以理智抽象的先天之善，作为后天经验活动的规定性和标准。其间的难题在于：如何从先天精神性过渡为经验性现实活动？这里面无疑有一个理论上的鸿沟难以跨越。这种困境，在朱熹诠释孟子道德哲学的认知取向中，体现得尤其鲜明。

---

① 〔宋〕朱熹：《四书章句集注》，第 277 页。

实质上，基于具体行事活动而理解孟子道德哲学，其核心概念“性”和“善”都具有“动词性意义”，从而孟子哲学中的推扩问题，就能得到自然而然的理解，即从现实性展开与实现来理解。[①] 但朱熹理解性善，突出认知的超越性与普遍性，推扩就成为一个大问题，即其中蕴涵着一个先天之性、抽象之善到现实之性与善的跨越鸿沟。朱熹的解释导致了一个更大的难题：抽象的普遍人性与抽象的普遍之理，如何具体而现实地实现在现实行动之中？基于形体的现实存在与抽象的理世界之间，如何在实践之中彼此融合？换言之，具体现实之人在其切己行动中如何引用普遍原则，何以可能？

在心学系统中，善被理解为一种“动态”的东西。这在孟子以及大程、阳明乃至王夫之和戴震那里都是如此。[②] 但在朱熹这里，性明显被理解为一种理智抽象物，相应地，善就成了一种形容词性质的普遍之物。善仅仅是性的性质，亦即对于一种理智抽象的超越精神实体（性）而言，它具有善的性质。

如上所述，朱熹将性理化，指向超越之物，相应地，也就将善理解为了超越物的性质：

> 性者，人所禀于天以生之理也，浑然至善，未尝有恶。
>
> 性即天理，未有不善者也。
>
> 人有是性，则有是才，性既善则才亦善。人之为不善，乃物欲陷溺而然，非其才之罪也。
>
> 盖气质所禀虽有不善，而不害性之本善；性虽本善，而不可以无省

① 参见郭美华：《湍水之喻与善的必然性——孟子与告子“湍水之辩”释义》，《学海》2012年第2期。

② 参见郭美华：《“一本”与“性善”——论戴震对孟子道德本体论的圆融与展开》，《哲学研究》2013年第12期；《整体之诚与继善—成性——王船山对孟子道德哲学的诠释》，《社会科学》2017年第3期；《致良知与性善——阳明〈传习录〉对孟子道德哲学的深化》，《江南大学学报》（人文社会科学版）2015年第5期。

察矫揉之功，学者所当深玩也。[①]

善作为抽象之天理的“性质”，完全脱离了人的具体行事活动，但又要实现于人的具体行事活动之中。纯善无恶的天理，或天理的纯善无恶，如何实现在具体行事活动之中？这就是朱熹性善论乃至于一切抽象人性论理解中很大的一个困境。对“湍水之辩”，朱熹解释说：

此章言性本善，故顺之而无不善；本无恶，故反之而后为恶，非本无定体，而可以无所不为也。[②]

表面上看，性本善，顺之而为善，很简单、容易的样子。但问题在于：为什么人不能顺性呢？顺性与逆性的根据，不在那个被抽象为先天之善的性里，即活生生的现实生存活动本身并不囿限在抽象理智的先天性理世界之中。

关于推扩的问题，《孟子·梁惠王上》中，孟子与齐宣王就行仁政展开讨论，有一个经典的表述叫作“善推”：

老吾老，以及人之老；幼吾幼，以及人之幼，天下可运于掌。《诗》云：刑于寡妻，至于兄弟，以御于家邦。言举斯心加诸彼而已。故推恩足以保四海，不推恩无以保妻子。古之人所以大过人者无他焉，善推其所为而已矣。今恩足以及禽兽，而功不至于百姓者，独何与？权，然后知轻重；度，然后知长短。物皆然，心为甚。王请度之。

齐宣王不忍见牛之觳觫发抖而以羊易之，这个“以羊易牛”的行为本身

① 〔宋〕朱熹：《四书章句集注》，第251、325、328、329页。
② 〔宋〕朱熹：《四书章句集注》，第326页。

究竟具有什么意义？齐宣王只是舍不得杀牛，但何以舍得杀羊呢？齐宣王本人不知道其间的道理。百姓只是见牛大而羊小，所以觉得齐宣王是吝啬。孟子却觉得齐宣王这不是吝啬，而是“仁心”或不忍之心。但齐宣王为什么舍得杀羊而不舍得杀牛呢？孟子解释说：

> 是乃仁术也，见牛未见羊也。君子之于禽兽也，见其生，不忍见其死；闻其声，不忍食其肉。是以君子远庖厨也。（《孟子·梁惠王上》）

就根本义理而言，孟子的意思就是要引出一个仁心或不忍人之心的真实存在状态，即仁心或不忍人之心只有在“见在”——与他物共在的具体情境之中，才能自然而然地实现在他物身上。具体的共在情境，是仁心或不忍人之心实现而及于他者的本体论前提。

面对如此具体性情境，朱熹简单地抽象为：

> 王见牛之觳觫而不忍杀，即所谓恻隐之心，仁之端也。扩而充之，则可以保四海矣。故孟子指而言之，欲王察识于此而扩充之也。[①]

将具体性情境抽象化为单一的精神规定性，这是普遍主义认知进路的基本手法之一。而真正的道德生存论，如此具体性情境是不能化约的。朱熹将“见在”的具体性情境化约为“单一的精神性之端”，这在他解释孟子的四端之心时，将善理解为先天性的存在物（抽象的超越规定性），有突出的说明：

> 端，绪也。因其情之发，而性之本然可得而见，犹有物在中而绪见

① 〔宋〕朱熹：《四书章句集注》，第208页。

于外也。[①]

端本来就是已有所萌发之状（是已然现实的存在状态），朱熹理解为“绪”，也是可以的。但是，恻隐、羞恶、辞让、是非等被视为绪，是“已发之情”或“情之已发”，是现实性的“作用表现”，由此表现，朱熹逆推了一个“端绪”后面的本善之物。也就是说，孟子讨论人的善，是从人的萌芽生发状态开始，而朱熹从萌芽之现实生存状态，回溯逆推了一个“种子”作为善之本体。种子之善是一种从萌芽“逆推”而有的善，但种子之善被视为萌芽之善的本体。在此意义上，种子之善，就是先天之善；朱熹即以此先天种子抽象之善取代了孟子后天现实之善。

本来，在孟子看来，“能而不为”的困境，恰好在于有心而不在其境，就是心脱离了其应当处身其中的具体情境（这在孟子与告子不动心的区别之中、心与气二者关系的讨论中确定）。[②]朱熹不能看到孟子所说的“见在之境”对于道德行动的本质性意义，从而陷入从内在精神规定性推扩到外在经验行动的动力难题。

实际上，由于羊不“见在”而牛“见在”，所以齐宣王就“以羊易牛”了。当孟子诘问“今恩足以及禽兽，而功不至于百姓者，独何与”，恰好突出的是齐宣王自身没有处在与百姓一体而在的具体之境中。因此，所谓“善推其所为”，明明是“推所为”，而非“推其心”。也就是说，善推其所为的意思，不是从内在或先天精神性推到外在或后天经验性，而是具体见在活动中的“由此及彼”“由浅及深”，是具体活动内容因随具体情境的变化而变化。

朱熹对“以羊易牛”的解释，显然走向了脱离具体行动及其具体情境的方向之上：

① 〔宋〕朱熹：《四书章句集注》，第238页。

② 参见郭美华：《境界的整体性及其展开》，《中国哲学史》2011年第3期。

> 盖杀牛既所不忍，衅钟又不可废。于此无以处之，则此心虽发而终不得施矣。然见牛则此心已发而不可遏，未见羊则其理未形而无所妨。①

在此，朱熹的这个说法可以引出很荒谬的结论——未见羊杀羊无妨，那么，未见人杀人岂非也无妨？将人与禽兽的区别理解为抽象的理智规定，再将人自身理解为理智抽象的本质，在纯粹抽象的理智规定性世界里打转，如此简单的问题，反而错谬百出。

而朱熹在解释“善推其所为”之际，则说：

> 故古人必由亲亲推之，然后及于仁民；又推其余，然后及于爱物，皆由近以及远，自易以及难。②

由近以及远、自易以及难，抽象说没有问题。但是，深入看朱熹的说法，由亲亲→仁民→爱物的推导中，实质上不是真实的行动的展开，而是纯粹逻辑的说明。而且，“必由亲亲推之”的说法，也并不是以亲亲作为原初的具体生存活动境域，而含有一个将“心或理”先由“亲亲”而“行之”之意。

所以在“孟子见齐宣王”章之末，朱熹总结性地说：

> 此章言人君当黜霸功，行王道。而王道之要，不过推其不忍之心，以行不忍之政而已。③

朱熹的解释，明显就是“推心”而非“推行”。孟子说“举斯心加诸彼”，不是孤立无内容的心，而是老吾老之心用于幼吾幼，是亲亲之心行于众人以

---

① 〔宋〕朱熹：《四书章句集注》，第208页。

② 〔宋〕朱熹：《四书章句集注》，第209～210页。

③ 〔宋〕朱熹：《四书章句集注》，第212页。

及邦国，即“善推其所为”，朱熹引杨氏之语，只是片面地突出“举斯心加诸彼”，便把心视为抽象的、超越于具体行事内容的存在物了。朱熹这个解释，以君王领悟其自身仁心为仁政之本，不但昧于孟子以性善作为现实政治之批判的意义，而且，陷于政治上幼稚的道德理想主义而不自知。

与“推”这个说法相类似的是“充”这个概念，所以“推扩”也可以说为“扩充”。孟子说：

> 凡有四端于我者，知皆扩而充之矣，若火之始然，泉之始达。苟能充之，足以保四海；苟不充之，不足以事父母。（《孟子·公孙丑上》）

朱熹解释说：

> 扩，推广之意。充，满也。四端在我，随处发见。知皆即此推扩，而充满其本然之量，则其日新又日新，将有不能自已者矣。能由此而遂充之，则四海虽远，亦吾度内，无难保者；不能充之，则虽事之至近而不能矣。①

在这个四端之心的叙述之中，孟子前面说：“人皆有不忍人之心。先王有不忍人之心，斯有不忍人之政矣。以不忍人之心，行不忍人之政，治天下可运之掌上。”这个说法成为很多所谓孟子政治哲学以善心担保善政的依据，并以为扩充就是把纯粹精神实现到经验现实中，其实不然。孟子提出这个说法，是一个“待证”的命题，其证明就是后面“所以谓”的内容。证明的关键在哪里呢？就是“乍见”而排除一切理智的考虑（即排除纳交、要誉、恶其声的理智反思原因），突出其自然而油然之意。由此，孟子提出四端之心“人皆有之”的主张。这意味着，不忍人之心作为善心的绽现，是人自身存

① 〔宋〕朱熹：《四书章句集注》，第238页。

在不受外在扭曲而如其自身的绽露（孟子提到的纳交、要誉、恶其声三种因素，实际表征着被扭曲的行动境遇，而最大的境遇就是政治及其制度）。恻隐之心的绽露，他人已然先在；羞恶之心的绽露，自身生命活动已然先行开启；辞让之心的绽露，基于外物的人与人的关系已然先在；是非之心的绽露，心思活动已然先行展开。端是已然萌发的原初浑然整体，而不是一个孤零零的精神实体无依无靠地自存在那里。当孟子强调“充”的时候，就是以此已然开启、展开的道德生命活动，自觉以力行而完善自身。简言之，孟子的“不忍人之心”与“乍见孺子将入于井”是浑然一体而显，是不可分割的。在朱熹的理解中，所谓扩充，突出了“四端在我”“本然之量”“四海在吾度内”等，使得整体性的具体境域仅仅成为被内在精神加诸其上的消极之物。从而，外物或环境何以与内在道德规定性具有一致性的问题，以及经验活动之心如何引用先天道德规定而行动的问题，便成为无法解决的困难。

深入地看，朱熹的如此思路，蕴含着一个明显的“逆转”——他先从人的具体现实性抽象出一个先天的善，然后又从这个先天的善出发来论证、担保后天的善。朱熹解释“不忍人之心”（四端之心）时说：

> 恻隐、羞恶、辞让、是非，情也。仁、义、礼、智，性也。心，统性情者也。端，绪也。因其情之发，而性之本然可得而见，犹有物在中而绪见于外也。[①]

显然，所谓“本”并非直接呈现物，而是基于直接呈现物的理智追溯与推定——这是从现实进行的理智抽象，如此得出的先天之善（本体或天理），实质上后于人的具体现实之在。朱熹总结说：

> 此章所论人之性情，心之体用，本然全具，而各有条理如此。学者

① 〔宋〕朱熹：《四书章句集注》，第238页。

于此，反求默识而扩充之，则天之所以与我者，可以无不尽矣。①

与前面的反推设定不同，在此，朱熹以先天本体作为现实存在的根据和担保——以先天之善或本体作为人的现实存在的根据，这就颠倒了前面的顺序。从具体现实之在到先天之善的本体，这可以说是认识论顺序；从先天之善的本体到人的具体现实存在，这可以说为本体论顺序。两种顺序的逆转，可以说奠基于同一个生存论过程。以生存论过程本身为基础，本来，推扩与反求诸己在孟子或心学传统中可以理解为同一个过程的两个相伴并生的方面，但是，如果在恻隐、羞恶、辞让、是非的"端绪"之外，另行设定一个精神实体，反求诸己就成为仅仅是立体的工夫，从而与推扩的践行活动成为两橛，更有甚者，推扩的践行活动反而易于引向单纯的思辨或觉悟活动——仅仅是将先天实体通过反思醒悟的方式加以把握，失去活生生的身心一致之具体行事活动之意。尽管"推扩"向"内求"的转化具有确立理性确定性的一面（见下文），但是，推扩从事到事、从行至行的"活动绵延"之意，无疑是从根底上被勾销掉了。

朱熹解释孟子所谓"浩然之气"乃"集义所生"的"集义"，有一个特别的说法：

集义，犹言积善，盖欲事事皆合于义也。②

积善，本来就字面意思而言，可以指在切己的现实活动中，不断点滴生成、积累、凝结而成善。但是，朱熹则明确认为，积善就是以普遍性的义之规定来统摄、范导一切事为。在道德生存的一定阶段，义当然具有先导性，但是，就道德生存的整体过程而言，善和义并不具有先在性。

① 〔宋〕朱熹：《四书章句集注》，第238页。
② 〔宋〕朱熹：《四书章句集注》，第232页。

《论语・学而》有若说：“孝弟也者，其为仁之本与！”明确以孝悌之行为“仁”之基础和内容，朱熹解释的时候，强分“行仁之本”和“仁之本”，这从孟子“一本”的立场来看，显然就是错谬了。孟子将仁义理解为“事亲从兄”之具体行事活动，其意在于突出“善性发见，始于事亲，是之谓孝，而推之为百行”[①]。黄震之言就注意到了孟子性善之论，不是精神到行为的推扩，而是行为到行为的推扩。

在个体自身的道德生成以至其最终境界的抵达，孟子有一个经典表述：

> 可欲之谓善，有诸己之谓信，充实之谓美，充实而有光辉之谓大，大而化之之谓圣，圣而不可知之之谓神。（《孟子・尽心下》）

朱熹以理的普遍贯通性来消解了这个内蕴丰富的过程：“天下之理，其善者必可欲，其恶者必可恶。其为人也，可欲而不可恶，则可谓善人矣。”并引尹氏的话说：“自可欲之善，至于圣而不可知之神，上下一理。”[②]以普遍之理在抽象理智世界的“融贯”来勾销先天之性善与现实经验生存活动之间的鸿沟，这是朱熹以认知路向理解孟子的逻辑终点。

因此，在朱熹对孟子道德哲学的阐释中，真正的推扩，即经由行事活动的展开而实现性善，被转化为一种与实际生存活动无关的精神静养。孟子说：

> 故苟得其养，无物不长；苟失其养，无物不消。孔子曰：“操则存，舍则亡；出入无时，莫知其乡。”惟心之谓与？（《孟子・告子上》）

操存舍亡，突出的是实际具体活动。所谓养而无物不长，就是在具体行

---

① 程树德：《论语集释》第1册，中华书局2006年版，第28页。

② 〔宋〕朱熹：《四书章句集注》，第370页。

事活动的整体中，人的心、身、情以及外物都相融一体。但朱熹的解释则说：

> 孔子言心，操之则在此，舍之则失去，其出入无定时，亦无定处如此。孟子引之，以明心之神明不测，得失之易，而保守之难，不可顷刻失其养。学者当无时不用其力，使神清气定，常如平旦之时，则此心常存，无适而非仁义也。①

而所谓“平旦之时”，则是“未与物接之时”——“平旦之气，谓未与物接之时，清明之气也”。②在某种意义上，就工夫修养而论，静时涵养心性是可取的；但这只有相对的意义，因为真实的人生根本不可能有“不与物接之时”。朱熹将性与善引向先天论，最后走向玄秘的精神静养，而非“推扩其行”，就具有一定的必然性。

## 四、认知在道德哲学中的相对独立性意义及其局限

朱熹从认知角度理解孟子哲学推扩的失误在于，使得具体道德行动产生巨大的困境。但是，在人的整体存在中，无论类还是个体，认知都具有极端重要性，乃至于在一定意义上说，认知本身的深刻程度决定着人（类与个体）存在的深度。朱熹基于强调知，引入理以诠释孟子哲学，有多重积极性意义。

最为醒目之处在于，朱熹突出认知方式、通过引入理诠释孟子，一方面使孟子的诸多重要概念得以清晰化、明确化，一方面使孟子哲学的模糊之处条理化、有序化。《孟子·尽心上》第一章有一段经典的表述：

---

① 〔宋〕朱熹：《四书章句集注》，第331页。

② 〔宋〕朱熹：《四书章句集注》，第331页。

尽其心者，知其性也。知其性，则知天矣。存其心，养其性，所以事天也。天寿不贰，修身以俟之，所以立命也。

朱熹解释说：

心者，人之神明，所以具众理而应万事者也。性则心之所具之理，而天又理之所从以出者也。人有是心，莫非全体，然不穷理，则有所蔽而无以尽乎此心之量。故能极其心之全体而无不尽者，必其能穷夫理而无不知者也。既知其理，则其所从出，亦不外是矣。以《大学》之序言之，知性则物格之谓，尽心则知至之谓也。

尽心知性而知天，所以造其理也；存心养性以事天，所以履其事也。不知其理，固不能履其事；然徒造其理而不履其事，则亦无以有诸己矣。知天而不以天寿贰其心，智之尽也；事天而能修身以俟死，仁之至也。智有不尽，固不知所以为仁；然智而不仁，则亦将流荡不法，而不足以为智矣。①

可以看出，其一，朱熹以《大学》格物致知的认知顺序来诠释孟子尽心知性知天，使其更具清晰性与可理解性；其二，“尽心”的主体是心之自身，朱熹以“神明”（认识或明觉）为心之能力，区分于性或理，并将理的根源归之于天，在“心具理”与“理源自天”之间进行了明确的界分（实质上就是二者的认识论含义与本体论含义的划分），使得心、性、天概念经过理的引入而获得了条分缕析；其三，朱熹以知行关系来理解整个“尽心”章，并以知为先，行为后，“‘尽心、知性、知天’，此是致知；‘存心、养性、事天’，此是力行”②。“‘尽其心者，知其性也。’所以能尽其心者，由

① 〔宋〕朱熹：《四书章句集注》，第349页。
② 〔宋〕黎靖德编：《朱子语类》第4册，中华书局1986年版，第1427页。

先能知其性，知性则知天矣。知性知天，则能尽其心矣。不知性，不能以尽其心。‘物格而后知至’。”①“知性，然后能尽心。先知，然后能尽；未有先尽而后方能知者。盖先知得，然后见得尽。”②这是以认知的明确性与清晰性来担保行动（践履）的确定性与真实性。其实，在仁智统一的基础上，朱熹将事天与立命理解为认知对于道德生存的某种有限性领悟，这是值得充分肯定的。

船山对朱熹以《大学》格物致知来解释尽心知性，便有一个很大的肯定。船山说：

> 朱子以“物格”言知性，语甚奇特。非实有得于中而洞然见性，不能作此语也。孟子曰“万物皆备于我矣”，此孟子知性之验也。若不从此做去，则性更无从知。其或舍此而别求知焉，则只是胡乱推测卜度得去，到水穷山尽时，更没下落，则只是以此神明为性。故释氏用尽九年面壁之功，也只守定此神明作主，反将天所与我之理看作虚妄。是所谓“放其心而不知求”，不亦哀乎！③

船山认可朱熹将能灵明觉知的心与作为其本质的理相区别。单纯的灵明觉知或领悟不能成为人的本质，人的本质是富有内容的。内容才是本质，心只能灵明觉知，灵明觉知总是有所觉知，其所觉知才是其内容。此所觉知就是理。如果抛掉具体内容，纯粹地把捉一个单纯的“灵明觉知”之心，保持一种毫无内容的“空灵之知”，这就是把“作用”当作了“性”（人之本质）。同时，船山也有一个批评，认为心作为“神明”与“神明之舍”，是朱熹自己也没有搞清楚的：

---

① 〔宋〕黎靖德编：《朱子语类》第 4 册，第 1422 页。

② 〔宋〕黎靖德编：《朱子语类》第 4 册，第 1423 页。

③ 〔清〕王夫之：《船山全书》第 6 册，岳麓书社 1991 年版，第 1105 页。

新安意，以心既是神明，则不当复能具夫众理，唯其虚而为舍，故可具理。此与老子“当其无，有车、器之用”一种亿测无实之说同。夫神明者，岂实为一物，坚凝窒塞而不容理之得入者哉！以心与理相拟而言，则理又为实，心又为虚，故虽有体而自能涵理也。者个将作一物比拟不得。故不可与不知者言，须反求始得。[①]

船山的这个理解，指出心的神明（灵明觉知）与理，都不能当作“如有一物焉”之物。朱熹的混杂在于，灵明觉知（心）对于理的领悟与身体对于物的感觉，在根底尚未完全分析清楚。

具体道德行动的展开，一方面有类的历史，一方面有个体的时间性绵延，两者都要求着行动自身内容的不断升华与凝结。孟子说：“权，然后知轻重；度，然后知长短。物皆然，心为甚。王请度之。”（《孟子·梁惠王上》）他本身是将权度之思与具体内容融为一体而言，但可以在“方法论”上相对抽象地理解为“凡物皆以心思之权度以得其性质，而心通过权度物之性质而实现其性质”。朱熹便于此进一步说“本然之权度”，而这就是一个普遍而共同的规定性。理智之思在此意义上具有的相对独立性便呈现出根本性的意义：“物之轻重长短，人所难齐，必以权度度之而后可见。若心之应物，则其轻重长短之难齐，而不可不度以本然之权度。”[②] 物和事都是千变万化的，没有确定性可言，只有经过心思的权度然后才能得以确定。心思的权度，就要撇开事物自身的轻重长短多样性与差异性，而把握其确定不移的尺度（本然之权度）。

心思的具体活动，当然包含着无法完全概念化、理性化、秩序化的纷繁复杂的内容（诸如情感、意志、体验、直觉、本能、欲望、潜意识、喜好、偏向等），但是，相对而言，思总是能够概括出能与具体丰富性相区别的某

---

① 〔清〕王夫之：《船山全书》第6册，第1104页。

② 〔宋〕朱熹：《四书章句集注》，第210页。

些普遍性与共同性的东西。因此，心思就与明察相应。孟子说："舜明于庶物，察于人伦，由仁义行，非行仁义也。"（《孟子·离娄下》）朱熹就直接将明察之思在认识论意义上引向对于理的把握："明，则有以识其理也。……察，则有以尽其理之详也。"[①]道德行动经过思之明察，而注重对于确定不移之理的认识和把握，这是道德活动过程中的必经环节。

察识或认识人自身的本性，有一个从人自身的"既有过程"来推溯的认知过程。朱熹解释"天下之言性也，则故而已矣，故者以利为本"（《孟子·离娄下》）说：

> 性者，人物所得以生之理也。故者，其已然之迹，若所谓天下之故者也。利者，犹顺也，语其自然之势也。言事物之理，虽若无形而难知；然其发见之已然，则必有迹而易见。故天下之言性者，但言其故而理自明，犹所谓善言天者必有验于人也。然其所谓故者，又必本其自然之势；如人之善、水之下，非有矫揉造作而然者也。若人之为恶、水之在山，则非自然之故矣。[②]

故，作为已然之迹，不单单指个体自身已经存在过程的已然展开，而且指向作为类的历史展开。人对自身本质之性的认识，就基于个体与类的双重经验之"故"，由此进行理智的思考、探溯，抽象出确定之理。就道德认识论而言，朱熹基于类和个体的双重"生命经验"而认知"人之本性"，并且，如此获得的自觉性认识，对于后续生存活动具有引导意义，这是人自身道德生存活动中认知相对独立性的表现。朱熹对于孟子作为道德之本体的端，有一个认知过程的回溯："端，绪也。因其情之发，而性之本然可得而见，犹

---

① 〔宋〕朱熹：《四书章句集注》，第294页。
② 〔宋〕朱熹：《四书章句集注》，第297页。

有物在中而绪见于外也。”[①] 黄勇教授说：“它从观察人的两个经验事实开始：（1）人生而具有恻隐、羞恶、辞让、是非之心，它们在其他传统中可能有另外的叫法；（2）凡是人，无论他有多坏，都能成为有德之人；而动物无论表现得多么好，都不可能成为有德的动物。为了解释这两个经验事实，朱熹提出了儒家的人性形上学。”[②] 这是朱熹对于孟子道德本体论的认识论理解，无疑使得笼罩在孟子道德本体论上的模糊疑云吹散不少。

不过，朱熹将认知的相对独立意义，夸大成了绝对的独立意义。因此，他对孟子所反对的“自私用智之凿”，作出了恰好相反的解释。孟子说：

> 所恶于智者，为其凿也。如智者若禹之行水也，则无恶于智矣。禹之行水也，行其所无事也。如智者也行其所无事，则智亦大矣。（《孟子·离娄下》）

智之不凿的意思，就是智不能脱离人自身的具体行事活动去虚构一个理智世界，也就是“必有事焉而勿正”（《孟子·公孙丑上》），也就是“智之实，知斯二者弗去是也”（《孟子·离娄上》）。所谓“二者”，就是“事亲从兄”之活生生的仁义活动。朱熹却说：“事物之理，莫非自然。顺而循之，则为大智。若用小智而凿以自私，则害于性而反为不智。”[③] 以理智对已然之故进行抽象而认识的理，作为性，朱熹强调的不是不能用此抽象的性—理约束具体行事活动，而是说具体生命活动不能有害于这个抽象的性—理。这就将认识论上的相对独立性之物，夸大为本体论上的绝对独立之物了，并疏离了生命本身。

人性基于成长过程的既有展开而被认识，这也意味着道德本身是一种成长。在一定意义上，道德与学问的展开过程，是一个逐渐凝结恒定精神规定

① 〔宋〕朱熹：《四书章句集注》，第238页。
② 黄勇：《朱熹的形而上学：解释性的而非基础主义的》，《社会科学》2015年第1期。
③ 〔宋〕朱熹：《四书章句集注》，第297页。

性的过程。朱熹解释孟子的“恒心”说:“恒心，人所常有之善心也。士尝学问，知义理，故虽无常产而有常心。民则不能然矣。”[①]求学问、知义理以获得心的独立性，这是道德性提升的基本步骤。如果依然陷于物质之欲的缠缚之中，显然，道德水准就处于相对低下的状态。

道德成长过程，相应于认知深化过程。在此过程中，认知的主体是心，对于心在认知中的建立，朱熹在诠释孟子道德哲学之际，有多方面的分析。

个体之心作为道德行动的根基，在彻底的理性确定性追求看来，并不是充足的，还需要一个更为坚实的根基。朱熹在解释孟子“人皆有不忍人之心”时说:“天地以生物为心，而所生之物因各得夫天地生物之心以为心，所以人皆有不忍人之心也。”[②]道德总是处理人与人之间的关系，不忍人之心是对他人的同情（怵惕恻隐），单纯在一个孤立的道德个体那里，无法合理说明同情心何以牵涉他者的问题。而以天地整体的生物之心内化为个体之心，一方面就为人与天地整体之间奠定了本体论基础，一方面也为人与人之间的道德关联奠定了本体论基础。“天地生物之心”的说法，是仁的内容的一个突出方面，这是道德本体论与宇宙本体论黏合融合的重要方面。[③]

道德行动的主体是“心”，心的实际展开是浑融的整体，但理智地分析，则包括诸多可以相对分别的方面。孟子所谓四端之心，有一个说法:“恻隐之心，仁之端也；羞恶之心，义之端也；辞让之心，礼之端也；是非之心，智之端也。”（《孟子·公孙丑上》）朱熹用了心、性、情三个彼此分别的概念来加以解释:“恻隐、羞恶、辞让、是非，情也。仁、义、礼、智，性也。心，统性情者也。”[④]

对于一个具体的道德行动而言，情是所以能动者，性是所以能如此者，心则是二者的“统”一。统有统合与统帅的双重含义。在人充满情感 / 情绪

---

① 〔宋〕朱熹:《四书章句集注》，第 211 页。
② 〔宋〕朱熹:《四书章句集注》，第 237 页。
③ 参见陈来:《仁学本体论》，生活·读书·新知三联书店 2014 年版，第 29 ~ 99 页。
④ 〔宋〕朱熹:《四书章句集注》，第 238 页。

的道德行动中，一方面分离出相对独立的性作为普遍确定性的因素，一方面抽象出确定的道德规范或道德原则，这是认知在道德哲学中的重要表现。而尤其重要的是，与之相应的是作为能动主体之心的确立。这个确立不同于心学式的情感、认知、规范一体浑然不分，而是三者厘然相分的分别确立：“白马白人不异，而长马长人不同，是乃所谓义也。义不在彼之长，而在我长之之心，则义之非外明矣。”“长之耆之，皆出于心也。”[①] 表面上一看，朱熹强调义在心之明觉领悟中，与心学极为接近。实质上，正是在此，一般对心学与理学理解的错谬得以呈现。在王阳明那里，所谓内在，是内在于“必有事焉”的具体活动；所谓良知良能，并非孤立的抽象存在。朱熹在与认识对象、情感、规则相区别的意义上，突出心之独立的灵明觉知，这是纯粹认知主义的进路，也是其坚持性即理而非心即理的根源。

如上所说，朱熹将心、性、理区别开来，相应地，确定一个作为与对象、情感和规范 / 原则相分别的认识主体之心，这是朱熹理解孟子哲学的一个重要之点。在不动心的解释中，朱熹就引程子的话说：“心有主，则能不动矣。”[②] 而心之有主，就是守理勿失：

> 孟施舍虽似曾子，然其所守乃一身之气，又不如曾子之反身循理，所守尤得其要也。孟子之不动心，其原盖出于此。[③]

不动心作为一种境界，往往具有一些神秘的体验意味，朱熹以理来加以规定，无疑是其追求理性确定性的一贯之旨。将浑沦区别开来，以心、理、气相分，彼此在各具确定性的基础上，心对气依理而主宰之，心对理依理而认识之，这是力图经过认知的条分缕析而获得道德确定性。在解释“义内”时，

---

① 〔宋〕朱熹：《四书章句集注》，第 327 页。
② 〔宋〕朱熹：《四书章句集注》，第 229 页。
③ 〔宋〕朱熹：《四书章句集注》，第 230 页。

朱熹这个条分缕析十分明显：

> 所敬之人虽在外，然知其当敬而行吾心之敬以敬之，则不在外也。[①]

敬的对象、敬的认知、敬之理（当敬之理），三者的厘然相别，使道德行动的内在构成得以清晰化。在道德上，这种良心的自我确定，尤其需要排除一般欲恶之情：

> 欲生恶死者，虽众人利害之常情，而欲恶有甚于生死者，乃秉彝义理之良心。
>
> 羞恶之本心，欲恶有甚于生死者，人皆有之也。[②]

将道德之心与一般欲恶之情区别开来，使之得以清晰化，这是朱熹以认知取向诠释孟子道德哲学的突出之点。孟子在界定仁、义与人心之际，有些模糊不清之处，比如他说："仁，人心也；义，人路也。"（《孟子·告子上》）朱熹的解释就清晰化了，使得作为道德主体的心与道德原则二者分别显露出来：

> 仁者心之德……仁则其生之性，是也。然但谓之仁，则人不知其切于己，故反而名之曰人心，则可以见其为此身酬酢万变之主，而不可须臾失矣。义者行事之宜，谓之人路，则可以见其为出入往来必由之道，而不可须臾舍矣。[③]

---

① 〔宋〕朱熹：《四书章句集注》，第327页。
② 〔宋〕朱熹：《四书章句集注》，第332、333页。
③ 〔宋〕朱熹：《四书章句集注》，第333页。

仁是心之德、生之性或理，而不就是心，孟子说“仁为人心”是为了突出道德主体之心——强调仁义与心在道德践履中的切近相融。朱熹在解释孟子“大体与小体之分”时，引入心、物、理三者的区分，使得心作为道德主体而被真正建立起来：

> 心则能思，而以思为职。凡事物之来，心得其职，则得其理，而物不能蔽……此三者，皆天之所以与我者，而心为大。①

通过心与理（性）的分离，并以理作为心之灵明觉知的对象，在确立理的同时，也就确立了心本身。

心作为认知主体，其认知能力的一个突出之处是其能“反求自省”以获得自身确定性。孟子已有多处强调“反求诸己”，但具体含义在孟子那里还是含混的，朱熹则明确将反求自省理解为在理智自身之内，精神自身确定自身：

> 人之性情，心之体用，本然全具，而各有条理如此。学者于此，反求默识而扩充之，则天之所以与我者，可以无不尽矣。②

道德行动依赖于外在情境的多样性，便有其不确定性，如果反求默识而得其本然全具，则是消除了外在情境的多样性影响，而在精神自身范围内获得了确定性（将自身的道德规定性视为天之所与的完满之物），如此，也就使得行动可以保持其一贯规定性。即在于人自身而言，也具有内在多样性，比如身心二者之不同以及由此滋生的多样性欲望和爱，这些也需要反省之思，以确定不同欲望的轻重、善否之本质：

---

① 〔宋〕朱熹：《四书章句集注》，第335页。

② 〔宋〕朱熹：《四书章句集注》，第238页。

> 人于一身，固当兼养，然欲考其所养之善否者，惟在反之于身，以审其轻重而已矣。①

反求诸身的具体含义，实质上就是获得关于理的认识。朱熹解释“万物皆备于我”说：

> 大则君臣父子，小则事物细微，其当然之理，无一不具于性分之内也。……反诸身，而所备之理，皆如恶恶臭、好好色之实然。……万物之理具于吾身，体之而实，则道在我而乐有余；行之以恕，则私不容而仁可得。②

以反求诸己为获得理的确定性，这是认知取向的要求。

本来，在孟子哲学中，天命主要指向政治约束，但经过朱熹的理化诠释，就成为一般的天命论了。孟子说：“莫之为而为者，天也；莫之致而至者，命也。”（《孟子·万章上》）天命之论，针对的本来是禹传天下于启而私相授受的政治困境，昭示的是孔子的德—教事业超越于、疏远于政治的本质（不管是禅让还是继世而有天下，对于开启区别于政治之域的德—教之域而言，并无本质之异）。朱熹解释说：

> 盖以理言之谓之天，自人言之谓之命，其实则一而已。③

将天、理、命、人四者视为本质一致之物，这显然消解了德—教之中的能动性生存本身。在《孟子·滕文公下》，滕文公欲见孟子而受阻于臧仓，

---

① 〔宋〕朱熹：《四书章句集注》，第334页。

② 〔宋〕朱熹：《四书章句集注》，第350页。

③ 〔宋〕朱熹：《四书章句集注》，第309页。

孟子有一个说法：

> 行或使之，止或尼之。行止，非人所能也。吾之不遇鲁侯，天也。臧氏之子焉能使予不遇哉！

朱熹解释说：

> 言人之行，必有人使之者。其止，必有人尼之者。然其所以行所以止，则固有天命，而非此人所能使，亦非此人所能尼也。[①]

在道德自修与完善上引用天命，这实质上在孟子那里是要受到严格限制的，朱熹的泛化使用，标志着道德与政治混淆为一。

与性善相关，在教化问题上，朱熹也有着一定的转换。在孟子，每个人都能自成其善，尧舜作为“范例”，喻指每个人的自成其身。所以“孟子道性善，言必称尧舜”（《孟子·滕文公上》），并且“人皆可以为尧舜”（《孟子·告子下》）。但是朱熹的解释可以分为三个层次，从而将善与每一个体的自我成就的直接关联加以分离。其一，朱熹说“古今圣愚本同一性”；其二，“仁义不假外求，圣人可学而至”，“人能有为，则皆如舜也”；其三，“人与尧舜初无少异，但众人汩于私欲而失之，尧舜则无私欲之蔽”。[②] 如此，朱熹一方面使得每个人不再能自以为善，一方面使得圣人取代善成为一般人学以成就的目标。以圣人取代善，并以圣人为天理的实现而众人为人欲的实现，这是朱熹对孟子进行理学化诠释而产生的相互适应的两个后果。而在其极端化的“天理人欲，不容并立”[③] 的表述中，则显示出圣人与众人的对峙。

---

① 〔宋〕朱熹：《四书章句集注》，第226页。

② 〔宋〕朱熹：《四书章句集注》，第251页。

③ 〔宋〕朱熹：《四书章句集注》，第254页。

由此可见，戴震所批评的“以理杀人”就不是虚无所指了。

当认知的相对独立性臻于其极时，人的内在自然，即身体性存在，也被理解为一种“自然之理”。朱熹解释“形色，天性也”（《孟子·尽心上》）说：

> 人之有形有色，无不各有自然之理，所谓天性也。[①]

因为脱离了活生生的具体行事活动，关于道德生存的心、理、气、善追求确定性与普遍性而走向超越性，最后，人的身体存在本身，也以“超越的理化”来解释。孟子所谓知，有一个“当务之急”，就是切于“爱亲悦贤”之实事（《孟子·尽心上》），朱熹解释为：“君子之于道，识其全体，则心不狭；知所先后，则事有序。”[②]把“急亲贤之为务”理解为“认识道”，由此，人之具体性的生存本身的具体差异内容便荡然无存了。

如上所说，孟子哲学中有所谓“扩充”之意，而其扩充是“知皆扩而充之”，已经蕴含着对知的强调，即道德展开的扩充活动，是自知自识的一个“自觉”过程。道德的生存或者说生存论的道德，是道德主体的自觉与道德教化相得益彰的统一体。就道德教化而言，教化所以可能的基础，不能单单诉诸某种神秘的自我领悟，而必须诉诸历史典籍的阅读与基于语言的道理传—教。基于语言的教化必须具有某种确定性，如此，它才能由过去传—承而至现在，由现在传—承而至于将来。而且，就道德生存总是牵涉人—我之际或共在而言，也必有着超越于单纯个体之上的某种普遍性与确定性意义。如此，才能由他者或社会而传—达至于我，由我而传—达至于他者或社会。历史的维度与共在的维度，使得道德生存在其根基上就必须具有认知的普遍性与确定性。当然，其问题在于，如此普遍性与确定性不能湮没、扼杀道德生存本身的个体深刻性与具体灵活性。

---

① 〔宋〕朱熹：《四书章句集注》，第360页。
② 〔宋〕朱熹：《四书章句集注》，第363页。

认知的确定性总是伴随着某种窄化，即认知确定性的代价在于它将被认知之物限制于此确定性之域[①]，从而抹灭了物的多样性与生成性。而且，经由认知赋予一个事物确定性，也遮蔽了此物从人之有所劳作于其上的整体性[②]，如此整体性，蕴含着存在的丰富可能性，而一般的认知主义进路，关注于普遍确定性，就将一切理解为现成既有之物，而抹杀了存在的多样可能性。[③]在一定意义上，朱熹对认知普遍性的关注，严重削弱了存在的丰富可能性并碍阻了个体多样性。而且，就道德哲学的根底而言，纯粹概念的理性思辨并无绝对独立性，而总是与践履行动或修行以及内在的领悟与体验浑然一体。[④]朱熹对孟子哲学的诠释较为突出地彰显了理性思辨的纯粹性与独立性，他对于心作为主体的确立，无疑以理智的冷酷剖分了人自身的整体性存在。

> “我”这个字只能被理解为一种非实质性的形式符号（a non-committal formal indicator），标示在存在的特定现象性情境中，某物能揭示自身为其相反之物。如此情形，绝不是说“非—我”（not-I）等于根本上丧失“我—性”（I-hood）的一个实体，而是存在的确定样式，在此样式中，“我”自身拥有着对自身的丧失。[⑤]

在生存论视野中，我以与自身相反对、自我丧失自身的方式绽露自身。这并没有某种知性的确定基础。“人的‘实体’不是作为灵魂（soul）与肉

---

① 关于认知确定性对于物之显现的窄化，可以参见 Martin Heidegger, *Being and Time,* translated by John Macquarrie & Edward Robison, Harper Perennial Modern Thought, 2008, 196–197。

② 从 ready-to-hand 的整体性到 present-at-hand 的遮蔽，可参见 Martin Heidegger, *Being and Time*, 200–201。

③ Martin Heidegger, *Being and Time*, 203.

④ 卢国龙认为抽象理性思维与修养体验的相涵关系主要是道家特色，参见《宋儒微言》，华夏出版社 2001 年版，第 156 ~ 157 页。

⑤ Martin Heidegger, *Being and Time*, 151–152. 中文译文可参见陈嘉映修订：《存在与时间》，生活·读书·新知三联书店，2000 年，第 134 ~ 135 页。

体（body）之合成的精神（spirit），而是生存（existence）。”① 在此意义上，用认知方式条分缕析的人，并非一个存在着的存在者，或存在者的存在活动，而仅仅是一些符号（尽管它们具有一些确定的涵义）。但是，对于人之本质及其善的理解，如果最后不再回置于具体个体的活生生的生存活动，那么，相对独立与确定的普遍规定性就会走向人自身存在的反面。

朱熹对孟子道德哲学的诠释，忽略了一个根本的存在论实情，即人之先行存在与先行理解的原初浑一：“我们总处于对存在的某种领会中展开自身的活动。由此领会，产生出对存在之意义的明确追问和引领我们朝向存在之概念的倾向。”② 作为道德主体的人，不能简单还原为逻辑抽象的生物性存在（气）与精神性存在（理）的“牵合”，真正的起点是人的有着觉悟的活动或活动着的觉悟，即觉悟与活动二者原初非反思性的浑融为一。因此，由认知的相对独立性而达致道德法则的普遍确定性，尽管有着克服随意性与主观性的积极意义，但同时具有走向忽视具体生存本身的超越主义危险。在朱熹哲学的后续衍化中，如戴震所批评的那样，生存本身并未被真正地实现。生命需要理智的反思，但首先是我们内在于生命本身：

> 有生命之物事实上绝不可能被对象意识、被企图探究现象法则的理智努力所真正认识。有生命之物不是那种我们可以从外界达到对其生命性理解的东西。把握生命性的唯一方式其实在于我们内在于它。③

让生命存在于其自身而得以展开，这成为超越并克服朱熹孟子哲学诠释的一个基本方面。

作为生命的理解者，本身内在于“生命存在及其展开”之中，而不是外

---

① Martin Heidegger, *Being and Time*, 153. 中文译文可参见陈嘉映修订:《存在与时间》,第136页。

② Martin Heidegger, *Being and Time*, 25. 中文译文可参见陈嘉映修订：《存在与时间》，第7页。

③ [德]汉斯－格奥尔格·加达默尔：《真理与方法》，洪汉鼎译，上海译文出版社1999年版，第325页。

在于生命活动。朱熹将人之本质理解为超越之理，将人之生命理解为抽象之气，甚至将人的现实生命活动等同于动物的本能活动，在此意义上，朱熹似乎呈现为另一种意义上的告子之学，而非孟子之学。

（作者单位：上海财经大学人文学院，华东师范大学现代思想文化研究所）

# 朱子对“明道论性章”的理解与诠释

钮则圳

**[内容提要]**

“明道论性章”是程颢性论思想的重要展现，素称难解。朱子对“明道论性章”多有讨论与诠释。受程颢以“天命之谓性”解读“生之谓性”的影响，朱子一改旧有对“生之谓性”的批评态度，并为其开辟出积极的诠释向度。与程颢理解孟子性善论为“继之者善”，无法论证出性本善不同，朱子认为可以通过“恻隐之心”等四端论证人性本善，因而对孟子性善论以“极本穷源”之语加以肯定。明道在“论性章”中的根本意图在于论证出“性本善”，朱子则继承程颐“性即理”的立场，其诠释落脚点在于论证天理的至善性。朱子对“明道论性章”的理解与诠释虽然未必完全符合程颢原意，也融贯了程颐及其自身的理学思想，但其诠释内容影响深远。

《二程遗书》卷一所载程颢（明道，1032—1085）论性一章是其性论思想的重要展现，历来颇受学者重视。兹录于下：

“生之谓性”，性即气，气即性，生之谓也。人生气禀，理有善恶，然不是性中元有此两物相对而生也。有自幼而善，有自幼而恶，是气禀有然也。善固性也，然恶亦不可不谓之性也。盖“生之谓性”，“人生而静”以上不容说，才说性时，便已不是性也。凡人说性，只是说“继之者善”也，孟子言人性善是也。夫所谓“继之者善”也者，犹水流而就下也。皆水也，有流而至海，终无所污，此何烦人力之为也？有流而未远，固已渐浊；有出而甚远，方有所浊。有浊之多者，有浊之少者。清浊虽不同，然不可以浊者不为水也。如此，则人不可以不加澄治之功。故用力敏勇则疾清，用力缓怠则迟清，及其清也，则却只是元初水也。亦不是将清来换却浊，亦不是取出浊来置在一隅也。水之清，则性善之谓也。故不是善与恶在性中为两物相对，各自出来。此理，天命也。顺而循之，则道也。循此而修之，各得其分，则教也。自天命以至于教，我无加损焉，此舜有天下而不与焉者也。[①]

此章由于是语录体，明道又好掇取经典文句且稍变其文，以就己说，故文意较为跳脱，素称难解。[②]朱子（1130—1200）对此章亦多有诠释，除在庚寅年（1170）作《明道论性说》分章疏解外[③]，平素还与弟子反复就此章展开讨论，仅《朱子语类》卷九五所载相关内容就有二十七条之多。然而，朱子的这些诠解是否符合明道原意，抑或是立足于其周密的理学思想体系进行阐发，仍有进行辨析的必要。本文即对此问题予以论析，以就教于方家。

---

① 〔宋〕程颢、程颐：《二程集》，王孝鱼点校，中华书局1981年版，第10～11页。按，个别标点符号笔者略有校改。

② 例如，朱子对此章曾多次表示：“‘生之谓性’一条难说，须子细看。”“此一段极难看。”见〔宋〕黎靖德编：《朱子语类》，中华书局1986年版，第2425、2426页。近人劳思光先生也认为：“此段在语言层面上看，则困难甚多。”见氏著：《新编中国哲学史》第3册，生活·读书·新知三联书店2015年版，第153页。

③ 参见陈来：《朱子哲学研究》，生活·读书·新知三联书店2010年版，第212页。

## 一、“生之谓性”：两种诠释向度

明道于章首即言“生之谓性”，众所周知，此本告子之言。在告子处，“生之谓性”是指天生而自然、实然者就是性，在类型上可以被理解为性犹材料一类。[①]孟子因其说有得出“人之性与犬牛之性相同”这一结论的可能性，而对其猛烈批判。其目的在于将其性论中对性的指谓紧紧限定在“惟人独有”的方面。孟告之辩后，儒家正统观念亦多从批评的角度审视“生之谓性”，对其评价不高。如朱子在《孟子集注》中对告子“生之谓性”注之曰：

> 生，指人物之所以知觉运动者而言。告子论性……其大指不外乎此，与近世佛氏所谓作用是性者略相似。[②]

又于《孟子》11·3[③]注总结说：

> 性者，人之所得于天之理也；生者，人之所得于天之气也。性，形而上者也；气，形而下者也。人物之生，莫不有是性，亦莫不有是气。然以气言之，则知觉运动，人与物若不异也；以理言之，则仁义礼智之禀，岂物之所得而全哉？此人之性所以无不善，而为万物之灵也。告子不知性之为理，而以所谓气者当之……所以然者，盖徒知知觉运动之蠢然者，人与物同；而不知仁义礼智之粹然者，人与物异也。[④]

---

① 参见陈来：《孔子·孟子·荀子：先秦儒学讲稿》，生活·读书·新知三联书店 2017 年版，第 152 页。

② 〔宋〕朱熹：《四书章句集注》，中华书局 1983 年版，第 326 页。

③ 本文此种序号注释，以杨伯峻《孟子译注》（中华书局 2008 年版）为据。间隔号前的数字代表《孟子》的篇（卷）数，间隔号后的数字代表《孟子》的章数。

④ 〔宋〕朱熹：《四书章句集注》，第 326 页。

朱子认为，告子所言“生”是指人天生所具有的知觉运动能力，属于气的层面，是形而下者；而人性应为人禀受天理的层面，是形而上者。在朱子，理是生物之本，气是生物之具；本性来自天之理，生命来自天之气，因而人与物都具有性与气两个层面。从气上看，人与物都有知觉运动的能力，二者并无差别；但从理上看，人禀得了仁义礼智的全体，而物只禀得了一部分，因而人性善，物之性有不善。告子的错误即在于认气为性，只看到了人与物在气层面的相同性，从而无法区分出人性与物性之不同。《语类》又载朱子言：“大抵诸儒说性，多说著气。如佛氏亦只是认知觉作用为性。”[①] 可见，朱子认为“生之谓性”是偏重于以气之知觉作用为性，这种思想倾向与佛家“作用是性”等观点一样，都不是以仁义礼智之理为人的本性。

明道言“生之谓性”，又说“性即气，气即性，生之谓也”，从字面来看亦是以气禀言人性，与告子之误相同。若以此理解，则明道人性观难免与儒家正统人性论相违。结合明道他处所论，我们即可明白明道所言“生之谓性”的用意所在：

> “天地之大德曰生”，“天地絪缊，万物化醇”，“生之谓性”，（自注：告子此言是，而谓犬之性犹牛之性，牛之性犹人之性，则非也。）万物之生意最可观，此元者善之长也，斯所谓仁也。人与天地一物也，而人特自小之，何耶？[②]
>
> 告子云“生之谓性”则可。凡天地所生之物，须是谓之性。皆谓之性则可，于中却须分别牛之性、马之性。是他便只道一般，如释氏说蠢动含灵，皆有佛性，如此则不可。“天命之谓性，率性之谓道”者，天降是于下，万物流形，各正性命者，是所谓性也。循其性而不失，是所谓道也。此亦通人物而言。循性者，马则为马之性，又不做牛底性；牛

① 〔宋〕黎靖德编：《朱子语类》，第 2427 页。

② 〔宋〕程颢、程颐：《二程集》，第 120 页。

则为牛之性，又不为马底性。此所谓率性也。人在天地之间，与万物同流，天几时分别出是人是物？“修道之谓教”，此则专在人事，以失其本性，故修而求复之，则入于学。若元不失，则何修之有？是由仁义行也。则是性已失，故修之。“成性存存，道义之门”，亦是万物各有成性存存，亦是生生不已之意。天只是以生为道。①

从以上两段可以看出，明道明确肯定了告子所言“生之谓性”。但是，明道又引入了《周易》“天地之大德曰生”的宇宙生成论角度，强调自己是从天地流行创生、万物生生不已的角度来理解“生”②，并非传统意义上“生而所具即是性”的角度，因而也就不会导致犬牛之性与人性或一切众生之性相同的结论。明道又结合《中庸》首章“天命之谓性，率性之谓道，修道之谓教”，指出万物的化育流行皆源于天，人物之本性皆禀自天地之大德，在这一层面人是与天地万物一体的，人无须低视自身价值。明道进一步指出，人与物又各率其性，即人之性与物之性并不相同，尤其人可以在失其本性的情况下做修身工夫以求“复性”，回复到性的本然状态，这是物之性无法做到的。由此明道凸显出人性在天地之间的宝贵之处。可见，明道其实是在“天命之谓性”的框架下讨论“生之谓性”，将“生之谓性”置于天命流行不已、生成万物的动态过程中予以审视。他在不违背孟子原有的人之性与物之性不得相同的前提下，为讨论“生之谓性”提供了新的角度，并赋予“生之谓性”这一命题新的积极的意义。

明道的这些思想对朱子产生了一定影响。或出于诠释文本的需要，或出于道学体系内部对明道的尊崇，朱子都必须为“生之谓性”提供新的诠释向度。在《明道论性说》中，朱子对“明道论性章”首句诠释说：

---

① 〔宋〕程颢、程颐：《二程集》，第29～30页。

② 对此，明道亦有论述：“‘生生之谓易’，是天之所以为道也。天只是以生为道，继此生理者，即是善也。善便有一个元底意思。‘元者善之长’，万物皆有春意，便是‘继之者善也’。‘成之者性也’，成却待佗万物自成其性须得。”〔宋〕程颢、程颐：《二程集》，第29页。

天之付与万物者谓之命，物之禀受于天者谓之性。然天命流行，必二气五行交感凝聚，然后能生物也。性命，形而上者也，气则形而下者也。形而上者一理浑然，无有不善；形而下者则纷纭杂揉，善恶有所分矣。故人物既生，则即此所禀以生之气，而天命之性存焉。此程子所以发明告子“生之谓性”之说，而以性即气，气即性者言之也。①

从朱子的诠释我们可以看出，受明道对于“生之谓性”整体理解的影响，朱子也是从“天命之谓性”的角度来诠解“生之谓性”，对“生”予以天地创生万物的宇宙生成论阐释。这种诠释方式与他诠释《中庸》“天命之谓性”的视角相同，却是其诠释《孟子·告子上》相关章节时不曾有过的。②需要注意的是，明道在论性章首句中只是以气言性；结合后面三句来看，他也只是落实到现实的人的气禀层面探讨人性，并未提到天地氤氲化生万物的过程。概因明道认为“性”与“气”密不可分，“生”不是一个孤立的过程，必须落实到现实当中的“气”而有所体现。③另外，明道虽然对于“生之谓性”的理解背后有一套宇宙生成论的视域，但他更多是将“生”理解为一个动态

---

① 〔宋〕朱熹:《朱子全书》第23册，上海古籍出版社、安徽教育出版社2010年版，第3275页。

② 朱子《中庸章句》注释“天命之谓性”言：“天以阴阳五行化生万物，气以成形，而理亦赋焉，犹命令也。于是人物之生，因各得其所赋之理，以为健顺五常之德，所谓性也。”〔宋〕朱熹：《四书章句集注》，第17页。

③ 虽然明道于章首重在以气言性，但是不可认为明道没有一个在此之上的“性之本体”的观念，后文“‘人生而静’以上不容说，才说性时，便已不是性”一句恰恰体现了明道对于“性之本体”的追寻。后文笔者也将说明，论证“性本善”是明道此章的重中之重。关于这一点，劳思光先生认为：“盖所谓‘性即气，气即性’，意谓‘性’与‘气’不相离；明道此语所说之‘性’，乃就已显现之万有而论。万有既已显现，则即已有‘气禀’。就具体之存有讲，方可说‘性’，而此时‘性’已不能离‘气’。但明道在另一面，胸中又预存《礼记》之《乐记》中所说‘人生而静，天之性也’一语……盖‘说性’时，即是面对具体之存有时，此时性气已不相离矣。如纯是‘性’，则当在万有显现以前（此‘以前’指理论次序非时间次序），便是‘人生而静’以上，则又‘不容说’矣。……明道盖认为‘性’本身在万有之前，即所谓‘天之性’，但此非吾人所能说之‘性’，能说之‘性’，皆是与‘气’相混者。”（见劳思光：《新编中国哲学史》第3册，第153页。）郭晓东也认（接下页注）

过程，并不突出强调性命与气所谓形上、形下的区分；在“论性”章相关部分，他也并未言及“天命之性”，而是仅仅在性气不离的现实层面讨论人性善恶的问题。朱子在《明道论性说》中则凸显了明道尚未论及的形上阶段，并将此阶段理解为一理浑然、无有不善的状态；将人有善恶分化理解为通过气禀得理之后的形下阶段。这种明显区分形上形下阶段的看法很可能受到了程颐（伊川，1033—1107）的影响。

伊川论“生之谓性”即与明道有别，伊川云：

> “生之谓性”，与“天命之谓性”，同乎？性字不可一概论。“生之谓性”，止训所禀受也。“天命之谓性”，此言性之理也。今人言天性柔缓，天性刚急，俗言天成，皆生来如此，此训所禀受也。若性之理也则无不善，曰天者，自然之理也。
>
> “天下言性，则故而已”者，言性当推其元本，推其元本，无伤其性也。①

伊川认为，“生之谓性”只是指人在自然意义上的禀受，“天命之谓性”则指性原本应该是善的，偏重于论人性善的根源。伊川强调论人性不仅要看到禀受的一面，更要看到性本原的一面：二者一为后天，一为先天；前者有善有不善，后者则无不善。因此，“生之谓性”与“天命之谓性”不仅不可一概而论，在伊川看来二者还有很强的对立性。朱子《明道论性说》中“形

---

（接上页注）为：“在明道看来，讲天道生生，并不能只抽象地说一个‘能生’之理，凡言‘生’者必须连着‘所生’来谈，故他说‘人生而静以上不容说’。此‘不容说’，指的是在人物未生的时候，天命之性即无所表现，甚至连‘性’这一名字也无由确立。因此，我们只能就‘已生’处言性，即在具体的‘所生’中体察此天命之性。”见郭晓东：《“生之谓性”与“天命之谓性”——程明道“性”论研究》，《复旦学报》（社会科学版）2004年第1期。不过需要注意的是，明道虽在“论性”章中言“此理，天命也”，但未曾使用“天命之性”这一概念。

① 〔宋〕程颢、程颐：《二程集》，第313页。

而上者一理浑然，无有不善；形而下者则纷纭杂揉，善恶有所分矣”的表述，很明显继承了伊川对于“生之谓性”与“天命之谓性”关系的理解，从而对明道原文有所发挥。

朱子虽然对“生之谓性”有所批评，但在明道影响下，朱子实则又无法全然反对，从而为此命题开出了新的诠释向度。顺着区分形上形下的思路，朱子很容易便将明道“‘人生而静’以上不容说”理解为是在言说“天命之性”，“才说性时，便已不是性也”一句理解为是在说已落于形下阶段的“气质之性”，不再是性的本然状态。同时，朱子也承认“生”必然兼乎“气质”的说法，认为对人性的论述无法离开人现实的气质生命。如《语类》载朱子解释“才说性便不是性”一句是“就已禀时说”，是言人受到气禀影响以后的层面；并认为“性者，浑然天理而已。才说性时，则已带气矣”[①]，指出人在现实生活中所言之性已经不是“天命之性”。又如朱子所言：“‘人生而静’，静者固其性。然只有‘生’字，便带却气质了。但‘生’字以上又不容说，盖此道理未有形见处。故今才说性，便须带著气质，无能悬空说得性者。……言气质之禀，虽有善恶之不同，然极本穷源而论之，则性未尝不善也。”[②]可见朱子在诠解“明道论性章”时，其背后存在着“天命之性”与“气质之性”、形上与形下的前提，这与明道所偏重的“以气论性”角度相比，具有很大不同。

## 二、“孟子言性善”：何种性善论？

虽然明道在以气言性的层面对现实的人性进行刻画，但我们不能因此认为他并不讨论具有超越性质的“性之本体”的观念，因为他还预设了一个“‘人生而静’以上不容说”的层面。据葛瑞汉（A. C. Graham）理解，“不容说”

---

① 〔宋〕黎靖德编：《朱子语类》，第 2427 页。

② 〔宋〕黎靖德编：《朱子语类》，第 2430 页。

的意思“大概不是无法观察，而是不能用善字来描述它”[①]。按照葛氏的看法，明道认为无法以“善”来描述“性之本体”，因而根本上也就并不具有“性本善”的观念。但是如果充分考虑明道以“元初水”比喻性善的例子（详见后文）以及下面这段话，我们还是可以窥见其持“性本善”态度的痕迹：

> 道即性也。若道外寻性，性外寻道，便不是。圣贤论天德，盖谓自家元是天然完全自足之物，若无所污坏，即当直而行之；若小有污坏，即敬以治之，使复如旧。所以能使如旧者，盖为自家本质元是完足之物。[②]

此段为明道阐释“道即性”。“自家本质”即道在人身而为人的本性。在明道看来，这种本性是“天然完全自足”的，这正是性本善的另一种表述方式。此处明道对于有“污坏”的性通过“复性”工夫来回复到本性纯善状态的主张，也与其在论性章中对浊水施以澄治之功以使其回复为“元初水”状态的态度是一致的。

无论“不容说”究竟何指，明道想要指出的是，一般人说性，讲的都是性的现实状态，是受到气禀影响以后的事，而无法讲出“性之本体”的阶段。明道言：“凡人说性，只是说‘继之者善’也，孟子言人性善是也。夫所谓‘继之者善’也者，犹水流而就下也。”“继之者善”截取自《周易·系辞》“一阴一阳之谓道，继之者善也，成之者性也”。明道认为，一般人论性都无法直达“一阴一阳之谓道”的本体层面，充其量讲的是现实状态下“继之者”乃至“成之者”之后的事，孟子就是其中的典型代表。明道此语较为囫囵，并未对其所理解的孟子性善论进行进一步解释。然观其以“水流而就下”来

---

① ［英］葛瑞汉：《中国的两位哲学家：二程兄弟的新儒学》，程德祥等译，大象出版社 2000 年版，第 208 页。

② 〔宋〕程颢、程颐：《二程集》，第 1 页。

比喻“继之者善”，我们亦可窥见其对孟子性善论的一般态度。“水之就下”出自《孟子》11·2，在孟告之辩中，面对告子以水流无分东西来比喻人性无善无不善的观点，孟子抓住了水流向下这一更为关键的属性，以此比喻人性善。然而如果进一步论证，水流向下只能说明水流动的常态趋势，一方面它要受到地势的影响（否则水是有可能静止的），另一方面它可能受到外力影响而改变其向下的流向（如孟子所言“过颡”“在山”），就“水之就下”这一命题本身而言，实则难以作为对“性本善”论完满而有效的证明。[①] 因而，在明道看来，孟子以“水之就下”来论性，实则是在讲性的现实趋向与状态，而非讲性的本体，缺失了“一阴一阳之谓道”的一段；以水流论性，充其量也只能证明性向善，无法确凿得出性本善的结论。众所周知，汉唐儒者无论是“性情善恶”论还是“性有品级”论，都还停留在对现实人性的刻画与论述上，无法得出人性本善的结论，这些论述实则都可以被纳入明道所论的“凡人说性”之中。孟子由于其性善论更为经典，因而被明道视为“凡人说性”的代表。明道举孟子及其“水之就下”的例子，正是为了引出其后文“清水”之喻，从而证成性本善。

如何理解孟子的性善论，朱子与明道具有很大差别。前文已述，朱子受伊川影响，惯常用“天命之性”与“气质之性”的讲法来理解明道所谓的“‘人生而静’以上不容说”与“才说性时，便已不是性”。但是对于“天命之性”与“气质之性”的理解，朱子与伊川又有不同。在伊川，“气质之性”是清浊不齐的，与“天命之性”是一组相对的概念。朱子却诉诸其理气论中“理

① 杨海文先生曾有过评价：“如果仅仅依据《孟子》文本描述性善论的言说，那么，性本善在某种意义上，恰恰又是通过性向善得以证成。……孟子的搏激之喻，形象地说明了性向善。而且，我们一旦追问人区别于禽兽的特殊之性为什么唯有为善的定向，就会逼近性本善。……孟子在戕贼之喻中同样揭示了性向善的必然趋向，进而凸显了其所以如此的形上根据，亦即性本善。”见杨海文：《孟子心性论的逻辑架构》，《南昌大学学报》（人社版）2002年第3期。亦即，我们认为孟子所论述的还是性向善，但如果深入追究孟子背后的指向，很可能是性本善。

气不离不杂”的基本立场，对应于此问题即认为天命与气质既不相离也不相杂。具体而言，朱子认为与“天命之性”相对的是“气质”，而非“气质之性”，“气质之性”只是“天命之性”坠入气质中的形态，就其本质而言仍然是天命之性。因而在朱子看来，“天命之性”与“气质之性”实则一物，只不过只有“天命之性”才是真正意义上的性，“气质之性”只是“天命之性”落于气质中的表现形态。①

与明道将“继之者善”理解为在现实层面对性的趋向进行言说，并批评这种言说方式无法体现“性之本体”不同，朱子将“继之者善”放置于“天命之性”下坠于气质之中的过程中予以理解，认为“继之者善”对于个体而言重点落实在“天命之性”受到气质熏染以后的阶段。朱子认为：“性者，浑然天理而已。才说性时，则已带气矣。”②明道所论“‘人生而静’以上不容说”即指“天命之性”，作为“性之本体”，它固然是纯粹至善的，但是朱子又认为这一阶段“形气未具”，准确说我们还只能讨论理，无法谈到性。“不容说”的含义在朱子看来就是性的本体是无法形容的，如朱子所言“有此气为人，则理具于身，方可谓之性”③，我们对于性的探讨只能落实于“天命之性”坠于气质之中而表现为现实的“气质之性”以后的阶段。④朱子借助“在天曰命，在人曰性”来阐发天命与气质不离不杂的关系：

① 关于朱子“天命之性”与“气质之性”的关系问题，学界已有不少学者有所讨论，如陈来先生认为：“天命之性是气质之性的本然状态，气质之性则是天命之性受气质熏染发生的转化形态。”见陈来：《宋明理学》，华东师范大学出版社2004年版，第137页。朱子在《语类》中即批评了将“天命之性”与“气质之性”对立的做法：“问：‘《近思录》中说性，似有两种，何也？’曰：‘此说往往人都错看了。才说性，便有不是。人性本善而已，才堕入气质中，便薰染得不好了。虽薰染得不好，然本性却依旧在此，全在学者著力。今人却言有本性，又有气质之性，此大害理！’”（〔宋〕黎靖德编：《朱子语类》，第2432页。）

② 〔宋〕黎靖德编：《朱子语类》，第2427页。

③ 〔宋〕黎靖德编：《朱子语类》，第2426页。

④ 如朱子有言：“未有形气，浑然天理，未有降付，故只谓之理；已有形气，是理降而在人，具于形气之中，方谓之性。已涉乎气矣，便不能超然专说得理也。”〔宋〕黎靖德编：《朱子语类》，第2430页。

“人生而静以上”，即是人物未生时。人物未生时，只可谓之理，说性未得，此所谓“在天曰命”也。“才说性时，便已不是性”者，言才谓之性，便是人生以后，此理已堕在形气之中，不全是性之本体矣，故曰“便已不是性也”，此所谓“在人曰性”也。大抵人有此形气，则是此理始具于形气之中，而谓之性。才是说性，便已涉乎有生而兼乎气质，不得为性之本体也。然性之本体，亦未尝杂。要人就此上面见得其本体元未尝离，亦未尝杂耳。①

虽然性之本体无法形容，我们对于人性的讨论只能基于对现实的“气质之性”的观察，但是朱子认为基于理气不离不杂的关系，这并不意味着我们无法得出性之本体纯粹至善的特性。朱子言：“‘凡人说性，只是说继之者善也’者，言性不可形容，而善言性者，不过即其发见之端而言之，而性之理固可默识矣，如孟子言‘性善’与‘四端’是也。”②在朱子看来，对于个体而言，“继之者善”讲的就是性之本体落实于人现实气质生命的结合处，朱子习惯将其称为“发用处”③。因此，由人气质生命中善性的发显，我们就可以向上推出性之本体的至善性。孟子所讲的“四端”，正是性之本体在个体生命中发用流行的显现。对于孟子性善论与“继之者善”的关系，朱子有言：

《易》中所言，盖是说天命流行处；明道却将来就人发处说。孟子言“性善”，亦是就发处说，故其言曰：“乃若其情，则可以为善矣。”盖因其发处之善，是以知其本无不善，犹循流而知其源也。故孟子说“四端”，亦多就发处说。《易》中以天命言。程子就人言，盖人便是一个

① 〔宋〕黎靖德编：《朱子语类》，第2430页。
② 〔宋〕黎靖德编：《朱子语类》，第2430页。
③ 据《朱子语类》载，朱子认为明道所言“继之者善”的“继”字即“主于人之发用处言之”。〔宋〕黎靖德编：《朱子语类》，第2432页。

小天地耳。①

朱子认为，《易传》“一阴一阳之谓道，继之者善也，成之者性也”本身说的是天命流行不已，明道则重点突出了“继之者善”对于连接天人之间的作用。与之类似，就个体而言，孟子所言性善要通过恻隐之心等“四端”表现出来。究其根本，这也是其性之本体的至善性在现实生活中的发显。因此，就“发处”来看，天人之间具有一定的贯通性；“天命之性”的本善与现实当中的人性可以为善是源与流的关系，因而孟子的性善论具有贯通天人的意义，它将人的生命视作流行不息的整体，背后实则指向的是性之本体的至善。在早些的《明道论性说》中，朱子说：“故善言性者，不过即其发见之端而言之，而性之韫因可默识矣。如孟子之论四端是也。观水之流而必下，则水之性下可知。观性之发而必善，则性之韫善亦可知也。”②可见，以发见之端看待性善，进而向上溯源“天命之性”本善是朱子较为一贯的态度。与明道对孟子性善论有所不满不同，朱子对于孟子性善论更多持肯定态度，并对其从性本善的高度予以褒扬。在这一点上，朱子实则受伊川影响较大。对于孟子性善论，伊川视之甚高：

“性相近也”，此言所禀之性，不是言性之本。孟子所言，便正言性之本。

曰:“孟子言性之善,是性之本;孔子言性相近,谓其禀受处不相远也。人性皆善,所以善者,于四端之情可见,故孟子曰:‘是岂人之情也哉?’至于不能顺其情而悖天理，则流而至于恶，故曰：‘乃若其情，则可以为善矣。’”③

① 〔宋〕黎靖德编：《朱子语类》，第2432页。
② 〔宋〕朱熹：《朱子全书》第23册，第3276页。
③ 〔宋〕程颢、程颐：《二程集》，第252、291页。

在伊川看来，孔子所言“性相近”只讲到了人在现实生活当中的禀赋一面。就其本质而言，它仅涉及对性的描述，并不涉及人性善恶。孟子以“四端”论性，由“四端”之情的显现体现出了人性皆善，从而追问出了性本善这一根源性问题。因此伊川多以“言性之本”“极本穷源之性”之语来赞扬孟子的性善论。[①]结合伊川的讲法，朱子也对明道论性章有所新诠。朱子认为，在人性的发用处方面，“继之者善”与孟子性善论一样，在根本上体现的是人性本善：“‘继之者善’，本是说造化发育之功，明道此处却是就人性发用处说，如孟子所谓‘乃若其情，则可以为善’之类是也。伊川言：‘极本穷源之性，乃是对气质之性而言。’言气质之禀，虽有善恶之不同，然极本穷源而论之，则性未尝不善也。”[②]

需要注意的是，在孟子所论“四端”中，朱子更加看重“恻隐之心”的意义，认为它才是气质之性发用处的关键体现。朱子言：“此‘继之者善’，指发处而言之也。性之在人，犹水之在山，其清不可得而见也。流出而见其清，然后知其本清也。所以孟子只就‘见孺子入井，皆有怵惕恻隐之心’处，指以示人，使知性之本善者也。”[③]朱子为何如此看重恻隐之心？这是因为在朱子“仁包四德”的框架下，与专言的“仁”可以包“仁义礼智”四德相对应，作为“仁之端”的“恻隐之心”也具有贯通四端的作用。[④]朱子认为：“恻隐只是动处。接事物时，皆是此心先拥出来，其间却自有羞恶、是非之别，所以恻隐又贯四端。”[⑤]因此，恻隐之心作为“四端”中最为关键者，往往在应接事物时会首先显现出来，并承担着在现实生命活动中表现性善的

---

① 如伊川认为：“若乃孟子之言善者，乃极本穷源之性。”“孟子道性善，极本原而语之也。”〔宋〕程颢、程颐：《二程集》第63、1253页。

② 〔宋〕黎靖德编：《朱子语类》，第2430页。

③ 〔宋〕黎靖德编：《朱子语类》，第2432～2433页。

④ 关于朱子“仁包四德”思想，详参陈来：《朱子思想中的四德论》，《哲学研究》2011年第1期；《朱子四德说续论》，《中华文史论丛》2011年第4期。

⑤ 〔宋〕黎靖德编：《朱子语类》，第2419页。

主要功能。在《语类》中，朱子也肯定了弟子“恻隐是性之动处。因其动处，以知其本体，是因流以知其源”① 的讲法，认为通过恻隐之心的显现才能反证出性本善。由此可见，虽然朱子对孟子性善论的理解与明道不同，并且受到了伊川很大影响，但背后实则有一套独有的理论架构。

## 三、“清水”之喻与“性善”

孟子“水流就下”的例子在明道看来无法论证出性之本体在“人生而静以上”的状态，因而被明道视为“继之者善”以后之事。承接孟子的“水喻”，明道也提出了自己著名的“清水”之喻。概因在明道眼中，相较于水的流向而言，水的清浊才是水更为根本的性质。以水之清浊论性，明道并非首出，唐代李翱（772—841）即有论述：

> 水之性清澈，其浑之者沙泥也。方其浑也，性岂遂无有邪？久而不动，沙泥自沉。清明之性，鉴于天地，非自外来也。故其浑也，性本弗失，及其复也，性亦不生。人之性亦犹水也。②

李翱以水之性比喻人之性，指出人之性所本有的清明状态与水之性本来的清澈状态是一致的。李翱认为，后天的习染虽然会对人的本性产生一定影响，但就根本而言并不会影响人本来的善性。由此可见，李翱是以清水来比喻人性本善，其“性本”概念的提出也深化了汉儒以来对人性论的探讨。

明道的“水喻”与李翱具有一定的相似性，二者均是以水的清浊来比喻人性在不同条件下的状态。虽然明道对于水的清浊状况区分更为详细，如受到污浊的时间、污浊的程度等，但与李翱一样，他也强调不能将受到

---

① 〔宋〕黎靖德编：《朱子语类》，第 2428 页。

② 〔唐〕李翱：《李文公集》，《景印文渊阁四库全书》第 1078 册，台湾商务印书馆股份有限公司 1986 年版，第 110 页。

染污的水排除在“水”这一概念之外，而是主张要将水恢复到清明的本然状态。所不同者，明道在水的“清浊”之外，又提出了“元初水”的概念来比喻性本善。明道曾有言：“天下善恶皆天理，谓之恶者非本恶，但或过或不及便如此，如杨、墨之类。”[①] 在明道性论中，“恶”并非是与“善”对立而生的另一物，善恶只是处于“‘人生而静’以上”时本体状态的超然之性在现实状态下不同情况的具体表现形式：善固然是较为理想的表现形式，它合乎性之本体的本来方向；恶则是这种表现形式的偏差，但是我们依旧可以将其调适恢复至理想的状态。因此，明道才会在论性章中说：“故不是善与恶在性中为两物相对，各自出来。”那种至清的“元初水”正对应明道所设想的性之本体。与性之本体“不容说”一样，“元初水”在现实生活中实际上也是不存在的，无论水或清或浊，它们都会受到现实环境的影响；人只能通过澄治之功，努力使其恢复无限接近“元初水”的清明状态。与之对应，明道认为人性最初绝对至善，只是气禀限制，才会产生善恶有对。正如“元初水”本来至清，如果没有外部环境的影响就会“流而至海，终无所污”，即始终不会与浊相对；而正是因为有了外部影响，“元初水”才会变得清浊有对，分化出“有浊之多者”的浊水与“有浊之少者”的清水。所以在明道性论中，就“元初水”而言，水之清只是本然清，就像性之善亦只是本善一样。“元初水”、“清水”与“浊水”也可以分别对应于“一阴一阳之谓道”、“继之者善”与“成之者性”这三个递进的层次，分别比喻性之本体、现实生活中较为理想的人性以及普通人的人性等几种状态。因此，明道论性章的重点实则在于以“清水”之喻来论证人性本善。只不过这种“本善”在明道看来并非是与“恶”相对的善，而是指性之本体那种清明至纯、无所偏倚的状态。我们知道，孟子对于人性善的先验论证较少[②]，明道则在其性论中预设了“元初水”这一概念来指代性

① 〔宋〕程颢、程颐：《二程集》，第 14 页。

② 参见陈来：《孔子·孟子·荀子：先秦儒学讲稿》，第 162 页。

本善，这可以视为对孟子性善论的一种补充与修正。

对于明道的“清水”之喻，朱子在《明道论性说》中也有详细阐发：

> 水之清者，性之善也。流至海而不污者，气禀清明，自幼而善，圣人性之而全其天者也。流未远而已浊者，气禀偏驳之甚，自幼而恶者也。流既远而方浊者，长而见异物而迁焉，失其赤子之心者也。浊有多少，气之昏明纯驳有浅深也，不可以浊者不为水，恶亦不可不谓之性也。然则人虽为气所昏，流于不善，而性未尝不在其中，特谓之性则非其本然，谓之非性，则初不离是。以其如此，故人不可以不加澄治之功。惟能学以胜气，则知此性浑然，初未尝坏，所谓元初水也。虽浊而清者存，故非将清来换浊；既清则本无浊，故非取浊置一隅也。如此，则其本善而已矣，性中岂有两物对立而并行也哉！[①]

朱子认为，“元初水”代表着性之本体“此性浑然，初未尝坏”的状态，这种“清者自清”的水体现的就是人性本善，其中并不存在善恶的对立。不过与明道相比，朱子此处更加重视性之本体在现实中所受气禀的影响，认为圣人之所以自幼而善，只因其气禀清明，故其人性未偏离其性之本体；而有人或自幼而恶，或长大之后流于恶，此乃是气禀出现了不同程度的偏驳。[②]与不能将浊水排除于“水”这一概念之外一样，我们也不能说恶不是现实人性中的一部分。只不过在现实生活中人要对这种气禀的影响施加澄治之功，使现实人性努力恢复到“‘人生而静’以上”时超越善恶的本然状态。由此可见，朱子此时对于“明道论性章”主旨的理解与诠释立场与明道并无差别，

---

① 〔宋〕朱熹：《朱子全书》第23册，第3276页。按，个别标点符号笔者略有校改。

② 需要注意的是，朱子此处强调气的限制并不等于是气禀决定论。正如刘述先先生所言：“朱子只是指出‘气禀的限制难以超越’这一事实，故特重做后天的功夫以复性之本然。”见刘述先：《朱子哲学思想的发展与完成》，吉林出版集团有限责任公司2015年版，第272页。

重点还是借助“清水”之喻来说明性本善，但就诠释细节而言，与其“天命之性”与“气质之性”的思想具有一定关联性。

与《明道论性说》重点论述“性本善”问题有所不同，《语类》所载朱子与弟子的问答中，朱子更注重向上论证“天命之性”的至善性，亦即强调天理的纯恶无善。朱子言：

> “生之谓性”，是生下来唤做性底，便有气禀夹杂，便不是理底性了。……到伊川说“性即理也”，无人道得到这处。理便是天理，又那得有恶！孟子说“性善”，便都是说理善；虽是就发处说，然亦就理之发处说。①

“性即理”乃伊川所论，原文为：“性即理也，所谓理，性是也。天下之理，原其所自，未有不善。……凡言善恶，皆先善而后恶。”②伊川将“理”理解为对“性”的本质规定，并且认为“理”就其根源而言是至善无恶的。伊川之后，“性即理”且“理无不善”就成为朱子眼中颠扑不破的命题。因此在诠释“明道论性章”时，朱子会在这一命题的理解下，将“天命之性”与“气质之性”理解为“理底性”与夹杂了气禀的性，并且认为孟子的“性善”在本质上就是“理善”。就其诠释目的而言，与明道重点论述“性本善”不同，朱子实则是为了从“性本善”进一步推出“理本善”，从而凸显出天理纯粹至善的高级地位。就这一点而言，朱子受到伊川的影响是明显且深远的。

## 四、结语

以上笔者从几个方面爬梳了朱子对“明道论性章”的理解与诠释。“明

---

① 〔宋〕黎靖德编：《朱子语类》，第2425页。

② 〔宋〕程颢、程颐：《二程集》，第292页。

道论性章”文意跳脱，不易贯通，因而也为诠释者留下了极大的诠释空间。由朱子的诠解我们可以看出，虽然他是以“明道论性章”为本，但是在具体诠释过程中实则也受到了伊川较大影响。同时，朱子也往往在其本有的“天命之性”与“气质之性”、“性即理”以及“仁包四德”等理论框架内加以阐发。

朱子的解读与“明道论性章”一道，在哲学史上产生了较大影响。[①]举例言之，明道、朱子之后，学者对于“生之谓性”不再单独作一否定理解，对于这一问题的审视角度更为多元化。明代大儒王阳明（1472—1529）曾言：“‘生之谓性’，‘生’字即是‘气’字，犹言气即是性也。气即是性，人生而静以上不容说，才说气即是性，即已落在一边，不是性之本原矣。孟子性善，是从本原上说。”[②]王阳明明确将“生之谓性”中的“生”理解为“气”，这与前文所述明道偏重于以气谈论“人生而静”以下阶段人性的态度是一致的；但阳明认为论性要追问“性之本原”，并以孟子为此范例，这明显受到了伊川、朱子视孟子性善论为“极本穷源”之论的影响。又如清儒戴震（1724—1777）对程朱理学多有批评，但其对于“明道论性章”的理解往往以朱子的诠释为本。如戴震论明道“‘人生而静’以上不容说，才说性时，便已不是性也”一句，便径以本文前引朱子所论“在天曰命，在人曰性”一段作为解释，并对其加以批评：“据《乐记》，‘人生而静’与‘感于物而动’对言之，谓方其未感，非谓人物未生也。《中庸》‘天命之谓性’，谓气禀之不齐，各限于生初，非以理为在天在人异其名也。”[③]戴震所言，前句是批评明道忽视了“人生而静”与“感于物而动”的关联，后句则批评朱子以区隔天人的方式看待“天命之谓性”。类似的例子在戴

① 张学智先生对此有评论：“此条（笔者按：明道论性章）是二程论性有代表性的话语，历来讨论二程人性学说必加引述，但解释异义颇多。尤其朱熹根据自己的性论所做的解释多为后来学者所本，更增加了歧解的可能性。”见张学智：《程明道之“生之谓性”及其歧解》，《心学论集》，中国社会科学出版社 2006 年版，第 52 页。

② 陈荣捷：《王阳明〈传习录〉详注集评》，华东师范大学出版社 2009 年版，第 124 页。

③ 〔清〕戴震：《孟子字义疏证》，何文光整理，中华书局 1961 年版，第 34 页。

震著作中不胜枚举。可见，戴震于潜意识中已将朱子的诠释与“明道论性章”视为一体，并视其为“明道论性章”的诠释正统。从这些方面可以看出，不论朱子对于“明道论性章”的诠解是否符合明道“原意”，就其诠释成果本身而言，理应引起我们的高度重视。

（作者单位：清华大学人文学院哲学系）

# 黄宗羲与孟子
## ——儒家政治思想的返本与开新

顾家宁

［内容提要］

黄宗羲政治思想深受孟子影响而予以继承发展。在思想内容上，君主论问题与心性论问题聚焦了黄宗羲与孟子的共鸣，前者构成了大一统集权政治时代的基本问题，后者则提供了改革损益既有制度的动力因。就传承方式而言，黄宗羲对于孟子思想的吸收可以分为化用、直引和新诠三种形式，在继承孟子关于政治原理的基本理解并予以显豁、明确的同时，亦对其进行因应时代特点与针对现实问题的诠释。前者可谓返本，后者是为开新，体现出儒学政治思想的一条发展线索。同时，在黄宗羲的孟子诠释中，亦折射出儒学的内在复杂性与张力。

## 一、黄宗羲与孟子

作为先秦、明清两个儒学思想发展重要阶段的代表性人物，黄宗羲与孟子之间有着紧密的思想关联。“三代之治真可复，七篇以外岂无为”[①]，黄

① 〔清〕黄宗羲：《寄友人》，《黄宗羲全集》第11册，浙江古籍出版社2012年版，第248页。

宗羲依靠《孟子》塑造了自己的学术理想与思想气质。不仅《明夷待访录》多次引述孟子，构成了其中诸多命题的思想来源，黄宗羲的孟子诠释著作《孟子师说》在孟学史上亦颇具特色。

孟、黄之间的思想联系多已为学者指出，如谭嗣同着眼于儒家民本思想的发展脉络，指出“黄出于陆、王……王出于周、张，周、张亦缀邹峄之坠绪”[①]。萧公权认为，“《待访录》之最高原理出于《孟子》之‘贵民’与《礼运》之‘天下为公’”[②]。上述研究较多宏观层面的思想史线索勾勒，相较而言，对于二者思想关联的专门研究尚不多见。近年来，有学者从君主观、革命论与君国关系等方面比较黄宗羲政治思想之于孟子的继承、发展与变化，推进了相关探讨，不过比较的重心仍集中于狭义的政治思想文本，尤其是《待访录》本身，尚未形成对于二者思想联系的一种整体性理解。[③]

关于黄宗羲与孟子的思想关联的讨论，其实包含了两个层面的问题：一是在返本探源的意义上，探究孟子之于黄宗羲的思想影响；二是着眼于思想演进的角度，探讨后者之于前者的诠释与发展。前者是思想脉络的探源，后者是诠释意义上的发展，二者互为一体。以政治思想为轴心，以《明夷待访录》与《孟子师说》为中心文本，通过对孟子、黄宗羲思想联系的分析，可以探究儒家政治思想演进的某种内在线索。

“道性善”的人性论与民本论的政治思想构成了孟子思想的要旨所在。在黄宗羲那里，上述二者大体对应了宋明儒学传统中的心性问题与经世问题，进而体现出一种思想结构上的一致性。正如先秦诸子“皆务为治”，黄宗羲“连珠合璧”的思想特质亦以重建秩序为归宿。换言之，就孟子思想中内在心性与外王政治两端而言，后者在黄宗羲的理解与诠释中实居于根本地位而对前者具有统摄意义。

---

① 谭嗣同：《仁学》，华夏出版社 2002 年版，第 102 页。

② 萧公权：《中国政治思想史》，商务印书馆 2017 年版，第 582 页。

③ 孙宝山：《黄宗羲与孟子的政治思想辨析》，《孔子研究》2006 年第 4 期。

## 二、君主问题：君道与制度

对于君主问题的批判与反思构成了黄宗羲政治思想的核心问题意识，这一点实与孟子异代相感。就历史背景言，孟子身处封建制度趋于泯灭、大一统专制天下呼之欲出的战国后期，而黄宗羲则生当君主集权政治弊端日益暴露，新的思想、经济、文化因素初露头角的明清之际，分处于君主集权政治的形成期与衰落期，故而最易形成批判与反思意识。[①] 如果说孟子对战国诸侯的激烈批评反映了新兴的君主集权政治与原始儒学的张力，那么黄宗羲则是借助孟子资源而以“回向三代”的方式，在大一统集权政治日益衰敝之际描绘了儒家政治理想面向新历史时代的呈现形式。

孟子无疑代表了儒家传统中最具批判性的一支。正如萧公权所言，“孟子之政治思想遂成为针对虐政之永久抗议。……盖孟子取人民之观点以言政，孔荀则倾向于君主之观点也”[②]。这种批判与抗议，不仅表现为孟子游说齐梁之君的激烈辞锋，更呈现在关于君主性质、君臣伦理、君主制度的一系列思考中。这些思考不仅深刻影响了黄宗羲关于君主问题的理解，更在不同的历史背景中被赋予了新的诠释与发展。

《待访录》以《原君》开篇，进而提出“天下为主，君为客”[③]的著名命题，这也代表了黄宗羲对君主性质的根本判断。“民主君客”的命题，显然与孟子“民贵君轻”的经典论断一脉相承。孟子所谓“民贵君轻”，可以从两个方面分析：首先就价值论而言，与社稷、君主相比，民最有价值、最为重要；其次，“民贵”包含了对政治正当性的思考，民众的认可（“得乎丘民”）构成了君主权力的基础，从而隐含了民作为政治主体的意义。萧公权指出：

---

① 如萧公权将孟子视为专制天下形成前夜而秉持原儒重民理念的政治思想家，而以黄宗羲为整个专制天下时代政治思想转变时期的重要代表。参见萧公权：《中国政治思想史》，第三、十八章。

② 萧公权：《中国政治思想史》，第 97 页。

③ 〔清〕黄宗羲：《明夷待访录·原君》，《黄宗羲全集》第 1 册，第 2 页。

> 孟子不仅以人民为政治之目的，亦且以之为主体。……盖孔子民可使由，不可使知之说略含轻民之意，而其君子行仁由近及远之理想复倾向于视君民为一体。孟子始暗示君民之对立，而大明民主君仆，民体国用之旨。①

在萧氏看来，孟子倡言“民贵君轻”，业已包含了民享、民有二义，而尚未有民治观念。在封建秩序业已崩解，大一统专制天下来临的前夜，孟子敏锐意识到君民之间将不复封建邦国时代小国寡民、君民一体温情脉脉的理想图景，而逐渐形成一种依靠权力连结的统治—被统治关系，由此凸显了君、民之间的结构性对立关系。

在此意义上，“民主君客”的命题正是对孟子“民贵君轻说”的演绎与发展。较之孟子，黄宗羲所使用的“主客”范畴显然更加强调君、民政治地位、性质上截然的差异与对立，突出了“民贵君轻说”中相对隐含的民有之义，而对民众的政治主体地位予以明确确认，重申君主的意义在于为民众服务，其存在的正当性取决于服务功能的切实履行。有学者指出，这里的主、客应当在主户与佃客的意义上理解，君主的职责就是为天下人民服务，是人民的佃客②，这一理解无疑十分到位。由此，基于上述对于君主性质的理解，黄宗羲十分自然地肯定了孟子对于汤武革命的正面态度。

《待访录》并未主张彻底废除君主制，然而其对君主问题所予以的反思力度无疑是空前的。这不仅体现在对君主性质（君职、君道）的厘正，也体现在对君主的一系列制度性规约上。就其与孟子思想的关联而言，以往的研究往往注重前一层面，事实上，《待访录》的制度理念中同样体现出孟子的深入影响。

---

① 萧公权：《中国政治思想史》，第 95 页。

② 叶保强：《皇权的限制与中国庶民社会——黄宗羲政治哲学新诠》，吴光等主编：《黄梨洲三百年祭》，当代中国出版社 1997 年版，第 110 页。

首先是对君主的制度性定位。《置相》篇指出：

有明之无善治，自高皇帝罢丞相始也。

原夫作君之意，所以治天下也。天下不能一人而治，则设官以治之；是官者，分身之君也。孟子曰："天子一位，公一位，侯一位，伯一位，子男同一位，凡五等。君一位，卿一位，大夫一位，上士一位，中士一位，下士一位，凡六等。"盖自外而言之，天子之去公，犹公、侯、伯、子、男之递相去；自内而言之，君之去卿，犹卿、大夫、士之递相去。非独至于天子遂截然无等级也。①

此段黄宗羲援引《孟子・万章下》"周室班爵禄"章，来作为尊严相权、祛魅皇权的理论资源。如果说孟子之言原本重在描绘周代封建秩序的理想状态，那么此处则是在一种君臣同质、有限差序的新政制意义上对君主性质进行重新定位。

与君道的重建相应，黄宗羲对于臣道的理解同样深受孟子启迪。《原臣》篇云"我之出而仕也，为天下，非为君也；为万民，非为一姓也"，显然承自孟子对于"事君人者"与"安社稷臣者"的区分。②如前所述，《待访录》对于后宫阉宦之制的批评绝非仅仅着眼于君主生活本身，而更在其背后的天下公私之辨及其对君臣伦理潜移默化的影响。在黄宗羲看来，君臣之道与主奴之道必须严辨，因为它们各自代表了两种截然不同的伦理关系，"人主之有奄宦，奴婢也；其有廷臣，师友也。所求乎奴婢者使令，所求乎师友者道德"③。

黄宗羲主张以"师友意识"改造"主奴意识"，这同样源自孟子以师友

---

① 〔清〕黄宗羲：《明夷待访录・置相》，《黄宗羲全集》第 1 册，第 8 页。
② 《孟子・尽心上》："有事君人者，事是君则为容悦者也；有安社稷臣者，以安社稷为悦者也。"
③ 〔清〕黄宗羲：《明夷待访录・奄宦上》，《黄宗羲全集》第 1 册，第 44 页。

言君臣、以士君子大丈夫人格区别于“以顺为正”的“妾妇之道”。不过在黄宗羲的阐释中，同样赋予了这一问题以新的时代风貌。《孟子师说》云：

> 孟仲子之周旋，景丑氏之敬王，皆一切世情，后世遂以为礼之当然，牢不可破。由是，天子而豢畜其臣下，人臣而自治以佣隶，其所行者皆宦官宫妾之事，君臣之礼，几于绝矣。……孟子之意，以为凡为臣者皆当自重，不趋于诡随一途，不独宾师为然也。[①]

如果说孟子对于君臣师友之义的强调更多地立足于一种无官守，无言责，绰绰然有余裕哉（《孟子·公孙丑下》），超然于权力结构之外的宾、师理想，相应于游士纵横的战国风尚，那么黄宗羲则试图在大一统政治格局既定的历史环境下，以孟子为理想来改造、重塑日渐异化的君臣伦理，其所指向的不仅是个体的操守修持，而更是内化于制度本身的普遍政治精神。由此，其反思的焦点就不在于“格君心之非”式的个体内圣之维，而是导向了对后世习以为然、“牢不可破”的异化礼法秩序的制度性反思。

其次，与君臣之义的厘正相应的是对君、师二元权威结构的确认。儒学传统中，君师一体还是分立、政教一元还是二元，一直是一个充满张力的复杂问题。[②]就儒学发展脉络而言，道势、德位的明确二元区分始自孟子。[③]而在宋明儒学中，理势、君师的二元分立在朱熹、陆九渊以至明代王学那里皆

---

① 〔清〕黄宗羲：《孟子师说》卷二，《黄宗羲全集》第1册，第72页。

② 关于儒学传统中君师、政教问题的讨论，参见张灏：《政教一元还是政教二元？：传统儒家思想中的政教关系》，《思想》第20辑，联经出版事业股份有限公司2012年版，第111 ~ 143页。

③ 《孟子·万章下》：“以位，则子君也，我臣也，何敢与君友也？以德，则子事我者也，奚可以与我友？”《孟子·尽心下》：“古之贤王好善而忘势，古之贤士何独不然？乐其道而忘人之势。”

有展现。[①]以《学校》篇为代表，君、师二元权威的确立，实为黄宗羲政制设计中的核心理念。以涵盖中央、地方的学校制度为载体，道势、君师的分立以及道高于势、师尊于君的理念，已经作为政治结构的基本原则获得了制度性确认。由此，黄宗羲在继承孟子思想理念的同时，更赋予其制度化的筋骨。[②]

最后，在具体的制度层面，《孟子》同样为黄宗羲提供了旨在限制君主的改革依据，《待访录》关于君主后宫制度的限定即其集中体现。较之讨论抽象政治原理的《原君》《原臣》《原法》以及讨论宏观制度的《置相》《学校》诸篇，涉及君主制度细节的《奄宦》篇并不是那么引人注意。不过倘若细加考察，其中蕴含的思想与制度内涵其实十分丰富。《奄宦》篇云：

> 奄宦之如毒药猛兽，数千年以来，人尽知之矣。乃卒遭其裂肝碎首者，曷故哉？岂无法以制之与？则由于人主之多欲也。……其在后世之君，亦何足责？而郑玄之注《周礼》也，乃谓女御八十一人当九夕，世妇二十七人当三夕，九嫔九人当一夕，三夫人当一夕，后当一夕，其视古之贤王与后世无异，则是《周礼》为诲淫之书也。孟子言“侍妾数百人，我得志弗为也”。是时齐、梁、秦、楚之君，共为奢僭，东西二周且无此事，若使为周公遗制，则孟子亦安为固然，“得志弗为”，则是以周公为舛错矣。……吾意为人主者，自三宫以外，一切当罢。如是，则奄之给使令者，不过数十人而足矣。[③]

① 如朱熹以天理为准绳而对三代、汉唐高下所作的明确指认，见〔宋〕朱熹：《寄陈同甫书八》，《陈亮集》，中华书局 1974 年版，第 303 ~ 307 页。陆九渊则指出理、势常处在对立之中，有道之世则必“势出于理”“理为势主”，见〔宋〕陆九渊：《与刘伯协》，《陆九渊集》，中华书局 2010 年版，第 168 页。王学对于师道的推尊与复兴影响，参见邓志峰：《王学与晚明的师道复兴运动》，社会科学文献出版社 2004 年版，第 179 ~ 310 页。

② 有关《学校》篇与儒学思想传统的具体关联，参见顾家宁：《儒家经典政制中的政教关系——以黄宗羲之学校论为中心》，《政治思想史》2014 年第 3 期。

③ 〔清〕黄宗羲：《明夷待访录·奄宦下》，《黄宗羲全集》第 1 册，第 45 ~ 46 页。

黄宗羲指出，阉宦为祸源于君主多欲，而君主多欲的根源则在视天下为私家之物而为所欲为。因此阉宦乱政不过是表象，本质问题仍在于君道不正，其解决既须正君道之源，亦须坊制度之流。值得注意的是，这里黄宗羲将制度批评的矛头指向以郑玄为代表的汉儒礼学，而其所引用的经典资源则来自孟子，呈现出儒学内部的复杂性。① 在他看来，郑玄臆想三代圣贤之治而为秦汉以降私天下君主制礼，实为迎合时王而厚诬古人。作为反驳，他援引孟子作为评断、纠正汉儒礼制的思想资源，进而重新理解三代王制。所谓“侍妾数百人，我得志弗为”，这里黄宗羲显然对孟子之言作了发挥，将孟子对士人道德精神的自我期许作为对君主的限制性要求，塑造一种限制君权、体现天下之公的新型礼制秩序，呈现出与大一统王权统御下的汉儒礼学迥异的形态。②

## 三、心性良知与礼制更革

如前所述，对于君主问题的反思最后必然落实于制度的重建。由此进一步的问题就是，借以突破后世旧制，根据三代理想建立新制的基础与依据为何？在这里，孟子同样成为黄宗羲倚重的思想资源。

《孟子·离娄》篇首章阐述了“遵先王之法，行先王之道”的重要性，

---

① 《周礼·天官冢宰下》：“九嫔，掌妇学之法，以教九御妇德、妇言、妇容、妇功，各帅其属而以时御叙于王所。”郑玄注：“凡群妃御见之法，月与后妃其象也。卑者宜先，尊者宜后。女御八十一人当九夕，世妇二十七人当三夕，九嫔九人当一夕，三夫人当一夕，后当一夕，亦十五日而遍云。”《周礼注疏》卷八，上海古籍出版社 2010 年版，第 265 页。

② 在汉儒的经典礼治秩序中，后妃之制象征了君主对于阴阳五行宇宙秩序的统御。《礼记·昏义》云：“古者天子后立六宫、三夫人、九嫔、二十七世妇、八十一御妻，以听天下之内治，以明章妇顺，故天下内和而家理。天子立六官、三公、九卿、二十七大夫、八十一元士，以听天下之外治，以明章天下之男教，故外和而国治。故曰：天子听男教，后听女顺；天子理阳道，后治阴德；天子听外治，后听内职。教顺成俗，外内和顺，国家理治，此之谓盛德。”郑玄注：“天子六寝，而六宫在后，六官在前，所以承副，施外内之政也。三夫人以下，百二十人，周制也。三公以下，百二十人，似夏时也。合而言之，取其相应，有象天数也。”《礼记正义》，上海古籍出版社 2008 年版，第 2282 页。

以及对以法为治、以善为治关系的辩证理解。[①] 黄宗羲对此作了如下阐释：

> 六经皆先王之法也。其垂世者，非一圣人之心思，亦非一圣人之竭也。虑民之饥也，为之井田；虑民之无教也，为之学校；虑民之相侵也，为之兵车；虑民之无统也，为之封建；为之丧葬，恐恶死也；为之祭祀，恐其忘远也；为之礼以别其亲疏，为之乐以宣其湮郁，诗以厚其风俗，刑以防其凌辱。圣人明见远，虑患深，盖不可以复加矣。后王第因而损益之而已，奈何后世以为一代有一代之制度？汉世以杂霸自名，晋人以宽和为本，唐任人，宋任法。所谓先王之法，皆废而不用，人徒见其享国苟安，遂谓无所事此，幸而保守一家之富贵，其四海之困穷，虽当极盛之世，未之能免也。岂不忍人之政者？故曰，不以三代之治为治者，皆苟焉而已。[②]

该段文字讨论的中心问题包括两个层面。首先是对“六经皆先王之法”的理解。在黄宗羲看来，“六经为法”的首要意涵在于制度理念，意在说明理想制度的精神在于养民、护民、教民，而非指向某种既定的具体制度形态。换言之，所谓“遵先王之法”，关键在于遵循其“不可复加”的立法之意，而非拘执于需要在历史时空中“因而损益”的具体法度。黄宗羲虽然以“复三代之盛”为志业，但并不主张亦步亦趋地僵硬模仿古典经籍记载的具体制度形态，而是着重强调制度典范与政治精神上的法古鉴今。所谓“六经为法”，乃是在一种经史结合的经世视野中加以定义的，强调的是“六经”的价值精神、制度演化的历史经验以及当今时代的客观时势三者的一体融通。黄百家曾谓：

---

① 《孟子·离娄上》：“离娄之明、公输子之巧，不以规矩，不能成方圆；师旷之聪，不以六律，不能正五音；尧舜之道，不以仁政，不能平治天下。今有仁心仁闻而民不被其泽、不可法于后世者，不行先王之道也。故曰，徒善不足以为政，徒法不能以自行。”

② 〔清〕黄宗羲：《孟子师说》卷四，《黄宗羲全集》第 1 册，第 87 页。

“圣人之治，要不在制度之细。窃恐《周官》虽善，亦不过随时立制，岂有不度世变之推移，可一一泥其成迹哉？”[①] 可谓善继其志。

其次是对“先王之法”典范意义的凸显。不同于王霸相杂、宽和、任人、任法之类的治术变化，所谓“先王之法”乃是代表“公天下”理念而超越于“一代之制度”之上的根本纲宪。作为一套秩序典范，它既是革新旧制的动力，也是节制君权的超越性基础。借助对孟子“先王之法”的阐释，黄宗羲乃从制度精神与因时损益以及根本纲宪的角度赋予其新的内涵，其诠释重在“维新”而非“法古”。损益维新之所以必以“法古”为名，关键不在对古人法度陈迹的描摹，而在对一以贯之的“圣人心思”的通感与发现，由此而强调“吾心之知”较之于历史时空中存在的具体礼义制度的优先、首出地位。如针对《孟子·离娄下》“非礼之礼，非义之义，大人弗为”之说，黄宗羲释云：

> 吾心之化裁，其曲折处谓之礼，其妥帖处谓之义，原无成迹。今以为理在事物，依仿成迹而为之，便是非礼之礼，非义之义。盖前言往行，皆圣贤心所融结，吾不得其心，则皆糟粕也，曾是礼义而在糟粕乎！[②]

较之汉、宋旧注，上述解说呈现出明显不同的诠释特质。如赵岐注云，“若礼而非礼，陈质娶妇而长拜之也。若义而非义，借交报仇是也”[③]，强调礼制应当具有普遍的规范性，不以个体的情感好恶为转移。朱子则以“随事而顺理，因时而处宜”[④] 释之，意在指出行礼应因时制宜。而在黄宗羲那里，“非礼之礼”的指向在于那种失去了德性根基、僵化生硬的礼法形式，强调良知心性之于礼义制度的优先性。礼义根源于人心之不容已，是道德情感的外化，

---

① 〔清〕黄宗羲、黄百家、全祖望等：《宋元学案》卷十七《横渠学案上》，《黄宗羲全集》第 3 册，第 798 页。

② 〔清〕黄宗羲：《孟子师说》卷四，《黄宗羲全集》第 1 册，第 106 页。

③ 李学勤主编：《十三经注疏·孟子注疏》，北京大学出版社 1999 年版，第 218 页。

④ 〔宋〕朱熹：《四书章句集注》，中华书局 1983 年版，第 291 页。

内在的德性良知优先于外在特定的礼义制度，构成了塑造、衡量乃至损益后者的原则与尺度。

又如《孟子·告子下》“礼与食孰重”章，黄宗羲释之云：“夫礼以义起，从吾心之安不安者权衡而出之，奚有滞而不通之处？”[①]较之朱子“所以断之，一视于理之当然而已矣”[②]的注解，黄宗羲将礼的根源由抽象的“理”进一步内化、收摄于人心，呈现出阳明心学的影响。“所谓理者，制度文为，礼乐刑政，皆是枝叶边事，而王、湛之所谓理，则是根本。根本不出一心，由一心以措天地万物，则无所不贯；由天地万物以补凑此心，乃是眼中之金屑也”[③]，这一道德心性之于现实礼义制度的超越意义，无疑为政治伦理乃至法度政制的损益革新提供了精神动力。心性良知构成了规范的终极来源，在其观照之下，既成的政治结构就不再是不可更易的终极之理，而应具有因时损益的品质，“舜之明察，尽天地万物，皆在妙湛灵明之中，瓦砾皮肤，更无一物。由此而经纶化裁，无非仁义之流行，不是古来成迹，依仿而行之者也”[④]。

## 四、诠释特色与思想发展

从时代背景上看，孟子身处封建天下向大一统“专制天下”转型时代的收尾期，而黄宗羲则处在专制天下“垂二千年犹未臻乎革也”[⑤]、日见其弊而穷极思变的新转型时代的开端。分居专制天下之首尾，君主问题无疑同样是孟子与黄宗羲政治思考中需要面对的关键问题。由此，孟子思想中有关贵民、君主批判以及提升士人政治尊严的内容，自然构成了黄宗羲反思专制君权，进而重构理想政治秩序的理论资源，从而形成了一种跨越时代的思想结

---

① 〔清〕黄宗羲：《孟子师说》卷六，《黄宗羲全集》第 1 册，第 144 页。

② 〔宋〕朱熹：《四书章句集注》，第 339 页。

③ 〔清〕黄宗羲：《明儒学案》卷五十二，《黄宗羲全集》第 8 册，第 582 ~ 583 页。

④ 〔清〕黄宗羲：《孟子师说》卷四，《黄宗羲全集》第 1 册，第 112 页。

⑤ 〔清〕黄宗羲：《易学象数论》卷六，《黄宗羲全集》第 9 册，第 272 页。

构一致性。

不过，这种一致性绝非意味着黄宗羲政治思想只是对孟子的简单重复，而是存在着明确的发展与变化性。关于这一点，可以通过对黄宗羲的孟子诠释方式的分析来理解和把握。基于文本考察，黄宗羲在政治思想层面对于孟子思想的吸收大体可概括为三种形式，即化用、直引和新诠，各自体现了不同的诠释特质，以下试逐一分析。

第一，所谓化用，指以自身语言来重新论述孟子思想中已然具有的内容，典型如对暴君可诛论的肯定。《原君》篇云："岂天地之大，于兆人万姓之中，独私其一人一姓乎？是故武王圣人也，孟子之言，圣人之言也。"[①] 这段文字显然源自《孟子·梁惠王下》"闻诛一夫纣矣，未闻弑君也"。又如前述《原臣》篇论大臣之道"出而仕也，为天下，非为君也；为万民，非为一姓也"，同样化自《孟子·尽心上》"有事君人者，事是君则为容悦者也；有安社稷臣者，以安社稷为悦者也"。就诠释特点而言，化用形式表现出对于思想内涵的总体继承性，同时予以更加显豁而明确的阐述。

第二，所谓直引，即直接征引《孟子》原文作为论据。《待访录》直引《孟子》共有两处，其一是《原君》篇援引孟子"天子一位说"以厘正君主性质，其二是《奄宦》篇引用《尽心下》"侍妾数百人，我得志，弗为也"作为严格限制君主后宫规模的经典依据。前者借孟子对周代理想封建秩序的重申来作为抬升相权、反对君主独尊的经典依据。至于后者，原本是孟子对士君子德行的自我期许，而黄宗羲则将其转化为一种对君主进行制度性规约的理论根据。不难看出，上述两处直引中都带有明显的"六经注我"色彩，具有鲜明的时代烙印。

第三，所谓新诠，是对《孟子》章句的直接诠释。由于文本体裁关系，此种情况主要见于《孟子师说》，体现出更加明确的主体诠释意味，而其思想精神则与《待访录》相近，可以看作对后者的深化。对此，可以列举几处

---

① 〔清〕黄宗羲：《明夷待访录·原君》，《黄宗羲全集》第1册，第3页。

典型的章句诠释来说明。

首先是《离娄上》“规矩，方员之至也；圣人，人伦之至也。欲为君，尽君道；欲为臣，尽臣道，二者皆法尧舜而已矣”章的解释。就《孟子》文本本身而言，此章论及君臣之伦与“法尧舜”的问题，但并未具体展开，从而留下了较大的诠释空间。朱子注云，“法尧舜以尽君臣之道，犹用规矩以尽方员之极，此孟子所以道性善而称尧舜也”①，并未具体解释何为“法尧舜”意义上的君道、臣道。而元儒陈栎的解释则强调君臣之伦的首出地位：“君臣之伦于人伦为尤大，所以宗主纲维彼四伦者也。孟子以尧舜尽君臣之伦，责望世之为君臣者取法之，正以人性皆善而皆可以为尧舜故也。”②相比之下，黄宗羲的诠释可谓独具只眼：

> 尧舜执中，不是无形无象。在人伦之至处为中，人伦有一段不可解处即为至，五伦无不皆然。新安陈氏以为君臣之伦于人伦为尤大，非也。“圣人，人伦之至也”一句，总五伦而言，后始抽出君臣。“事君”“治民”，须从尧舜以上来，方有本领。今人只将秦汉以来见识，零星补凑，所以头出头没。③

黄宗羲驳斥陈栎以君臣为五伦之首，指出“人伦之至”乃就五伦全体而言，君臣不过其一。而对于“法尧舜”的解释，黄宗羲同样脱离了宋元儒“人性皆善而皆可以为尧舜”的解释框架，而是在三代之治与秦汉以来之政的对比中展开，意在否定专制政治中君臣关系的主仆化、绝对化，从而赋予其新的内涵。

其次是《梁惠王下》“国君进贤，如不得已，将使卑逾尊，疏逾戚，

---

① 〔宋〕朱熹：《四书章句集注》，第277页。

② 〔明〕胡广：《孟子集注大全》卷七，《景印文渊阁四库全书》第205册，第674页。

③ 〔清〕黄宗羲：《孟子师说》卷四，《黄宗羲全集》第1册，第89页。

可不慎与？左右皆曰贤，未可也；诸大夫皆曰贤，未可也；国人皆曰贤，然后察之；见贤焉，然后用之”一章的解释。借助此章，黄宗羲着重阐发君主与士大夫共治的主张：

> 进贤退不肖，后之人主皆不能无所寄，明主则寄之诸大夫，暗主则寄之左右。国人之贤否，非左右莫达，名为国人，仍是左右也。其自以为能察者，猜疑愈甚，则左右中之愈易。故人君非正心诚意，进贤去不肖之权，终不能出于左右，而诸大夫不得与焉。然则孟子之所谓察者，亦察之诸大夫而已。此孟子未尽之意也。①

如果说孟子之言本意在讨论如何在世家政治的结构遗留中稳妥地从平民中选拔贤能，而黄宗羲的诠释重点则转向君主、士大夫在选士用人权上的角力，其意指向有明一代尤其是崇祯一朝的政治批评。②至于将君主择贤不掺私见、不任左右的要求提炼为“正心诚意”工夫，同样表现出鲜明的心学特质。在近世政治语境中，将进贤用人之权更多地赋予士大夫，在黄宗羲看来此正是孟子未尽之意，“孟子之所谓察者，亦察之诸大夫而已”。求诸明代政治背景，此即指向对会推、公议等士大夫政治惯例的肯定，这一点乃为其反复强调。③由此，在内在的君德与外在的制度两方面，黄宗羲乃赋予孟子思想富于时代特质的新诠释。

最后，在与万章关于“尧舜禅让”问题的讨论中，孟子提出了君位合法

---

① 〔清〕黄宗羲：《孟子师说》卷一，《黄宗羲全集》第1册，第56页。

② 黄宗羲详细记述了业师刘宗周在崇祯一朝的政治作为，其屡次批评崇祯帝刚愎自用、偏信左右，“耳目参于近侍，腹心寄于干城”“凭一人之英断，而使诸大夫国人不得衷其是”。〔清〕黄宗羲：《子刘子行状》，《黄宗羲全集》第1册，第224、216页。

③ 如在《弘光实录钞》中，黄宗羲即借南明辅臣姜曰广之言直言君主独断之害，“王者奉三无私以治天下，故爵人于朝，与众共之……夫斜封墨敕，口敕处分，种种覆辙，载在史册，可覆视也”。〔清〕黄宗羲：《弘光实录钞》卷二，《黄宗羲全集》第2册，第47页。

性来源于“天与人归”的主张。[①] 黄宗羲重申孟子以民心向背为政权转移最后标准，同时将富于神秘色彩的“天意”进一步还原为民意：

> 四时行，百物生，其间主宰谓之天。所谓主宰者，纯是一团虚灵之气，流行于人物。故民之视听，即天之视听，无有二也。“主事”“事治”不必言矣，百神之享，一从民情之和悦见之，若以响应言天而求之符命谶纬，则与求之“谆谆然命之”者无异矣。[②]

在黄宗羲的诠释中，天意纯就民意而见，“百神之享，一从民情之和悦见之”。这里既包含了对汉儒符命谶纬之说的批驳，同时较之孟子“百神享之，百姓安之”之说，天人之间亦少了一道神意的转折，天意完全经由民意呈现，民心民意的重要性进一步凸显。

由此，经过上述三个层面的分析，可以看出黄宗羲对于孟子政治思想资源的吸收与诠释特质。就化用层面而言，黄宗羲较多地直接继承了孟子关于政治原理的理解，并在理论上将其进一步显豁与明确化；而就直引、新诠两种形式而言，可以看出黄宗羲着力于根据孟子思想精神而对其内容进行因应时代特质与针对现实问题的应用与诠释。前者可谓返本，后者是为开新。劳思光先生曾指出，“梨洲思想虽不脱尊古之窠臼，因而凡所主张皆说为‘古者’是如此，或‘古’已有之，但其思考感悟所触及之问题，则每每在实际内容上越出传统”[③]。其对孟子思想的吸收与诠释，正是这一特质的集中体现，表现出儒家政治思想某种内在发展线索中的连续性与更新力。

---

① 《孟子·万章上》：“使之主祭而百神享之，是天受之；使之主事而事治，百姓安之，是民受之也。天与之，人与之，故曰：天子不能以天下与人。……《太誓》曰‘天视自我民视，天听自我民听’，此之谓也。”

② 〔清〕黄宗羲：《孟子师说》卷五，《黄宗羲全集》第1册，第123～124页。

③ 劳思光：《新编中国哲学史》，生活·读书·新知三联书店2015年版，第493页。

## 五、小结

至此，通过思想内容与诠释方式两方面的分析，可以看出黄宗羲政治思想对于孟子思想的吸收与发展。虽然深受两汉至宋元以来道家无君论思想影响，但黄宗羲政治思想的主体资源仍然来自儒学自身，而尤以孟子为最。其对孟子思想的继承发展，主要体现在对君主问题的系统反思、对于士人道德主体性精神在政治领域的发扬，以及对“道高于势”价值理念的制度化。黄宗羲试图以士人政治逐步改造君主集权政治，而孟子思想则作为其中重要的建设性资源而被吸收、转化。

另一个值得注意的问题是，黄宗羲在吸收、转化孟子政治思想时对儒学内部不同资源的拣选与扬弃。如《待访录》多次以《孟子》为依据驳斥后儒尊君之说为小儒、俗儒之论，而在对《孟子》的引用与诠释中也明确体现出与汉儒、宋元儒之间的差异。这种差异既体现在对不同经典文本之间分歧的选择（如引《孟子》攻《礼记》及《周礼》郑注），也体现在对《孟子》文本本身的诠释方向上。由是，无论在价值取向还是思想内容上，都呈现出儒学政治思想内部的复杂性与张力。

（作者单位：北京航空航天大学人文与社会科学高等研究院）

# 戴震的道德絜情理论及其普遍正义原则

孙邦金

［内容提要］

在诸多戴震道德哲学诠释中，既有偏重其“达情遂欲”主张的情欲主义解释，亦有强调其“能知故善”的理性主义理解，抑或认为戴震“达情遂欲”的伦理学只不过是用精于算计的工具理性以实现情欲满足最大化的功利主义伦理学，其实这些都没有触及戴震道德哲学的真谛。戴震论“心”，既有“知”也有“情”，既有“情欲之情”亦有“絜情之情”，既讲自然情欲亦讲道德情感。为了顺承天地生生之德，实现“天下共遂其生”的道德目标，戴震并没有将道德动机简单归结为情欲满足最大化，而是归为仍旧基于孟子“不忍人之心”这一纯粹内在的“反思性情感”的自主驱动。要言之，其絜情工夫依三个步骤循序进行：先是“自求其情”，再是“以情絜情”，最终指向“情得其平”“推诸天下万世而为准”的普遍正义状态，图鉴实现自然（情）与必然（理）的兼顾统一。戴震力图避免“以理夺情”、追求情理兼尽的道德哲学建构极具挑战性，看似是效益主义的，其实深具义务论特质，是明清以来不可多得、自成一格的儒学新诠。

在乾嘉考据学如日中天的时代，考据学界之翘楚戴震（1724—1777）写出了《原善》、《孟子私淑录》、《绪言》和《孟子字义疏证》等多种哲学著作，成为清代哲学为数不多的扛鼎之作。然而近百年来“尊戴”“释戴”性质的戴震哲学诠释中[①]，大概有两个自相矛盾的戴震形象：一个是主张“达情遂欲”的戴震，反对“以理杀人”，关注民生，充满了人道主义精神，但也不免被批评有情欲主义之嫌疑；另一个是主张“德性资于学问”（“能知故善”）的戴震，认为“凡去私不求去蔽，重行不先重知，非圣学也”[②]，是一个不折不扣的理性主义者的形象，为此他又不免使人有以知识代替道德的疑问。后世对戴震哲学的两极化评价，虽然与诠释者的哲学立场差异有很大关系，但更主要的恐怕还是与戴震所要处理的情理关系问题本身极具挑战性有关。戴震将自己的孟子学诠释，视为与孟子辟杨、墨和韩愈辟佛类似的正本清源式的反异端工作，护教性质特别明显。他在《孟子字义疏证》序言中直言，“苟吾不能知之亦已矣，吾知之而不言，是不忠也，是对古圣人贤人而自负其学，对天下后世之仁人而自远于仁也”，因此截断众流，强调“求观圣人之道，必自孟子始”。[③]可是，戴震既排斥佛、道和陆王心学，又批评荀学、程朱理学皆为情—理“二本”之学，其哲学抱负不可谓不大，不得不让人对其护教性质的儒学体系能否证成抱有普遍的怀疑。

戴学力主调和孟、荀，并不想给人一种分裂的印象。他说“诚有能志乎闻道，必去其两失，殚力于其两得。既深思自得而近之矣，然后知孰为十分之见，孰为未至十分之见”[④]，可见他本人对其理论的融贯性是抱有十足信心的。可试问，重情欲与重智识、“絜情”与“智照”这两种工夫又如何能够辩证地统一在同一套哲学体系当中？在戴震哲学的最高追求——“由自然

① 参见丘为君：《戴震学的形成：知识论述在近代中国的诞生》，联经出版公司2004年版；吴根友：《20世纪明清学术、思想研究的三种范式述评》，《中国现代价值观的初生历程——从李贽到戴震》附录，武汉大学出版社2004年版，第381～402页。

② 〔清〕戴震：《孟子字义疏证》卷下，《戴震全书》第6册，黄山书社1995年版，第215页。

③ 〔清〕戴震：《孟子字义疏证》卷上，《戴震全书》第6册，第148页。

④ 〔清〕戴震：《与姚孝廉姬传书》，《戴震全书》第6册，第373页。

归于必然”之理论架构中，自然（实然）又如何能够同时是必然（应然）的呢？本文拟围绕戴震哲学这一关键问题，对其絜情理论的整体建构作一最同情的诠释。

## 一、“合血气心知为一本”的心本论

在戴震的哲学体系中，“天道生生”“道赅理气”等形上理论为其“理存乎欲”的理欲观提供了理论基础。[①]在他看来，人是肉体与精神、感性与理性、情与理的统一体：有“血气”斯有“心知”，血气是心知的物质基础，心知是人的本质属性。一方面，基于先天血气材质，通过后天的学习不断提高，可以“学以进于神明”；另一方面，通过“心知”的培养，亦可以反过来变化气质，充分发挥血气材质之美。总之，血气与心知两者之间是一种交相并进的辩证统一关系，应该“合血气心知为一本”[②]，不应该将两者割裂起来看。正如惠栋批评的那样，“后人以天人、理欲为对待，且曰天即理也，尤谬”[③]，超离血气而空谈心知，或者只谈血气而不论心知，都是割裂天人、理欲关系的“二本”之学，即片面的“有蔽”之知。

戴震认为，“人以有礼义，异于禽兽，实人之知觉大远乎物则然”[④]，后来对于心知能力的阐扬，对“不易之则”的追求，似乎达到了可以宰制甚至超克情感之自然倾向的程度，这多少让我们依稀看到了朱熹用“天理”对治“人欲”的影子。不过，认为“心全天德，制百行”[⑤]和强调“情欲得其平”的戴震大概不会同意这一点。戴震对于心的道德情感与认知、情与理关系的哲学思考，其核心观点皆凝练在下面这一段话之中：

---

① 参见孙邦金：《乾嘉易学与“道论”形上学之重构》，《周易研究》2013年第6期。

② 〔清〕戴震：《孟子字义疏证》卷上，《戴震全书》第6册，第172页。

③ 〔清〕惠栋：《周易述》下册，中华书局2007年版，第504页。

④ 〔清〕戴震：《孟子字义疏证》卷中，《戴震全书》第6册，第191页。

⑤ 〔清〕戴震：《郑学斋记》，《戴震全书》第6册，第407页。

心知之自然，未有不悦理义者，未能尽得理合义耳。由血气之自然，而审察之以知其必然，是之谓理义；自然之与必然，非二事也。就其自然，明之尽而无几微之失焉，是其必然也。如是而后无憾，如是而后安，是乃自然之极则。若任其自然而流于失，转丧其自然，而非自然也；故归于必然，适完其自然。①

此处的“自然”是指人的与生俱来的自然本性，既包括“血气”这一与生俱来的情欲需求，也包括“心知”的仁爱情感、辨别是非、区分美丑的材质性能。至于“必然”，戴震经常说“善，其必然也”，“理非他，盖其必然也”②，与“善”和“理”的意思相近。③它非指自然因果规律意义上的必然性，而是指合目的、合理的道德理义，以及道德实践上不得不然的自律自为性。胡适当年解释得很好，“自然是自己如此，必然是必须如此，应该如此”④，类似于西方伦理学中“实然”与“应然”的对举。⑤不过，在戴震看来这两者不是割裂对立的，而是可以辩证统一的。由于“理义”在日常生活中经由“心知”得来，而“心知”又内在于人的自然天性之中，因此由“心知”而得来“必然”（道德理义）并不是对“自然”（情欲需求）的违逆与超克，而是“由血气之自然”，“就其自然”，顺应人性之自然（情欲需求），并在“心知”的引导下达到“自然之极致”—— 一种情理兼尽的道德完满状态。“自然者，天地之顺；必然者，天地之常”⑥，血气与心知、情欲与理义皆是发自天性，归于天道。换言之，情欲与理义非截然对立之关系，不需要“以

① 〔清〕戴震：《孟子字义疏证》卷上，《戴震全书》第6册，第171页。

② 〔清〕戴震：《戴震全书》第6册，第201、87页。

③ 杨儒宾：《儒家的身体观》，“中研院”中国文哲研究所2015年版，第403页。

④ 胡适：《戴东原的哲学》，台湾商务印书馆1963年版，第37页。

⑤ 蔡家和：《戴震哲学的伦理义涵——从自然到必然如何可能》，《鹅湖学志》第41期。

⑥ 〔清〕戴震：《原善》，《戴震全书》第6册，第11页。

理夺情”或“舍情言理”[①]来实现一个至善的世界。

无论是欲望还是情感，作为生物进化意义上的人类自然需求，有先予以满足的必要性。这种被戴震称之为“达情遂欲”的生命冲动，“在天为气化之生生，在人为其生生之心”，既是宇宙生生不息之力量的源泉，也是人类生命力的最原始的表现。情欲需求在道德上不仅无可厚非，而且必先予承认情欲需求的道德正当性。正是在此处，戴震与宋明理学在“情欲”的定位上产生了明显分歧。戴震在《疏证》中指出，“理也者，情之不爽失也；未有情不得而理得者也”[②]。也许我们可以想象“有情得而理不必得者”，却无法想象“有情不得而理得者”。日常经验告诉我们，即便是有时候不存在理性错误，我们的情感仍不予认可，因为它们是不道德而非不理性。我们似乎拥有一个比理性层次更具根源性的道德情感（其实即同情）在起作用。[③]戴震批评宋儒偏重理义而轻视人情，脱离情欲而空谈理义，导致了理义对情欲的过分压制，有违于基本的人伦常道。特别是面对明清愚忠、愚孝、愚节等日益常见的伦理异化现象，戴震愤然指出：“今既截然分理欲为二，治己以不出于欲为理，治人亦必以不出于欲为理。举凡民之饥寒愁怨、饮食男女、常情隐曲之感，咸视为人欲之甚轻者矣。”[④]戴震并没有将宋儒的“人欲”（不当的情欲）概念直接误读成正当的“情欲”而谬加批判，而是着重批判了当时社会“治人亦必以不出于欲为理”、正常的情欲需要“咸视为人欲之甚轻者”的道德强制和伦理异化现象。为此，他针锋相对地提出“体民之情，遂民之欲”的主张，认为“饮食男女，生养之道也，天地之所以生生也”[⑤]，“道德之盛，使人之欲无不遂，

---

① 〔清〕戴震：《孟子字义疏证》卷上，《戴震全书》第6册，第155页。

② 〔清〕戴震：《孟子字义疏证》卷上，《戴震全书》第6册，第152页。

③ 参见[美]M. L.弗雷泽：《同情的启蒙：18世纪与当代的正义和道德情感》，胡靖译，译林出版社2016年版，第7～8页。

④ 〔清〕戴震：《孟子字义疏证》卷下，《戴震全书》第6册，第217页。

⑤ 〔清〕戴震：《原善》，《戴震全书》第6册，第27页。

人之情无不达，斯已矣”[①]，他将情达欲遂这一民生问题视为最大之人道，表现出极大的人道关怀和现实批判精神。

戴震认为情欲皆发自天性以及“未有情不得而理得者也”等观点一出，就遭到了一些学者尤其是理学家的尖锐批评。例如，程瑶田（1725—1814）曾公开批评戴震“去私”“去蔽”是“不知本”（天赋明德），“不知性善之精义”[②]。程晋芳（1718—1784）则认为，戴震“尊情为性”的主张流弊甚深，根本无法避免情得而理不得的情况：“如曰吾情有不得已者，顺之勿抑之，则嗜欲横决，非始于情之不得已乎？匡张孔马怵于时势而诡随，马融蔡邕迫于威力而丧节，亦可以不得已谅之乎！”[③]程晋芳等人对情欲主义缺乏道德定准的批评是有道理的。可是，戴震并不是不清楚“若任其自然而流于失，转丧其自然，而非自然也”，情感偏私放失可能导致的道德困境有时甚至要比绝情禁欲、违拗自然天性更为可怕。他虽然反对朱熹“情根于性而主宰以心”的性体情用论，但是他在说情欲是性的同时还强调“人能明于必然”的“心知”这一本质属性，况且他所说的“情”也不只有“情欲之情”这一种涵义。[④]为了避免情得理不得的情况，戴震提出了“解蔽，斯能尽我生”[⑤]的口号，坚持将感通移情与理性照察结合起来并且贯彻到底。只是在情欲与理义的先后次第关系上，戴震认为理义是通过人情之正来规定的，而宋明理学则通常认为情欲是通过理义之正来规定的。双方对理义、情欲等概念的本末

① 〔清〕戴震：《孟子字义疏证》卷下，《戴震全书》第6册，第197页。

② 〔清〕程瑶田：《论学小记·诚意义述》，《程瑶田全集》，陈冠明等校点，黄山书社2008年版，第31～32页。

③ 〔清〕程晋芳：《正学论》二，《勉行堂文集》卷一，《清代诗文集汇编》第343册，上海古籍出版社2010年版，第439页。

④ 儒家通常有“四端”与“七情”的明确区分。明清之际，与蕺山的人情与性情之区别相类似，船山也有过情欲之情与性情之情的区分：“慕天地之大而以变合之无害也，视情皆善，则人极不立矣。”此情显非指恻隐之同情，而是指情欲之情。参见〔清〕王夫之：《船山全书》第6册，岳麓书社1991年版，第1072页。

⑤ 〔清〕戴震：《沈处士戴笠图题咏序》，《戴震全书》第6册，第396册。

轻重认识既不同，其理论建构遂相去甚远。[①]

戴震主张生生不息之天德内在于人性，而有以情絜情之同情心（仁心），再加之理智的照察和规范，实现全人类的普遍幸福。戴震的伦理学实际上是“将人的本质置放在一种交感性的血气、心知上，并在此血气、心知上建立一种絜情的人伦之道。血气与人伦的双重性不但构成了人的本质，它也构成了群体共享的道德基础”[②]。总之，人心会表现出怀生畏死、趋利避害的“血气”之情欲需求，也会表现出人人达情遂欲、互不侵害的“心知”之理性要求，问题是二者如何能够不冲突而相互配合，既“欲而无私”“情得其平”，又“知而无蔽”“容光必照”，实现至善。为此，戴震提出了一套逻辑绵密的絜情理论。

## 二、戴震论“情”之两层涵义：“情欲之情”与“絜情之情”

在《原善》中，戴震对于人类种种情感表现作了非常细致的现象学描述。诸如“喜怒哀乐、爱隐感念、愠懆怨愤、恐悸虑叹、饮食男女、郁悠慼咨、惨舒好恶”[③]等，不一而足。其中，“饮食男女”显是指生理欲望，而“惨舒”是指身体欲望满足与否所产生的痛苦与快乐；“愠懆怨愤、恐悸虑叹”现在多归于心理情绪；剩下来的“喜怒哀乐”，再加上“爱隐感念”“好恶”等，类似于我们现在所说的“七情”，即通常所说的主观心理感受和道德情感。令人遗憾的是，以思想清晰著称的戴震却浑沦地谈情欲和道德情感，没有对上述现象作出进一步的分类，给我们判断不同性质的情感现象带来了一定困难。如果按照戴震自己“人生而后有欲，有情，有知，三者，血气心知之自然”[④]的说法，上述描述既有欲有情也有知；如果按照其人性“血气”（欲望）、“心知”（情感加理性）的两分法，上述欲望和情感现象大都属于血气—感性层面，也有心知—理性的成分。“以一身譬之，有心，有耳目鼻口手足，须眉

① 参见郑宗义：《明清儒学转型探析》（增订本），中文大学出版社2009年版，第326页。
② 杨儒宾：《异议的意义——近世东亚的反理学思潮》，台湾大学出版中心2012年版，第271页。
③ 〔清〕戴震：《原善》，《戴震全书》第6册，第15页。
④ 〔清〕戴震：《孟子字义疏证》卷下，《戴震全书》第6册，第197页。

毛发，惟心统其全”[①]，情感反应既有肉体层面的，也有心灵层面的。其中，戴震与生理欲望相提并论（达情遂欲）的“情”，基本上指一种与生理欲望同处于感性层次的心理感受及其反应，亦即喜、怒、哀、乐等通常与“道德情感”相对称的“自然情感”。

除了“情欲之情”，戴震似乎更为看重与肉体（“耳目百体”）之“欲”有别的“心”之“情”，即指爱恶等情感认可或不认可的道德情感。戴震在谈情欲满足的时候同时要求做到“欲而不私”，既要考虑到自身情欲需求的正当性，也要考虑并满足他人同样情欲需求的公平性。正所谓“在己与人皆谓之情，无过情无不及情之谓理”[②]，理义不外乎人情，只是保持情无失无偏无私、恰到好处的原则规范罢了。当戴震为了达到“情得其平”而采取“以己之情絜人之情”的絜情举动时，顺遂自己情欲需求的同时又能够感受到别人的感受和需求，此“絜情之情”已不是一己之私情，而是一种具有普遍性的道德情感——拥有道德互动与推扩功能的“同情”（sympathy）。更准确地说，即对他人所处情境及其情感进行想象与感同身受的移情能力——“共感”或“共情”（empathy）。在美国当代情感主义者斯洛特看来，正是这种共感“构成了道德赞许或谴责的核心或基础”[③]。

人人都有自爱之情，可是我们为什么需要设身处地，为什么甘愿感同身受，把别人的“惨舒”尤其是痛苦看成是我们自己的痛苦呢？这种从孟子“恻隐之心”化来的深层而纯粹（无偏失）的道德同情，有点类似刘宗周与“人情”相对而言的“性之情”，与戴震所描述的诸种情欲之情虽然同样具有先天自然特征，却是有本质区别的。如果有人认为孟子所说的恻隐之心，它作为一种仁爱之心，既是一种道德情感也是人类的天然本性，是情亦是性，戴震大概没有理由反对，只会由衷地表示赞成。可很特别的是，戴震并不同意朱子

---

① 〔清〕戴震：《答彭进士允初书》，《戴震全书》第6册，第357页。

② 〔清〕戴震：《孟子字义疏证》卷上，《戴震全书》第6册，第153页。

③ Michael Slote, *Moral Sentimentalism*, London: Oxford University Press, 2010, 34.

将孟子“四心”认作情、将仁义礼智认作性的性情二分理论[①]，明确指出孟子的“四心”乃“谓之心，不谓之情”[②]。在朱子哲学中，情、性之间是一种“性是体，情是用”（《朱子语类》卷九十八）的体用关系。朱子的“性体情用”论虽然十分经典，但是招致不少非议。[③]首先，按照“一字之义当贯群经”的训诂学原则，仅从字面上理解，孟子“四心”乃指恻隐、羞恶、辞让与是非之“四心”，当然不能直说是“四情”。其次，“四心”之中，恻隐之心、羞恶之心、辞让之心和是非之心虽说都是人心先天具足的原初性能，但是前两者偏道德情感，后两者则偏道德认知，因此“举理，以见心能区分；举义，以见心能裁断”[④]，“四心”是既有情又有知、仁智兼备的道德心，不好笼统地都归属于道德情感范畴来理解。再次，更为根本地，从逻辑上讲，既然“四心”是情，仁义礼智是性，那么“四心”作为仁义礼智的“四端”，性生于情，情似乎更具有原初性、先在性和生成性的本体地位才是。原先被视为洪水猛兽的“情欲之情”，以及连带被压制的“絜情之情”，到了戴震这里以达情遂欲之名被解放，地位大大提升。相应地，就难怪乎朱子的性（理）体情用论被戴震批评为“舍情求理，其所谓理无非意见也”。

---

① 朱熹在《四书章句集注》中提出自己的情性二分及心统性情论：“恻隐、羞恶、辞让、是非，情也。仁义礼智，性也。心，统性情者也。”

② 孟子“四心”“四端”是情还是性，历来有争论。例如王夫之认为，此四心、四端“明是说性，不是说情。仁义礼智，性之四德也”（〔清〕王夫之：《船山全书》第6册，第1064页），明确反对朱子将“四端”解释为四种道德情感。这充分体现船山以性节情的情性关系论：“不贱气以孤性，而使性托于虚；不宠情以配性，而使性失其节。”（〔清〕王夫之：《船山全书》第6册，第1068页。）最好的解释是，四心既是性也是情。理由是心不单纯是性，也不单纯是情，但心既含具性也含具情，是性与情的浑沦。参见蔡家和：《王船山〈读四书大全说〉》，台湾学生书局2013年版，第24页；曾昭旭：《王船山哲学》，里仁书局2008年版，第191页。

③ 对于朱子的“性发为情”的性体情用论，黄宗羲有过批评：“是故‘性情’二字，分析不得，此理气合一之说也。体则情性皆体，用则情性皆用，以至动静已未发皆然。”《黄宗羲全集》第1册，浙江古籍出版社2005年版，第136页。

④ 〔清〕戴震：《孟子字义疏证》卷上，《戴震全书》第6册，第153页。

至于如何絜情而去私，全其生生之仁心、仁德，戴震提出了“以情絜情”以去其私的三个步骤：一是“使人自求其情”，奠立为仁由己的道德自由精神，避免道德强制的可能；二是“以我之情絜人之情”，遵循无偏无私的公平原则，避免由于远亲近疏而可能造成的偏私；三是“推诸天下万世而为准”，通过仁、智、勇的综合运用实现普遍正义状态。

## 三、“使人自求其情”的反身性原则

在戴震看来，“使无怀生畏死之心，又焉有怵惕恻隐之心？”[①]如果自身麻木不仁，缺失了自身道德情感意向这一参照系，是难以设身处地为他人着想的。可是“昔人知在己之意见不可以理名，而今人轻言之。……今使人任其意见，则谬；使人自求其情，则得”[②]。戴震结合孔子的“恕”道、孟子的“反身而诚”和《大学》中的“絜矩之道”提出了自己“使人自求其情”的原则方法。即便是智者或圣人，在既没有明白事物之原委，又没有设身处地“自求其情”，而仅仅依据现成的道德规范甚至教条来给出道德方案的情况下，是很难避免“不知事情之难得，是非之易失于偏”的偏颇臆断的。只有每个人都能够发挥自身的道德主体性，在“自求其情”的基础之上再“以情絜情”，才能够摆脱对所谓“天理”的独断和盲从。此正所谓“惟以情絜情，故其于事也，非心出一意见以处之，苟舍情求理，其所谓理，无非意见也。未有任其意见而不祸斯民者”[③]。此处的“舍情求理”，是特别针对朱子“（理）如有物焉，得于天而具于心”的批评。在区分和裁断理义的道德理性能力上，戴震对于“众人所共推为智者”甚至“圣人”皆抱有不同程度的怀疑。一个人的道德感知能力或高或低，道德知识或多或少，总是有所偏差，这虽然是一个事实，但这并不意味

① 〔清〕戴震：《孟子字义疏证》卷中，《戴震全书》第6册，第184页。
② 〔清〕戴震：《孟子字义疏证》卷上，《戴震全书》第6册，第155页。
③ 〔清〕戴震：《孟子字义疏证》卷上，《戴震全书》第6册，第155页。

着一般庸众就无需运用“自求其情”（有如孟子的“求其放心”）的能力，丢掉自己本有主动的道德自主性，而被动地遵从一个智者或圣人的指示去行动。况且一种道德规范必须经由众人的自觉与认可方能成为普遍性的行为准则，绝不能因为一个“智者”或“圣人”所言就拥有了勿庸置疑的合法性。戴震要求反身而诚，自求其情，先得出一个真诚恻怛的道德情感为理义之起点，其意义在于“要求人类从自己具体的感性生活中，从自己自由的社会实践中抽象出维护人的自由，更好地实现人的自由本性的道德、伦理，而不是把历史上的道德、伦理作为教条来束缚人与时俱进的自由本性”[①]。“自求其情”作为普遍而首要的主体存在与道德实践原则，无论对于愚夫愚妇还是对于圣贤明哲都是同样适用的，这充分彰显出戴震道德哲学所饱含的平民意识与自由精神。

在此还需要辨析的是，戴震的“自求其情”的意思并不是指追求自己情欲需求的满足，并不是指人人为我式的自爱，而是结合自身已有经验去想象处在一定情境之下他人的身心感受。这显然不是一种自私自利的道德本能或直觉，而是一种包含“反思性自主”精神在内的“反思性情感”。[②]这种把自身感受当作反思对象而非满足对象的反思性情感，并不一定是自身经历过的，其强烈程度皆可能有所不同，但是与人己之间的真实感受是可以大致保持一致的。孟子说“万物皆备于我矣。反身而诚，乐莫大焉。强恕而行，求仁莫近焉”，戴震的“自求其情”就是“反身而诚”。其情感动机与其说是为了他人和公众最大利益的满足，不如说是“不忍人之心”的内在要求而对他们情感予以认可或不认可的同情。因此戴震的伦理学看似是追求外在权益最大化的功利主义，其实把内在良心自我要求的道德义务视为更根本的道德动机。

---

① 吴根友：《分理与自由——戴震伦理学片论》，《哲学研究》1999 年第 4 期。

② ［美］M. L.弗雷泽：《同情的启蒙：18 世纪与当代的正义和道德情感》，第 1 ~ 7 页。

## 四、“以我之情絜人之情”的公平原则

英国近代学者乔瑟夫·巴特勒曾指出，“仁爱与自爱不是同一回事，但这不是对仁爱心存偏见的理由。我们通过一些原则（如仁爱）可以实现自爱，然而这些原则并不是自爱本身”[①]。戴震说一己的达情遂欲，当然属于自爱层面，然而当一个人通过自求其情来设想别人所处情境下自己的感受时，这已经不是单纯的自爱了。戴震清楚地认识到自爱与仁爱的区别：

> 人之生也，莫病于无以遂其生。欲遂其生，亦遂人之生，仁也；欲遂其生，到于戕人之生而不顾者，不仁也。[②]
>
> 仁者，生生之德也；“民之质矣，日用饮食”，无非人道所以生生者。一人遂其生，推之而与天下共遂其生，仁也。[③]

“一人遂其生”是自爱，而“遂人之生”“天下共遂其生”才是仁爱。人人都有遂己生生之权利，人人亦都有遂人生生之义务。为了从“欲遂其生”推扩到“亦遂人之生”“与天下共遂其生”，戴震接着提出了第二个道德实践原则，即“以我之情絜人之情”的公平原则。戴震说：

> 凡有所施于人，反躬而静思之：“人以此施于我，能受之乎？”凡有所责于人，反躬而静思之：“人以此责于我，能尽之乎？”以我絜之人，则理明。天理云者，言乎自然之分理也；自然之分理，以我之情絜人之情，而无不得其平是也。[④]

---

① J. Butler, *Five Sermons Preached at the Rolls Chapel and A Dissertation Upon the Nature of Virtue*, Edited by Stephen L. Darwall. Indianapolis, Ind. Hackett, 1983, 251.

② 〔清〕戴震：《孟子字义疏证》卷上，《戴震全书》第6册，第159页。

③ 〔清〕戴震：《孟子字义疏证》卷下，《戴震全书》第6册，第205页。

④ 〔清〕戴震：《孟子字义疏证》卷上，《戴震全书》第6册，第152页。

《大学》“絜矩之道”，不过“所恶于上，毋以使下”云云，曰“所不欲”、曰“所恶”，指人之常情不堪受者耳。以己絜之人，则理明。[①]

无论是“所施于人”还是“所责于人”，皆需要“反躬”，其实就是“自求其情”为前提。如果通过反躬自问、自求其情得出了自己“所不欲”“所恶”等“人之常情不堪受耳”的情感意向，那么就不应强加给别人。亚当·斯密在其《道德情操论》中指出，“一个人永远不该偏私，将自己置于他人之上，通过损害他人的利益来获利，哪怕自己的获得远远大于对他人的损害”。将人、己之情两相对照以求其平恕的絜情原则，其实是从孔子“己所不欲，勿施于人”的“忠如之道”和《大学》的“絜矩之道”化来的。如果你不想别人如此对待你，那你就不应该如此对待别人。[②]这一原则不仅是儒家伦理的基本原则，也成为当代全球伦理对话中的金律。戴震显然也认识到了这一原则的伦理学意义。

不过，在关于絜矩之道的众多研究成果中，不少人批评其尚不足以成为一个绝对普遍的原则。戴震的絜情原则被指有一个明显的理论漏洞，即“欲出于性。一人之欲，天下人之所同欲也”[③]这一前提并不具有普遍必然性。即便是自己“所欲”“所好”，抑或“不欲”“所恶”，皆是经过“自求其情”的结果，但是它们就一定能施于人、责于人吗？毕竟我们可以说“人是同有欲的”，但不能说“人是同所欲的”。[④]每个人都有情欲需求，人与人之间的情感意向在大多数情况下也可以是一致的，可是情欲取向和趣味难免不尽相同，仍不能保证道德情感好恶意向及其程度上的一致性，仍无法避免

---

① 〔清〕戴震：《与段茂堂等第九札》，《戴震全书》第6册，第541页。

② 在近些年来有关全球伦理讨论中，“己所不欲，勿施于人”被当作一种“金规则”或底限伦理。西方道德哲学传统中，金律的标准表述通常是“你要别人怎样对待你，你就怎样对待别人”（《马可福音》），亦即欲人施诸己，亦施于人。

③ 〔清〕戴震：《孟子字义疏证》卷上，《戴震全书》第6册，第152页。

④ 容肇祖：《戴震说的理及求理的方法》，《容肇祖集》，齐鲁书社1989年版，第689页。

在絜情过程中会发生想当然的误会。此即焦循所说的，“不得以己之性情，例诸天下之性情，即不得执己之所习所学所知所能，例诸天下之所习所学所知所能”[①]。由于情感取向的个体差异性、社会历史环境差异性等原因所导致的移情障碍，主要表现为两个方面：一方面，“己所欲”须有“人亦有欲”这一条件，不然自己的“偏好”“偏爱”等越俎代庖式的善意之举易导致一种道德强制；另一方面，“己所不欲”须有“人亦不欲”这一条件，否则会由于自己的“无感”“无情”而造成道德冷漠。当然，这不是说以情絜情这个原则是全然错误的，只是说它存在漏洞和缺环，需要一定的条件限定方为普遍有效。[②]在具体道德实践过程中，可以辅助以交流彼此的真实感受，尊重絜情对象的知情权，征得对方的同意等理性规范工夫“去蔽”，避免善意的道德强制和无意的冷漠等局限。

笔者认为，戴震本人不仅已经意识到其第二个絜情原则有缺环之处，还进一步认识到即便是满足了絜情对象的知情权和同意权，仍有可能造成不同程度的人道困境。戴震激烈批评的“以理杀人”，就是在礼教成为自觉的伦理异化情境中人们“同所欲”的共谋行为。为了保证在絜情过程中情欲需求的正当性，戴震又提出了第三个道德实践原则——“推诸天下万世而为准”，作为终极性原则。

## 五、“推诸天下万世而为准”的普遍正义原则

戴震依絜情而推扩的最终目的，指向于人人皆能够情达欲遂的王道理想状态。如果絜情之举达不到“情得其平”，还存在道德亏欠或强制现象，道德情感的“平情”要求绝不会停止。可是“情得其平”的标准又如何确定呢？答案是“中节之为达道，纯粹中正，推之天下而准也”[③]。戴震认为，不能

---

① 〔清〕焦循：《一以贯之解》，《焦循诗文集》，广陵书社 2009 年版，第 164 页。

② 郑宗义对戴震此处的理论缺环作了推论与补充。参见郑宗义：《明清儒学转型探析》（增订本），第 347 ~ 348 页。

③ 〔清〕戴震：《孟子字义疏证》卷下，《戴震全书》第 6 册，第 200 页。

以一人、一时、一地为准，甚至也不能以某一社会最大多数人的最大顺遂为准（历史上极端颠狂之年代并不难想象），必须“推诸天下万世而为准”，必须“极之当世与千古而无所增，穷居一室而无所损”。东原说，“一人以为然，天下万世皆曰‘是不可易也’，此之谓同然”[①]。戴震所谓的“心之同然”，不仅是指一己之身内部的道德同情与感通，还指具体历史情境下的人际之间“相偶性”互动。[②]虽然一时一地很难完全避免道德冷漠或强制现象，但戴震相信人们通过长期的互相体认可以最大程度地了解对方的真实情欲需求，并避免絜情过程中对他人的误读和强制。可以说，在具体时空情境下的公平絜情原则最终上升为一个必然的“不易之则”，类似于今天政治道德所讲的“普遍正义”原则，以此作为由自然通向必然至善的桥梁。正所谓“尽夫义命之不可已，而不吾慊志也”[③]，应该说“普遍正义”而非“达情遂欲”才是戴震伦理学的最高追求。

正是为了避免絜情之后仍旧可能存在的偏失，保证实现“尽得理合义”的普遍正义，曾经宣示“理性乃情感之奴隶”的休谟也设想应该有一个超脱个人局限的“普遍视角”。亚当·斯密基于对普遍正义的追求，也认为同情推扩到最后也必须向一个“内在的、想象的公正审视者求助”[④]，以免情得而理不得。戴震清楚地意识到，“欲，不患其不及而患其过”，“（情）未当也，不惟患其过而务自省”[⑤]，道德情感“未有不悦于理义者，未能尽得理合义耳”。这不是絜情理论的基本原则不正确，只是还不够好，“未能尽得理合义耳”，要实现“推诸天下万世而为准”的普遍正义还需要很长的路要走。按理来说，只有合乎平情要求并且通过理性审查、摆脱了个体差异性和社会历史环境差异性局限的道德理义，才能成为道德推扩的普遍法则。正

---

① 〔清〕戴震：《孟子字义疏证》卷上，《戴震全书》第 6 册，第 153 页。
② 参见杨儒宾：《异议的意义——近世东亚的反理学思潮》，第 358 页。
③ 〔清〕戴震：《沈处士戴笠图题咏序》，《戴震全书》第 6 册，第 396 页。
④ [美] M. L. 弗雷泽：《同情的启蒙——18 世纪与当代的正义和道德情感》，第 120 页。
⑤ 〔清〕戴震：《答彭进士允初书》，《戴震全书》第 6 册，第 359 页。

如戴震自己说的那样，“智也者，言乎其不蔽也；仁也者，言乎其不私也；勇也者，言乎其自强也”，“道责于身，舍是三者，无以行之矣”①。除了仁心的移情感通，“智”与“勇”则是实现普遍正义另外两个不可或缺的要素。

“智也者，其仁之藏乎”②，“所谓善，无他焉，天地之化，性之事能，可以知善矣”③，“小之能尽美丑（有时用“美恶”）之极致，大之能尽是非之极致”，戴震屡屡谈及“容光必照”的理智照察工夫的重要性。焦循后来将其精义概括为“能知，故善”④。仁心虽然具有道德情感的感通和移情能力，但在具体实践过程中还需要道德理性的照察、审辨与裁断，确立仁、义、礼、智等具体道德规范，即“理义非他，所照所察之不谬也。何以不谬，心之神明也”，“尽夫情欲之微而区以别焉”⑤。在絜情推扩的过程中，“如日月有明，容光必照，则圣人矣”，任何既有的社会道德规范（知识）都应经过理性尤其是价值理性的审查。一方面，“智足知飞走蠕动之性，以驯以豢；知卉木之性，（生生以息，）良农任以时刈，良医任以处方”⑥，运用工具理性可以更为明智地选择道德实践的手段和方法。不然，以道德代替知识，往往仁心越是泛滥越是适得其反。另一方面，“凡人行一事，有当于理义，其心气必畅然自得；悖于理义，心气必沮丧自失。以此见心之于理义，一同乎血气之于嗜欲，皆性使然耳”⑦。道德心在发动过程中，价值理性会相应地表现出“畅然自得”与“沮丧自失”两种截然不同的道德情感意向。只有达到“悦者，必其至是者也”⑧的情理兼尽，具备了“不惑于疑似，不滞于

① 〔清〕戴震：《孟子字义疏证》卷下，《戴震全书》第6册，第209页。
② 〔清〕戴震：《原善》，《戴震全书》第6册，第10页。
③ 〔清〕戴震：《原善》，《戴震全书》第6册，第9页。
④ 〔清〕焦循：《性善解三》，《焦循诗文集》，第159页。
⑤ 〔清〕戴震：《答彭进士允初书》，《戴震全书》第6册，第359页。
⑥ 〔清〕戴震：《原善》，《戴震全书》第6册，第17页。
⑦ 〔清〕戴震：《孟子字义疏证》卷上，《戴震全书》第6册，第158页。
⑧ 〔清〕戴震：《孟子字义疏证》卷上，《戴震全书》第6册，第156页。

习闻”[①]“能不惑乎所行”[②]的主宰与规范能力，才不会一味地被情欲牵着鼻子走，才可以实现“如是而无憾，如是而后安”的心安理得之境地。正所谓“居之安、资之深，取之左右逢其源，我之心知极而至乎圣人之神明矣！”这也就是儒家所谓的“发乎情，止乎礼”的“发而皆中节”“止于至善”之状态。反之，道德目的之正当性，手段之合理性，仁、义、礼等既有规范，哪一样通不过道德情感与理智的双重审查，都可能会陷仁心于不仁不义之“不悦”或“不是”境地。

当然，“德性始乎蒙昧，终乎圣智”，情理融贯的德性有如身体一样，有一个从幼稚到成熟的发展过程。“学以牖吾心知”[③]，学问犹饮食，学习对于促进人的知识理性与道德理性成熟很重要，此谓“德性资于学问”。然而这种能力不是生来就有的，需要一个漫长甚至痛苦的学习、磨炼过程来造就。戴震相信，经过对道德“理义”（道德原则与价值标准）、“条理”（礼仪规范）的不断学习和反思抉择，“虽愚必明”，最终道德理性能力会渐趋于成熟，会从道德蒙昧状态走向道德的自觉、自律和自由状态。当一个人“尽美丑之极致”与“尽是非之极致”[④]时，才会有良善的道德结果可期。反之，对于一个无法分辨好恶与是非的人而言，任其自然情欲流于放失，既无真正的道德可言，其道德行为之结果恐怕也是凶多于吉。

虽然说“语德之盛者，全乎智仁而已矣”，但戴震也意识到除了情感与理性因素，普遍正义的实现还需要道德意志的决断和果行的勇气，即“益之以勇，盖德之所以成也”[⑤]。遗憾的是，戴震在其晚年《孟子字义疏证》中才开始谈“勇”德，并着手处理仁、智、勇三者如何配合的问题，还未进一步展开就英年早逝了。劳思光先生痛批戴氏对“主宰义”和“自由义”之“意

---

① 〔清〕戴震：《孟子字义疏证》卷下，《戴震全书》第6册，第198页。
② 〔清〕戴震：《孟子字义疏证》卷中，《戴震全书》第6册，第184页。
③ 〔清〕戴震：《与某书》，《戴震全书》第6册，第495页。
④ 〔清〕戴震：《孟子字义疏证》卷下，《戴震全书》第6册，第197页。
⑤ 〔清〕戴震：《孟子字义疏证》卷下，《戴震全书》第6册，第205页。

志”问题全无了解[①]，显是过论。

## 六、从“共遂其生”到“得理合义”的义务论特质

戴震认为人性的具体内涵有欲、情、知三个基本要素，其中人性之“心知”部分，既有先天本有道德推扩的同情心，亦是“未有不悦于理义者”的同理心，是仁与智（后来还包括勇）的统一。在从自然而必然的过程中虽“未能尽得理合义耳”，但心知经由“以情絜情”可以“情得其平”而去其偏私；经由不断学习和事中磨炼可以养成智慧去其蔽障，依循普遍正义的“不易之则”（道德原则）辨析美丑、是非和善恶；再“益之以勇”而“德之所以成”，三者相互配合，最终使“得理合义”的普遍正义原则能够底定。此心知之于情感感通能力、理义规范能力、道德人格之展现，亦是天道有条不紊之和谐在人类身上之绽放，因此不必要以理夺情[②]去空守一个理义的世界，而至“体民之情，遂民之欲”的人道关怀暗而不彰。为了贯通生生之天道与达情遂欲之人道，顺承天地生生之德实现“天下共遂其生”的道德目标，戴震并没有将道德行为准则归结为公众利益最大化，而是出于“不忍人之心”的深切同情与公平絜情要求，推诸天下万世为准，最终上升到“尽得理合义”的普遍正义状态。因此戴震的伦理学看似是功利主义的，其实是深具义务论特质的。

以今观之，戴震哲学也许只是揭示或者说恢复了两个简单的常识：一是有血气而后有心知，情欲需求是人类本能需求，自然而正当，勿须对其道德过敏，当然亦不能任其偏私放失。二是指出人的本质属性是心知而非血气，尤其是“未有不悦于理义”的“心知”能力。人不是先有道德理义而后才有道德情感与理性，而是有了道德情感和理性才会有道德理义，才会有对于达情遂欲过程的约束规范。正所谓“理也者，情之不爽失也；未有情不得而理

---

① 劳思光：《新编中国哲学史》三下，三民书局 2012 年版，第 787、816 页。

② 关于存理夺情，朱子《四书章句集注》有云：“孟子因时君之问，而剖析于几微之际，皆所以遏人欲而存天理。”

得者也”，道德理义作为“自然之极则”，始终是贯穿或围绕着“共遂其生”之人道目的而发动的，而非虚玄莫测“有如一物焉”。说到底，戴震的道德哲学就是“反身平情”“共遂其生”并最终“得理合义”的一套极高明而道中庸的常道伦理学，饱含人道关怀和生活气息。他要求情理兼尽、会通孟学与荀学的哲学诉求总体上能够自成一家之言，不仅在乾嘉道德异化时代尤见其卓识，亦是明清以来中国思想界不可多得的儒学新诠。

（作者单位：温州大学哲学与文化研究所）

# 宗教性，抑或批判性？*

## ——儒学“内在超越说”的跨文化重构

韩振华

［内容提要］

儒学“内在超越说”是现代新儒家在中西比较视域中的跨文化理论重构。然而，自二十世纪九十年代以来，这一理论不断受到来自新实用主义和分析哲学阵营的质疑。在“内在超越说”已经被问题化的前提下，借鉴“批判哲学”的思路，充分挖掘并发挥“内在超越说”的文化批判潜能，是这一学说打破单一的宗教性/精神性理解模式，实现哲学重构的可能路径。

### 一、导语：理论反击与跨文化问题

二十世纪中叶以来，一批华裔学人以“内在超越”（immanent transcendence）来概括儒学甚至整个中国文化的精神特色。“内在超越”这一说法的产生，带有很强的应激性。换句话说，它首先是身处中西文化冲撞旋涡的中国学人，面对西人所持中国观念的冲击，进行的理论自卫、回应与反击。

---

* 本文系北京外国语大学世界亚洲研究信息中心资助课题研究成果。

考察这一问题的“前史”,我们须把目光投向200年前的欧洲。十九世纪初,以耶稣会士（Jesuit）为主的天主教传教士向欧洲传递的大量中国知识终于促成了“学院派汉学”的诞生：1814年底，法兰西学院设立了“汉族和鞑靼－满族语言与文学讲座”（Chaire de Langues et littératures Chinoises et Tartares-Mandchoues）。特别值得注意的是，以“法国汉学”为代表的学院派汉学的诞生，其大背景是欧洲高等教育界出现“哲学系”，“哲学史”和“欧洲个性”在理念中融合为一的时代。[①] 如果说早期耶稣会士从一种准自然神论（或理神论，Deism）的立场出发，在儒学中发现了充足的“自然理性”，进而将孔圣人称为“中国哲学家孔子”[②]；那么，到了十九世纪初，欧洲高校哲学系对欧洲个性的构建，不再建基于宗教（基督教）的普适性之上，而是建基于哲学理性的普遍性之上，其结果则是孔子的学说在黑格尔（G. W. Friedrich Hegel）等人那里不再是“哲学”，而只是一位“实际的世间智者”说出的一些“善良的、老练的、道德的教训”[③]。黑格尔认为孔子的学说欠缺超越性、宗教性，身处“大家长的专制政体”下的中国人并不需要一位“最高的存在”，因而中国宗教在黑格尔那里仅属于低级的“自然宗教”，并没有迈进“自由宗教”的门槛[④]。黑格尔的以上观点绝非孤鸣仅响，其实是典型欧洲思想的一种折射。故而，这些观点甫一提出，便在西方产生了普遍的应和，其影响一直延续到今天。

---

① 程艾蓝：《“汉学”：法国之发明？》，杨贞德主编：《视域交会中的儒学：近代的发展》，“中研院”2013年版，第15～42页。

② 1687年柏应理（Philippe Couplet, 1623—1693）等人编译出版的《西文四书直解》，拉丁文标题即为Confucius Sinarum Philosophus（中国哲学家孔子）。耶稣会士翻译儒家经典时表现出很强的理性化倾向，这其实是中世纪后期经院哲学的“遗产”——“圣徒阿奎那（Thomas Aquinas）和其他经院哲学家思想的结合在基督教的理性和宗教性之间创造出了一种完全的和谐”，而“耶稣会士的学术性倾向比宗教神秘性倾向更明显”。参考[美]孟德卫（Mungello E. David）：《奇异的国度：耶稣会适应政策及汉学的起源》，陈怡译，大象出版社2010年版，第309页。

③ [德]黑格尔：《哲学史讲演录》，贺麟、王太庆译，商务印书馆2011年版，第130页。

④ [德]黑格尔：《历史哲学》，王造时译，上海书店出版社2001年版，第130～133页。

“内在超越”说常常与宗教性问题纠缠在一起。一直以来，儒学和中国文化往往被视为一种世俗文化。比如说，梁漱溟就认为中国人“最淡于宗教”，而浓于伦理。[①] 在西方，马克斯·韦伯（Max Weber）的观点可以作为一个代表。在《儒教与道教》（1916）一书中，韦伯认为中国文化中没有超越尘世寄托的伦理，没有介乎超俗世上帝所托使命与尘世肉体间的紧张性，没有追求死后天堂的取向，也没有原罪恶根的观念。换句话说，儒学和中国文化是世俗性的，在这一点上它迥异于西方柏拉图主义—基督教文化传统的超越性传统。

至二十世纪中叶，黑格尔、韦伯等人的观点在中国学人那里得到了一种反弹性的回应。1958 年，主要由唐君毅起草，唐君毅、牟宗三、徐复观、张君劢联合署名发表的《为中国文化敬告世界人士宣言》，驳斥了黑格尔的观点。《宣言》指出，中国文化虽无西方制度化的宗教，但这并不能说明中国文化只重视伦理道德而缺乏超越性的宗教精神；实际上，中国文化中超越的宗教精神与内在的伦理道德浑融一体，所以，中国文化不同于西方宗教的“外在超越”，而是“既超越又内在”。之后，牟宗三、唐君毅又在《中国哲学的特质》（1963）、《生命存在与心灵境界》（1976）、《中国哲学十九讲》（1983）、《圆善论》（1984）等著作中反复申说这一层意思，遂使“内在超越”说成为现代新儒家论说儒学和中国文化特性的经典论述。除牟、唐之外，大部分现代新儒家（特别是梁漱溟、熊十力、刘述先、杜维明、李明辉）都专门论述过“内在超越”，主张儒学不同于西方的“外在超越”，而注重内在超越。

无独有偶，德国哲学家雅斯贝斯（Karl Jaspers）1949 年在《历史的起源与目标》一书中提出了“轴心时期”（Achsenzeit; the Axial Age）理论，认为包括中国在内的四个地区的人类世界（希腊、中东、印度和中国），在公元前 800 年—公元前 200 年的时期，全都开始意识到“整体的存在、自身和自身的限度”。人类体验到世界的恐怖和自身的软弱，而开始探询根本性、

---

① 梁漱溟：《东西文化及其哲学》，商务印书馆 1999 年版，第 200 页。

超越性、普遍性的问题。轴心时期体现了人类哲学和思想的创造性，具有“哲学突破”的性质，换言之，一种文化只有当它发现了“超越性”，才可能在轴心时期完成向高等文明的转化。1975 年，汉学家史华慈（Benjamin I. Schwartz）发表了《古代中国的超越性论述》[①] 一文，讨论了儒、道、墨三家在“超越”问题上的看法。史华慈认为，孔子、孟子通过聚焦道德精神生活的主体或内在面，关注伦理的内在源头这一内向超越维度，实现了道德规范的内在化（internalized），由此实现了对于外在社会—政治秩序的超越（孟子尤其如此）。

总之，中、西学人关于儒学和中国文化的“内在超越”论，并非产生于绝缘、孤立的文化语境，它从一开始便是中西“冲击—回应”思维模式的产物。从另一角度而言，它是跨文化理解与比较研究的结果；不仅此间的问题意识如此，其理论资源与论证话语也是跨文化的。这一“跨文化”特征为传统的儒学研究增添了新的质素，传统儒学蕴含的某些思想潜能借此得以发挥。但是，正如学者们指出的，今天，在儒家脉络内外，“天命”与“心”“性”的存在与意义，已并非自明之理，而需要概念性、哲学性（而非局限于思想史、学术史）的厘清。[②]“跨文化”也带来了前所未有的理论困难，“内在超越”说亦遭遇了来自多个思想阵营的质疑。

## 二、问题化的“内在超越”说

“内在超越”说提出后，完全赞同者有之，补苴罅隙者有之，批评质疑者亦不乏其人，而后者往往来自一批表面上非常讲求学理化的学者。今天我们讨论“内在超越”说，似乎首先应该将其问题化（problematize），而不是将其视为一个不证自明的观点接受下来。我们首先从中、西学界三种有代表

---

① Benjamin I. Schwartz, “ Transcendence in Ancient China” , *Daedalus*, spring 1975, 57-68.

② 钱永祥：《如何理解儒家的“道德内在说”——以泰勒为对比》，《政治大学哲学学报》第 19 期，2008 年。

性的质疑观点说起。

第一种质疑的声音来自西方汉学家群体。谢和耐（Jacques Gernet）、安乐哲（Roger T. Ames）、郎宓榭（Michael Lackner）、朱利安（François Jullien）等学者认为，“transcendence”这个词有很强的柏拉图主义和基督教背景，用它来表述儒学和中国思想，其实是格格不入的，而且很可能会引起概念上的混乱。安乐哲这样说时，主要针对的是史华慈和牟宗三。牟宗三在《中国哲学的特质》一书中曾经说：“天道高高在上，有超越的意义。天道贯注于人身之时，又内在于人而为人的性，这时天道又是内在的（Immanent）。因此，我们可以康德喜用的字眼，说天道一方面是超越的（Transcendent），另一方面又是内在的（Immanent 与 Transcendent 是相反字）。天道既超越又内在，此时可谓兼具宗教与道德的意味，宗教重超越义，而道德重内在义。”[①] 尽管明白牟宗三其实很清楚“Immanent”与“Transcendent”的背反性，但安乐哲仍然认为牟宗三的这种做法不妥。有意思的是，安乐哲并不否认中国传统思想的宗教性！只不过，安乐哲始终强调“诠释孔子思想的三项基本预设假定”，即“内在性”（immanence）与“超越性”（transcendence）的对比、“两极性”（polarity）与“二元性”（duality）的对比、“传统性”（traditional）与“历史性”（historical）的对比。在这种比较框架中，标示儒学与中国文化的是“内在性”、“两极性”和“传统性”，而非“超越性”、“二元性”和“历史性”。倘若以后者来诠释儒学与中国文化，则必然产生方枘圆凿的后果。[②] 与“超越性”论述相对，安乐哲更偏爱“新实用主义”和过程哲学式的解读方案。[③]

---

① 牟宗三：《中国哲学的特质》，上海古籍出版社 2008 年版，第 19 页。

② [美] 安乐哲：《中国式的超越，抑或龟龟相驮以至无穷》，收录于第三届当代新儒家国际学术会议论文集《儒学的现代反思》，文津出版社 1997 年版。后以《中国式的超越和西方文化超越的神学论》为题，收录于 [美] 安乐哲：《和而不同——比较哲学与中西会通》，温海明译，北京大学出版社 2002 年版。

③ 关于英美汉学研究中的“新实用主义”倾向，可参考韩振华：《“语言学转向”之后的汉语哲学建构——欧美汉学界对于先秦中国思想的不同解读》，《华文文学》2014 年第 2 期。

值得注意的是，安乐哲等西方汉学家在质疑“内在超越”说时，除了遵循“transcendence”一词在西文中的严格用法，还往往延袭早期耶稣会士的做法，对轴心期孔、孟为代表的原始儒学与汉代及汉代之后的新儒学（特别是宋明理学）做出严格区分。在儒学发展史上，汉代儒学将“宇宙论”纳入自身之中，宋明理学、心学则强化了儒学的“本体论”话语。从个体修养论（工夫论、境界论）的角度看，后世儒家强调人与宇宙的一体化，比如张载的“民胞物与”说、王阳明的“万物一体”说，都是这样。尤其从生命终极关怀（ultimate concern for life）的立场来说，儒学强调个体生命在世的德性修养（“存神尽性”），可以在个体生命终散之后“利天下之生”。王夫之说：“是故必尽性而利天下之生。自我尽之，生而存者，德存于我；自我尽之，化而往者，德归于天地。德归于天地，而清者既于我而扩充，则有所埤益，而无所吝留。”（王夫之《周易外传·系辞下传》）他说的就是这样一种“终极关怀”意识。冯友兰说这是“事天”的“天地境界”，笔者认为这是一种类似于宗教情感的“精神转化 / 升华”（spiritual transformation）。而且，它首先是个体工夫修养领域的精神体验；至于是不是表现为对习俗的批判、超越，反而是一个次要的问题。这是大部分现代新儒家界定“内在超越”时的核心意义。由于安乐哲等人在质疑“内在超越”说时主要依从轴心时期的原始儒学理念，宋明儒家和现代新儒家发展和强化了的儒学精神性维度并不被看重，这在一定程度上使得他们对儒学的理解是一种“以源代流”的简化主义见解。另一方面，由于对“transcendence”意涵的理解是提纯后的结果（所谓“严格的用法”），他们将西方思想与“transcendence”画等号的做法也是极为褊狭的。总之，安乐哲等人在对中、西思想传统双重简化的前提下进行中、西思想的比照研究，亦是问题重重的。

第二种质疑“内在超越”说的声音来自分析哲学阵营。冯耀明在《当代新儒家的“超越内在”说》[①]一文中认为，在严谨的“超越性”意涵之下，

---

① 冯耀明：《当代新儒家的“超越内在”说》，《当代》第 84 期，1993 年。

“超越性”与“内在性”的概念是互相矛盾而对立的，绝不可能存在所谓“内在的超越”。牟宗三所说“有绝对普遍性，越在每一人每一物之上，而又非感性经验所能及”者，实只是康德（Immanuel Kant）意义上的“超验”，只是在抽象的“普遍性”与“必然性”亦即康德所谓“客观性”的意义上而言之，实非真正意义上的“超越”。以“超越”之名来指称“超验”之实，只会导致概念混乱。后来，在《“超越内在”的迷思：从分析哲学观点看当代新儒学》一书中，冯氏进一步指出，熊十力、牟宗三、唐君毅等现代新儒家的“超越内在”说不仅不够“超越”，甚至也不能说是“内在”。这是因为，熊十力等人的心性论，“背负有本体宇宙论的极沉重的包袱”，而“对于概念或原理言，我们虽可以心理学地说‘内化’或‘内具’（internalized），却不能存有论地说‘内在’”。[①] 冯氏进而分别列述南乐山（R. C. Neville）的“创生新说”，李维（M. P. Levine）依据克逊（W. D. Hudson）及史麦特（N. Smart）而构想的“泛神新说”，杜兰特（M. Durrant）和施士（J. Zeis）分别根据格奇（P. T. Geach）的“同一理论”而发展出的“化身新说”和“位格新说”，说明这些比当代新儒家之论说远为深刻而新颖的“超越内在”说也是难以证立的。

在冯耀明看来，主体心性是传统儒学的根本。而熊十力等人所持论的“这种‘宇宙心灵’吞没了‘个体心灵’，它的‘实体性’之义淹没了‘主体性’之义，它带来的‘气质命定论’将会使道德觉悟或自由意志成为多余之事，使良知或明觉在生命转化中扮演无可奈何的角色”[②]。而分析哲学便如同“奥卡姆的剃刀”（Occam's Razor），本着“如无必要，勿增实体”（if not necessary, not by entity）的理念，可以去除跟儒学心性论捆绑在一起的宇宙实体论残余，恢复儒学的本真原貌。然而正如前述，心性论与宇宙论的合

---

① 冯耀明：《“超越内在”的迷思：从分析哲学观点看当代新儒学》，中文大学出版社 2003 年版，第 190 ～ 191 页。

② 冯耀明：《“超越内在”的迷思：从分析哲学观点看当代新儒学》，第 231 页。

体绝非现代新儒家的向壁虚构，汉代以来的儒学理论建构多有致力于此者。2014 年陈来先生出版的《仁学本体论》[①]，延续了宋、明儒直至现代新儒家的思路（所谓“接着讲”），以“仁体”打通原始儒学、宋明理学与心学、现代新儒学，仍以“形上学”建构为旨归，是统心性论和宇宙论于一炉的最新尝试。分析哲学是一种很好的理论分析工具，但它具有很强的反本质主义、反形上学倾向。当下英美“盎格鲁－撒克逊”传统盛行的是分析哲学的理论方法，倘若不加分析地搬用分析哲学来处置、裁断传统儒学的所有问题，难免产生妄裁历史的反历史主义后果。

第三种质疑来自现代新儒家内部，以及立场接近现代新儒家的学者。同为现代新儒家的徐复观，主张儒学是一种“道德性的人文主义”，“仁”（自觉的精神状态）引发“无限要求”，由此指向“忠”与“恕”（《中国人性论史》）。他复在《儒家政治思想与民主自由人权》一书中主张儒家持一种“道德内在说”，而不主宗教意义上的“超越”说。1958 年《为中国文化敬告世界人士宣言》发表前，徐复观曾向主笔唐君毅提出过两点修正意见，其中一条便涉及《宣言》中透露出的过浓的宗教意识：唐君毅在原稿中强调了中国文化的宗教意义，而徐复观则认为，中国文化虽原来也有宗教性，也不反宗教，然而从春秋时代起中国文化就逐渐从宗教中脱出，在人的生命中实现，不必回头走。徐复观修改了这一部分的原稿，但唐君毅并没有接受这个修正建议。针对牟宗三的“内在超越”说经由实体化的“心体”走向独断论，李泽厚先生亦曾撰文，明确反对任何形式的超越性，主张以“情本体”来取代超越性。[②]

大陆儒学学者郑家栋在《“超越”与“内在超越”——牟宗三与康德之间》[③]一文中，尝试从语词概念的厘清切入来讨论“超越”与“内在超越”的问题：康德将之前混用的“transcendental”与“transcendent”做了明确分辨，完全

---

① 陈来：《仁学本体论》，生活·读书·新知三联书店 2014 年版。

② 李泽厚：《当代新儒学论衡序》，郑家栋：《当代新儒学论衡》，桂冠图书股份有限公司 1995 年版。

③ 郑家栋：《“超越”与“内在超越”——牟宗三与康德之间》，《中国社会科学》2001 年第 4 期。

在经验范围之外的才是“超越”（transcendent）；而“先验”（transcendental）是指作为必要的条件以构成经验的基础的那些先验因素而言。与通常用法不同，牟宗三把“transcendent”译作“超绝”，“transcendental”译作“超越”，因为他认为“transcendent”是与经验界完全隔离，一去不返，而“transcendental”则不能离开经验而返过来驾驭经验。牟宗三主张，在儒学传统中，宇宙万物都建基于一普遍的道德实体，而此一普遍的道德实体同时亦即人的本体，即无限智心 / 仁体 / 智的直觉，所以是既超越又内在的。这样，牟宗三把神对于人而言的存有意义上的超越性扭转为人自身的超越祈向及其潜能。郑家栋认为，儒家内圣之学包括两个系统：以《中庸》《易传》为代表的宇宙本体论的系统，以及由子思、孟子一系发展而来的心性论的系统。在今天有关儒家思想“内在”与“超越”之关系的讨论中，人们常常是从前一个系统提出问题，又自觉或不自觉地转到后一个系统去说明或回答问题；亦即从认定“天命”“天道”的超越性内涵始，而以肯定吾人的道德心性具有自我超越的内在祈向和无限潜能终。这样一种思路犯了“存有”与“价值”相混淆的谬误。而牟宗三思想的发展，可说是典型地体现了上述理路。[①]

在郑家栋之前，台湾学者李明辉已经指出牟宗三把“transcendent”译作“超绝”，而把“超越”留给“transcendental”；“transcendental”意指先验，并非“超乎经验”，所以与“immanent”（内在性）并非矛盾的概念。[②] 只不过，李明辉出于护教心态，仅仅揭出牟宗三未按康德原意来立论，而安乐哲对牟宗三的理解是错误的，所以未能如郑家栋那样继续指陈牟宗三思想中

---

① 无独有偶，学人陈振崑在评论唐君毅的“天德流行”论时，亦指出：虽然唐君毅有意要开展一个“乾坤并建”，“天命”与“性命”并存之“既超越又内在”的天道观（这在天人关系的阐发上无疑具备了高度的价值，启发了现代人融合宗教精神与人文价值的超越向度），却只成就了一种内在于人的主体的超越性。虽然他在理想上挺立了人的孤峭的道德主体性，却同时遗忘了天道涵藏万有、生生不息之动力的开显。见陈振崑：《论天德流行的超越性与内在性——唐君毅先生的天德流行论初探》，《哲学与文化》第 26 卷第 8 期。

② 李明辉：《儒家思想中的内在性与超越性》，《儒学与当今世界》，文津出版社 1994 年版。

的断裂之处。

郑家栋没有像安乐哲、冯耀明那样明确地点出自己运用的理论方法，但是其与安、冯的前提预设和论证结论是近似的。概括地说，他们的预设和结论都共享了“现代性”境遇的一些典型特征：知识的独立性、存有与价值的分立、主体性的张扬，以及宗教信仰的扬弃。然而，从宏观视角来看，现代新儒家的兴起，因应的正是现代性的大背景，亦即，现代新儒家是世界范围内“反思现代性”思潮的一部分。相应地，以“现代性”的眼光来分析、评判现代新儒家“内在超越”说的自相矛盾，是从一开始便已注定结局的理论演练。这也让笔者想起史华慈在《中国古代的超越》一文中所揭示的，先秦儒、道两家的超越主义都表现出保守、反动的（reactionary）面向，然而认为超越性元素就是要对抗静态的、缺乏反思的传统主义观念，那也是错误的。“超越主义”也可能部分表现为对于高等文明的理性化（韦伯意义上的）、“进步主义”（progressive）倾向的反动。现代新儒家所倡导的儒学“内在超越”说，同样也具有较强的保守（或曰“守成”）主义色彩，此点本不必讳言。

## 三、突围路径：“内在超越”说的理论潜能

对于身处现代性语境的普通读者而言，读懂现代新儒家所讲的“内在超越”说，有一个基本的繁难，即如何才能理解心性论与宇宙论的合体问题。或者用牟宗三《心体与性体》中的话，如何才能理解“道德的形上学”。个中关键之处在于，儒家的道德形上学可以在人的道德性体、心体与宇宙的性体、心体之间建立一体必然之联系，而此点何以可能？即便对于现代学术体系中的专家学者而言，理解此点也属不易。例如，前引钱永祥论文即称，“阅读牟宗三著作的过程中，笔者感到最困难的地方，即在于确定他心目中此处的联系（按，即人之道德性体、心体与宇宙的性体、心体之间的‘联系’），应该如何理解”。牟宗三“道德的形上学”最终落脚点在“形上学”，而钱永祥“道德内在说”所讲“道德的实践之可能性与条件”，在整体思路上似

乎属于牟氏所谓的“道德底形上学”（康德）范围，因此是歧出的。“万物一体之仁”是钱氏“感到最困难的地方”，认为“道德内在说涵蕴着什么样的形上学结论”，“陈义太高”，“是很棘手（但也有趣）的问题”，最终存而不论。这似乎是一块概念式“论证”永远无法自行抵达的领域，而只能诉诸“体证”或所谓“智的直觉”。“内在超越”说的精微之处，有点拒斥概念式论证，而更多指向儒学的工夫论、境界论，有自我神秘化之嫌，这在一定程度上冲击了学术界和一般读者对其的理解与诠释。

另一方面，如前文所述，如果说“内在超越”说之提出，主要是要反驳黑格尔、韦伯等西方学者对儒学和中国文化缺乏超越性的批评，那么，现代新儒家学者理应依循批评者所使用的“内在”“超越”之定义来作出反驳；若随意变换批评者所使用的定义，则难有反驳可言。但事实是，西文严格定义中的“既超越又内在”必不能证立，而牟宗三为代表的现代新儒家并未严格依循康德等西方哲人的定义，这难免有偷换概念之嫌。既如此，以儒学与中国文化的“内在超越”回应西方的“外在超越”，便成了鸡同鸭讲，无法构成真正的比较研究和对话，而只是一场虚拟的自说自话而已。用安乐哲的话来说，“超越性”话语是毫无生气的。就此而言，提出“内在超越”说其实甚无必要。

然而，“内在超越”说因此便是无效的累赘话语吗？笔者的回答是否定的。

首先，“内在超越”说固然有其因应西方批评的面向，但同时亦有其源于儒学自身思想传统的强大概括力。不管是儒学的哪个流派，都强调主体心性的重要性；不管是哪个时代的儒学，亦多强调主体心性与道德宇宙的沟通、连结。尽管心性与宇宙的连续性在今天已不再是一个不言自明的命题，但“内在超越”说所指涉的“万物一体”观念是儒学史上无法抹煞的一种重要存在。就此而言，“内在超越”说有其阐说立论的有效性。当我们论说传统儒学的“形上学”思想时，“内在超越”尤其是无法避开的一种论述。[①]

其次，倘若由于“内在超越”说存在着巨大的理论困难，便对其采取一种折中变化，比如说仅强调“内在性”而不谈“超越性”，那么产生的问题可能更多。在西方汉学家那里，突出儒学与中国文化的“内在性”，并与西方文化的“超越性”进行对比研究，是一种较为流行的进路。除了前文提到的安乐哲，朱利安是目前致力于此而影响最大的汉学家。在《过程或创造：中国文人思想导论》（*Procès ou Création: Une introduction à la pensée des lettrés chinois*, 1989）、《内在之象：〈易经〉的哲学解读》（*Figures de l'immanence: Pour une lecture philosophique du Yi king, le classique du changemen*, 1993）、《从“存在”到“生活”：中欧思想关键词》（*De l'Etre au Vivre: Lexique euro-chinois de la pensée*, 2015）等著作中，朱利安反复申说中国哲学的“内在性”与“非超绝性”[②]，并与欧洲思想的“超绝性”进行对比。“天”在中国思想中并非表征着形而上学的超越维度，而只是表示一种“绝对的内在性”。汉学家毕来德（Jean François Billeter）批评朱利安理想化了中国思想的“内在性”，严重忽视了“内在性”与中国中世纪专制政治（despotism）之间的密切关系。然而，中国思想之“内在性”严格说来只是西方汉学史上长期形成的一个“神话”或“迷思”（myth）！朱利安和毕来德都未经反思地接受了这一“成见”，从而严重忽视，甚至否认了中国思想中的超越性或批评性维度。他们的争论可谓激烈，亦各有其“洞见”之处，然而由于未能将这一成见“问题化”，到头来争论的只

---

① 友人齐义虎提示笔者，“万物一体”强调的是万物之间的连续性，而“超越”一词却标志着一物对另一物的疏离、相胜，这两个词的内在意义指向是迥异的，因此最好沿用中国自己传统的术语来进行表述。这一提示很有针对性，然而有自我封闭化和拒斥跨文化思想对话的嫌疑，故笔者不取。

② 朱利安区分了“超越”（going beyond）和“超绝”（above and cut off），他认为中国思想有超越性层面，但这种超越并不指向一种绝对的外在性，而指向“内在的绝对性”（absolution of immanence）。

是谁能对“内在性”这个未经反思的错误前提断言做出更恰如其分的评价，终究是盲视的。

又如，有学者主张以“内向超越”说取代宗教意味浓厚的“内在超越”说，这一做法用于描述轴心时期儒家思想的起源是比较恰切的，但是无法完全涵盖儒学从汉代至宋、明的后续发展。相比“内在超越”说，“内向超越”说的理论概括力来得要弱一些。另外，“内向超越”标示了一种彻底的人本主义向度，而缺失了宗教超越维度。世俗化是现代性的一个重要取向，但世俗化之后的现代人往往丧失对天、地、人的敬畏，更容易陷入虚无主义的泥淖。哲学家查尔斯·泰勒（Charles Taylor）在现代世俗世界之中倡导宗教（再）皈依，就是要向宗教和超验现实敞开自己的心灵，以突破现代社会唯我独尊的人本主义内在框架，让自己进入一个更广阔的天地。[①] 显然，“内在超越”说所包含的宗教信仰维度更能与泰勒的主张展开跨文化对话。[②] 而从比较哲学 / 神学的视域来看，美国波士顿学派的南乐山（Robert C. Neville）、白诗朗（John Berthrong）透过“过程神学”“创造性”等概念进行的儒（特别是朱熹代表的理学）、耶对话，是这一跨文化对话的最新成果之一。

如果说以上两点还只是对“内在超越”说之必要性的有限辩护，那么，借鉴德国法兰克福学派批判哲学的思路，充分挖掘并发挥“内在超越”说包含的文化批判潜能，是这一学说打破单一的宗教性 / 精神性理解模式，实现哲学重构的可能路径。“内在超越”说与儒学的工夫论、境界论息息

---

① Charles Taylor, *A Secular Age*, Cambridge, Massachusetts and London, England: The Belknap Press of Harvard University Press, 2007, 768.

② 任剑涛教授认为，“内在超越”说并不是传统儒家的本然追求，而且，在现代处境中，没有必要将儒学的宗教性引为儒家价值辩护的方式；儒家强调基于道德信念的秩序安排，具有跟基督教一样的收摄人心、整合社会的作用（任剑涛：《内在超越与外在超越：宗教信仰、道德信念与秩序问题》，《中国社会科学》2012 年第 7 期；此文收录于其《复调儒学——从古典解释到现代性探究》，台湾大学出版中心 2013 年版）。笔者并不同意其对“内在超越”说与传统儒学关系的判定，但赞赏其基于“现代处境”对传统儒学资源的价值重构。

相关，这使得对于“内在超越”说的理解常常停留于重视个体身心修养和精神转化的心性论（即所谓“内圣”）领域。这一理解模式当然是非常重要的。“内在超越”说其实从一开始也具有丰富的文化批判潜能，而此点常常被人忽视。

法兰克福学派向来以其“批判理论”（critical theory）闻名。到二十世纪六十年代，哈贝马斯（Jürgen Habermas）通过在认识论层面上讨论“知识”，将“批判性知识”确认为一种独立于“自然科学”“人文科学”的，以自我反思和解放（emancipation）为导向的认知与兴趣类型。① 与这种批判理论相关的哲学释义学，在方法论上要求通过一种“理性重构”（rational reconstruction）来完成对批判性“潜能”的释放。所谓“理性重构”，是指把存在于特定类型现象背后的那些普遍而不可回避的、然而尚未结构化的前提条件，通过明晰化、系统化的理论表述出来。它与智力的深层结构息息相关，其任务不是描述现实中所是的事物（“实然”），而是按照应该是的样子确立现实事物赖以存在的前提条件（“应然”）。借助这种“重构”，一种前理论的实际知识（know how），可以整合到确定的理论知识（know that）之中。儒学“内在超越说”所包含的文化批判潜能，可以通过“理性重构”而得以充分释放，并参与当下的文化对话。

关于儒学包含的批判性潜能，汉语学界已有的论述多强调传统儒学借心性之说确立“道统”以与“政统”抗衡的一面。然而，一方面，这种论述往往停留于“实际知识”的层面，未能立足于理性重构，其哲学建构性尚不充分；另一方面，这种论述亦有意无意流露出儒家以道统自任本身具有的浓厚保守气息，儒学由此便仿佛自异于现代社会，而缺乏一种思想 / 文化建构的参与意识。无疑，开掘儒学“内在超越说”的文化批判潜能，需要一种更为宏大而纵深的视野，以及一种更具普遍主义色彩的视角。

我们不妨同时将目光转向域外的中国哲学研究界。在诠释儒学和中国古

---

① Jürgen Habermas, *Erkenntnis und Interesse*, Frankfurt am Main: Suhrkamp, 1968.

典文化时，首先将“超越性”与文化批判意识明确关联起来的是汉学家史华慈。他曾经指出，轴心时期的中国思想家认识到，在规范性的社会政治文化秩序与现实状况之间存在着某种可悲的鸿沟。而在这种介于理想的社会秩序与实际状况之间的断裂感中，存在着不可否认的超越因素；“天”就是关心儒学救赎使命的超越的意志。换言之，理想与现实之间的差距与张力本身就蕴含了理想对于现实的超越性，以及与之相关的深度批判意识与反思性；而这种超越性和批判意识的源头，则是“天命的内在化”。历史学者张灏以“超越的原人意识”为关键词来概括轴心时期思想创新的根本特征，而其重要表现之一就是超越的心灵秩序与现实政教合一的“宇宙王权”（cosmological kingship）的紧张性，以及其中蕴含的突破契机。①

而能够将轴心时期儒家伦理学与批判哲学结合起来的最佳范例，笔者以为应首推德国汉学家罗哲海（Heiner Roetz）。在二十世纪九十年代初出版的《轴心时期的儒家伦理》②一书中，罗哲海将包括儒家伦理在内的先秦哲学、伦理学置于传统习俗伦理崩解的时代背景中，强调它们是应对社会和文化危机的产物：传统的确定性（特别是伦理）已经土崩瓦解，这是中国道德哲学得以形成的根本问题语境。先秦诸子各家的思想建构，都处于“具有世界史向度的早期启蒙新纪元”之中；跟之前相比，它们在思想上实现的“重大突破性进展”表现在：“通过反思和超越性、而不再为实体性和生命的局限性所囿，神话意识形态为理性所战胜，个人主体的发现，向历来接受之一切事物加以质疑，在两难困境中慎重思索，以及历史意识

① 张灏：《从世界文化史看枢轴时代》，《二十一世纪》第58期，2000年4月号。

② Heiner Roetz, *Die chinesische Ethik der Achsenzeit. Eine Rekonstruktion des Durchbruchs zu postkonventionellem Denken*, Frankfurt/M.: Suhrkamp, 1992. 英译：*Confucian Ethics of the Axial Age: A Reconstruction under the Aspect of the Breakthrough toward Postconventional Thinking*, Albany: State University of New York Press, 1993。中译：《轴心时期的儒家伦理》，陈咏明、瞿德瑜译，大象出版社2009年版。

的发展等。”[①]在罗哲海看来，就孔子、孟子的大体而言，儒家并没有像“前儒家文献”那样强烈地从超越性的上帝、天那里为伦理学寻求终极凭据，亦即，儒家的“道”是由人自行主动培养，而非通过任何天国（宗教论述）或本体论（形上学话语）的规范来预先定位。[②]然而，儒家伦理学却同样获得了“后习俗”（post-conventional）层次的批判立场和对于现世习俗的超越。孟子以他那人心中存在道德发端的理论以及他的道德现象学把握住了伦理学的一个重要关键：“人类具有不依赖传统，仅靠自身而发展出道德的可能性。”[③]而且，孟子由此还获得了一个激烈批评暴政的立足点——执政者如果没有从人类具有道德潜能的角度来运作政治，那么就是“罔民”“率兽而食人”。

罗哲海对儒学文化批判潜能的重构，是借助“轴心时期”理论、“后习俗”理论的双重视野展开的。而其所以能如此申论，则与其领受的法兰克福学派批判理论有着密切关联。[④]他认为，“‘重构’意味着以一种与古人之真实意图相应的方式……对其思想加以重新整合，而取代复述他们那些相当庞杂不清的立论；并且要根据我们今日所面临的伦理学问题而加以充分利用”[⑤]。罗哲海将这种诠释学称为“批判性现代重构”，并与安乐哲等美国实用主义汉学家的“复辟/复原”论自觉划清了界限。值得注意的是，罗哲海的论述有意避开了儒学“内在超越说”的本体论维度，而着重发挥了其批判性潜能，从而与西方近代以来的启蒙传统构成了深层次对话。在让儒

① 罗哲海：《轴心时期的儒家伦理》，中译本，第34页。

② 这也是罗哲海批评杜维明的原因之一，参考 Heiner Roetz, “Confucianism between Tradition and Modernity, Religion, and Secularization: Questions to Tu Weiming”, *Dao*, Vol. 2008, No. 7, 367–380。

③ 罗哲海：《轴心时期的儒家伦理》，中译本，第274页。

④ 参见韩振华：《“批判理论”如何穿越孟子伦理学——罗哲海的儒家伦理重构》，《国学学刊》2014年第3期。

⑤ 罗哲海：《轴心时期的儒家伦理》，中译本，第7页。另可参考：Heiner Roetz, “Gibt es eine chinesische Philosophie?”, *Information Philosophie*, 30. Jg., Heft 2, Mai 2002, 31.

学（尤其是儒家伦理学）参与当代尖端对话的维度上，罗哲海做出了值得赞赏的努力。

罗哲海的弟子汉学家何乏笔（Fabian Heubel）也认为，现代新儒家的“内在超越”说富有发展潜力：“对批判理论而言，内在性与超越性的关系是重要的，因为牵涉到批判如何可能的问题。”所以，由“即内在即超越”的角度有助于理解当代批判思想的发展方向。[①] 虽然新儒家哲学与批判理论之间存在的鸿沟难以彻底跨越，跨文化研究的难度不容低估，但是，像“内在超越”说这样的“混血”命题，超越了朱利安式的相互绝缘的对比研究模式，体现了一种真正有“孕育力”（fertility; fécondité）的跨文化立场，仍是值得肯定的思想进路。

## 四、小结

综上所述，儒学“内在超越”说合心性论与宇宙论为一炉，既蕴涵了宗教性诠释的可能，又包容了文化批判性的丰富潜能。前者指向内在的工夫论、境界论等个体修养论内容，后者则指向外在的政治—文化批判性发挥。前者标示了儒学的宗教性、精神性，而后者则标示了儒学的批判性。

牟宗三、唐君毅所讲的宇宙论意义上的超越性，是接着宋明儒而讲；而其对“内在”之强调，则与近代西方哲学的主体性哲学合拍。遗憾的并不是牟、唐无谓地沿用了宋明儒的宇宙论，而是他们并没有在批判哲学意义上张扬儒学的外在批判性，最终极易滑向那种单纯突出心性儒学的进路。与之相关，蒋庆等偏爱今文经学的学人，通过开掘和复兴所谓“春秋公羊学”的政治儒学面向，批评港台新儒家只讲心性，不讲政治，只讲内圣，不讲外王。然而，蒋庆的这种论述其实窄化（甚至僵化）了儒学批判性的全部可能。

儒学“内在超越”说是一个文化“混血”的哲学命题，这标示着中国古典哲学的当代诠释早已成为一项“跨文化”的事业。在经典诠释过程中，如

---

① 何乏笔：《跨文化批判与中国现代性之哲学反思》，《文化研究》第 8 期，2009 年春季号。

何经由批判性的现代重构，超越那种相互绝缘的对比研究模式，走向一种真正有“孕育力”的跨文化立场，避免使中、外文化停留于一种死板僵化的、避免“受孕”的、各居其位的静态分析，仍须细细思量。

（作者单位：北京外国语大学中国语言文学学院）